TECNOLOGIA E ESTADO NA ERA DIGITAL

TRANSFORMAÇÃO À LUZ DA ABORDAGEM DIREITO E POLÍTICAS PÚBLICAS

CAIO BARROS CORDEIRO

Francisco Gaetani
Prefácio

TECNOLOGIA E ESTADO NA ERA DIGITAL

TRANSFORMAÇÃO À LUZ DA ABORDAGEM DIREITO E POLÍTICAS PÚBLICAS

13

Belo Horizonte

2024

COLEÇÃO FÓRUM
DIREITO E POLÍTICAS PÚBLICAS

© 2024 Editora Fórum Ltda.

É proibida a reprodução total ou parcial desta obra, por qualquer meio eletrônico, inclusive por processos xerográficos, sem autorização expressa do Editor.

Conselho Editorial

Adilson Abreu Dallari
Alécia Paolucci Nogueira Bicalho
Alexandre Coutinho Pagliarini
André Ramos Tavares
Carlos Ayres Britto
Carlos Mário da Silva Velloso
Cármen Lúcia Antunes Rocha
Cesar Augusto Guimarães Pereira
Clovis Beznos
Cristiana Fortini
Dinorá Adelaide Musetti Grotti
Diogo de Figueiredo Moreira Neto (in memoriam)
Egon Bockmann Moreira
Emerson Gabardo
Fabrício Motta
Fernando Rossi
Flávio Henrique Unes Pereira
Floriano de Azevedo Marques Neto
Gustavo Justino de Oliveira
Inês Virgínia Prado Soares
Jorge Ulisses Jacoby Fernandes
Juarez Freitas
Luciano Ferraz
Lúcio Delfino
Marcia Carla Pereira Ribeiro
Márcio Cammarosano
Marcos Ehrhardt Jr.
Maria Sylvia Zanella Di Pietro
Ney José de Freitas
Oswaldo Othon de Pontes Saraiva Filho
Paulo Modesto
Romeu Felipe Bacellar Filho
Sérgio Guerra
Walber de Moura Agra

FÓRUM
CONHECIMENTO JURÍDICO

Luís Cláudio Rodrigues Ferreira
Presidente e Editor

Coordenação editorial: Leonardo Eustáquio Siqueira Araújo / Aline Sobreira de Oliveira
Revisão: Érico Barboza
Capa e projeto gráfico: Walter Santos
Diagramação: Derval Braga

Rua Paulo Ribeiro Bastos, 211 – Jardim Atlântico – CEP 31710-430
Belo Horizonte – Minas Gerais – Tel.: (31) 99412.0131
www.editoraforum.com.br – editoraforum@editoraforum.com.br

Técnica. Empenho. Zelo. Esses foram alguns dos cuidados aplicados na edição desta obra. No entanto, podem ocorrer erros de impressão, digitação ou mesmo restar alguma dúvida conceitual. Caso se constate algo assim, solicitamos a gentileza de nos comunicar através do *e-mail* editorial@editoraforum.com.br para que possamos esclarecer, no que couber. A sua contribuição é muito importante para mantermos a excelência editorial. A Editora Fórum agradece a sua contribuição.

Dados Internacionais de Catalogação na Publicação (CIP) de acordo com ISBD

C794t	Cordeiro, Caio Barros
	Tecnologia e Estado na era digital: transformação à luz da abordagem direito e políticas públicas / Caio Barros Cordeiro. Belo Horizonte: Fórum, 2024. (Coleção Fórum Direito e Políticas Públicas, 13).
	319p. 14,5x21,5cm
	ISBN impresso 978-65-5518-722-9
	ISBN digital 978-65-5518-683-3
	1. Políticas públicas. 2. Transformação digital. 3. Reconstrução do Estado. 4. Cidadania. 5. Abordagem direito e políticas públicas. I. Título.
	CDD: 342
	CDU: 342

Ficha catalográfica elaborada por Lissandra Ruas Lima – CRB/6 – 2851

Informação bibliográfica deste livro, conforme a NBR 6023:2018 da Associação Brasileira de Normas Técnicas (ABNT):

CORDEIRO, Caio Barros. *Tecnologia e Estado na era digital*: transformação à luz da abordagem direito e políticas públicas. Belo Horizonte: Fórum, 2024. 319p. ISBN 978-65-5518-722-9. (Coleção Fórum Direito e Políticas Públicas, 13).

Dedico esta pesquisa a todos aqueles que, como eu, nasceram nos rincões deste país e descobriram, na busca pelo conhecimento, o caminho para a transformação de suas vidas.

AGRADECIMENTOS

Com o amadurecer, aprendi que somos, de certa forma, um pouco de todos aqueles que passaram pelas nossas vidas. E não foram poucos os que tanto deixaram ao longo destes 15 anos de pesquisa.

Este livro não teria sido possível sem a ajuda de tantas pessoas incríveis. A começar pela professora Maria Paula, exemplo de ética, força e generosidade. Ela vem criando não só um novo sentido para o direito, como também para tantos seres de fronteira que, como eu, se encontraram neste *locus* tão singular entre o direito e as políticas públicas.

Aos outros seres – de fronteiras ou não – que encontrei nos corredores físicos e virtuais do Largo São Francisco: Isabela, Fernanda, Sérgio, Bruno Passadore, Mateus, Luzardo. Esta pesquisa, literalmente, não teria sido escrita sem o apoio de vocês.

Ao Igor, meu irmão gêmeo, que é o primeiro da minha vida, que dividiu não só a barriga de nossa mãe, mas também uma jornada de alma. Por ele, eu atravesso qualquer tempestade.

Aos nossos amados e queridos pais, por nos darem base e, sobretudo, por nos deixarem voar e ver o mundo – mesmo ainda tão jovens. À minha família de sangue e aos Quintelas, que foram e sempre serão parte da minha família.

Aos meus amigos, que são a minha família estendida, meu maior patrimônio, aqueles com quem escolhi dividir esta existência.

Aos meus amigos burocratas, com quem aprendi o amor e a devoção ao serviço público, que aqui nomeio, nas pessoas do Jean Mattos, André Reis, Mônica Bernardes, Filipe Galgani, Lara Farah, Gabriela Pinheiro, Pedro Mousinho, Renata Vilhena e Maria Coeli Simões Pires.

Aos meus amigos do mundo digital, que me guiaram nesta miríade do novo mundo, em especial: Rafael Wowk, Marília Monteiro, Mel Bornstein, Bruno Magrani e Luiz Moncau.

A todos aqueles profissionais, tanto do setor público quanto privado, que atuam nas pautas da transformação digital e que contribuíram com seus conhecimentos e ideias para esta pesquisa.

Hoje, eu sou todos vocês.

SUMÁRIO

APRESENTAÇÃO DA COLEÇÃO
Maria Paula Dallari Bucci..13

PREFÁCIO
Francisco Gaetani..15

APRESENTAÇÃO..19

INTRODUÇÃO...23

CAPÍTULO 1
TECNOLOGIA E TRANSFORMAÇÃO DIGITAL: UM PROBLEMA
DE POLÍTICAS PÚBLICAS..29

1.1 Tecnologia, transformação e economia digitais: aproximações conceituais..29
1.1.1 O que é economia digital?...29
1.1.2 Em busca de conceitos: digitalização, digitização e transformação digital..32
1.1.3 Os aspectos tecnológico, social e político da transformação digital ...34
1.1.4 Breves noções das abordagens sociológicas sobre a tecnologia........35
1.1.5 Tecnologia e o Dilema de Collingridge..39
1.2 Transformação digital: como alcançar um objeto em movimento (*hit a movement target*)?...40
1.3 Proposta metodológica para o estudo da transformação digital: a abordagem Direito e Políticas Públicas 43
1.3.1 Desafios da interseccionalidade entre o direito e as políticas públicas..44
1.3.2 Clune e o mapa da área para o direito e as políticas públicas..........49
1.3.3 Abordagem Direito e Políticas Públicas (DPP).................................51

CAPÍTULO 2
SOLUÇÕES NO PLANO INTERNACIONAL:
A TRANSFORMAÇÃO DIGITAL NO CONTEXTO DE UMA
VERDADEIRA AGENDA DIGITAL EUROPEIA...................................57

2.1 Breve contextualização da UE..59
2.2 A formação e o desenvolvimento da agenda digital na UE..............64

2.2.1	Estratégia de Lisboa	64
2.2.2	Agenda Digital para a Europa	65
2.2.3	Estratégia Europeia de Cibersegurança	68
2.2.4	Estratégia para o Mercado Único Digital na Europa	71
2.2.5	A Cimeira de Taline de 2017 e o Mecanismo Interligar a Europa	72
2.2.6	Quadro Europeu de Interoperabilidade	73
2.2.7	A iniciativa Digitalização da Indústria Europeia (DIE)	75
2.2.8	Regulamento Geral de Proteção de Dados (*General Data Protection Regulation* – GDPR)	76
2.3	O mapa da área da atual agenda digital da União Europeia	78
2.3.1	As seis prioridades da Comissão Europeia para o período 2019-2024	78
2.3.2	Estratégia A Europa *preparada para a era digital*	80
2.3.3	Programa Europa Digital	82
2.3.3.1	Objetivo específico 1: computação de alto desempenho	82
2.3.3.2	Objetivo específico 2: inteligência artificial	83
2.3.3.3	Objetivo específico 3: cibersegurança e confiança	83
2.3.3.4	Objetivo específico 4: competências digitais avançadas	84
2.3.3.5	Objetivo específico 5: implantação e melhor utilização das capacidades digitais e interoperabilidade	84
2.3.4	Polos Europeus de Inovação Digital (*Digital Innovation Hubs* – DIHs)	85
2.3.5	Bússola Digital ou Guião para a Década Digital (*Digital Compass*)	87
2.3.6	Programa Caminho para a Década Digital	89
2.3.7	Direitos e princípios digitais para a Década Digital	91
2.3.8	Estratégia Europeia para os Dados	93
2.3.9	A nova Agenda Europeia de Inovação e o *European Innovation Scoreboard*	96
2.3.10	Ato de Mercados Digitais (*Digital Market Act* – DMA) e Ato de Serviços Digitais (*Digital Service Act* – DSA)	97
2.4	Plano de Recuperação Europeu – *NextGenerationEU*	100
2.4.1	A crise da COVID-19 e as respostas da UE	101
2.4.2	As negociações para aprovação do NGEU	105
2.4.3	O funcionamento do NGEU e as suas prioridades estratégicas: uma Europa resiliente, mais digital e verde	106
2.4.4	Questionamentos e críticas ao NGEU	108
2.4.5	Quadro-síntese dos Planos Nacionais para NGEU	113
2.5	Índice de Economia e Sociedade Digitais (DESI)	126
2.5.1	Os resultados do DESI do ano de 2022	127
2.5.2	Os extremos da digitalização na Europa: os casos da Finlândia e da Romênia	130
2.6	A pandemia e a Agenda Digital na UE: oportunidade para o fortalecimento do Estado e do direito das políticas públicas	134

CAPÍTULO 3
O ESTADO DA ARTE DAS POLÍTICAS PÚBLICAS PARA A TRANSFORMAÇÃO DIGITAL NO BRASIL ... 141

3.1	Antecedentes normativos relacionados à tecnologia e transformação digital no Brasil	143

3.2	As principais estratégias e políticas digitais brasileiras: E-Gov e E-Digital	156
3.2.1	Governo Digital	158
3.2.1.1	A Estratégia de Governo Digital (E-Gov)	160
3.2.1.2	Lei nº 14.129/21 – Lei do Governo Digital	178
3.2.1.3	Análise crítica do Governo Digital	180
3.2.2	Estratégia Brasileira para a Transformação Digital (E-Digital)	185
3.2.2.1	Análise crítica do SinDigital e da E-Digital	187
3.3	Demais políticas e estratégias voltadas para a transformação digital no Brasil	191
3.3.1	Estratégia Brasileira de Inteligência Artificial (EBIA)	191
3.3.1.1	Análise crítica da EBIA	193
3.3.2	Política Nacional de Segurança da Informação (PSNI) e Estratégia Nacional de Segurança Cibernética (E-Ciber)	195
3.3.2.1	Análise crítica da E-Ciber	196
3.3.3	Estratégia Brasileira para Redes 5G	199
3.3.3.1	Análise crítica da Estratégia Brasileira para o 5G	200
3.3.4	Política Nacional de Inovação e Estratégia Nacional de Inovação	202
3.3.4.1	Análise crítica da Política Nacional de Inovação e da Estratégia Nacional de Inovação	204
3.3.5	Políticas e planos de ação para Governo Aberto	206
3.3.5.1	Análise crítica das políticas e planos de ação para Governo Aberto	208
3.3.6	Plano Nacional de Internet das Coisas e computação em nuvem	209
3.3.6.1	Análise crítica do Plano Nacional de Internet das Coisas e computação em nuvem	210
3.4	Estudo OCDE: o caminho para a era digital no Brasil	213
3.4.1	Quesito acesso	214
3.4.2	Quesito uso	215
3.4.3	Quesito confiança	216
3.4.4	Quesito inovação	217
3.5	Propostas em curso no Poder Legislativo	218
3.5.1	Projetos de lei para regulação das mídias sociais e plataformas digitais	229

CAPÍTULO 4
NOVO PARADIGMA PARA AS POLÍTICAS PÚBLICAS PARA A TRANSFORMAÇÃO DIGITAL NO BRASIL: A RECONSTRUÇÃO DO ESTADO À LUZ DA CIDADANIA 233

4.1	Balanço analítico: idiossincrasias jurídicas e institucionais e ausência de coordenação das normas e políticas públicas para a transformação digital no Brasil	234
4.2	A transformação digital como eixo estruturante da reconstrução do Estado social brasileiro	243
4.3	A cidadania como novo fundamento para a transformação digital	246
4.4	Aplicação do Quadro de Problemas de Políticas Públicas	252

4.4.1	Situação-problema	252
4.4.2	Diagnóstico situacional	253
4.4.3	Solução hipotética	255
4.4.4	Contexto normativo	259
4.4.4.1	Governo Digital	259
4.4.4.2	Transformação Digital	260
4.4.4.3	Inteligência Artificial	260
4.4.4.4	Confiança Digital e Cibersegurança (Segurança Digital)	260
4.4.4.5	Inovação	260
4.4.4.6	Políticas de dados e interoperabilidade	261
4.4.4.7	Inclusão e letramento digitais	261
4.4.4.8	Regulação de plataformas	261
4.4.5	Processo decisório	261
4.4.6	Etapa atual do processo decisório	262
4.4.7	Arena institucional	262
4.4.7.1	Secretaria de Governo Digital do Ministério da Gestão e da Inovação em Serviços Públicos	262
4.4.7.2	Ministério da Justiça e Segurança Pública (MJSP)	263
4.4.7.3	Autoridade Nacional de Proteção de Dados (ANPD)	263
4.4.7.4	Secretaria de Comunicação Social da Presidência da República	263
4.4.7.5	Agência Nacional de Telecomunicações (Anatel)	264
4.4.7.6	Gabinete de Segurança Institucional (GSI)	264
4.4.7.7	Agência Brasileira de Inteligência (Abin)	265
4.4.7.8	Serviço Federal de Processamento de Dados (Serpro)	265
4.4.7.9	Ministério da Ciência, Tecnologia e Inovação (MCTI)	265
4.4.7.10	Conselho Nacional de Desenvolvimento Industrial (CNDI)	266
4.4.7.11	Secretaria da Informação e Saúde Digital (SEIDIGI) do Ministério da Saúde	267
4.4.7.12	Congresso Nacional	267
4.4.8	Protagonistas	268
4.4.9	Antagonistas	268
4.4.10	Decisores	268
4.4.11	Recursos de barganha	268
4.5	Perspectivas para a agenda de transformação digital após as eleições de 2022	269
4.5.1	Poder Executivo federal	269
4.5.2	Congresso Nacional	277

CONCLUSÃO 279

REFERÊNCIAS 289

APRESENTAÇÃO DA COLEÇÃO

A *Coleção Fórum Direito e Políticas Públicas* tem o objetivo de apresentar ao leitor trabalhos acadêmicos inovadores que aprofundem a compreensão das políticas públicas sob a perspectiva jurídica, com triplo propósito.

Em primeiro lugar, visa satisfazer o crescente interesse pelo tema, para entender os avanços produzidos sob a democracia no Brasil depois da Constituição de 1988. É inegável que as políticas públicas de educação, saúde, assistência social, habitação, mobilidade urbana, entre outras estudadas nos trabalhos que compõem a coleção, construídas ao longo de várias gestões governamentais, mudaram o patamar da cidadania no país. Certamente, elas carecem de muitos aperfeiçoamentos, como alcançar a população excluída, melhorar a qualidade dos serviços e a eficiência do gasto público, assegurar a estabilidade do financiamento e, no que diz respeito à área do Direito, produzir arranjos jurídico-institucionais mais consistentes e menos suscetíveis à judicialização desenfreada. O desmantelamento produzido pela escalada autoritária iniciada em meados dos anos 2010, no entanto, explica-se não pelas deficiências dessas políticas e sim pelos seus méritos – não tolerados pelo movimento reacionário. Compreender a estrutura e a dinâmica jurídica das políticas públicas, bem como a legitimação social que vem da participação na sua construção e dos resultados, constitui trabalho importante para a credibilidade da reconstrução democrática.

O segundo objetivo da coleção é contribuir para o desenvolvimento teórico sobre as relações entre Direito e Políticas Públicas. Publicando trabalhos oriundos de teses e dissertações de pós-graduação, constitui-se um acervo de análises objetivas de programas de ação governamental, suas características recorrentes e seus processos e institucionalidade jurídicos. Neles estão documentados os impasses inerentes aos problemas públicos de escala ampla, e estudadas algumas soluções ao mesmo tempo jurídicas e políticas, presentes em práticas de coordenação e articulação, seja na alternância de governo, nas relações federativas, ou na atuação intersetorial. Assim, sem perder a multidisciplinaridade característica dessa abordagem, valendo-se da bibliografia jurídica em cotejo com a literatura especializada, publica-se material de pesquisa empírica (não quantitativa) da qual se extraem os conceitos e relações que numa organização sistemática dão base para a teorização jurídica da abordagem Direito e Políticas Públicas. Com essa preocupação, a coleção também publicará trabalhos de alguns dos raros autores estrangeiros com obras específicas na área.

Finalmente, o terceiro objetivo da coleção é contribuir para a renovação teórica do direito público brasileiro, fomentando o desenvolvimento de uma tecnologia da ação governamental democrática, engenharia jurídico-institucional para o avanço da cidadania do Brasil. Isso permitirá ampliar a escala de experiências bem-sucedidas, inspirar melhores desenhos institucionais pela comparação com experiências similares, além de avançar na cultura da avaliação, agora positivada na Constituição Federal.

São Paulo, 22 de agosto de 2022.

Maria Paula Dallari Bucci
Professora da Faculdade de Direito da Universidade de São Paulo. Coordenadora da *Coleção Fórum Direito e Políticas Públicas*.

PREFÁCIO

Caio Barros Cordeiro produziu uma tese de doutorado que serviu de base para este livro, com um raro e difícil atributo: escolheu um objeto de análise em movimento, contemporâneo, que dialoga com desafios do presente, no Brasil e no mundo. Mais impressionante ainda, seu trabalho se origina na esfera do direito e das políticas públicas, um campo emergente, que busca driblar o usual apartamento da esfera do direito do campo das atividades de governo – o que costuma contribuir para a burocratização do serviço público e para a elevação dos seus custos de transação.

A transformação digital é uma expressão que hoje funciona como guarda-chuva para uma série de mudanças tecnológicas interdependentes, que estão revolucionando as relações econômicas e sociais em todos os países do mundo. Esse "combo" abrange temáticas como inteligência artificial, internet das coisas, robótica, multiverso, computação em nuvem, cibersegurança, reconhecimento facial, reconhecimento de voz, multiverso, *blockchain*, realidade aumentada, *machine learning*, criptomoedas, computação quântica e vários outros troncos tecnológicos, com graus de maturação variados. Instituições governamentais, empresas e organizações do terceiro setor esforçam-se para compreender o que cada um desses vetores significa para suas atividades e negócios, ao mesmo tempo em que buscam se adaptar a realidades que redefinem os pressupostos de seu *modus operandi*.

Não surpreendentemente, governos, Estados nacionais e organizações multilaterais se encontram perplexos, perdidos e desorientados em relação a como proceder frente a essas inovações e seu impacto sobre o mundo moderno. O poder – econômico e transformador – das empresas que lideram essas mudanças é, hoje, incomparavelmente maior do que aquele das grandes empresas multinacionais do passado, restritas a setores e territórios específicos. As chamadas "*big techs*" operam globalmente na fronteira tecnológica, muito além da capacidade de compreensão, alcance e regulação das autoridades públicas nacionais e internacionais. A capacidade de coordenação é o ativo mais escasso de qualquer governo, mas, em especial, de países como o Brasil – grande, heterogêneo, federalista e presidencialista, dotado de um sistema político marcado pela fragmentação partidária e por um sistema de pesos e contrapesos longe de equilibrado. No país de 2023, pelo menos uma dúzia de instituições federais possui atribuições relacionadas com a temática digital, exclusive ministérios finalísticos, como educação, saúde, meio ambiente e outros. Nesse grupo, encontram-se a Secretaria de Comunicações da Presidência, o Gabinete de Segurança Institucional, o Ministério das Comunicações, o Ministério da Gestão e Inovação, o Ministério da Justiça, o Ministério da Ciência, Tecnologia e Inovação, o Ministério do Desenvolvimento, Indústria e Comércio, a Agência Nacional de Telecomunicações, a Agência Nacional de Proteção de Dados, o Instituto de Tecnologia e Informática, vinculado à Casa Civil, entre outros.

Na ausência de instâncias de coordenação efetivas, o Congresso e o Judiciário têm se movimentado, no sentido de discutir aspectos relacionados à regulação de temáticas digitais, para além dos mandatos da Anatel e da ANPD. Esse é o caso das *fake news*, da inteligência artificial, da remuneração por autoria de conteúdos postados na internet e da cibersegurança. É nesse ambiente de múltiplos desafios interdependentes que o trabalho de Caio Barros Cordeiro vem a público.

O Brasil apenas recentemente tem se engajado em processos de aprendizado em políticas públicas que dialogam com experiências internacionais. Instituições governamentais e acadêmicas têm se engajado crescentemente em processos institucionalizados de engajamento nas tarefas de conhecer e aprender experiências relevantes de outros países, com a finalidade de instrumentalizar políticas públicas nacionais.

Ao focar no esforço de a União Europeia estabelecer marcos normativos e institucionais para lidar com a explosão das realidades e mercados de produtos e serviços digitais, Caio Barros Cordeiro contribui para a modelagem dos desafios que o país enfrenta no presente, a partir de um olhar que incorpora direito e políticas públicas. O contraponto do interesse público ao avassalador peso e *lobby* das grandes empresas tecnológicas precisa ser construído. O livro em questão é uma importante contribuição à discussão em aberto no país, inescapável para o Brasil pavimentar seu caminho rumo a um futuro inclusivo, sustentável e digital.

Francisco Gaetani

Doutor em Administração Pública pelo Departamento de Governo da London School of Economics and Political Science (LSE). Mestre em Administração Pública e Políticas Públicas também pela LSE. É formado em Ciências Econômicas pela Universidade Federal de Minas Gerais (UFMG). Professor do mestrado profissionalizante em Administração Pública da Escola Brasileira de Administração Pública e de Empresas (EBAPE/FGV), e professor permanente do Instituto Rio Branco e da Escola Nacional de Administração Pública.

APRESENTAÇÃO

A pesquisa que ora vem a público é resultado do meu trabalho de doutoramento em Direito, ocorrido entre os anos de 2020 e 2023, nas Faculdades de Direito da Universidade de São Paulo e da Universidade de Hamburgo. Seu principal objetivo é discutir como o tema da tecnologia e da transformação digital, no contexto da economia digital, vem sendo tratado dentro da perspectiva do Estado, do direito e das políticas públicas. Para tanto, optou-se, primeiramente, por apresentar e problematizar o estado da arte das políticas públicas voltadas para a transformação digital no Brasil, à luz da abordagem Direito e Políticas Públicas. Em segundo, propõe-se a análise dos elementos institucionais e políticos envolvidos no entorno das políticas públicas para a transformação digital no Brasil. Além disso, recorre-se ao estudo comparado da União Europeia e de elementos da teoria do Estado, na medida em que se defende que a reconstrução do Estado no pós-pandemia passa pela necessidade de preparação da sociedade para a transformação digital em curso, à luz da cidadania.

A opção em apresentar esse estado da arte deu-se diante da percepção de que um dos primeiros desafios colocados para quem se propõe a estudar esse tema é justamente o de trajetória: por inexistir propriamente uma ação coordenada no Brasil contemplando as inúmeras abordagens e complexidades contidas no debate da tecnologia e da transformação digital, antes de propor soluções, fez-se necessário apresentar o momento atual das iniciativas e políticas públicas em âmbito federal.

Assim, este livro se propõe a montar o mapa da trajetória normativa e das políticas públicas para a transformação digital no Brasil, identificando os planos, estratégias, leis, decretos e demais atos infralegais pertinentes ao tema. O fio condutor deste trabalho deu-se a partir da evolução normativa e das iniciativas previstas na página eletrônica oficial do Governo Digital, no âmbito do Poder Executivo federal, que contempla atualmente dez políticas, a saber: o Governo Digital (E-Gov);

a Estratégia Brasileira para a Transformação Digital (E-Digital); a Estratégia Brasileira de Inteligência Artificial; a Política Nacional de Segurança da Informação (PSNI); a Estratégia Nacional de Segurança Cibernética (E-Ciber); a Estratégia Brasileira para Redes 5G; a Política Nacional de Inovação e a Estratégia Nacional de Inovação; a Política e os Planos de Ação para Governo Aberto; o Plano Nacional de Internet das Coisas; e a Computação em Nuvem.

Em complementação à análise das medidas em curso no âmbito do Poder Executivo federal, também são analisados os principais debates sobre o tema em curso no âmbito do Congresso Nacional, por ser um *locus* de discussão importante não só para este tema, mas como espaço de amadurecimento democrático de políticas públicas. Diante deste recorte metodológico, alguns alertas são necessários.

O primeiro é que não serão objetos de análise as medidas e políticas públicas para a transformação digital em curso no Poder Judiciário, bem como nos estados e nos municípios. Sobre os estados e municípios, além de as principais medidas em curso no país ainda estarem inseridas sobretudo no âmbito federal, o que é inclusive objeto de crítica nesta pesquisa, o mapeamento e a análise de críticas das políticas públicas para a transformação digital no âmbito de cada unidade federada mereceriam um trabalho de pesquisa específico, sob pena de pecar pelo excesso de generalização das medidas.

Isso, contudo, não implica na problematização que será realizada nesta pesquisa sobre a ausência de atuação do Poder Executivo federal como articulador e promotor de políticas em âmbito nacional e na ausência de articulação e coordenação interfederativa das políticas públicas para a transformação digital.

O segundo alerta é que, no debate legislativo, está na pauta do dia o debate sobre a moderação de conteúdo na internet e a regulação para evitar a concentração das grandes plataformas digitais (as denominadas *big techs*). Embora ambos os temas guardem relação com a teoria do Estado sob a perspectiva da condução de conteúdo ilegal ou legal, mas eticamente não recomendável, que afete o Estado Democrático de Direito, bem como de eventual concentração de poder das *big techs* e dos riscos para o pleno exercício da soberania digital, entende-se que esses temas escapam ao objeto desta pesquisa, que é refletir sobre a transformação digital, e não sobre o papel das *big techs* na sociedade ou o debate democrático.

Não se nega a importância dessas temáticas, que merecem ser objetos de estudos e análises urgentes pela academia. De maneira geral, serão apresentadas, ao longo desta pesquisa, breves reflexões sobre as discussões referentes ao ambiente regulatório das redes sociais, à concentração econômica e à concorrência em mercados digitais, mas o aprofundamento nessa temática, sob o olhar da moderação de conteúdo e da perspectiva regulatória, desemboca em debates específicos sobre supervisão, atos de concentração, responsabilidade, democracia, etc., que ultrapassam o objetivo desta pesquisa e, também, mereceriam ser objetos de uma pesquisa específica.

Feitas essas ressalvas, as análises promovidas neste livro valem-se da abordagem Direito e Políticas Públicas, com o objetivo de alcançar a dimensão jurídica das políticas públicas. Para tanto, é adotada a perspectiva do direito, que surge como ferramenta, como um código de análise, nesse cenário multidisciplinar, em que é possível trabalhar diversos formatos de interação, o mapeamento normativo, a análise jurídico-institucional e atores envolvidos na locação de forças entre direitos relacionados ao tema da transformação digital.

Dessa forma, a primeira etapa do livro foi mapear os documentos normativos, apresentar um diagnóstico e propor medidas de engenharia jurídica que possam ser adotadas para contribuir com o debate e processo de formulação e implementação de políticas públicas voltadas para a transformação digital. Para tanto, o estudo adota uma perspectiva histórica e procura revisitar o processo de estruturação das medidas adotadas no plano normativo, recuperando os contornos e as discussões subjacentes a essas políticas públicas.

No entanto, a reconstrução normativa não é suficiente para explicar a complexidade do tema e o cenário jurídico e institucional atualmente existente no país. Por esse motivo, além do resgate do histórico normativo, esta pesquisa se propõe a desvendar os elementos institucionais e políticos envolvidos no entorno das políticas públicas para a transformação digital no Brasil. Esta análise crítica é importante, porque, apesar de existirem diversos documentos e normas que dão contorno jurídico à tecnologia e transformação digital, questiona-se até que ponto diversas dessas políticas possuem efetividade ou estão postas apenas como rótulos desprovidos de materialidade jurídica capaz de dar vazão aos desafios colocados para o Estado na identificação de oportunidades em uma sociedade cada vez mais digital.

Ao adotar a perspectiva histórica, o livro questiona se as medidas adotadas são suficientes para conferir efetividade às ações coordenadas pelo Estado, uma vez que se defende que o problema da tecnologia hoje não é mais necessariamente de disponibilidade, mas, sim, de escolhas e prioridades, o que gera consequências diretas ao campo do Estado, do direito e das políticas públicas.

Essa análise é importante porque, nos últimos anos, vivemos um dos momentos mais sensíveis de enfraquecimento do Estado e desmonte de políticas públicas desde a redemocratização. Para entender como essas políticas públicas atravessaram ou foram até mesmo propostas nesse contexto, será importante posicionar o papel da burocracia, em alinhamento com organismos internacionais, como patrocinadora interna dessa pauta e, ainda, a ausência de priorização do tema na arena política.

Conforme explicado anteriormente, para situar o debate brasileiro no plano internacional, optou-se ainda por apresentar como o tema vem sendo tratado no âmbito da União Europeia. A escolha da União Europeia se deu por dois motivos: primeiro, porque a Europa vem se destacando, no cenário internacional, como vanguarda na proposição de políticas públicas e regulamentações da tecnologia, por intermédio de uma verdadeira agenda digital, o que, na abordagem Direito e Políticas Públicas, auxiliará na apresentação de propostas para a realidade brasileira; segundo, porque, na perspectiva da teoria do Estado, a resposta dada pela União Europeia à crise decorrente da pandemia de COVID-19 foi a retomada do investimento nos Estados-Membros, por intermédio das revoluções gêmeas (*twin revolutions*): as agendas verde e digital.

Destacam-se, nesse processo, a priorização dessa agenda desde 2010 e, mais recentemente, com o *NextGenerationEU*, a decisão política do bloco europeu de tratar a agenda digital (em conjunto com a agenda verde) como eixo estruturante da reconstrução europeia, somado à busca de esforços para a preparação das futuras gerações para a transição digital. A escolha política feita pela UE é sustentada pelo alto investimento financeiro e tem gerado a mobilização dos Estados-Membros para mitigar os gargalos locais em relação à incorporação das tecnologias, com o olhar voltado para a cidadania e, sobretudo, para enfrentar os Estados Unidos e a China na corrida pela transformação digital.

INTRODUÇÃO

A economia digital e os efeitos da tecnologia são uma realidade e acarretam consequências sociais e jurídicas que demandam respostas eficientes e permanentes do Estado, principalmente no que tange à formulação e implementação de políticas públicas que conduzam a uma transformação digital apta a promover novas dimensões da cidadania.

Os Estados, por meio de políticas públicas, são responsáveis por fornecer o arcabouço jurídico e normativo que permita o desenvolvimento de infraestrutura digital estável e acessível a todos os envolvidos, por intermédio de ambiente institucional e legal que estimule a inovação e a integração das tecnologias digitais.

Governos e formuladores de políticas públicas possuem o desafio de moldar o futuro – invariavelmente digital – que aproveite ao máximo as oportunidades que a transformação digital oferece a fim de melhorar a qualidade de vida das pessoas e impulsionar o desenvolvimento nacional sustentável. Para tanto, a transformação digital deve ser pensada como condição para o exercício da cidadania.

Este livro partiu de algumas premissas. A primeira é que a transformação digital é um fenômeno complexo, e o Estado e as políticas públicas possuem um papel essencial nessa seara, que ultrapassa o elemento da discricionariedade estatal, na medida em que exige uma atuação coordenada entre entes públicos e privados, a partir tanto da formulação de arranjos jurídicos e normativos quanto da cooperação e coordenação institucional. Parte-se da premissa de que o problema da tecnologia hoje não é mais necessariamente disponibilidade e acesso, mas, sim, escolha pública.

A segunda premissa, que exige compreender o estado da arte, é que, apesar de existirem diversas iniciativas e políticas públicas para a transformação digital no Brasil, muitas dessas medidas carecem de efetividade e materialidade jurídica. São estratégias e documentos em linha com boas práticas internacionais, mas que ainda necessitam de coordenação, articulação, investimento público e priorização na arena política.

A terceira é que a burocracia se posiciona como ator estratégico apto a encampar e legitimar o avanço e a institucionalização das medidas em torno da transformação digital, com força suficiente para patrocinar a formatação legal e jurídica de diversos institutos, ainda que haja a suspeita de que muitos deles foram propostos como normas de convergência para a entrada do Brasil na Organização para a Cooperação e o Desenvolvimento Econômico (OCDE) e careçam de efetividade, institucionalidade, instrumentos jurídicos adequados e, ainda, a devida destinação de recursos orçamentários. Além disso, para sobreviverem em governos liberais-conservadores, essas iniciativas foram acopladas no discurso da eficiência e racionalização da burocracia e dos serviços públicos.

Embora o acoplamento dessas iniciativas à eficiência tenha sido o salvo-conduto para a manutenção e, até mesmo, desenvolvimento dessa pauta no cenário de desmonte de políticas públicas, essa escolha acabou gerando o efeito adverso de vincular a transformação digital, especialmente na dimensão Governo, à agenda de enfraquecimento e redução do Estado.

Também se levanta a suspeita de que a força da burocracia foi capaz de movimentar essa agenda dentro do âmbito do Poder Executivo federal, mas a ausência de vontade política, somada à indefinição da visão de longo prazo para a transformação digital, limitou o poder transformador dessas medidas e deixou os demais entes federados à deriva – esta é a quarta premissa.

Por fim, a quinta premissa a ser explorada é que o momento atual exige uma revisitação e ressignificação dessas medidas, a partir de compromissos que perpassam a arena da priorização política, jurídica e financeira, sob o olhar da cidadania. E assim como vem acontecendo na experiência internacional, a transformação digital deve ser percebida como nova fronteira de revolução a ser enfrentada pelo Estado.

Para tanto, observou-se o caminho que vem sendo percorrido pela União Europeia, sobretudo no que se refere aos documentos e estratégias, com a finalidade de encontrar boas práticas que possam servir de inspiração para o Brasil. Analisar as soluções implementadas por outros países não se destina a promover "transplante institucional" artificial de soluções encontradas em outros contextos políticos e sociais, mas, sim, a servir como base de discussão, a partir do processo de aprendizado com os erros e acertos cometidos por países que lideram algumas das frentes contidas nesse tema.

As fontes da pesquisa desta obra são essencialmente bibliográficas e documentais, e o trabalho é analítico. O método de pesquisa consistiu no levantamento, análise e organização do conteúdo dos atos normativos que estruturam a agenda digital, a partir da abordagem Direito e Políticas Públicas. Para mapear e compreender o sentido dessas normas, foram feitas buscas não apenas em legislações, mas também em documentos oficiais. Para evitar que a pesquisa pecasse na reprodução da oficialidade das medidas, tentou-se contornar esse risco com a interpretação e a análise somadas à literatura especializada em tecnologia, direito e economia digital.

Em essência, a investigação se situa no campo da teoria do Estado e aborda a relação entre o direito, a política pública e a transformação digital. Para análise do elemento jurídico, adotou-se a abordagem Direito e Políticas Públicas, que foca o seu viés analítico nos procedimentos e arranjos jurídico-institucionais que determinam os procedimentos e rotinas que conformam a ação governamental, analisando, sobretudo, o contexto político e as consequências dos elementos políticos constantes em todas as políticas públicas.

Este livro divide-se em quatro capítulos subsequentes a esta introdução. O primeiro capítulo faz as aproximações conceituais que se entenderam necessárias para a compreensão de temas da tecnologia e da transformação digital, sob a perspectiva do direito. Volta-se para o surgimento da economia digital e conceitua-se a transformação digital como um objeto em movimento e que deve ser compreendida sob os aspectos tecnológico, social e político. Ao adotar esse conceito complexo de transformação digital, observa-se que se trata de um problema de políticas públicas e, para estudá-lo, utiliza-se a proposta metodológica da abordagem Direito e Políticas Públicas, problematizando o desenvolvimento de estudos jurídicos relacionados a políticas públicas.

O segundo e o terceiro capítulos se propõem a identificar, respectivamente, o "mapa da área" da transformação digital na Europa e no Brasil. Para tanto, em ambos os capítulos, apresentam-se o histórico, o processo de formação e o estado da arte das políticas públicas para a transformação digital. O motivo de se ter escolhido a União Europeia como referência para esta pesquisa não é exatamente promover um estudo comparado, mas buscar uma contribuição na tecnologia jurídica adotada no plano internacional para trabalhar os conflitos inerentes ao tema.

No caso da União Europeia, ainda que tivesse sido necessário maior tempo de pesquisa *in loco* na Europa para aprofundar em críticas aos processos em curso, é possível afirmar que o continente tem investido na transformação digital, posicionando-se, a partir de uma verdadeira agenda digital, na vanguarda das regulamentações sobre a tecnologia e a transformação digital. Esses investimentos da União Europeia na transformação digital nunca foram tão altos e, junto com a agenda verde (*twin revolutions*), a Europa quer concorrer com Estados Unidos e China na posição de líder global na transformação digital, embora tenha chegado atrasada nesse debate.

Já quanto ao estudo das políticas públicas brasileiras, promovido no terceiro capítulo, em razão da amplitude do tema, foi traçado um recorte metodológico das normas, estratégias e planos formalmente propostos em âmbito federal, notadamente no âmbito dos Poderes Executivo e Legislativo. Assim, conforme exposto, ainda que indiretamente citadas, não foram analisadas medidas em curso no Judiciário e tampouco políticas públicas estaduais e municipais.

No capítulo 3, ainda, defende-se que, no Brasil, mesmo com os planos e estratégias em vigor, não há propriamente uma agenda digital, como nos moldes europeus. Essa afirmação, contudo, não significa que não houve avanços importantes nas últimas décadas. Há críticas a diversos planos e estratégias adotados pelo governo federal, mas se analisa como as políticas públicas para a transformação digital foram capazes, sobretudo graças à burocracia, de atravessar um cenário de enfraquecimento do Estado e desmonte de políticas públicas, ainda que com os limites decorrentes da visão que encaixa esse tema na agenda de gestão pública, como um fenômeno apolítico.

O quarto capítulo apresenta um diagnóstico das políticas públicas para a transformação digital, problematizando as escolhas adotadas pelos formuladores de políticas públicas, sob o aspecto jurídico-institucional. Neste ponto, são reconhecidos os avanços logrados pelo Brasil nas últimas décadas, especialmente no que se refere ao Governo

Digital, mas se problematiza o fato de essa evolução ter sido promovida mais no campo da burocracia e sem espelhamento na priorização política, a não ser quando vinculada à transformação digital, com a eficiência e redução da máquina pública. O desencontro entre a agenda da burocracia e da política gerou consequências importantes a serem analisadas nesta pesquisa.

Além disso, volta-se à problematização de que muitas políticas e estratégias parecem ter sido apresentadas para cumprir requisitos formais de convergência para possível adesão do Brasil à OCDE. Ao mesmo tempo em que é possível observar efeitos positivos desse movimento, resta colocado o fato de muitas dessas estratégias carecerem de fundamentos jurídicos capazes de fundamentar e sustentar uma política pública, tal como o Sistema Brasileiro para a Transformação Digital (SinDigital).

Propõe-se, ainda, novo paradigma para a definição de políticas públicas para a transformação digital no Brasil, à luz da cidadania, para a reconstrução do Estado. Por fim, apresenta-se o Quadro de Problemas de Políticas Públicas, ferramenta metodológica da abordagem Direito e Políticas Públicas, contendo proposta a ser adotada nos próximos anos para a transformação digital. Ao final, apresentam-se as conclusões da pesquisa e sugere-se o uso das propostas identificadas no Quadro de Problemas.

CAPÍTULO 1

TECNOLOGIA E TRANSFORMAÇÃO DIGITAL: UM PROBLEMA DE POLÍTICAS PÚBLICAS

Este capítulo tem por objetivo apresentar conceitos inerentes ao debate da tecnologia e da transformação digital, bem como justificar por que esse tema deve ser objeto de estudo no âmbito do Estado, do direito e das políticas públicas. Para tanto, é feita a demonstração de como, não apenas no Brasil, mas também em nível internacional, tem crescido o estudo de políticas públicas pelos juristas e, no Brasil, estão sendo desenvolvidas ferramentas metodológicas para esse estudo dentro da abordagem Direito e Políticas Públicas.

1.1 Tecnologia, transformação e economia digitais: aproximações conceituais

A tecnologia tem sido um disruptor significativo de padrões sociais e econômicos há muitos anos, e a sua disponibilidade em larga escala global tem transformado as cadeias globais de valor: novos modelos de negócios jamais imaginados no passado estão surgindo no contexto de uma economia cada vez mais digital. E o que se entende por economia digital?

1.1.1 O que é economia digital?

A expressão economia digital tornou-se popular depois da publicação, em 1995, do livro de Don Tapscott,[1] no qual o autor canadense

---
[1] TAPSCOTT, Dan. *Economia digital*: promessa e perigo na era da inteligência em rede. São Paulo: Makron Books, 1995.

trata da diferença entre a economia digital e a economia comum, explicando a mudança significativa que se produziu na forma com que navegam os fluxos de informação econômica, de maneira cada vez mais livre, sendo o conhecimento e a tecnologia os principais elementos dessa mudança. Se antes os negócios estavam focados em explorar o recurso do capital humano em ações práticas, agora os ativos físicos podem ser convertidos em virtuais – mas reais –, normalmente resultando no aumento da produtividade.

Além da proposta introdutória de Don Tapscott de definir a economia digital como representação da maior conectividade entre seres humanos e máquinas, por meio da tecnologia, Erik Brynjolfsson e Brian Kahin,[2] na obra *Entendendo a economia digital: dados, ferramentas e pesquisa*, defendem que o papel da economia digital é engajar o setor privado no desenvolvimento de pesquisas que fundamentam investimentos e decisões sobre políticas e promover melhor compreensão do crescimento e das implicações socioeconômicas da tecnologia da informação e do comércio eletrônico.[3]

Se pensados nos dias atuais, esses conceitos de economia digital lançados durante a década de 1990 não são muito elucidativos. Vale, contudo, a observação de que, naquele momento, a percepção da economia digital estava mais atrelada às mudanças nas figuras do produtor e do consumidor e na forma de interconexão e interdependência entre eles, somadas a uma própria reformulação do conceito de produto, serviço e mercadoria, a partir do uso de novas tecnologias.

Em outro momento referente a essas definições, a Organização para a Cooperação e o Desenvolvimento Econômico – OCDE (2012)[4] e o Tribunal de Contas Europeu (2013)[5] correlacionaram a economia digital à economia da internet. Em vez de ativos físicos e propriedades, o principal insumo das empresas, na internet, são dados, informações em tempo real e o conhecimento dos hábitos dos seus consumidores. Ainda que essa descrição seja útil para capturar a economia da internet,

---

[2] BRYNJOLFSSON, Erik; KAHIN, Brian. *Understanding the digital economy*: data, tools, and research. Cambridge, MA: MIT Press, 2002.

[3] O livro foi baseado em uma conferência oferecida pelos autores ao Departamento de Comércio dos Estados Unidos, durante o governo Clinton, em 1999.

[4] OCDE. *Relatório da Cooperação para o Desenvolvimento 2012*. Paris: OCDE, 2012. Disponível em: https://www.oecd-ilibrary.org/sites/dcr-2012-sum-pt/index.html?itemId=/content/component/dcr-2012-sum-pt. Acesso em: 12 jan. 2023.

[5] TRIBUNAL DE CONTAS EUROPEU. *Relatório de atividades 2013*. Luxemburgo: Serviço das Publicações da União Europeia, 2014. p. 49. Disponível em: https://www.eca.europa.eu/lists/ecadocuments/aar14/qjaa14001ptc.pdf. Acesso em: 12 jan. 2023.

a economia digital é uma expressão para referência em relação a todos os processos econômicos, transações, interações e atividades que são baseados em tecnologias digitais,[6] mostrando-se como ainda mais abrangente na medida em que captura qualquer uma das muitas ferramentas digitais usadas no mundo econômico atual.

Na atualidade, a economia digital pode ser definida como o conjunto de valores criados por um ecossistema global composto por pessoas, negócios e máquinas hiperconectadas e habilitadas por uma série de tecnologias e dados, tudo isso sob plataformas digitais que facilitam essas conexões.[7]

As novas dimensões atribuídas à economia digital trouxeram novos desafios socioeconômicos, sobretudo para os Estados, na medida em que a estratégia para desenvolver a economia digital envolve a criação de ecossistemas para transformação digital, que ultrapassam a concepção apenas da digitalização e se mostram como componentes interdependentes que envolvem não apenas o uso da tecnologia e de dados, como também de estruturas, serviços, capital humano, políticas e instituições.[8]

Neste sentido, Ostapiuk e Solsona[9] entendem que os estudos sobre o impacto da economia digital no desenvolvimento econômico e social, desenvolvidos pelo *Economic and Social Research Council*,[10] permitem estimar as principais características da economia digital, que, segundo Bukht e Heeks,[11] são: inclusão de bens e serviços cujo processo de produção e comercialização depende inteiramente de tecnologias

---

[6] Muitas vezes é atribuída a Don Tapscott, em seu livro de 1995, intitulado *Economia digital: promessa e perigo na era da inteligência em rede*.

[7] MENEZES, Heloisa. *Economia digital passada a limpo*: síntese e insights. Nova Lima: Fundação Dom Cabral, 2021. (Economia Digital, 7). p. 9.

[8] SZELES, Monica Raileanu; SIMIONESCU, Mihaela. Regional patterns and drivers of the EU digital economy. *Social Indicators Research*, [s. l.], v. 150, n. 1, p. 95-119, 2020 *apud* GOMES, Sofia; LOPES, João M.; FERREIRA, Luís. O impacto da economia digital no crescimento econômico: o caso dos países da OCDE.RAM. *Revista de Administração Mackenzie*, São Paulo, v. 23, n. 6, p. 1-31, 2022. Disponível em: https://www.scielo.br/j/ram/a/GTQPV4X8kW5bDKbZHb8tc7z/?lang=en. Acesso em: 16 mar. 2023; e também em: https://link.springer.com/article/10.1007/s11205-020-02287-x. Acesso em: 16 mar. 2023.

[9] OSTAPIUK, Marcin Roman Czubala; SOLSONA, Miguel Ángel Benedicto. Next generation European Union and the digital transformation: an opportunity for Spain. Disponível em: https://e-jlia.com/index.php/jlia/article/view/428. Acesso em: 7 fev. 2023.

[10] ESRC. *Economic and Social Research Council*. [S. l.]: Ukri, 2023. Disponível em: https://www.ukri.org/councils/esrc/. Acesso em: 12 jan. 2023.

[11] BUKHT, Rumana; HEEKS, Richard. Defining, Conceptualising and Measuring the Digital Economy *Development Informatics Working Paper*, [s. l.], n. 68, 1-26, Aug. 7, 2017. Disponível em: https://papers.ssrn.com/sol3/papers.cfm?abstract_id=3431732. Acesso em: 12 jan. 2023.

digitais; formação de uma rede mundial de atividades econômicas que são realizadas através do uso das TIC; fusão de tecnologias de uso geral com diferentes atividades econômicas e sociais; operacionalização com a ajuda da tecnologia digital; e, por fim, baseia-se na hiperconectividade de pessoas, organizações e máquinas, realizada por meio da internet, tecnologias móveis e internet das coisas.

A partir da ampliação do escopo do que se entende por economia digital, as tecnologias emergentes impulsionam o processo de transformação digital das organizações públicas e privadas. Mas como definir a transformação digital?

1.1.2 Em busca de conceitos: digitalização, digitização e transformação digital

Na obra de Larsson e Teigland,[12] diversos autores são citados para demonstrar a confusão em relação a termos como "digitização" (*digitization*), "digitalização" (*digitalization*) e "transformação digital" (*digital transformation*), frequentemente usados de forma intercambiável em várias configurações. No entanto, existem distinções importantes para compreender por que a expressão transformação digital tem ganhado destaque nos últimos anos.

O primeiro termo, "digitização", refere-se a um processo em que o uso de tecnologia digital/computacional (também aplicativos móveis) é adotado. O segundo termo, "digitalização", envolve a conversão de material analógico (como imagens, vídeo e/ou texto etc.). Pela definição dada por Wachal,[13] no processo de digitização, todos os itens já nascem digitais; eles não têm uma cópia física.

Já a expressão "transformação digital" é consideravelmente mais ampla e surgiu inicialmente para representar a transformação estratégica de negócios orientada para o usuário, exigindo mudanças organizacionais abrangentes e transversais, além da implementação de tecnologias digitais. Para Jason Bloomberg,[14] devido a esse escopo,

---

[12] LARSSON, Anthony; TEIGLAND, Robin (ed.). *Digital transformation and public services*: societal impacts in Sweden and beyond. Routledge: Oxon, UK. 2020. p. 26. Disponível em: https://papers.ssrn.com/sol3/papers.cfm?abstract_id=3502624. Acesso em: 12 jan. 2023.

[13] WACHAL, Robert. Humanities and computers: a personal view. *The North American Review*, [s. l.], v. 256, n. 1, p. 30-33, 1971.

[14] BLOOMBERG, Jason. Digitization, digitalization, and digital transformation: confuse them at your peril. *Forbes*, [s. l.], Apr. 29, 2018. Disponível em: https://www.forbes.com/sites/jasonbloomberg/2018/04/29/digitization-digitalization-and-digital-transformation-confuse-them-at-your-peril/?sh=12bdb16d2f2c. Acesso em: 18 jan. 2023.

[...] a transformação digital não é, na realidade, uma questão de implementação de um projeto, mas sim de toda uma série de projetos diferentes, exigindo efetivamente que a organização lide melhor com as mudanças em geral. Dessa forma, a transformação digital por si só torna a mudança organizacional essencialmente uma competência central, na medida em que o empreendimento busca se tornar orientado para o cliente de ponta a ponta.

Por esse motivo, digitalização (*digitalization*) e transformação digital (*digital transformation*) tendem a ser os dois termos mais úteis e significativos para explicar as mudanças e o impacto que a tecnologia teve na sociedade em geral, ou seja, algoritmos inteligentes facilitam nossas tarefas cotidianas e, em muitos casos, é quase impossível imaginar como poderíamos viver nos dias atuais sem eles.

De acordo com Brynjolfsson e McAfee, a digitalização, por sua vez, é um conceito ligado ao desenvolvimento das economias modernas, por intermédio da conversão das operações analógicas para o formato digital, englobando não apenas os processos econômicos, como também os sociais e políticos.[15]

No âmbito empresarial, o fundamento da transformação digital é a mudança integral no funcionamento de uma organização como resultado da implementação de tecnologias digitais. Para Dinusha Weerawardane, a transformação digital é uma mudança no papel da tecnologia dentro de uma organização, deixando de ser mera função de suporte para ser integrada a todas as áreas de negócios, modificando fundamentalmente suas operações e a maneira como ela entrega valor aos clientes. Não se confunde com a reengenharia de processos de negócios, pois se estende além da mera automatização de processos baseados em regras; em vez disso, concentra-se mais em reimaginar modelos e operações de negócios.[16]

Em artigo sobre as perspectivas da transformação digital para o ensino superior,[17] Weerawardane registra que o papel da tecnologia deixou de ser apenas função de automatização e suporte para se tornar

---

[15] BRYNJOLFSSON, Erick; MCAFEE, Andrew. The Business of Artificial Intelligence. What it can – and cannot – do for your organization. *Harvard Business Review*, Harvard, July 18, 2017. Disponível em: https://hbr.org/2017/07/the-business-of-artificial-intelligence. Acesso em: 18 jan. 2023.

[16] WEERAWARDANE, Dinusha. Digital transformation of Higher Education: what's next?. *New Vistas*, London, v. 7, n. 2, p. 3-7, 2021. Disponível em: https://doi.org/10.36828/newvistas.147. Acesso em: 12 jan. 2023.

[17] WEERAWARDANE, 2021.

elemento integrado em todas as áreas de negócios e serviços, inclusive permitindo criar modelos e reinventar operações a partir de tecnologias novas, como a internet das coisas, inteligência artificial, *big data*, *blockchain*, computação quântica, entre outras.

Conforme é possível perceber, existem muitas definições para o termo transformação digital, principalmente por ser um conceito novo. Além disso, não se restringe mais à esfera empresarial e passou a ser aplicado também de forma ampla para representar o processo de transição do analógico para o digital que vem ocorrendo no âmbito dos Estados na busca de soluções inovadoras para a implementação de políticas públicas.

1.1.3 Os aspectos tecnológico, social e político da transformação digital

Nos debates atuais, além de compreender o aspecto tecnológico da transformação digital, outros dois fatores de impulsionamento devem ser colocados em análise: o social e o político. Estes formam um *loop* no qual os processos sociais influenciam os processos tecnológicos e políticos, que, por sua vez, influenciam o significado de uma tecnologia, bem como as necessidades e padrões de uso entre os usuários finais.[18]

Compreendido sob os aspectos tecnológico, social e político, o conceito de transformação digital se torna mais relevante para esta pesquisa. Enquanto a digitização e a digitalização captam eventos específicos no processo de incorporação de tecnologias, o conceito de transformação já não está mais atrelado apenas à transformação dos processos das empresas; em realidade, refere-se aos processos de transformação que estão ocorrendo nas mais diversas frentes da economia, da sociedade e dos governos.

Para compreender a transformação digital sob os aspectos tecnológico, social e político, entende-se relevante traçar brevemente outras duas perspectivas: as abordagens sociológicas, relacionadas ao desenvolvimento tecnológico, e a percepção de que a transformação digital e o desenvolvimento tecnológico são alvos móveis (*moving targets*), por serem mudanças que ocorrem de forma acelerada, e não

---

[18] FRENNERT, Susanne. Hitting a moving target: digital transformation and welfare technology in Swedish municipal eldercare. *Disability and Rehabilitation: Assistive Technology*, [s. l.], v. 16, n. 1, p. 103-111, 2021. Disponível em: https://www.tandfonline.com/doi/epdf/10.1080/17483107.2019.1642393?needAccess=true&role=button. Acesso em: 27 mar. 2023.

de forma rara, sobrepõem processos ainda em desenvolvimento ou fase de implementação. Ao não esperar pelo próximo ciclo de planejamento ou aquisição, a transformação digital coloca os formuladores e implementadores de políticas públicas diante do constante desafio de eficácia e efetividade das medidas voltadas para adequação às novas fronteiras lançadas pela constante evolução da tecnologia.

1.1.4 Breves noções das abordagens sociológicas sobre a tecnologia

Existem diferentes abordagens sobre a interação da tecnologia com a sociedade. Em síntese, essas teorias oscilam entre a percepção das instituições e indivíduos como a força determinante para o uso e aceitação da tecnologia; teorias que percebem o uso da tecnologia como dependente de sistemas e estruturas socioeconômicas maiores; ou teorias que entendem a aceitação e uso da tecnologia como parte da prática social, constituída por relações mútuas entre materiais, estruturas sociais, instituições e significados.

Leonardo F. Nascimento[19] afirma que os dispositivos de *hardware* e *software* estão tão presentes em nosso cotidiano e nas instituições que o funcionamento da própria sociedade se tornou dependente dessas tecnologias. Segundo ele, sob o termo "digital", devemos entender não apenas as estruturas de *hardware* (computadores, servidores, provedores de internet, cabos submarinos que conduzem informações, etc.) e *software* (linguagens de programação que permitem o funcionamento e a comunicação daquelas estruturas de *hardware*), porque:

> O que torna o digital qualitativamente diferente das tecnologias anteriores é a capacidade que ele proporciona de "monitoramento, análise e informação sobre a vida social" (MARRES, 2017, p. 8). Todas as vezes que falarmos "do digital" ou de "tecnologias digitais" estaremos enfatizando os aspectos sociais e culturais dos mesmos nas sociedades contemporâneas. Queremos nos referir à totalidade de experiências que, direta ou indiretamente, guardam relações com os diferentes e multifacetados dispositivos digitais presentes na vida contemporânea.[20]

---

[19] NASCIMENTO, Leonardo F. *Sociologia digital*: uma breve introdução. Salvador: Edufba, 2020. p. 12-13. Disponível em: https://repositorio.ufba.br/bitstream/ri/32746/5/SociologiaDigitalPDF.pdf. Acesso em: 15 mar. 2023.

[20] NASCIMENTO, 2020, p. 12-13. O autor cita MARRES, N. *Digital sociology*: the reinvention of social research. Malden: Polity Press, 2017.

Afirma Nascimento que "[...] por outro lado, o digital é mais que somente a internet, a rede mundial de computadores conectados".[21] Ele ainda comenta que os diferentes pesquisadores que vêm se debruçando sobre o estudo dos fenômenos digitais se esforçam para adjetivar essa característica, que é, ao mesmo tempo, geral (ou seja, afeta todos os campos da sociedade) e revolucionária (no sentido de não conseguirmos evitar os efeitos nem retornar, mesmo que desejemos, ao estado social anterior ao seu aparecimento). Alguns dizem que o digital é pervasivo (no sentido de infiltrado, propagado, difundido); outros, que é a "mutação transversal da revolução informática" ou que é "fato social total", porque afeta "todos os aspectos da vida humana organizada: econômico, estético, cultural, o religioso, físico, geográfico, emocional e pessoal".[22] E completa: "Enfim, quer concordemos ou não com as terminologias empregadas por diferentes autores, o fato é que 'o digital está se tornando uma parte constitutiva daquilo que nos torna humanos'".[23]

Dentre os modelos e teorias sociológicas sobre a aceitação da tecnologia, destacam-se duas: a teoria da modelagem social e a teoria do determinismo tecnológico. Para a primeira, a sociedade desenvolve a tecnologia conforme seus valores sociais, econômicos e políticos dominantes em dado momento da história. Vale dizer, as relações sociais influenciam o desenvolvimento da tecnologia, e esta, por sua vez, influencia a sociedade.

Já a teoria do determinismo tecnológico defende que a sociedade reage e muda conforme muda a tecnologia. São duas visões em que, de um lado, a tecnologia é entendida como moldada pela sociedade através dos valores sociais, econômicos e políticos dominantes durante determinado momento da história e, de outro, a tecnologia é vista como uma força determinante que molda e constrói a sociedade.

Na primeira abordagem, as pessoas desempenham papel ativo no desenvolvimento e aplicação da tecnologia: engenheiros e desenvolvedores produzem tecnologias, usuários finais interpretam e dão sentido às tecnologias, e essas, então, se adotadas e adaptadas, mudam a sociedade. Esse processo é o fluxo no qual as relações sociais influenciam o desenvolvimento tecnológico, e a tecnologia influencia a sociedade.

Na segunda abordagem – determinismo tecnológico –, os humanos reagem e mudam de acordo com a tecnologia. Consequentemente,

---

[21] NASCIMENTO, 2020, p. 12.
[22] NASCIMENTO, 2020, p. 13.
[23] NASCIMENTO, 2020. O autor cita HORST, H. A.; MILLER, D. Digital anthropology. [London]: Bloomsbury Academic, 2012.

o estudo apoia o contra-argumento ao determinismo tecnológico: que várias tecnologias não são adotadas na sociedade a cada ano porque não atendem às necessidades dos usuários, o que demonstra que indivíduos e processos sociais influenciam a adoção de tecnologia e uso.

Existem ainda outros modelos e teorias de aceitação de tecnologia, como a teoria da ação razoável e o modelo de aceitação de tecnologia,[24] a teoria unificada de aceitação e uso de tecnologia[25] e o ajuste de tecnologia de tarefa,[26] os quais percebem a aceitação de tecnologia e uso como um produto das crenças, atitudes, normas e intenções do indivíduo.

Há, também, a abordagem teórica do substantivismo,[27] que interpreta o discurso da tecnologia como uma projeção de ideias e pontos de vista sobre o que constitui uma vida boa e uma vida prática. O substantivismo vê a tecnologia como meio e fim determinados pelo sistema, ou seja, é a negação da essência humana. Segundo essa visão, a manipulação dos homens pela tecnologia aniquila o potencial criador e aprisiona o sujeito em seus valores ideológicos a partir da ilusão de neutralidade criada pelo instrumento:

> O termo "substantivismo" foi escolhido para descrever uma posição que atribui valores substantivos à tecnologia, em contraste com as visões como a do instrumentalismo e a do determinismo, nos quais a tecnologia é vista como neutra em si mesma. O contraste aqui está realmente entre dois tipos de valor. A tese da neutralidade atribui um valor à tecnologia, mas é um valor meramente formal, a eficiência, que pode servir a diferentes concepções de uma vida boa. Um valor substantivo,

---

[24] SILVA, Patrícia Maria; DIAS, Guilherme Ataíde. Teorias sobre Aceitação de Tecnologia: por que os usuários aceitam ou rejeitam as tecnologias de informação? *Brazilian Journal of Information Science*, [s. l.], v. 1, n. 2, p. 69-91, jul./dez. 2007. Disponível em: https://revistas.marilia.unesp.br/index.php/bjis/article/view/35/34. Acesso em: 15 mar. 2023.

[25] Por exemplo, neste trabalho: BARBOSA, Raul Afonso Pommer; WATANABE, Carolina Yukari Veludo; SILVA, Rosália Maria Passos da. *Teoria unificada da aceitação e uso da tecnologia (Utaut2)*: uma validação do modelo a partir da implantação de um ERP. Trabalho apresentado no X Encontro de Estudos sobre Empreendedorismo e Gestão de Pequenas Empresas, São Paulo, 4 a 6 de julho de 2018. Disponível em: https://proceedings.science/egepe/trabalhos/teoria-unificada-da-aceitacao-e-uso-da-tecnologia-utaut2-uma-validacao-do-modelo?lang=pt-br. Acesso em: 15 mar. 2023.

[26] Por exemplo, neste trabalho: WERLANG, Ricardo Rafael. *Impacto do ajuste da tecnologia à tarefa na produtividade do usuário*. 2016. Trabalho de Conclusão de Curso (Bacharelado em Administração) – Escola de Administração, Universidade Federal do Rio Grande do Sul, Porto Alegre, 2016. Disponível em: https://www.lume.ufrgs.br/handle/10183/148512?show=full. Acesso em: 15 mar. 2023.

[27] MARCUSE, Herbert. *Tecnologia, guerra e fascismo*. Editado por Douglas Kellner. São Paulo: Unesp, 1999.

pelo contrário, envolve um compromisso com uma concepção específica de uma vida boa. Se a tecnologia incorpora um valor substantivo, não é meramente instrumental e não pode ser usada segundo diferentes propósitos de indivíduos ou sociedades com ideias diferentes do bem. O uso da tecnologia para esse ou aquele propósito seria uma escolha de valor específica em si mesma, e não só uma forma mais eficiente de compreender um valor pré-existente de algum tipo.[28]

Existem, por fim, teorias sobre a aceitação e uso da tecnologia como práticas sociais, constituídas por relações mútuas entre materiais, estruturas sociais, instituições e significados. Nessa perspectiva, os indivíduos são vistos como portadores de práticas. Como tal, a aceitação da tecnologia e o uso da tecnologia se originam da interação com outras pessoas e as estruturas da prática que elas sustentam. As práticas não mudam por uma tecnologia em si, mas a aceitação e o uso da tecnologia evoluem por meio de mudanças, rearranjos e reajustes dos elementos que mantêm a prática unida (objetos, infraestruturas, competências, imagens e significados).[29]

Não há uma perspectiva teórica correta sobre por que as pessoas usam e aceitam certas tecnologias. Cada teoria é mais adequada para diferentes formas e níveis de questionamento da mudança, aceitação e adoção da tecnologia. As teorias brevemente explicadas acima identificam diferentes elementos que caracterizam a tecnologia e o significado atribuído à importância relativa de grandes estruturas socioeconômicas ou práticas sociais, em oposição às características de indivíduos ou grupos.

O objetivo de citar essas teorias é demonstrar que, independentemente da abordagem seguida, a tecnologia está inexoravelmente inserida na sociedade, moldando estilos de vida, de modo que não mais se pode considerá-la um fenômeno isolado da dinâmica social ou apenas reduzi-la à ferramenta técnico-científica. Planejar e controlar a tecnologia são decisões políticas e, na maioria dos casos, questões inseridas no debate sobre escolhas e políticas públicas.

Assim, é importante compreender que as mudanças que estão ocorrendo na tecnologia são mais rápidas e menos incrementais do

---

[28] Conferência realizada para os estudantes universitários de Komaba em junho de 2003, sob o título de "What is Philosophy of Technology?". FEENBERG, Andrew. *O que é Filosofia da Tecnologia?* Tradução de Agustin Apaza. Revisão de Newton Ramos-de-Oliveira e Franco Nero Antunes Soares [S. l.]: [s. n.], 2015. Disponível em: https://www.sfu.ca/~andrewf/Feenberg_OQueEFilosofiaDaTecnologia.pdf. Acesso em: 15 mar. 2023.
[29] FRENNERT, 2021.

que aquelas que ocorrem nos sistemas sociais, econômicos e legais. Isso tende a ocasionar constante processo de incertezas sobre qual é o enquadramento econômico, social e jurídico a ser dado às imbricações decorrentes da adoção de novas tecnologias.

1.1.5 Tecnologia e o Dilema de Collingridge

Esse quadro de incertezas e percepção de que a tecnologia pode ser uma oportunidade ou uma ameaça, a depender de como serão feitas as escolhas públicas, demonstra a atualidade do Dilema de Collingridge, lançado por David Collingridge, em 1980, no livro *The social control of technology*, segundo o qual: "[...] quando a mudança é fácil, sua necessidade não pode ser antecipada; quando a necessidade de mudança é aparente, a mudança já se tornou cara, difícil e trabalhosa".[30]

Resumidamente, o argumento é de que cada mudança tecnológica traz progresso, mas também pode suscitar problemas de outra ordem, como no caso das telas, que trouxeram novas possibilidades de aprendizagem e entretenimento, mas que, ao mesmo tempo, reduziram o interesse pela leitura ou alteraram o processo de aprendizagem. Para ele, todas as inovações trazem algo de positivo, mas potencialmente podem causar problemas, o que se agrava porque, sendo a tecnologia algo irreversível, é difícil ou impossível retroceder após implantada uma inovação, mesmo que as consequências sejam terríveis ou não desejadas.

Esse dilema coloca-se diante do formulador de políticas públicas responsável por pensar medidas que conduzam a sociedade e as instituições no processo de transformação digital: não sendo o impacto das inovações tecnológicas facilmente previsto até que a tecnologia seja amplamente desenvolvida e difundida, incorporar, estimular ou controlar a tecnologia será difícil, porque, muitas vezes, os requisitos são irreconhecíveis e imprevisíveis, especialmente pela falta de dados e informações suficientes para a tomada de decisão. Assim, quando as inovações digitais estão mais maduras, os requisitos e necessidades de mudança são mais previsíveis e reconhecíveis, porém tendem a ser mais caros e difíceis de abordar.[31]

---

[30] COLLINGRIDGE, David. *The social control of technology*. New York: Saint Mark's Press, 1982. p. 11.

[31] Um exemplo que mostra a atualidade do Dilema de Collingridge em razão das mudanças tecnológicas e da falta de conhecimento e avaliação de muitas novas tecnologias é o caso do ChatGPT.

Conforme será estudado no próximo tópico, compreender a transformação digital como um objeto em movimento e que requer, além do aspecto tecnológico, um feixe de decisões políticas por parte dos Estados em prol da sociedade poderá auxiliar o formulador de políticas públicas a resolver, no caso concreto, o Dilema de Collingridge.

1.2 Transformação digital: como alcançar um objeto em movimento (*hit a movement target*)?

A rapidez com que a tecnologia avança tem, por consequência, gerado o aceleramento e o aprofundamento dos processos de transformação digital, e a dificuldade de determinar antecipadamente a direção para onde se está avançando gera consequências para o Estado, o direito e as políticas públicas.

De um lado, o Estado passa a incorporar diversas dessas tecnologias, o que reflete na necessidade de capacitação do corpo técnico, adaptações nos procedimentos administrativos e novos formatos na prestação de serviços públicos. De outro, cabe ao Estado fornecer a base para o desenvolvimento de infraestrutura digital estável e acessível a todos os envolvidos na cadeia de funcionamento da economia digital. E ainda cabe ao Estado formular e implementar políticas públicas, formatos institucionais e normas jurídicas que estimulem a inovação e a integração das tecnologias digitais, bem como proteger a população de excessos ou práticas distorcivas, relacionadas ao uso da tecnologia.

Assim, para além da criação de ambiente favorável, há o desafio de moldar o futuro digital, que aproveite ao máximo as oportunidades que a transformação digital oferece, a fim de melhorar a vida das pessoas e impulsionar o crescimento econômico, impedindo que essas transformações deteriorem o Estado Democrático de Direito e virem camadas adicionais de desigualdades e exclusão social.

A ação do Estado não parece ser uma opção: a corrida mundial pela transformação digital implica na busca pela adoção de novas tecnologias, o que gera inúmeros desafios. Cita-se, como exemplo, como a transformação digital está mudando a estrutura de governos, economias e sociedades e, portanto, levanta dúvidas e preocupações sobre os impactos imediatos e em médio e longo prazos para o desenvolvimento econômico e social dos países.[32]

---

[32] LEMOS, Ronaldo. Ronaldo Lemos: "A inteligência artificial precisa ser moderada". [Entrevista cedida a] Thaís Monteiro. *Meio & Mensagem*, São Paulo, 14 mar. 2023.

Filgueiras, Fernandes e Palotti, ao analisarem a transformação digital na realidade brasileira, traçam considerações aplicáveis em nível global, que deslocam o papel do Estado na revolução digital do campo da discricionariedade para um direito da sociedade:

> O Estado tem um papel essencial na revolução digital em curso, na medida que é o seu próprio agente transformador e sua mudança é catalizadora do aprofundamento da transformação da economia e da sociedade. Essa necessidade não parece ser uma mera discricionariedade do Estado, a sociedade exige que suas relações com os entes públicos sejam compatíveis, em termos de agilidade e qualidade, com aquelas disponíveis junto aos entes privados, mais do que isso, o padrão de qualidade dos serviços digitais é disseminado mundialmente através da internet pelos conglomerados globais de serviços digitais, então os Estados nacionais da periferia da economia mundial estão sendo obrigados a prestar serviços nos padrões dos entes privados existentes no núcleo da economia mundial.[33]

Além disso, para os referidos autores, o problema da transformação digital nos dias atuais não é mais necessariamente de disponibilidade de tecnologia, mas, sim, do Estado e das políticas públicas. Isso porque, em uma sociedade em que a tecnologia está em constante mudança, ao invés de se fixar na próxima evolução tecnológica, deve-se pensar nas escolhas públicas que darão sequência e segurança ao processo de transformação digital. Ao enfrentar objetos móveis (*hit a movement target*), é preciso estar aberto a modelos de governança e normas jurídicas que encorajem o uso responsável da tecnologia a partir da compreensão dos seus limites, riscos e benefícios.

O desafio lançado, sobretudo para os países periféricos, é de não apenas perceber rapidamente as melhores práticas e tentar difundi-las em seu território, como também favorecer a transformação digital da economia. Esse desafio, muitas vezes, é superior às capacidades disponíveis desses países, como no caso do Brasil.[34]

Disponível em: https://www.meioemensagem.com.br/sxsw/ronaldo-lemos-inteligencia-artificial#:~:text=N%C3%A3o%20%C3%A9%20que%20a%20intelig%C3%AAncia,Ele%20apresentou%20alguns%20comportamentos%20err%C3%A1ticos. Acesso em: 15 mar. 2023.

[33] FILGUEIRAS, Fernando; FERNANDES, Flávio C.; PALOTTI, Pedro L. M. *Digital transformation and public services delivery in Brazil*. Trabalho apresentado no 1º Congresso do INCT.DD, Salvador, 19 a 21 de setembro de 2018. Disponível em: http://www.inctdd.org/wpcontent/uploads/2018/08/filgueiras_v_final.pdf. Acesso em: 27 mar. 2023.

[34] CUNHA, Carlos Roberto Lacerda. *A transformação digital do Governo Federal brasileiro*: analisando as recomendações dos organismos internacionais. 2019. 34 f. Monografia (Curso

Isso porque um dos grandes desafios é a falta de regulamentação legal ou, ainda, a formulação de alterações legislativas que não são capazes de conferir proteção ou inserção adequada aos cidadãos e empresas nos processos decorrentes da transformação digital. Por outro lado, uma legislação que inibe o uso de novas tecnologias pode implicar no retardamento do desenvolvimento socioeconômico.

Por se tratar de um fenômeno complexo e, como vimos, de um objeto em movimento, a abordagem multidisciplinar envolvendo campos como direito, economia, finanças e especialistas em tecnologia é importante para o desenho de quadros jurídicos e normativos eficazes.

No caso da definição de políticas públicas, além dos instrumentos jurídicos adequados, entendemos ser necessária a reflexão sobre a priorização do tema na agenda governamental, especialmente da administração pública federal. Raros estudos anteriores a 2019 capturaram a gama complexa de ameaças e riscos propriamente sociais da transformação digital das políticas públicas.[35]

Estamos diante de uma mudança de período histórico, no qual a economia e a sociedade de serviços são fortemente influenciadas por esse processo. As ações tomadas nos últimos anos e as mudanças estruturais que estão em curso definirão como serão os países nas próximas décadas. O momento de construir pontes com o futuro é agora.

Quanto mais pujante for a institucionalidade e quanto mais estruturados forem os suportes técnicos e jurídicos à transformação digital, maiores serão as chances de aperfeiçoamento das políticas públicas para torná-las legítimas sob a perspectiva dos atores envolvidos, e mais eficazes em relação aos resultados a serem atingidos, com menores custos e maior durabilidade. Além do mais, o crescimento socioeconômico passa, necessariamente, pela dimensão digital da economia e pelos instrumentos jurídicos e normativos que estão sendo criados para as jornadas de transformações digitais por diversos países, sem perder de vista a noção de cidadania.

---

de Especialização em Informática) – Departamento de Ciência da Computação, Instituto de Ciências Exatas, Universidade Federal de Minas Gerais, Belo Horizonte, 2019. p. 10. Disponível em: https://repositorio.ufmg.br/bitstream/1843/33473/1/CarlosRobertoLacerdaCunha%20corrigida%20%281%29.pdf. Acesso em: 27 mar. 2023.

[35] STRAPAZZON, Carlos Luiz. Estado social digital: a transformação digital dos serviços sociais. *Espaço Jurídico Journal of Law*, Joaçaba, v. 23, n. 1, p. 87-108, jan./jun. 2022. Disponível em: https://periodicos.unoesc.edu.br/espacojuridico/article/view/30342/17459. Acesso em: 27 mar. 2023.

1.3 Proposta metodológica para o estudo da transformação digital: a abordagem Direito e Políticas Públicas

A partir desses conceitos e explicações iniciais, esta pesquisa pretende analisar como o Estado vem conduzindo as políticas públicas para a transformação digital por intermédio de ações estratégicas, planos, decretos, leis e discussões legislativas em curso.

No caso do Brasil, que é um país classificado pela *United Nations for Industrial Development Organization*[36] como *follower/producer* (países em que há empresas que se destacam na economia digital, mas com um grande grupo de empresas ainda bastante atrasadas), mapear essa agenda e identificar os avanços, desafios e retrocessos podem auxiliar no encadeamento de ações públicas para superar os obstáculos existentes e garantir o protagonismo do Brasil em nível internacional nessa corrida.

Ao analisar as últimas publicações de *rankings* internacionais, observa-se que a economia brasileira vem demonstrando avanços: o Índice de Transformação Digital da *Dell Technologies* 2020 (DT *Index* 2020) aponta que cerca de 87,5% das empresas instaladas no Brasil realizaram alguma iniciativa voltada à transformação digital em 2020,[37] mas ainda há um longo caminho a ser percorrido.

E esse caminho precisa ser percorrido imediatamente: de acordo com a *Oxford Economics*, até 2025, quase um quarto do PIB mundial virá da economia digital, em um valor aproximado de US$23 trilhões. Isso representa um aumento de US$1,7 trilhão no PIB global apenas com a economia digital. Ainda de acordo com o relatório, se as economias em desenvolvimento adotarem estratégias efetivas de alta digitalização, poderão ter um benefício de variação positiva do PIB de 1,6%. Para tanto, a *Oxford Economics* recomenda um conjunto de diretrizes imediatas a serem seguidas pelos países, tais como desenvolver uma estratégia digital nacional; priorizar o empreendedorismo e a inovação na economia; estimular os setores de tecnologia mais vibrantes; investir em recursos competitivos, como *big datas* e algoritmos; prover infraestrutura digital adequada; e reduzir as desigualdades digitais.[38]

---

[36] UNIDO. *Industrial Development Report 2020*. [S. l.]: Unido, 2020. Disponível em: https://www.unido.org/resources-publications-flagship-publications-industrial-development-report-series/idr2020. Acesso em: 27 mar. 2023.

[37] CALDAS, Vania. Investir em economia digital é desafio para impulsionar desenvolvimento social. *Trendsce*, [s. l.], 17 fev. 2021. Disponível em: https://www.trendsce.com.br/2021/02/17/investir-em-economia-digital-e-desafio-para-impulsionar-desenvolvimento-social/. Acesso em: 27 mar. 2023.

[38] DIGITAL SPILLOVER. Measuring the true impact of the Digital Economy. *Oxford Economics*, Oxford, 5 Sept. 2017. Disponível em: https://www.huawei.com/minisite/gci/en/digital-spillover/index.html. Acesso em: 27 mar. 2023.

Para observar o caminho percorrido por outros países que estão mais avançados em algumas das frentes referentes à transformação digital, optou-se por estudar as iniciativas em curso no âmbito da União Europeia (UE) para a transformação digital, bem como documentos produzidos pela OCDE. A opção pelo estudo de caso da UE se deu pelo protagonismo europeu em ser referência mundial na definição de estratégias e regulações para a transformação digital.

Conhecer a realidade da UE pode ser útil para refletir no caminho que vem sendo percorrido no Brasil, na medida em que é possível aprender com os erros cometidos e avaliar se as soluções encontradas podem servir de resposta para as necessidades locais.[39]

Essas questões foram enfrentadas inter-relacionando as políticas públicas com o recorte acadêmico jurídico, a partir do recorte metodológico proposto na abordagem Direito e Políticas Públicas, que vem sendo desenvolvida por Maria Paula Dallari Bucci, na Faculdade de Direito da Universidade de São Paulo.

Isso porque, não apenas no Brasil, tem-se observado o crescimento das pesquisas e estudos no campo do direito sobre políticas públicas. Lançar um olhar para as políticas públicas na perspectiva do direito ainda guarda diversos desafios e incompreensões no Brasil e no mundo, inerentes à análise de um objeto que, apesar de estar próximo ao direito, não é eminentemente jurídico, conforme exposto a seguir.

1.3.1 Desafios da interseccionalidade entre o direito e as políticas públicas

Em sua obra *Le droit néo-moderne des politiques publiques*, o autor suíço Charles-Albert Morand enfrenta a complexidade do tema do direito das políticas públicas, sob a premissa de que a massificação de políticas públicas finalísticas, que se incorporaram ao direito (sobrepondo-o ou servindo-o), promoveu diversas mudanças nos modos de ação do Estado: as políticas públicas, originalmente desenvolvidas no contexto de programas econômicos e sociais, invadiram todo o campo do direito, inclusive aqueles objetos de grandes codificações. Justamente diante dessas mudanças, Morand procura demonstrar em que medida essa transformação modificou a própria estrutura do direito e tenta analisar as consequências dessas alterações.

---

[39] CUNHA, 2019.

Para o autor, trata-se de lento processo iniciado com o surgimento do direito moderno e que continua até os dias atuais. Essa evolução, identificada por Morand, deve-se a diversos fatores, tais quais a importância das teorias econômicas, a complexificação progressiva da sociedade diante da capacidade dos sistemas sociais e, até mesmo, o processo de consolidação de normas em prol de compromissos inerentes ao marco civilizatório. Há, ainda, a substituição de comandos unilaterais por modos de atuação negociais e o progresso democrático que fez explodir a demanda por ações do Estado.[40]

Ao tratar do direito das políticas públicas, o autor o caracteriza, quando comparado com o pensamento jurídico tradicional de aplicação mecânica de regras gerais e abstratas, como um direito vago, confuso, incerto, aleatório e, muitas vezes, negociado, porque inexiste modelo bem definido que permita explicar a construção do direito das políticas públicas.

Assim, ao perceber que, para alguns, o direito das políticas públicas pode parecer a representação de um direito em declínio, um antidireito, Morand faz o seguinte questionamento: o que não se entendeu a respeito do direito das políticas públicas? Para responder a essa pergunta, ele analisa a incerteza sobre as fronteiras do direito a partir das formas que o Estado possui de influenciar comportamentos, sem, porém, promulgar normas jurídicas.

Contudo, para Morand, embora o critério da obrigatoriedade permaneça o mais seguro para distinguir o direito dos fatos ou de outros tipos de normatividade, esse critério não permite estabelecer uma fronteira clara e precisa, o que cria certo desconforto, porque comandos e recomendações podem ou não ser expressos em atos, tal como a lei, que geralmente são portadores de normas obrigatórias.

Apesar dessa vagueza do direito resultante da adoção de políticas públicas, de acordo com Morand, ao se colocar a serviço da realização das políticas públicas, o direito opera uma mutação tão importante quanto a que ocorreu durante o nascimento do direito moderno, na medida em que se afasta do modelo determinista e mecanicista que o apoiava. Ele muda o ritmo, torna-se mais flexível, mais incerto, mais complexo e muito menos previsível. O direito das políticas públicas não representa, assim, uma degradação do modelo de direito moderno, mas o surgimento de uma nova figura de racionalidade jurídica na qual o direito é totalmente suportado pelo imperativo da eficácia.

---

[40] MORAND, Charles-Albert (coll.). *Le droit néo-moderne des politiques publiques*. Paris: LGDJ, 1999. (Droit et Société, v. 42-43).

Para Morand, a relação entre direito e políticas públicas ainda está em fase de entendimento e não se pode deixar de considerar que o advento das políticas públicas representou profunda influência sobre as formas jurídicas, isso porque a estrutura linear e bem ordenada do direito moderno foi sucedida por formas complexas que se retroalimentam e fazem lembrar os caminhos de um labirinto. Esse labirinto possui dois aspectos: o empilhamento sucessivo de regras fixas e um complexo de princípios orientadores, que geram pensamentos de interesse concreto, não reproduzíveis, pois devem se adaptar a cada caso.[41]

Trata-se, na realidade, de um direito flexível, difuso, aleatório, caótico e complexo. Assim, para Morand, não há invariavelmente um caminho e uma saída certos, mas, sim, apenas pontas de fio metodológico que permitem introduzir um pouco de racionalidade. Assim, a nova dinâmica estatal identificada por Morand privilegia o olhar das políticas públicas, e o caminho para percorrer esse labirinto passa pela busca de metodologia que incorpore novas dimensões na formulação e implementação de políticas públicas, sob a reestruturação institucional em prol dos diversos arranjos e interesses da coletividade, mediante uma multiplicidade de caminhos a serem percorridos.[42]

O francês Jacques Caillosse também acrescenta importante contribuição a esse debate, com a percepção de que os temas da ação pública acabaram permanecendo mais no campo da sociologia do que no do direito, e faz importante questionamento quanto ao fato de a teoria das políticas públicas ter avançado em seu objeto de conhecimento, ignorando a dimensão jurídica inerente a esse objeto.[43]

Caillosse demonstra que há uma situação paradoxal quando as transformações em curso na teoria da ação pública levam juristas e sociólogos a se interessarem pelos mesmos objetos. Cita o exemplo da administração e das políticas urbanas e de gestão de território, que requererão dos sociólogos a compreensão de aspectos jurídicos e dos juristas que deverão enfrentar questões concretas:

> É possível tentar distinguir a parte de trabalho jurídico na condução de políticas públicas sem ter a intenção de aumentar o capital dos juristas sobre uma disciplina que não lhes reconhece nenhum e que, ao mesmo

---

[41] MORAND, 1999.
[42] MORAND, 1999.
[43] CAILLOSSE, Jacques. Quand l'analyse des politiques publiques se déplace côté "droit". In: MORAND, Charles-Albert (coll.). *Le droit néo-moderne des politiques publiques*. Paris: LGDJ, 1999. p. 511-519. (Droit et société, n. 42-43). Disponível em: http://www.persee.fr/doc/dreso_0769-3362_1999_num_42_1_1762. Acesso em: 20 fev. 2023.

tempo, é ignorada por eles. Essa guinada jurídica tem grandes chances de ser percebida pelos juristas como uma operação pouco interessante, pois esse direito de que aí se trata tem grandes chances de não ser reconhecido por eles.[44]

Assim como Morand, para Caillosse, propor uma abertura do lado do direito na teoria das políticas públicas pressupõe satisfazer certas exigências metodológicas, notadamente para ampliar o campo da juridicidade para além dos limites que lhe são tradicionalmente colocados pela doutrina jurídica dos juristas: deve-se tratar o jurídico como um material político sem deixar de ser, no entanto, jurídico, judicializável, vale dizer, com os protocolos colocados em operação pelos profissionais do direito.

Ao refletir sobre o substrato jurídico na análise de políticas públicas, Caillosse provoca interessante questionamento sobre qual é o papel do direito na renovação dos conhecimentos relativos à ação pública, notadamente diante do sintoma de uma desvalorização das funções sociais do direito.

De acordo com o autor, essa desvalorização está contida na reflexão sobre o Estado em atos ou a partir das políticas públicas, nos quais há um discurso que se orgulha de se destacar do direito e dos juristas. Investindo no campo das políticas públicas, a ciência política persegue, desse ponto de vista, um mesmo percurso; seu engajamento carrega os traços de uma mesma cultura, que, muitas vezes, é antijurídica.

Para Caillosse, adensar esse debate, mediante inventário do estado atual dos principais temas de pesquisa aplicada às políticas públicas, pode ser construtivo: isso mostraria que o direito só consegue aspirar a um papel residual. Contudo, o problema é de saber em que medida o direito, pelo qual e no meio do qual a maior parte dos juristas se reconhece, encontra sentido também fora do ambiente que o contém. Por esse motivo, parece não ser exagerado escrever que a literatura jurídica, na sua acepção mais ampla, investiga também a realidade.

> A tese postulando que o relato jurídico funciona sobre si mesmo sem interesse por outra coisa a não ser suas próprias palavras não resiste a um exame. Na espessura de suas palavras, o texto jurídico deixa entrever

---

[44] CAILLOSSE, Jacques. Le droit comme méthode? Réflexions depuis le cas français. *In*: RÉNARD, Didier; CAILLOSSE, Jacques; BÉCHILLON, Denys de (dir.). *L'analyse des politiques publiques aux prises avec le droit*. Paris: LGDJ, Maison des Sciences de l'Homme, 2000. [coll. Droit et Société]. p. 27-47. p. 30, tradução nossa.

a obra de múltiplos saberes aos quais o texto jurídico está ligado. Seu discurso não tem nada de fechado. Seu programa não é, sobretudo, o de descrever cientificamente a realidade: sua linguagem não é, de fato, uma garantia do que ela nomeia. Mas não é porque ela não tem pretensão a reduzir a verdade dos fatos às palavras que os fatos lhes sejam estrangeiros ou alheios.[45]

A grande contribuição de Caillosse é formular a hipótese de que o direito constitui uma prática social, o que conduz a uma dupla demonstração: não é suficiente dizer por que e como o direito pode ser pensado diferentemente de uma tradução técnica do positivismo acadêmico dominante; o exercício só tem sentido se ele permite introduzir o direito no tratamento das políticas públicas, ou seja, pensar o direito diferentemente para pensar diferentemente com o direito. Para o referido autor:

> [...] o direito deveria favorecer um quadro de inteligibilidade das políticas públicas porque seus objetos não se apresentam jamais sob a forma de eventos brutos ou de puros fatos. Toda política pública, pela força dos fatos, vai estar implicada no espaço do direito, e conter as marcas desse encontro inevitável: os atores não deixam de inserir o jurídico em seus cálculos estratégicos e, daí, as ações seguem trajetórias cujo desenho obedece a considerações jurídicas. Esse lugar que o direito ocupa inclusive na fábrica das políticas públicas, ao modo de um material sempre mobilizável, não justificaria, por si só, os princípios de leitura sugeridos aqui? Evidentemente, não é apenas o direito que tornará as políticas públicas inteligíveis: sua verdade não se enuncia de forma nenhuma nas categorias do pensamento normativo, mas nada que toma forma e sentido na política pública poderia escapar do trabalho do direito.[46]

Caillosse, assim como Morand e William Clune (que veremos a seguir), percebe que propor a abertura do direito na teoria das políticas públicas pressupõe satisfazer certas exigências metodológicas, o que necessariamente passa pelo campo da juridicidade e da percepção, não apenas da dimensão social, mas também da política e econômica. Isso porque, sem uma metodologia que dê identidade a esse campo da juridicidade, é possível que não haja o reconhecimento da produção acadêmica pelos demais campos do saber para a análise da dimensão jurídica das políticas públicas.

---

[45] CAILLOSSE, 2000, p. 35, tradução nossa.
[46] CAILLOSSE, 2000, p. 35, tradução nossa.

1.3.2 Clune e o mapa da área para o direito e as políticas públicas

Nos Estados Unidos, William H. Clune dedicou-se a aprofundar o significado de "direito e políticas públicas" para arriscar-se a lançar o mapa da área para o direito e as políticas públicas, demonstrando a importância de se conhecer a forma de pensamento do mercado e, também, da política. Uma das inúmeras contribuições de Clune é a tentativa de definição de critérios de aplicação ao perceber que o direito surge como ferramenta, como um código de análise nesse cenário multidisciplinar em que é possível trabalhar diversos formatos de interação.[47]

A partir da análise proposta por Clune, é possível perceber a complexidade do tema, uma vez que, ao mesmo tempo em que o direito pode ser a expressão da cristalização de demandas sociais em regras positivadas, também será decisivo na resolução da alocação de forças quando esses direitos entrarem em disputa – o que evidencia a relevância de alcançar a dimensão jurídica das políticas públicas.

A tentativa de Clune foi justamente traçar o arcabouço conceitual para situar o objeto direito e políticas públicas em uma estrutura epistemológica capaz de alcançar esse escopo. Outra contribuição importante de Clune resulta em desvelar a dimensão política do direito e das políticas públicas, que não pode ser ignorada: é fantasioso acreditar que as políticas públicas podem ficar restritas ao campo do tecnicismo, sendo necessário reconhecer que subjaz em toda política pública uma decisão ou uma disputa política.

Assim, é necessário reconhecer o direito também como política. A generalização de que o direito é afetado pela política é antiga, mas é necessário constatar que o direito é severamente atingido pela política e que a implementação de políticas públicas passa intrinsecamente pelo jogo político, no qual o compromisso é encontrado em todas as etapas e níveis do sistema, desde a negociação e renegociação de comandos jurídicos até a construção social da realidade em nível de campo.

Para Clune, a imagem do direito como um meio de troca passivo para negociadores de poder é tão falsa quanto a ideia do direito totalmente autônomo. Uma vez que o direito é política, há um enorme espaço para criatividade, adaptação e negociação, e esse direito político começa com os movimentos sociais, continua na "dança da legislação"

---

[47] CLUNE, William H. Law and Public Policy: Map of an Area. *Southern California Interdisciplinary Law Journal*, v. 2, p. 1-39, 1993.

(ou no drama do litígio institucional) e culmina na construção social na qual o jurista moderno, capacitado para a implementação, é pioneiro.[48]

Nesse espaço a que se refere Clune, as políticas públicas pressionam o direito das seguintes formas: estruturação da lei em torno de problemas de desempenho na economia; cooperação social e produto social positivo; persistência das estruturas jurídicas ao longo do tempo; organização em torno de grandes agregados sociais; capacidade de planejamento e adaptação; orientação central através da delegação e descentralização; mescla de autoridade pública e privada; e modificação do acesso à política, à luz do desempenho dos requisitos.

Essa juridicidade ultrapassa os limites que são tradicionalmente expostos pela doutrina. Neste sentido, Bucci[49] tem vocalizado a defesa da ampliação da dimensão jurídica das políticas públicas por intermédio da abordagem denominada "Direito e Políticas Públicas". Problematiza-se, nessa abordagem, qual é o espaço, na comunidade epistêmica jurídica, para esses estudos, na medida em que a dimensão jurídica das políticas públicas está em plena evolução e, ao avançar, provoca movimento de apropriação e reapropriação do direito por uma comunidade epistêmica, que, até pouco tempo, nas palavras de Caillosse, era alérgica ao direito.[50]

Ainda na esteira de Caillosse[51] e de Bucci,[52] o direito poderá fornecer um quadro de inteligibilidade das políticas públicas, porque toda política pública será implicada pelo direito desde o seu desenho até a sua implementação. Esta pesquisa busca, justamente, apresentar esse quadro de inteligibilidade sobre as políticas públicas para a transformação digital a fim de situar como o direito, posto no plano normativo, vem sendo operado a partir dos elementos econômicos, políticos e sociais intrínsecos ao tema e, para navegar neste labirinto, valer-se-á da abordagem Direito e Políticas Públicas.

---

[48] CLUNE, 1993.
[49] BUCCI, Maria Paula Dallari. O conceito de política pública em direito. *In*: BUCCI, Maria Paula Dallari (org.). *Políticas públicas*: reflexões sobre o conceito jurídico. São Paulo: Saraiva, 2006. p. 1-47.
[50] CAILLOSSE, 1999.
[51] CAILLOSSE, 1999.
[52] BUCCI, Maria Paula Dallari. Método e Aplicações da Abordagem Direito e Políticas Públicas. *Revista de Estudos Institucionais*, Rio de Janeiro, v. 5, n. 3, p. 791-832, set./dez. 2019. Disponível em: https://www.estudosinstitucionais.com/REI/article/view/430/447. Acesso em: 20 fev. 2023.

1.3.3 Abordagem Direito e Políticas Públicas (DPP)

A interseccionalidade entre o direito e as políticas públicas e a busca por um método que conduza o pesquisador nessa trajetória têm aberto uma nova abordagem para o universo jurídico. Na abordagem DPP, a primeira premissa a ser adotada é que as políticas públicas não são, *per si*, categorias definidas pelo direito, devendo ser compreendidas como arranjos complexos inseridos na atividade político-administrativa e que "[...] a ciência do direito deve estar apta a descrever, compreender e analisar, de modo a integrar à atividade política os valores e métodos próprios do universo jurídico",[53] mas sem reduzi-los à categoria jurídica.

Para Bucci, política pública pode ser conceituada como:

> [...] o programa de ação governamental que resulta de um processo ou conjunto de processos juridicamente regulados – processo eleitoral, processo de planejamento, processo de governo, processo orçamentário, processo legislativo, processo administrativo, processo judicial – visando coordenar os meios à disposição do Estado e as atividades privadas, para a realização de objetivos socialmente relevantes e politicamente determinados. Como tipo ideal, a política pública deve visar à realização de objetivos definidos, expressando a seleção de prioridades, a reserva de meios necessários à sua consecução e o intervalo de tempo em que se espera o atingimento dos resultados.[54]

Para além da abordagem conceitual, Bucci e Souza também denotam que o objeto de estudo das políticas públicas é intrinsecamente interdisciplinar, sendo possível percebê-lo a partir dos mais diversos campos do conhecimento, tais como economia, ciência política, entre outros, o que dá margem a diversas possibilidades de análises e interações.[55]

Diogo Coutinho, contudo, alerta que o fato de o direito estudar um objeto que a ele não é reduzido e que possui infindáveis conexões com os mais diversos campos do saber traz aos pesquisadores dificuldades de ordem conceitual, semântica, metodológica, teórica e prática.[56] Para Coutinho, bem como para Bucci, embora compreender

---

[53] BUCCI, 2006, p. 31.
[54] BUCCI, 2006, p. 39.
[55] BUCCI, Maria Paula Dallari; SOUZA, Matheus Silveira de. O estado da arte da abordagem direito e políticas públicas: primeiras aproximações. *Revista de Estudos Institucionais*, v. 5, n. 3, p. 833-855, set./dez. 2019. Disponível em: https://estudosinstitucionais.com/REI/article/view/431/415. Acesso em: 20 fev. 2023.
[56] COUTINHO, Diogo. O direito nas políticas públicas. *In*: MARQUES, Eduardo; FARIS, Carlos Aurélio Pimenta de (org.). *A política pública como campo multidisciplinar*. São Paulo: Editora Unesp; Rio de Janeiro: Editora Fiocruz, 2013. p. 181-200.

os papéis do direito nas políticas públicas não seja tarefa simples, é possível aperfeiçoar as políticas públicas desde a perspectiva jurídica, já que o direito pode cumprir importantes funções, tais quais:

> (i) determinar normativamente os objetivos a serem perseguidos; (ii) apontar, mesmo que de forma ampla, os instrumentos a serem utilizados para alcançá-los; (iii) criar canais de participação social e legitimação democrática; e (iv) estruturar arranjos institucionais voltados à coordenação de processos e à atribuição de tarefas e responsabilidades aos agentes em tais políticas envolvidos.[57]

Bucci e Coutinho entendem que, no campo das políticas públicas, não é indiferente ou aleatória a escolha dos caminhos e arranjos adotados para concretizar a decisão política, já que se trata do "[...] resultado de um esforço intencional e consciente no qual normas, processos, atores e instituições jurídicas desempenham um papel mais relevante do que, à primeira vista, pode parecer".[58]

Como se pode denotar, o direito não apenas dará forma e orientação para as políticas públicas, como também exercerá papel central em seu funcionamento, avaliação, aperfeiçoamento e substituição, razão pela qual se faz tão relevante o estudo do que ambos os referidos autores chamam de abordagem Direito e Políticas Públicas (DPP).

Bucci e Coutinho, portanto, adotaram como premissa que a aplicação das relações entre o direito e as políticas públicas deve ser organizada como abordagem, e não como campo ou subcampo do direito,[59] de forma a evitar que disputas disciplinares em um campo do saber novo se tornem não fecundas, "[...] especialmente se se está diante de problemas e soluções que requerem múltiplas especialidades",[60] como é o caso das políticas públicas.

No que se refere à abordagem DPP, Bucci e Coutinho ressaltam que:

---

[57] BUCCI, Maria Paula Dallari; COUTINHO, Diogo. Arranjos jurídico-institucionais da política de inovação tecnológica: uma análise baseada na abordagem de direito e políticas públicas. In: COUTINHO, Diogo; FOSS, Maria Carolina; MOUALEM, Pedro Salomon (org.). Inovação no Brasil: avanços e desafios jurídicos e institucionais. São Paulo: Blucher, 2017. p. 313-340. p. 317. Disponível em: https://openaccess.blucher.com.br/article-details/12-20820. Acesso em: 20 fev. 2023.
[58] BUCCI; COUTINHO, 2017, p. 317.
[59] BUCCI; COUTINHO, 2017, p. 316.
[60] BUCCI, 2019, p. 795.

[...] a ênfase está na concepção, implementação e funcionamento dos arranjos institucionais, expressões particulares de organização da ação governamental, em função de objetivos determinados. Sem perder de vista os fins, essa abordagem supõe que alcançá-los depende da existência de meios cujas engrenagens são, também elas, em larga e crucial medida, jurídicas. Pressupõe, ainda, que tais meios não podem ser tomados como dados, uma vez que requerem esforços de construção institucional complexos, no bojo de processos de experimentação e aprendizado. Cada arranjo jurídico institucional traduz uma diretriz, um elenco de atores governamentais e não governamentais, uma escala ideal, uma estratégia, enfim um quadro mais amplo, que incorpora também a dinâmica das relações entre os vários elementos. Por isso, a lente analítica de Direito e Políticas Públicas dá mais atenção para as normas infralegais, como os decretos, as portarias e os regulamentos, em razão do seu papel no preenchimento dos procedimentos e rotinas que definem, na ponta do processo, o funcionamento último das disposições mais abstratas dos comandos constitucionais e legais.[61]

Na abordagem DPP, não importa conhecer apenas a base normativa das políticas públicas, mas também se deve compreender o processo de construção e de implementação das políticas públicas, o que, para Coutinho, revela-se como um dos grandes desafios dessa abordagem, já que, sob o ponto de vista acadêmico, os juristas brasileiros estudam pouco políticas públicas e, ao fazerem, utilizam recursos metodológicos frágeis e escassos.[62]

Assim, do ponto de vista da pesquisa acadêmica e sob a égide da Constituição da República de 1988, urge a necessidade de se desenvolverem métodos de análise e abordagens que possam compor, no direito, um estudo integrado das políticas públicas. Acredita-se que, partindo das premissas lançadas pela abordagem DPP, é possível aprimorar métodos que consolidem um repertório e aprendizado aptos a serem replicados nos mais diversos contextos e campos analíticos para que, ao final, se alcance um tipo de conhecimento próprio a essa abordagem.

Apesar do certo distanciamento entre o direito e as políticas públicas anteriormente descrito, Bucci registra que, nos últimos anos, houve considerável ampliação da abrangência do estudo, pelo direito, das políticas públicas. Contudo, para a referida autora:

---

[61] BUCCI; COUTINHO, 2017, p. 316.
[62] COUTINHO, 2013, p. 182.

> [...] o aumento do volume e qualidade dessa produção, embora evidencie o seu objeto e núcleo de sentido – a ação governamental, coordenada e escala ampla, atuando sobre problemas complexos, a serviço de uma estratégia informada por elementos jurídicos (e não jurídicos) – não resulta necessariamente em condições mais propícias ao seu desenvolvimento. Ao contrário, a falta de um tratamento sistemático ou estruturado tende a reverberar a dispersão de ângulos de visão e temáticas, o que dificulta o aproveitamento coletivo do conhecimento acumulado.[63]

Ao avançar sobre a falta de tratamento sistemático ou estruturado que potencializa essa dispersão de ângulos e visões temáticas, Bucci evidencia que é justamente a reflexão sobre um método para a abordagem DPP que permitirá compreender seu objeto, bem como os problemas mais afetos ao tema, e ainda saber qual é o instrumental disponível para atingir esse objetivo.

Em síntese, o que propõe a referida autora é a fixação de referências comuns e procedimentos de pesquisa generalizáveis, "[...] que façam sentido para uma dada comunidade de pesquisadores e assim lhe permitam evoluir em conjunto"[64] e que possam ampliar o conhecimento sobre determinados temas.

Estruturada nessa perspectiva de estabelecer referências comuns e procedimentos de pesquisa generalizáveis é que Bucci vem discutindo as aptidões analíticas da abordagem DPP, diante da dificuldade de estabelecer um método para a pesquisa das políticas públicas sob o olhar do direito. Para Bucci, o método apresenta-se como "[...] necessidade evolutiva para o desenvolvimento de um campo de conhecimento. Ele é o caminho pelo qual se dá o conhecimento, o que implica consciência sobre o sujeito e o objeto do processo".[65]

Não restam dúvidas de que a abordagem DPP é uma temática extremamente complexa, mas representa a abertura do direito para novas perspectivas e abordagens de fronteiras com outras ciências, como a economia, a sociologia e a política.

Para enfrentar a problemática relacionada aos desafios para o Estado na implementação de políticas públicas para a transformação digital, será apresentado, no próximo capítulo, como o tema vem sendo tratado no cenário internacional, mais especificamente no âmbito da UE. E no capítulo 3, por sua vez, será analisada a realidade brasileira

---

[63] BUCCI, 2019, p. 792.
[64] BUCCI, 2019, p. 791.
[65] BUCCI, 2019, p. 797.

no que se refere ao conjunto de medidas e políticas públicas para a transformação digital. Em ambos os capítulos, a análise jurídica se dará sob o olhar da abordagem Direito e Políticas Públicas, na medida em que serão apresentados elementos institucionais e políticos inerentes a essa análise.

O fechamento desta pesquisa se dará, no capítulo 4, com a utilização de uma das ferramentas disponíveis na abordagem DPP, denominada Quadro de Problemas de Políticas Públicas, que será aplicado para apresentar propostas para a realidade brasileira. Dentro da abordagem DPP, essa é uma ferramenta concebida "[...] como contribuição ao campo de pesquisa multidisciplinar que realiza análise de políticas públicas, com foco nos pesquisadores que buscam ferramentas para compreender os aspectos jurídico-institucionais dessas políticas".[66]

Bucci já havia proposto, dentro da abordagem DPP, outra metodologia de pesquisa de políticas públicas no campo jurídico, denominada Quadro de Referência, com o objetivo de isolar o objeto de estudo mediante a análise do conjunto de atos normativos, decisões executivas e medidas operacionais que constituem uma política pública, a partir da identificação de elementos como: o nome oficial do programa de ação; gestão governamental que criou o programa; a base normativa; o desenho jurídico-institucional; agentes governamentais e não governamentais; mecanismos jurídicos de articulação; escala e público-alvo; dimensão econômico-financeira do programa; estratégia de implantação; funcionamento efetivo do programa e aspectos críticos do desenho jurídico-institucional.[67]

Contudo, Ruiz e Bucci identificaram que o uso do Quadro de Referência se revelou limitado para analisar programas que ainda não estão estruturados ou se encontram em processo de estruturação, "[...] visto que, nessas situações, não é possível identificar todos os elementos do Quadro e a visualização do problema resulta incompleta".[68]

---

[66] RUIZ, Isabela; BUCCI, Maria Paula Dallari. Quadro de problemas de políticas públicas: uma ferramenta para análise jurídico-institucional. *Revista Estudos Institucionais*, Rio de Janeiro, v. 5, n. 3, p. 1.142-1.167, set./dez. 2019. p. 1.143. Disponível em: https://www.estudosinstitucionais.com/REI/article/view/443/449. Acesso em: 16 mar. 2023.
[67] BUCCI, Maria Paula Dallari. Quadro de referência de uma política pública: primeiras linhas de uma visão jurídico-institucional. *Direito do Estado*, [s. l.], n. 122, 27 mar. 2016. Disponível em: http://www.direitodoestado.com.br/colunistas/maria-paula-dallari-bucci/quadro-de-referencia-de-uma-politica-publica-primeiras-linhas-de-uma-visao-juridico-institucional. Acesso em: 20 fev. 2023.
[68] RUIZ; BUCCI, 2019, p. 1.144.

Assim, o Quadro de Problemas de Políticas Públicas auxiliará a evidenciar o lugar do elemento jurídico na análise crítica dessas políticas públicas e a apresentação de soluções hipotéticas, no campo das políticas públicas, para o problema descrito.[69]

Para o objeto de estudo desta pesquisa, qual seja, as medidas e as políticas públicas para a transformação no Brasil, além de apresentar no capítulo 3 o estado da arte, a elaboração do Quadro de Problemas no capítulo 4 auxiliará na definição de propostas para o futuro dessas iniciativas, a partir da proposta de retomada da agenda de políticas públicas e de reconstrução do Estado social no Brasil. Para tanto, o próximo capítulo aprofundar-se-á no caso da UE, que vem tomando a liderança da transformação digital no que diz respeito ao desenvolvimento de políticas públicas e regulações que incentivem a transformação digital, mas fortaleçam os Estados e coloque as pessoas no centro desse debate.

---

[69] RUIZ; BUCCI, 2019, p. 1.144.

CAPÍTULO 2

SOLUÇÕES NO PLANO INTERNACIONAL: A TRANSFORMAÇÃO DIGITAL NO CONTEXTO DE UMA VERDADEIRA AGENDA DIGITAL EUROPEIA

Conforme já exposto, identificar as oportunidades e enfrentar os desafios da transformação digital não é um processo automático, mas, sim, requer ação política e estruturação de políticas públicas focadas no desenvolvimento econômico e bem-estar da população. Apesar de o objetivo desta pesquisa não ser propriamente a realização de um estudo comparado – até mesmo porque seria impossível comparar uma organização internacional com um único país –, há diversas iniciativas referentes à transformação digital que estão sendo propostas no plano internacional e que podem servir de inspiração para o Brasil encontrar, dentro das suas peculiaridades, inspiração para o aprimoramento das normas e políticas públicas para a transformação digital.

Dentre essas diversas experiências internacionais, optou-se por explorar o caso da União Europeia (UE), tanto pelo grau de priorização dada à transformação digital, como eixo estruturante e transversal para o desenvolvimento de políticas públicas pelos Estados-Membros, quanto pelo fato de que, desde a crise financeira de 2009, a UE lidera o que há de mais avançado em termos de normas e políticas públicas para enfrentamento de temas relativos à tecnologia digital.

Assim como no Brasil, há no plano internacional – e especialmente na UE – a percepção de que o desenvolvimento das tecnologias digitais influenciará e será influenciado não só por atitudes sociais, mas também pela definição de estratégias e tomadas de decisão pensando no futuro, já que o uso da tecnologia atingirá todos os campos das políticas públicas, tais como educação, saúde, transporte, planejamento urbano, etc., e exigirá respostas e adaptações para fornecer novos conceitos, ideias e modelos.[70]

Há no bloco europeu evidente percepção de que a transformação digital é o atual motor de crescimento econômico global, notadamente após o impulsionamento causado pela pandemia de COVID-19 e pela necessidade do desenvolvimento conjunto de uma agenda sustentável voltada para a economia verde. Para tanto, a UE estruturou uma verdadeira agenda comum para os Estados-Membros, composta por planos, estratégias, programas e enquadramentos financeiros, que totalizam significativa quantidade de alocação de recursos financeiros. Na realidade, este não é tema novo nas discussões do bloco: desde 2007, a agenda digital, ainda que com erros, vem ganhando espaço na priorização da UE, conforme se verá a seguir.

Todavia, antes de adentrarmos na agenda europeia, questiona-se: por que a Europa tem dedicado tantos esforços à transformação digital das suas economias e sociedades? Há um desequilíbrio da distribuição geográfica das plataformas globais, com predominância dessas empresas majoritariamente nos Estados Unidos e na China. Na Europa, essas empresas possuem impacto ainda limitado e, se somadas, representam valores residuais ao total de negócios gerados pelas competidoras americanas e chinesas.[71]

As plataformas digitais são pilares da economia digital e, conforme aponta Roberto Saracco, são para a transformação digital o que as linhas elétricas, rodovias e ferrovias foram para a transformação industrial: fornecem as infraestruturas de suporte à cadeia de valor e a cada interveniente na cadeia de valor. Contudo, guardam uma diferença crucial: a deslocalização, que lhes permite competir no cenário global.[72] Como vimos no capítulo anterior, essas mudanças geram impactos sociais e econômicos em todo o mundo.

Ainda de acordo com Saracco, as razões para essa emergência dos Estados Unidos na liderança de plataformas globais devem ser encontradas na liderança tecnológica e no quadro regulamentar. A grande parcela assumida pela plataforma asiática está relacionada principalmente ao enorme mercado chinês.[73]

---

[70] BERTONCELJ, A. Digital Transformation in the Context of European Union's Green Deal. *Amfiteatru Economic*, [s. l.], v. 24, n. 59, p. 5-7, 2022. Disponível em: https://www.amfiteatrueconomic.ro/temp/Article_3059.pdf. Acesso em: 8 jan. 2023.

[71] Cf. https://www.researchgate.net/figure/Dominant-digital-platforms-and-their-geographical-distribution-2020_fig3_345311738.

[72] SARACCO, 2020.

[73] SARACCO, 2020.

A UE saiu atrasada nessa corrida pela transformação digital e que, mais do que nunca, o bloco busca se posicionar para alcançar maior protagonismo internacional. Também em nível europeu, assim como em todo o mundo, a COVID-19 serviu como uma lupa que evidenciou fragilidades da digitalização dos serviços públicos e privados[74] e da importância que as tecnologias e infraestruturas digitais têm para as nossas economias e sociedades – inclusive para o exercício da soberania digital –, o que serviu como um acelerador para a transformação digital.

Enquanto os Estados Unidos optaram pela lógica de mercado liberal, com pouca regulamentação, e a China adotou o capitalismo de Estado, com interferência do governo nas atividades das economias, a Europa vem buscando construir uma economia de mercado pautada no social, com o desenvolvimento de políticas públicas para rivalizar na corrida pela transformação digital com os Estados Unidos e com a China, e com a criação de *frameworks* regulatórios que limitem o poder dessas grandes plataformas globais, também chamadas de *big techs*, por intermédio de modelos de múltiplos níveis, em razão da estrutura de funcionamento da própria UE, conforme veremos no próximo tópico.

2.1 Breve contextualização da UE

Antes de adentrar diretamente ao tema da transformação digital, é importante destacar que qualquer estudo dos efeitos da política à escala no bloco europeu deve ter em conta o fato de a UE não ser um país, mas uma confederação em curso, que, a depender da opinião do observador, pode ser considerada como em acelerado ou lento estágio de desenvolvimento.

Traçar uma breve explicação da estrutura da UE é importante porque diversos autores, ao analisarem o impacto da UE sobre as políticas públicas dos Estados-Membros, entendem que esse movimento faz parte de um processo mais amplo, denominado "europeização" ou, ainda, "efeito Bruxelas".[75] De um lado, significa dizer que há a prevalência das decisões das instituições europeias sobre os Estados-Membros e os mecanismos de *enforcement* para limitação dos Estados-Membros

---

[74] SCHMIDT, Carsten; KRIMMER, Robert. How to implement the European digital single market: identifying the catalyst for digital transformation. *Journal of European Integration*, [s. l.], v. 44, n. 1, p. 59-80, Feb. 7, 2022. Disponível em: https://www.tandfonline.com/doi/full/10.1080/07036337.2021.2011267. Acesso em: 29 jan. 2023.

[75] Também há o uso da expressão "efeitos Bruxelas" para fora da UE, quando as políticas públicas irradiam para fora outros países não integrantes do bloco.

na definição de prioridades, estratégias e matrizes em diversas áreas da política pública. De outro, refere-se ao "efeito Bruxelas" a replicação de decisões regulatórias e de políticas públicas da UE por outros países não integrantes do bloco.[76]

Sobre a primeira acepção do termo, Radaelli afirma que a:

> Europeização consiste em um processo de (a) construção, (b) difusão e (c) institucionalização de regras e procedimentos formais e informais, de paradigmas de políticas públicas, estilos, "formas de se fazer as coisas" e de crenças e normas compartilhadas que primeiro são definidas e consolidadas no processo de produção das políticas no âmbito da União Europeia e depois incorporadas na lógica do discurso, das estruturas políticas e das políticas públicas domésticas (nacionais e subnacionais).[77]

Esse processo de "europeização", inclusive das políticas públicas, resulta da experiência única de consolidação da UE, compreendida na atualidade como um poder público original, "em caminho".[78] Na medida em que assume, constantemente, novos contornos, é ambivalente: "[...] combina monismo e dualismo, que mescla elementos de um Tratado com elemento constitucional, que oscila entre unidade e fragmentação institucional, que alterna intergovernamentalismo e supranacionalidade".[79]

Atualmente, 27 países integram a União Europeia: Alemanha, Áustria, Bélgica, Bulgária, Chipre, Croácia, Dinamarca, Eslováquia, Eslovênia, Espanha, Estônia, Finlândia, França, Grécia, Hungria, Irlanda, Itália, Letônia, Lituânia, Luxemburgo, Malta, Países Baixos, Polônia, Portugal, República Tcheca, Romênia e Suécia.

A densidade do sistema político-administrativo comunitário evoluiu com o aprofundamento da integração entre os Estados-Membros,

---

[76] FARIA, Carlos Aurélio Pimenta de. *Políticas públicas e relações internacionais*. Brasília, DF: Enap, 2018. p. 72. (Coleção Governo e Políticas Públicas). Disponível em: https://repositorio.enap.gov.br/bitstream/1/3335/4/Livro_pol%C3%ADticas_p%C3%BAblicas_rela%C3%A7%C3%B5es_internacionais.pdf. Acesso em: 8 jan. 2023.

[77] RADAELLI, Claudio M. The Puzzle of Regulatory Competition. *Journal of Public Policy*, Cambridge, v. 24, n. 1, p. 1-23, 2004. p. 3. Disponível em: http://www.jstor.org/stable/4007800. Acesso em: 7 jan. 2023.

[78] A expressão "em caminho" é de Stefano Battini, o qual entende que a União Europeia é um poder público que tende a se identificar com o próprio percurso de desenvolvimento e com a finalidade que a sustenta, que é a da progressiva integração econômica, jurídica e política da Europa. BATTINI, Stefano. L'Unione Europea quale originale potere pubblico. *In*: CHITI, Mario P. (org.). *Diritto amministrativo europeo*. Milano: Giuffrè, 2013. p. 5, tradução nossa.

[79] BATTINI, 2013, p. 40.

fazendo com que a UE adquirisse uma estrutura composta de instituições propriamente comunitárias e, portanto, supranacionais, complementares aos aparatos organizacionais nacionais. Franchini e Vesperini, ao analisarem essa questão, lançam os seguintes apontamentos:

> A União Europeia tornou-se uma estrutura composta, porque compreende não apenas as instituições europeias e seus respectivos aparatos burocráticos, mas também aqueles dos Estados-membros, que são chamados a participar, em diversos níveis, do processo de elaboração das decisões supranacional. Esta evolução, por um lado, favoreceu o processo de integração europeia e, por outro, determinou consequência importante sobre o plano de organização administrativa dos Estados-membros, que tiveram de adequar suas próprias estruturas àquela supranacional.[80]

Trata-se de enquadramento institucional inovador, porém ainda inacabado, necessário para tornar possível o projeto de potencializar os mercados internos dos países-membros por intermédio da integração econômica, política e cultural, valendo-se, para tanto, não apenas de instrumentos legislativos, mas, também, operativos (ou executivos) e jurídicos.[81]

Nesse sentido, o artigo 13 do Tratado sobre a União Europeia (TUE), ao dispor sobre as instituições da UE, estabelece que esse quadro institucional "[...] visa promover os seus valores, prosseguir seus objetivos, servir os seus interesses, os dos seus cidadãos e os dos Estados-membros, bem como assegurar a coerência, a eficácia e a continuidade das suas políticas e ações".[82]

Para tanto, a UE opera por meio de sete instituições principais e numerosos organismos setoriais,[83] que oscilam entre o exercício de funções executivas, judiciais e legislativas.[84] Essas instituições são o

---

[80] FRANCHINI, Claudio; VESPERINI, Giulio. L'organizzazione. *In*: CASSESE, Sabino (org.). *Corso di Diritto Amministrativo*: Istituzioni di Diritto Amministrativo. 4. ed. Milano: Giuffré, 2005. p. 100-140. p. 120.

[81] MOLINA DEL POZO, Carlos Francisco. *Derecho de la Unión Europea*. Madri: Reus, 2011. p. 140 *et seq.*

[82] UNIÃO EUROPEIA. Tratado da União Europeia. *Jornal Oficial da União Europeia*, [s. l.], C 202, p. 13-45, 7 jun. 2016. Disponível em: https://eur-lex.europa.eu/resource.html?uri=cellar:9e8d52e1-2c70-11e6-b497-01aa75ed71a1.0019.01/DOC_2&format=PDF. Acesso em: 8 jan. 2023.

[83] Como exemplo de outros organismos europeus que desenvolvem ação consultiva, pode-se citar o Comitê Econômico e Social, o Comitê das Regiões, o Banco Europeu de Investimento etc.

[84] SOLENNE, Diego; VERRILLI, Antonio. *Compendio di Diritto Costituzionale*. 5. ed. Santarcangelo di Romagna: Maggioli, 2013. p. 43.

Parlamento Europeu, o Conselho Europeu, o Conselho da União Europeia, a Comissão Europeia, o Tribunal de Justiça da União Europeia, o Banco Central Europeu e o Tribunal de Contas.

O Parlamento Europeu, eleito a cada cinco anos, diretamente por cada país, e com a função de representar os cidadãos europeus, possui como principais atribuições, juntamente com o Conselho, debater e aprovar as leis e o orçamento da UE, além de exercer controle sobre as demais instituições, especialmente a Comissão.

O Conselho da União Europeia, que representa os governos nacionais e cuja presidência é assumida rotativamente pelos Estados-Membros, é o espaço em que os ministros dos Estados-Membros se reúnem para assegurar a aplicação da legislação europeia e garantir a coordenação das políticas da UE.

A Comissão Europeia, que zela pela defesa dos interesses gerais da Comunidade, bem como pela execução e correta transposição da legislação da UE para as ordens jurídicas nacionais, é um órgão multifuncional, que participa do exercício da função normativa e executiva, dotado, portanto, de dupla função: tanto a de exercer a atividade legiferante quanto a de assegurar a execução das políticas e dos fundos da UE.[85]

O Tribunal de Justiça, composto por um juiz de cada país e assistido por nove advogados-gerais, possui como atribuição interpretar o direito da UE para garantir a sua aplicação uniforme em todos os Estados-Membros. Também é responsável por solucionar litígios entre os governos nacionais e as instituições europeias, bem como julgar casos em que particulares tenham seus direitos infringidos por uma instituição europeia.

O Banco Central Europeu é responsável por definir a política econômica e monetária da UE, garantindo a estabilidade dos preços e do sistema financeiro, e o Tribunal de Contas controla as finanças do bloco europeu, monitorando a aplicação dos recursos europeus e potencializando a gestão financeira da UE.

Evidencia-se que, além do rompimento da barreira de estadualidade, típica das estruturas jurídicas e das políticas públicas nacionais, outra característica relevante da UE refere-se à inexistência de clara distinção entre os Poderes Executivo e Legislativo: sob a ótica da UE, o Poder Executivo é bicéfalo, porque ocorre não apenas no âmbito da

---

[85] UNIÃO EUROPEIA. *Perfis das instituições e dos organismos [da União Europeia]*. Bruxelas, 2023. Disponível em: http://europa.eu/about-eu/institutions-bodies/index_pt.htm. Acesso em: 8 jan. 2023.

Comissão, mas também do Conselho, que eventualmente é responsável pela competência de aplicar a norma europeia.

A própria Comissão, dessa forma, não pode ser identificada como um típico órgão executivo da UE, uma vez que também é responsável pela expedição de atos legislativos. A abertura conferida pela dinamicidade das múltiplas funções, desenvolvidas pelas instituições europeias responsáveis por elaborar e executar as normas comunitárias, retira do centro do debate eventual distinção caracterizada pelo critério funcional (se é executiva ou legislativa) e reposiciona a questão à luz da natureza jurídica dos atos expedidos, independentemente do *locus* de elaboração.

Como resultado desse complexo sistema de distribuição de competência supranacional, na qual o equilíbrio não mais se manifesta pela típica noção de tripartição de poderes, o elemento distintivo entre o ato administrativo e o ato legislativo será, basicamente, a identificação do procedimento adotado até a sua formação.

Assim, a noção de Poder Executivo dentro da UE apresenta ao menos duas dificuldades de delimitação: a primeira, de separá-lo, de forma clara e absoluta, do Legislativo; e a segunda, pelo fato de a execução das normas de direito público europeu não se restringirem apenas às instituições europeias, mas alcançarem, também, as administrações nacionais.[86]

De todas as formas, é possível afirmar que o principal órgão responsável por desempenhar a função executiva é a Comissão Europeia, muito embora existam diversos organismos e agências especializados por áreas temáticas, que fazem com que o Poder Executivo seja plural, policêntrico, com multiníveis de atuação.

Para Bitencourt Neto, configura-se "[...] um modelo de administração composta, em que um corpo administrativo da Comunidade divide com as Administrações nacionais a tarefa de realização do Direito comunitário", tanto retroalimentando os direitos administrativos internos dos Estados-Membros quanto reforçando as relações de influência do direito administrativo europeu.[87]

---

[86] MATTARELLA, Bernardo Giordio. Le funzioni. *In*: CHITI, Mario (org.). *Diritto Amministrativo Europeo*. Milano: Giuffré, 2013. p. 150.

[87] BITENCOURT NETO, Eurico. Direito Administrativo Transnacional. *Revista Eletrônica de Direito Administrativo Econômico (REDAE)*, Salvador, n. 18, p. 1-17, maio/jul. 2009. p. 8. Disponível em: http://www.direitodoestado.com.br/codrevista.asp?cod=375. Acesso em: 8 jan. 2023.

De acordo com Gonçalves[88] e Silva,[89] trata-se de função administrativa comum atuando mediante modelo misto de *joint administration*, "[...] baseada num processo de integração e na instituição de um espaço de condomínio entre administrações nacionais e órgãos da Administração Europeia",[90] buscando a cooperação administrativa, consagrada no artigo 197 do Tratado sobre o Funcionamento da União Europeia (TFUE).

Toda essa complexidade, brevemente narrada, é refletida na definição de políticas públicas no âmbito comunitário europeu, inclusive para o desenvolvimento da agenda digital europeia.[91]

2.2 A formação e o desenvolvimento da agenda digital na UE

Feitas essas considerações iniciais, volta-se agora para o processo de formação e desenvolvimento do que hoje é uma verdadeira agenda digital na UE. Para tanto, serão apresentadas as principais estratégias desenvolvidas no âmbito eurocomunitário correlacionadas ao tema da agenda digital até o ano de 2020, quando se adotou a estratégia "A Europa preparada para a era digital" (*A Europe fit for the digital age*).

2.2.1 Estratégia de Lisboa

Em 2005, durante o Conselho Europeu de Lisboa, lançou-se um desafio de tornar a UE uma economia mais dinâmica e competitiva no mundo, estruturada com base no conhecimento. Esse objetivo resultou na "Estratégia de Lisboa" ou "Agenda de Lisboa" e compreendeu o conjunto de ações direcionadas à modernização e ao crescimento sustentável da economia europeia.

Embora a Estratégia de Lisboa não se propusesse, especificamente, a estar voltada para a tecnologia e a transformação digital, o principal objetivo era tornar a economia europeia, baseada no conhecimento, mais

---

[88] GONÇALVES, Pedro. *Influência do Direito da União Europeia na Organização Administrativa dos Estados-membros*. Coimbra: Coimbra Editora, 2009. Disponível em: https://www.yumpu.com/pt/document/read/12980411/a-influencia-do-direito-da-uniao-europeia-na. Acesso em: 9 jan. 2023.

[89] SILVA, Suzana Tavares da. *Direito Administrativo Europeu*. Coimbra: Coimbra Editora, 2010.

[90] GONÇALVES, 2009, p. 3.

[91] GONÇALVES, 2009; SILVA, 2010.

dinâmica e competitiva no mundo, apta a promover um crescimento econômico sustentável, com mais e melhores empregos e com maior coesão social.[92]

Naquele momento, já se falava, contudo, na preparação para a transição para uma economia e uma sociedade pautadas no conhecimento, por intermédio das melhores políticas públicas no domínio da sociedade da informação e das práticas de inovação. E a partir dessas premissas lançadas para a modernização e diversificação das economias dos Estados-Membros, assentaram-se as bases para o início da formação da agenda digital europeia.

A Estratégia de Lisboa, apesar de ter sido uma iniciativa importante, não logrou produzir os efeitos esperados. Conforme exposto no início deste capítulo, quando comparada com os países líderes no desenvolvimento de tecnologias e de aceleração digital, tais como Estados Unidos e China, a UE saiu atrasada na corrida pela transformação digital. Dentre os pontos apresentados como fracasso, aponta-se justamente a ausência de vontade política para a implementação das medidas, somada à dificuldade de adaptação interna dos Estados-Membros em priorizarem os objetivos comuns traçados pela UE.[93]

2.2.2 Agenda Digital para a Europa

A tentativa de relançar a posição global da Europa na transformação digital[94] levou a UE a publicar, em 2010, na sequência da Estratégia de Lisboa, o primeiro documento estratégico, intitulado *Agenda Digital para a Europa*. Esse documento descreveu o caminho a ser seguido para difundir os benefícios da era digital no período entre 2010 e 2020, definindo as principais áreas de ação, apresentação dos objetivos a serem alcançados e propostas de iniciativas concretas.[95]

---

[92] CONSELHO ECONÓMICO E SOCIAL. *Estratégia de Lisboa*: Parecer de iniciativa (aprovado no Plenário de 24 de maio de 2005). Relator: Conselheiro Adriano Pimpão. Lisboa: CES, 2005. Disponível em: https://ces.pt/wp-content/uploads/2021/12/2005-parecer4.pdf. Acesso em: 9 jan. 2023.

[93] WYPLOSZ, Charles. The failure of the Lisbon strategy. *VoxEU*, [s. l.], 12 jan. 2010. Disponível em: https://cepr.org/voxeu/columns/failure-lisbon-strategy. Acesso em: 25 fev. 2023.

[94] EUROPEAN INVESTMENT BANK. *Who is prepared for the new digital age?*. Luxemburgo, 2023. Disponível em: https://www.eib.org/en/publications-research/economics/surveys-data/eibis-digitalisation-report.htm. Acesso em: 10 abr. 2023.

[95] COMISSÃO EUROPEIA. *COM(2010) 245 final*: Comunicado da Comissão ao Parlamento Europeu, ao Conselho, ao Comité Económico e Social Europeu e ao Comité das Regiões: Uma agenda digital para a Europa. Bruxelas, 2010. Disponível em: https://eur-lex.europa.eu/LexUriServ/LexUriServ.do?uri=COM:2010:0245:FIN:pt:PDF. Acesso em: 18 nov. 2022.

Naquele momento, o foco da agenda digital estava, à esteira da continuidade do processo de integração das economias europeias, na constituição de um mercado único digital (mercado comum) para suprimir entraves comerciais existentes entre os Estados-Membros e reforçar a integração econômica do continente europeu no âmbito do comércio eletrônico.

Desde o seu surgimento, o mercado comum europeu mostrou o seu enorme potencial de expansão, dada a força das economias dos Estados-Membros, e a UE percebeu que a fragmentação e falta de integração no âmbito digital ameaçariam a efetivação da livre circulação de mercadorias, de pessoas, de serviços e de capitais.[96]

Para evitar o comprometimento da integração do mercado europeu, o Plano de Ação da Agenda Digital para a Europa 2010-2020 elegeu temas estratégicos: melhoria do acesso digital dos consumidores a bens e serviços, por intermédio da uniformização do comércio digital e da derrubada de barreiras à atividade transfronteira digital; evolução da capacidade de conectividade europeia, a partir do aperfeiçoamento das infraestruturas digitais, investimento em segurança de dados, além de regulamentações e investimentos em inovação, competição leal e condições de concorrência igualitárias; aperfeiçoamento da capacidade da economia digital europeia – investimentos em tecnologia de informação, pesquisas em *big datas*, informatização de serviços públicos, etc.

O principal instrumento técnico que formalizou essa primeira onda da Agenda Digital Europeia foi a *Comunicação da Comissão ao Parlamento Europeu, ao Conselho, ao Comitê Econômico e Social Europeu e ao Comitê das Regiões: Uma Agenda Digital para a Europa*, oficialmente registrado como *COM(2010) 245 final*, publicado em Bruxelas, em 19 de maio de 2010.[97]

Por intermédio desse documento, buscou-se proporcionar benefícios econômicos e sociais sustentáveis de um mercado único digital baseado em internet rápida e ultrarrápida e aplicativos interoperáveis. Naquele momento, foi identificado o baixo desenvolvimento das políticas de tecnologias da informação e comunicação no bloco, em razão dos mercados digitais fragmentados.

No diagnóstico, foram relatados como principais entraves: a inexistência de mercado único digital; a falta de interoperabilidade, em razão da ausência da capacidade de sistemas, redes, aplicações ou

---

[96] COMISSÃO EUROPEIA. *COM(2010) 245 final*, 2010.
[97] COMISSÃO EUROPEIA. *COM(2010) 245 final*, 2010.

componentes de trocar e fazer uso de dados; o aumento da cibercriminalidade e risco de baixa confiança nas redes, sob a lógica de que, se os cidadãos europeus estivessem expostos a novas ameaças, não participariam em atividades virtuais a menos que se sentissem seguros; a falta de investimento em redes, especialmente na infraestrutura de rede de banda larga; os esforços de investigação e inovação insuficientes, juntamente com o fracasso na exploração da criatividade de pequenas e médias empresas e na conversão de ideias em inovações; a falta de literacia digital e competências: os cidadãos dos diferentes Estados-Membros da União Europeia careciam, em graus variados, de conhecimentos e competências digitais; as oportunidades perdidas para enfrentar os desafios globais, tais como mudanças climáticas e envelhecimento da população.

Do ponto de vista econômico, a digitalização da UE buscava definir um novo mercado único europeu de dados e informações: a estratégia passou pelo desenvolvimento sustentável, de acordo com a taxonomia da economia de cada Estado-Membro, em termos de tecnologia, inovação, atração de especialistas, crescimento do mercado e fortalecimento de provedores e usuários de serviços de TI, por meio de informação e comunicação.[98]

A partir desse documento e ao longo da sua implementação, a Comissão Europeia definiu os eixos cruciais para aumentar a digitalização dos Estados-Membros, a saber: a qualidade das estruturas digitais; a formação da força de trabalho no contexto digital; o desenvolvimento e a implementação das novas tecnologias nas pequenas e médias empresas; e o incentivo à digitalização das administrações públicas dos países. A partir desses eixos, foram previstos requisitos mínimos de alocação de recursos para o objetivo digital comum.

Isso porque, ainda que o bloco europeu seja composto majoritariamente por economias avançadas, cada um dos Estados-Membros possui um estágio diferente em termos de desenvolvimento econômico e tecnológico. Ao pavimentar os objetivos comunitários, a UE esperava, a partir de requisitos mínimos, que cada Estado-Membro voltasse às suas peculiaridades nacionais para a transformação digital.[99]

---

[98] IONESCU, Romeo Victor *et al*. Quantifying the digitalisation impact on the EU economy. Case study: Germany and Sweden vs. Romania and Greece. *Amfiteatru Economic*, Bucharest, v. 24, n. 59, p. 61-76, Feb. 2022. Disponível em: https://www.amfiteatrueconomic.ro/temp/Article_3064.pdf. Acesso em: 8 jan. 2023.

[99] KAMOLOV, Sergey; STEPNOV, Igor. Sustainability through digitalization: European strategy. *E3S Web of Conferences*, [s. l.], n. 208, 03048, p. 1-8, 2020. Disponível em: https://www.e3s-conferences.org/articles/e3sconf/pdf/2020/68/e3sconf_ift2020_03048.pdf. Acesso em: 9 jan. 2023.

Como exemplo, estudos apontam que os países europeus de economia emergente, tais como a Romênia e a Grécia, caracterizam-se pela baixa aderência aos programas de desenvolvimento digital da UE e pela falta de apoio a projetos por parte das economias nacionais, fato que conduz à instabilidade empresarial no setor digital, instabilidade essa que é delimitada pelo horizonte de monitorização estabelecido no nível da UE.[100]

Com respaldo nas bases lançadas na Agenda Digital 2010-2020, diversos outros documentos, estratégias e diretivas foram aprovados durante a última década na UE, conforme exposto a seguir.

2.2.3 Estratégia Europeia de Cibersegurança

Lançada em 2013, atualizada pela primeira vez em 2017 e novamente em 16 de dezembro de 2020,[101] a Estratégia Europeia de Cibersegurança tem como objetivo garantir a segurança e a resiliência dos sistemas e redes de informação no espaço europeu, com três focos de ação.

O primeiro foco refere-se ao fortalecimento da resiliência e da segurança da infraestrutura crítica: a UE visa proteger as redes e sistemas de informação que são essenciais para o funcionamento da sociedade, como as redes de energia, transporte e saúde.

O segundo está em desenvolver base para a ciberdefesa comum, com capacidade de resposta integrada para combater ameaças cibernéticas, garantindo a cooperação e a coordenação entre os países-membros.

O terceiro está atrelado à promoção da cultura de cibersegurança: a UE mapeou a necessidade de trabalhar para aumentar a consciência e a compreensão dos cidadãos e das empresas sobre os riscos cibernéticos e as melhores práticas para se protegerem.

Algumas das medidas concretas previstas na Estratégia Europeia de Cibersegurança incluem: estabelecer um centro de competência europeu em cibersegurança para melhorar a cooperação entre os países-membros; reforçar as obrigações dos fornecedores de serviços essenciais em relação à cibersegurança; desenvolver a certificação de segurança cibernética para ajudar as empresas a avaliar e comunicar seu

---

[100] IONESCU *et al.*, 2022.
[101] COMISSÃO EUROPEIA. *Nova estratégia de cibersegurança da UE e novas regras para aumentar a resiliência das entidades críticas físicas e digitais.* Bruxelas, 16 dez. 2020. Disponível em: https://ec.europa.eu/commission/presscorner/detail/pt/qanda_20_2392. Acesso em: 18 fev. 2023.

nível de segurança; promover a cooperação internacional em questões de cibersegurança e a adoção de normas internacionais.

A novidade constante no documento aprovado em Bruxelas em 2020 (com base nas respostas dadas à Comissão Europeia em 2019) na estratégia de cibersegurança são algumas novas iniciativas recomendadas. A primeira é a implantação de um ciberescudo ao conjunto de países da UE, composto por centros de operações de segurança que utilizam a inteligência artificial e a aprendizagem automática para detectar precocemente indícios de ciberataques.

Esses Centros de Análise e Partilha de Informação (ISAC) já existiam nos Estados Unidos como parte de um conceito introduzido durante o governo do presidente Bill Clinton, desde maio de 1998, ou seja, 25 anos atrás, dedicados a fazer coleta, análise e compartilhamento de informações entre instituições fundamentais para o funcionamento político e econômico dos países, utilizando infraestruturas e sistemas nacionais.

Ainda sobre o modelo americano, em fevereiro de 2015, o presidente Barack Obama assinou uma ordem executiva orientando o Departamento de Segurança Interna dos EUA (DHS, em inglês: *Department of Homeland Security*) a incentivar o desenvolvimento de Organizações de Compartilhamento e Análise de Informações (ISAOs) para empresas privadas, organizações sem fins lucrativos, departamentos governamentais e agências estaduais, regionais e locais.[102]

A proposta da diretiva da Comissão Europeia relativa à resiliência das entidades críticas aumenta a abrangência dos setores de infraestrutura, já que as regras da UE envolviam apenas os setores de energia e transportes, e a nova diretiva propõe dez áreas: energia, transportes, setor bancário, infraestruturas dos mercados financeiros, saúde, água potável, águas residuais, infraestruturas digitais, administração pública e espaço.

---

[102] A íntegra da ordem executiva pode ser encontrada em: USA. The White House. President Barack Obama. *Executive Order*: Promoting Private Sector Cybersecurity Information Shari. USA, Feb. 13, 2015. Disponível em: https://obamawhitehouse.archives.gov/the-press-office/2015/02/13/executive-order-promoting-private-sector-cybersecurity-information-shari. Acesso em: 18 fev. 2023. A Universidade do Texas, em San Antonio, foi encarregada, em outubro de 2015, de criar padrões e diretrizes para criar e operar ISAOs, que voluntariamente compartilham inteligência de ameaças entre si e com o governo. Os setores que atuam, nos EUA, com ISACs e ISAOs são os seguintes: água e esgoto, assistência médica, automotivo, aviação, defesa, educação e pesquisa, energia, esportes, imobiliário, infraestrutura crítica, petróleo e gás, saúde, serviços financeiros, serviços jurídicos, setor público, tecnologia, tecnologia da informação, transporte (segurança marítima, portuária, transporte terrestre, transporte público rodoviário), varejo e hotelaria.

O ciberescudo a que se refere a atualização de 2020 da Estratégia Europeia de Cibersegurança segue certamente o modelo norte-americano. As ISACs europeias existentes são monitoradas para que sejam detectadas anomalias eventuais e invasões, em tempo real, e a UE se dispõe não só a implantar novos centros, mas também a formar pessoal qualificado e competente para a sua gestão.[103] [104]

A segunda iniciativa é chamada de ciberunidade conjunta, que significa a reunião de todas as comunidades de cibersegurança dos países-membros, com o objetivo de trocar informações sobre as respectivas percepções de ameaças e, assim, reagir coletivamente a ameaças ou incidentes transfronteiriços graves, como uma espécie de sistema de torres de vigilância. A intenção é proporcionar um espaço colaborativo para as comunidades civis, diplomáticas, repressivas e militares no domínio da cibersegurança, que serviria igualmente como ponto de contato para o compartilhamento de informações sobre ameaças no domínio da cibersegurança. Para esse fim, a Comissão busca aumentar recursos e capacidades relacionados com a cibersegurança, disponíveis na UE.

Sob o ponto de vista orçamentário, está previsto um financiamento da UE no Quadro Financeiro Plurianual em favor da cibersegurança, no âmbito do Programa Europa Digital, e da pesquisa sobre cibersegurança, no âmbito do Programa Horizonte Europa, com especial destaque para o apoio às pequenas e médias empresas, que pode alcançar 2 bilhões de euros. Os investimentos no conjunto da cadeia de abastecimento em tecnologias digitais devem representar, no mínimo, 20% dos fundos do Mecanismo de Recuperação e Resiliência (MRR). Mais detalhes desses programas e do MRR serão analisados ainda neste capítulo.

Outra fonte prevista é o Fundo Europeu de Defesa[105] (FED), em colaboração com parceiros internacionais no quadro das Nações Unidas e de outros órgãos internacionais, como a Organização do

---

[103] PARLAMENTO EUROPEU. *Política externa*: objetivos, instrumentos e realizações. Luxemburgo, 2023. (Fichas técnicas sobre a União Europeia). Disponível em: https://www.europarl.europa.eu/factsheets/pt/sheet/158/politica-externa-objetivos-instrumentose-realizacoes. Acesso em: 19 fev. 2023.

[104] Historicamente, a Política Externa e de Segurança Comum (PESC) da União Europeia foi instituída em 1993, tendo sido reforçada por vários tratados posteriores.

[105] COMISSÃO EUROPEIA. *Fundo Europeu de Defesa*: investimento de cerca de mil milhões de EUR para reforçar as capacidades de defesa da UE e novos instrumentos para a inovação no domínio da defesa. Bruxelas, 25 maio 2022. Disponível em: https://ec.europa.eu/commission/presscorner/detail/pt/IP_22_3283. Acesso em: 18 fev. 2023.

Tratado do Atlântico Norte (OTAN). Propor-se-ão normas e padrões internacionais para alinhamento de valores fundamentais, como um serviço público europeu de resolução de nomes de domínios na internet, um regramento mais complexo para a internet das coisas e instrumentos mais sólidos de ciberdiplomacia, tudo dentro da revisão do Quadro Estratégico da UE para a Ciberdefesa.[106]

2.2.4 Estratégia para o Mercado Único Digital na Europa

Em 2015, a Comissão Europeia lançou a Estratégia para o Mercado Único Digital na Europa COM(2015).[107] Nesse documento, a Comissão entendeu que os problemas de avanço digital dos Estados-Membros eram semelhantes e que a escala nacional estava limitada para enfrentar todos os desafios transformacionais colocados para garantir a livre circulação de mercadorias, pessoas, serviços e capitais e em que os cidadãos e as empresas podem se beneficiar de um acesso sem descontinuidades.

O foco dessa Estratégia estava na criação das condições adequadas para o desenvolvimento de redes e serviços digitais – o que implica a disponibilidade de infraestruturas de alta velocidade, seguras e confiáveis; e de serviços de conteúdos, apoiados por condições regulamentares adequadas que promovam a inovação, o investimento, a concorrência leal e condições de concorrência equitativas.

Para tanto, a Estratégia para o Mercado Único Digital assentou em três pilares: "Melhor acesso dos consumidores e empresas a bens e serviços em linha em toda a Europa [...]. Criação das condições adequadas para o desenvolvimento de redes e serviços digitais [...]. Otimização do potencial de crescimento da nossa Economia Digital Europeia".[108]

Como parte essencial da Estratégia para o Mercado Único Digital, a Comissão Europeia publica anualmente o Relatório de Progresso Digital da Europa,[109] que monitora o progresso em políticas digitais

---

[106] COMISSÃO EUROPEIA. *Nova estratégia de cibersegurança da UE*, 2020.
[107] COMISSÃO EUROPEIA. *COM(2015) 192 final*. Comunicado da Comissão ao Parlamento Europeu, ao Conselho, ao Comité Económico e Social Europeu e ao Comité das Regiões. Bruxelas, 2015. Disponível em: https://eur-lex.europa.eu/legal-content/PT/TXT/PDF/?uri=CELEX:52015DC0192&from=PT. Acesso em: 8 jan. 2023.
[108] COMISSÃO EUROPEIA. *COM(2015) 192 final*, 2015.
[109] CONSELHO EUROPEU; CONSELHO DA UNIÃO EUROPEIA. *Construir o futuro digital da Europa*: Conselho adota Conclusões. Comunicado de Imprensa. Luxemburgo, 9 jun. 2020. Disponível em: https://www.consilium.europa.eu/pt/press/press-releases/2020/06/09/shaping-europe-s-digital-future-council-adopts-conclusions/. Acesso em: 8 jan. 2023.

nos Estados-Membros. O relatório avalia comparativamente desenvolvimentos em conectividade, competências digitais, uso de internet por cidadãos e empresas, serviços públicos digitais e investimento em pesquisa, desenvolvimento e inovação em TIC.

2.2.5 A Cimeira de Taline de 2017 e o Mecanismo Interligar a Europa

Em setembro de 2017, durante a presidência da Estônia no Conselho Europeu, ocorreu a Cimeira Digital de Taline, com o objetivo de lançar debates em alto nível sobre planos de inovação digital para inserir a Europa na vanguarda tecnológica e torná-la líder digital global nos próximos anos.

Entre as conclusões estava a necessidade de dar continuidade à Agenda Digital para Europa, lançada em 2010, para que fossem ampliados os investimentos na digitalização das economias dos Estados-Membros em resposta à escassez de competências digitais. Além disso, reforçou a necessidade de manutenção da competitividade e inovação europeias, a qualidade de vida e o tecido social.[110]

Na esteira da reunião na Estônia, o Conselho Europeu concluiu que a transformação digital, ao oferecer enormes oportunidades para a inovação, o crescimento e o emprego, contribui para a competitividade em nível mundial e reforça a criatividade e a diversidade cultural. Contudo, apesar de todas as estratégias já então criadas, permanecia a necessidade de resolver coletivamente alguns dos desafios suscitados pela transformação digital, por intermédio da reavaliação de políticas públicas afetadas por essa transformação.

A principal conclusão do Conselho Europeu foi a urgência nas respostas a temas como a inteligência artificial e as tecnologias de livro-razão distribuído (por exemplo, *blockchain*);[111] ao mesmo tempo,

---

[110] CONSELHO EUROPEU; CONSELHO DA UNIÃO EUROPEIA. *Cimeira Digital de Taline.* Taline, 29 set. 2017. Disponível em: https://www.consilium.europa.eu/pt/meetings/eu-council-presidency-meetings/2017/09/29/. Acesso em: 26 jan. 2023.

[111] Livro-razão distribuído é um banco de dados distribuído por vários nós ou dispositivos de computação, em que cada nó se atualiza de forma independente e replica e salva uma cópia idêntica do razão. A grande inovação é que essas informações não são mantidas por nenhuma autoridade central, o que, no futuro, pode criar independência de transações em relação a bancos, governos, etc. A *blockchain* é uma forma de tecnologia de contabilidade distribuída e gerenciada por redes par-a-par (p2p). Cf. RAY, Shaan. A diferença entre "blockchain" e "DLT" (tecnologia distribuída de livro-razão). *Guia do Bitcoin*, [s. l.], 4 jun. 2020. Disponível em: https://guiadobitcoin.com.br/noticias/a-diferenca-entre-blockchain-e-dlt-tecnologia-distribuida-de-livro-razao/. Acesso em: 29 jan. 2023.

assegurar o elevado nível de proteção de dados, nos termos do Regulamento UE 2016/679, por intermédio dos direitos digitais, dos direitos fundamentais e com os padrões éticos.

Essas conclusões foram reforçadas pelo documento denominado *Mecanismo Interligar a Europa*, estabelecido por um regulamento do Parlamento Europeu e do Conselho e do Código Europeu das Comunicações Eletrônicas, estabelecido pela Diretiva (UE) 2018/1972 do Parlamento Europeu e do Conselho.

Esse documento, com foco em desenvolver a Estratégia de Mobilidade Inteligente e Sustentável, além de prosseguir a integração de um mercado interno da energia, eficiente e competitivo, ao reforçar a interoperabilidade das redes além-fronteiras e ao facilitar a descarbonização e a cooperação transfronteiriça no domínio da energia, incluiu o apoio ao investimento nas redes europeias de infraestruturas digitais.[112]

Conforme se verá ainda neste capítulo, o Mecanismo Interligar a Europa vem sendo renovado e, atualmente, é um dos pilares da transição ecológica e digital, contribuindo para a consecução dos ambiciosos objetivos do Pacto Ecológico Europeu e da Década Digital.

2.2.6 Quadro Europeu de Interoperabilidade

Adotado em 23 de março de 2017 pela Comissão Europeia, o *European Interoperability Framework* (EIF)[113] oferece instruções específicas sobre como implantar serviços públicos digitais interoperáveis e serve para administrações públicas, empresas e cidadãos. Para administrações públicas, apresenta 47 recomendações concretas de como aperfeiçoar a governança nas atividades de interoperabilidade, estabelecer relacionamentos interorganizacionais, agilizar processos para apoiar serviços digitais completos e assegurar que a legislação em vigor e as novas legislações não comprometam os esforços de interoperabilidade.

---

[112] PARLAMENTO EUROPEU; CONSELHO DA UNIÃO EUROPEIA. Diretiva (UE) 2018/1972 do Parlamento Europeu e do Conselho de 11 de dezembro de 2018 que estabelece o Código Europeu das Comunicações Eletrônicas (reformulação). *Jornal Oficial da União Europeia*, Luxemburgo, L 321/36, 17 dez. 2018. Disponível em: https://eur-lex.europa.eu/legal-content/PT/TXT/?uri=CELEX%3A32018L1972#:~:text=Diretiva%20(UE)%20 2018%2F1972,relevante%20para%20efeitos%20do%20EEE. Acesso em: 29 jan. 2023.

[113] COMISSÃO EUROPEIA. *ISA²*: soluções de interoperabilidade para administrações públicas, empresas e cidadãos. O novo quadro europeu de interoperabilidade. Bruxelas, 23 mar. 2017. Disponível em: https://ec.europa.eu/isa2/eif_en/. Acesso em: 29 jan. 2023.

O EIF reforça a prioridade da Comissão Europeia de criar o Mercado Único Digital[114] na Europa. O setor público, que responde por mais de um quarto do total de empregos e representa um quinto do PIB da União Europeia, desempenha papel-chave no continente, razão pela qual a Comissão Europeia acredita que o aprofundamento na implementação do EIF tem o poder de melhorar a qualidade dos serviços públicos na Europa e criar um ambiente no qual as administrações públicas podem colaborar digitalmente.

O resultado concreto também foi incluído no *Mecanismo Interligar a Europa*,[115] por intermédio do desenvolvimento de redes transeuropeias de alto desempenho, sustentáveis e interligadas de forma eficiente nos domínios dos transportes, energia (incluindo energias renováveis) e serviços digitais. Também tem como objetivo facilitar a cooperação transfronteiriça, levando em conta os compromissos de descarbonização em longo prazo, na direção de um crescimento inteligente, sustentável e inclusivo.

Como objetivos específicos, estão a adaptação das infraestruturas de transporte para dupla utilização, maior integração de um mercado interno de energia eficiente e competitivo e implantação de redes digitais de alta capacidade, seguras e protegidas, e de sistemas 5G para a maior resiliência e capacidade das redes digitais básicas nos territórios da União Europeia. Segundo informa o *site* do Centro de Informações Europeia Jacques Delors (Eurocid), o enquadramento financeiro para a execução do programa para o período de 2021-2027 é de 33,71 bilhões de euros (a preços correntes).[116]

O EIF aborda questões de interoperabilidade em várias camadas: técnica, semântica, organizacional, legal, governança integrada de serviços públicos e governança. A interoperabilidade de sistemas é um dos maiores desafios para a transformação digital e, como se verá a seguir, o EIF está intimamente ligado à digitalização da indústria europeia.

---

[114] Mais informações em: EUROPEAN Union, archived by Publications Office of the European Union: Saved 26 times between March 11, 2016 and December 29, 2020. Disponível em: https://wayback.archive-it.org/12090/*/https://ec.europa.eu/digital-single-market/en/digital-single-market. Acesso em: 29 jan. 2023.

[115] EUROCID. *Mecanismo Interligar a Europa*. Lisboa: Centro de Informação Europeia Jacques Delors, 2021. Disponível em: https://eurocid.mne.gov.pt/artigos/mecanismo-interligar-europa. Acesso em: 30 jan. 2023.

[116] EUROCID. *Mecanismo Interligar a Europa*, 2021.

2.2.7 A iniciativa Digitalização da Indústria Europeia (DIE)

Em abril de 2016, no âmbito da Estratégia para o Mercado Único Digital e apoiada pelas deliberações do Conselho da União Europeia de 2015, a Comissão lançou a iniciativa Digitalização da Indústria Europeia (DIE).[117] A indústria é um domínio sobre o qual não cabe à UE legislar; portanto, a UE limita-se a apoiar as ações dos Estados-Membros, oferecendo orientações para definição e execução das estratégias de digitalização próprias de cada país. Diferentemente de outras normas, trata-se de uma colaboração da Comissão, e não de uma regulamentação, o que, na prática, significa não ser uma iniciativa vinculativa.

Seu principal objetivo é "[...] reforçar a competitividade da UE no domínio das tecnologias digitais e assegurar que todas as indústrias da Europa, independentemente do seu setor, da sua localização e da sua dimensão, possam tirar pleno partido das inovações digitais".[118]

A iniciativa DIE deveria mobilizar cerca de 50 bilhões de euros de investimento público e privado, em nível europeu, nacional e regional, nos cinco anos seguintes ao seu lançamento, ocorrido em 2016. Apesar de esse montante de financiamento da UE, na modalidade de gestão direta, ter sido explicitamente referido nos documentos encontrados nesta pesquisa, a Comissão não especificou os montantes referentes a outros financiamentos da UE que envolvam ações indiretas da digitalização da indústria no continente.

Essa iniciativa, que parte das iniciativas nacionais de digitalização da indústria e as complementa, está estruturada em torno de cinco pilares principais: plataforma europeia de iniciativas nacionais para a digitalização da indústria; inovações digitais para todos, com polos de inovação digital; reforço da liderança através de parcerias e plataformas industriais; um quadro regulamentar adequado para a era digital; e preparação dos europeus para o futuro digital.

No relatório produzido pelo Tribunal de Contas Europeu[119] sobre a digitalização da indústria europeia entre 2019 e 2020, evidencia-se que se trata de objetivo ambicioso e que depende do empenho constante de toda a União Europeia, tanto dos Estados-Membros quanto

---

[117] Conforme informações do Tribunal de Contas da União Europeia. TRIBUNAL DE CONTAS EUROPEU. *Digitalização da Indústria Europeia*: uma iniciativa ambiciosa cujo êxito depende do empenho constante da UE, dos governos e das empresas. Relatório Especial 19. Luxemburgo, 2020. Disponível em: https://www.eca.europa.eu/Lists/ECADocuments/SR20_19/SR_digitising_EU_industry_PT.pdf. Acesso em: 25 jan. 2023.
[118] TRIBUNAL DE CONTAS EUROPEU, 2020, p. 12.
[119] TRIBUNAL DE CONTAS EUROPEU, 2020, p. 4.

das empresas. Isso porque, de acordo com o relatório, as empresas da UE não estão conseguindo tirar o máximo proveito das tecnologias avançadas para inovar e, até aquele momento, as ações da Comissão Europeia para a indústria, em razão do caráter não vinculante, ainda tinham influência limitada na maior parte dos países.[120]

2.2.8 Regulamento Geral de Proteção de Dados (*General Data Protection Regulation* – GDPR)

A proteção aos dados pessoais de indivíduos contra uso indevido ou ilegal por terceiros é considerada na UE um direito fundamental, e a iniciativa formal pioneira para essa proteção foi a Norma GDPR 2016/679,[121] sigla para *General Data Protection Regulation* ou Regulamento Geral de Proteção de Dados, publicada no Jornal Oficial da União Europeia em 4 de maio de 2016 (JO L 119), com três alterações posteriores: JO L 314, de 22 de novembro de 2016; JO L 127, de 23 de maio de 2018; JO L 074, de 4 de março de 2021.[122]

A norma, uma das primeiras a tratar do tema no mundo, dispõe sobre o uso, tratamento, compartilhamento e proteção de dados em seus quase cem artigos. O Considerando 13 do Regulamento UE 2016/679, do Parlamento Europeu e do Conselho, afirma que:

> A fim de assegurar um nível coerente de proteção das pessoas singulares no conjunto da União e evitar que as divergências constituam um obstáculo à livre circulação de dados pessoais no mercado interno, é necessário um regulamento que garanta a segurança jurídica e a transparência aos operadores econômicos, incluindo as microempresas e PMEs, que assegure às pessoas singulares de todos os Estados-Membros o mesmo nível de direitos suscetíveis de proteção judicial e imponha obrigações e responsabilidades iguais aos responsáveis pelo tratamento e aos seus subcontratantes, que assegure um controle coerente do tratamento dos dados pessoais, sanções equivalentes em todos os Estados-Membros, bem como uma cooperação efetiva entre as autoridades de controle dos diferentes Estados-Membros.[123]

---

[120] TRIBUNAL DE CONTAS EUROPEU, 2020, p. 4.
[121] UNIÃO EUROPEIA. Norma GDPR 2016/679. *Intersoft Consulting*, [s. l.], 2016. Disponível em: https://gdpr-info.eu/. Acesso em: 18 fev. 2023.
[122] A mais recente atualização da Norma GDPR pode ser consultada em: UNIÃO EUROPEIA. Legislação. *Jornal Oficial da União Europeia*, Luxemburgo, L 74, ano 64, 4 mar. 2021. Disponível em: https://eur-lex.europa.eu/legal-content/PT/TXT/PDF/?uri=OJ:L:2021:074:FULL&from=PT. Acesso em: 19 fev. 2023.
[123] UNIÃO EUROPEIA. *Norma GDPR 2016/679*, 2016.

Para manter a circulação e intercâmbio de dados pessoais e, ao mesmo tempo, assegurar a sua proteção, o GDPR estabelece normas vigentes em território europeu sobre privacidade e proteção dos dados dos cidadãos residentes no Espaço Econômico Europeu e União Europeia. Essas normas são aplicáveis a toda e qualquer organização/ empresa (inclusive brasileiras) que coletam e armazenam dados de cidadãos residentes nesses espaços.

Dados pessoais, conforme o entendimento do GDPR, são todas as informações relacionadas a uma pessoa física identificada ou identificável.[124] Dentre as obrigações previstas no GDPR, destacam-se, além da proteção de dados pessoais: normas restritivas quanto ao processamento de dados por empresas, que devem se certificar de haver recebido autorização afirmativa e clara do titular dos dados; proteção especial aos dados pessoais de menores de idade; a determinação para que as empresas que realizam coleta e processamento de dados dos cidadãos expliquem de maneira clara e compreensível as suas políticas de privacidade e uso de dados; a portabilidade de dados, que é o direito dos cidadãos de transferir seus dados de um serviço para outro e de solicitar a remoção das suas informações da base de dados de uma empresa.

O GDPR determina também que os dados pessoais de cidadãos europeus só podem ser transferidos para países que tenham leis de proteção equivalentes, como, no caso, a Lei Geral de Proteção de Dados (LGPD) brasileira. Em situações de invasão a servidores que mantêm os dados armazenados ou em ocorrência de qualquer vazamento, as empresas estão obrigadas a informar aos clientes em um prazo de até 72 horas após constatado o fato. Para cuidar dos sistemas de informação perante a GDPR, as empresas devem contratar um controlador de dados, profissional que seja responsável por atestar a conformidade aos princípios do regulamento e proceder a qualquer notificação de violações junto à autoridade nacional de proteção de dados.

As sanções previstas no GDPR, em caso de violações, podem chegar a 20 milhões de euros ou 4% do volume de negócios anual mundial da empresa condenada. Há, ainda, casos previstos pelo GDPR[125] (e também na LGPD) em que alguns dados podem ser tratados sem consentimento do titular: quando forem indispensáveis para

---

[124] Pessoa identificável é a pessoa física que, de forma direta ou indireta, possa ser reconhecida por meio de dados, como nome, número de identificação, dados de localização e características especiais que expressem aspectos físicos, fisiológicos, psicológicos, econômicos, culturais, genéticos e/ou sociais.

[125] Por exemplo, no artigo 54 do GDPR.

o cumprimento de uma obrigação/determinação legal; para execução de políticas públicas previstas em lei; para realização de estudos por meio de órgãos de pesquisa; para execução de contratos; para defesa de direito em demandas judiciais e administrativas; para preservação da integridade física de um indivíduo; para prevenção de fraudes; para proteção de crédito; para a tutela de ações por parte do setor sanitário ou de saúde; ou para atender a algum interesse legítimo, desde que este não afronte direitos fundamentais.

O GDPR foi a primeira norma europeia a regular aspectos essenciais relacionados às *big techs*, criando restrições e camadas de proteção ao uso de dados pessoais dos cidadãos europeus.

2.3 O mapa da área da atual agenda digital da União Europeia

No tópico anterior, foram apresentadas as principais iniciativas consubstanciadas em planos e estratégias europeias, desenvolvidas desde 2010 para a promoção da agenda digital. O objetivo desta pesquisa não é esgotar todas as iniciativas existentes no âmbito da UE, mas, sim, trazer os principais pilares que estruturam as prioridades do bloco europeu para o futuro da Europa. Conforme se verá a seguir, a partir das seis prioridades definidas pela Comissão Europeia para o período 2019-2024, foi estruturada uma robusta agenda para traçar o caminho europeu para a década digital.

2.3.1 As seis prioridades da Comissão Europeia para o período 2019-2024

No ano de 2019, a Comissão Europeia definiu as seis novas prioridades a serem alcançadas no período de 2019-2024: o Pacto Verde Europeu (*European Green Deal*); a Europa pronta para a era digital (*Europe fit for the digital age*); uma economia que funcione para as pessoas (*An economy that works for people*); uma Europa mais forte no mundo (*A stronger Europe in the world*); a promoção do estilo europeu de vida (*Promoting our European way of life*); um novo incentivo para a democracia europeia (*A new push for European democracy*).[126]

---

[126] UNIÃO EUROPEIA. *Prioridades da União Europeia 2019-2024*. Disponível em: https://european-union.europa.eu/priorities-and-actions/eu-priorities_pt#:~:text=As%206%20prioridades&text=Refor%C3%A7ar%20a%20economia%20da%20UE,uni%C3%A3o%20dos%20mercados%20de%20capitais. Acesso em: 29 jan. 2023.

O Pacto Verde ou Pacto Ecológico Europeu consiste em transformar as economias da UE, tornando-as mais eficientes em termos de recursos e, ao mesmo tempo, preservando o ambiente natural da Europa e neutralizando a emissão de carbono até 2050. Junto com a agenda digital, compõe o que vem sendo denominado na Europa de revoluções gêmeas (*twin revolutions*).

No quesito preparação da Europa para a era digital – foco desta pesquisa –, o compromisso é aderir à transformação digital pela via do investimento na pesquisa e inovação, reforçar a proteção de dados, capacitar pessoas para as competências necessárias para uma nova geração de tecnologias e conceber regras de compatibilização.

Quanto à economia a serviço das pessoas, a intenção é simultaneamente assegurar postos de trabalho e reduzir desigualdades, apoiar as empresas, aprofundar a união econômica e monetária e concluir a união bancária e a união dos mercados de capitais.

Tornar a Europa mais forte no mundo, por sua vez, significa reforçar a voz da UE no cenário mundial, defendendo relações comerciais robustas, abertas e justas, defendendo também o multilateralismo, por meio da promoção das relações com países vizinhos e parceiros, e equipar a UE para gerir crises com base nas capacidades civis e militares dos países-membros.

Na questão da promoção do modo de vida europeu, o valor é a defesa dos dircitos fundamentais e o Estado de Direito, que são os pilares da igualdade, da tolerância e da justiça social. Ainda sobre esse item, pretende-se enfrentar os riscos de segurança; proteger e capacitar os consumidores; desenvolver um sistema de migração legal, ao mesmo tempo gerindo, de maneira eficaz, as fronteiras externas da UE; modernizar o sistema de asilo da UE; e cooperar estreitamente com os países parceiros. Sobre esta prioridade, deve-se ressaltar que a Polônia desafiou a UE com a intensificação da retórica anti-LGBTQIA e políticas contra direito de minorias e até mesmo o surgimento de "zonas-livres de LGBTQIA", em referência às regiões que adotaram resoluções contra o exercício dos direitos dessa população no país.

Quanto ao desiderato de um novo impulso para a democracia europeia, a pretensão é consolidar os processos democráticos europeus pelo aprofundamento das relações com o Parlamento Europeu e os parlamentos nacionais. Esse entendimento permitirá proteger a democracia da UE de interferências externas e garantir a transparência e a integridade ao longo dos processos legislativos. Vale ressaltar que a consolidação democrática dos países europeus se viu ameaçada pelo surgimento de governos de caráter autoritário, como o caso da

Hungria, que é governada desde 2010 por Viktor Orbán e, de acordo com Parlamento Europeu, o país não pode ser mais considerado uma democracia plena.[127]

Ao prever a preparação para a era digital como uma das seis prioridades do bloco, a UE reforçou o que vem tentando construir desde 2010: a definição da agenda digital como uma política central e transversal a ser seguida e implementada pelos Estados-Membros.

Para tanto, foi desenvolvida a estratégia *A Europa preparada para a era digital* (*A Europe fit for the digital age*), e a concretização dessa estratégia para o desenvolvimento digital na UE aconteceu por intermédio do Regulamento (UE) 2021/694,[128] exarado conjuntamente pelo Parlamento Europeu e Conselho, que estabelece o *Programa Europa Digital*.[129]

2.3.2 Estratégia A Europa *preparada para a era digital*

Em fevereiro de 2020, a UE adotou a estratégia *A Europa preparada para a era digital* (*A Europe fit for the digital age*), a qual fornece a base para a competitividade europeia no contexto da Quarta Revolução Industrial e visa fortalecer a autonomia estratégica da Europa.

A formação do Mercado Único Digital da UE segue sendo um dos principais objetivos e, conforme será explorado ao longo deste capítulo, além de priorizar a agenda digital no próximo Quadro Financeiro Plurianual (QFP), em razão da pandemia, a UE incrementou os investimentos nas agendas verdes e digitais, por intermédio do *NextGenerationEU*.[130]

---

[127] PARLAMENTO EUROPEU. *A Hungria já não pode ser considerada uma democracia plena*. Comunicado de Imprensa. Bruxelas, 15 set. 2022. Disponível em: https://www.europarl. europa.eu/news/pt/press-room/20220909IPR40137/parlamento-europeu-a-hungria-ja-nao-pode-ser-considerada-uma-democracia-plena. Acesso em: 19 fev. 2023.

[128] UNIÃO EUROPEIA. Regulamento (UE) 2021/694 do Parlamento Europeu e do Conselho de 29 de abril de 2021 que cria o Programa Europa Digital e revoga a Decisão (UE) 2015/2240. *Jornal Oficial da União Europeia*, Luxemburgo, L 166, p. 1-34, 11 maio 2021. Disponível em: https://eur-lex.europa.eu/legal-content/PT/TXT/PDF/?uri=CELEX:3202 1R0694&from=EN#:~:text=O%20Regulamento%20Financeiro%20estabelece%20as,e%20 reembolso%20de%20peritos%20externos. Acesso em: 8 jan. 2023.

[129] ALVES, Dora Resende. O digital como prioridade da Comissão Europeia: breve análise sobre a transformação digital no âmbito da União Europeia. *Instituto Iberoamericano de Estudos Jurídicos*, Porto, Portugal, p. 182-195, 2022. Disponível em: http://repositorio. uportu.pt:8080/bitstream/11328/4082/1/ETHOSDIG-cap.Dora.pdf. Acesso em: 8 jan. 2023.

[130] DEKKER, Brigitte; OKANO-HEIJMANS, Maaike. *Europe's Digital Decade?* Navigating the global battle for digital supremacy. Clingendael Report. Netherlands: Institute of International Relations, 2020. Disponível em: https://docs.clingendael.org/sites/docs/ files/2020-10/Report_Europes_digital_decade_October_2020.pdf. Acesso em: 8 jan. 2023.

A Comissão detalhou a prioridade *A Europa pronta para a era digital* em quatro eixos estruturantes: habilidades; transformação digital dos negócios; infraestrutura digital segura e saudável; e digitalização dos serviços públicos.

No eixo habilidades, previu a formação de vinte milhões de especialistas em TI, somada à igualdade de gênero e habilidades básicas de TI para, no mínimo, 80% da população.

No eixo transformação digital nos negócios, adotou o conceito *tech up-take*, ou seja, 75% das companhias europeias usando *cloud*/IA/*big data*, inovação, com crescimento em escala e financiamento para dobrar os "unicórnios" europeus e *late adopters* (adotantes tardios da tecnologia)[131] para pequenas e médias empresas, mais de 90% delas alcançando, no mínimo, o nível básico de intensidade digital.

No eixo infraestrutura digital segura e sustentável, focou em: conectividade, garantindo *gigabit* para todos e 5G em todos os lugares; *cutting edge* (tecnologia de ponta) para semicondutores, dobrando a participação europeia na produção global; dados (*edge* e *cloud*: *10.000 climate neutral highly secure edge nodes*); e *computing* (primeiro computador com *quantum* acelerado).

No eixo digitalização dos serviços públicos, tornar os principais serviços 100% *on-line*, o E-Saúde 100% *on-line*, e levar 80% dos cidadãos a usarem identificação digital.

A ideia por trás de cada um desses eixos é que a Europa fortaleça a sua soberania digital e estabeleça padrões em vez de simplesmente seguir padrões de outros países e blocos, com claro foco em capacitação, dados, tecnologia e infraestrutura. Essas medidas, somadas ao Plano de Cibersegurança anteriormente citado, foram a investida da UE para minimizar os efeitos da insegurança causada pela agressão russa à Ucrânia e explorar a capacidade da UE de proteger seus cidadãos e infraestrutura, por meio da Política de Defesa Cibernética e do Plano de Ação sobre Mobilidade Militar 2.0.[132]

---

[131] *Late adopters* é a expressão utilizada para se referir àquelas pessoas que aderem às novas tecnologias mais tardiamente que a média.

[132] EUROPEAN COMMISSION. *A Europe fit for the digital age*: Empowering people with a new generation of technologies. Bruxelas, 2019. Disponível em: https://commission.europa.eu/strategy-and-policy/priorities-2019-2024/europe-fit-digital-age_en#:~:text=Digital%20technology%20is%20changing%20people's,this%20Europe's%20E2%80%9CDigital%20Decade%E2%80%9D. Acesso em: 12 fev. 2023.

2.3.3 Programa Europa Digital

O Programa Europa Digital dispõe sobre o financiamento estratégico para a concretização do desenvolvimento digital da UE por intermédio de apoio financeiro nas áreas de supercomputação, inteligência artificial, cibersegurança e habilidades digitais avançadas, garantindo um amplo uso de tecnologias digitais na economia e na sociedade. Com um orçamento global previsto de 7,5 bilhões de euros, visa acelerar a recuperação econômica e moldar a transformação digital da sociedade e economia europeias, trazendo benefícios para todos, mas, em particular, para as pequenas e médias empresas. Esse montante integra o orçamento de longo prazo da UE, o Quadro Financeiro Plurianual 2021-2027.[133]

Ao prever o aceleramento e a transformação digital da economia, indústria e sociedade europeias para que os respectivos benefícios possam chegar aos cidadãos, às administrações públicas e às empresas em todo o bloco, também se espera significativa redução do fosso digital na EU, mas esses desafios não serão enfrentados isoladamente: os valores destinados ao Programa complementarão outros programas já existentes na UE, como o programa Horizonte Europa (*Horizon Europe*), para pesquisa e inovação; o Mecanismo Conectando a Europa (*Connecting Europe*), para infraestrutura digital; o Mecanismo de Recuperação e Resiliência (MRR); e o Mecanismo Estrutural Fundos, para citar alguns.

Os subtópicos abaixo detalham os objetivos específicos e o enquadramento financeiro para a execução do Programa para o período de 1º de janeiro de 2021 a 31 de dezembro de 2027.

2.3.3.1 Objetivo específico 1: computação de alto desempenho

Visa à implantação e à coordenação, no nível da União, da infraestrutura integrada de dados e de supercomputação à escala mundial, orientada pela procura e impulsionada por aplicações, que seja facilmente acessível a utilizadores públicos e privados, em especial às pequenas e médias empresas. O recurso orçamentário previsto é de 2,226 bilhões de euros.

---

[133] UNIÃO EUROPEIA. *Quadro Financeiro Plurianual 2021-2027*. Disponível em: https://eur-lex.europa.eu/legal-content/PT/TXT/PDF/?uri=CELEX:32021R0694&from=EN#:~:text=O%20Regulamento%20Financeiro%20estabelece%20as,e%20reembolso%20de%20peritos%20externos. Acesso em: 7 fev. 2023.

2.3.3.2 Objetivo específico 2: inteligência artificial

Destina-se a criar e reforçar capacidades e conhecimentos de inteligência artificial, essenciais na União, inclusive através do aumento de melhores recursos de dados de qualidade e mecanismos de intercâmbio e bibliotecas de algoritmos correspondentes. Além disso, pretende: garantir abordagem inclusiva e centrada nas pessoas, que respeite os valores da União; disponibilizar essas capacidades a todas as empresas (especialmente às pequenas e médias e às empresas em fases iniciais, bem como à sociedade civil), a organizações sem fins lucrativos, a institutos de investigação, a universidades e a administrações públicas, a fim de maximizar seus benefícios para a sociedade e economia europeias; reforçar e ligar em rede as instalações de ensaios e experimentação no domínio da inteligência artificial existentes nos Estados-Membros; desenvolver e reforçar a aplicação comercial e os sistemas de produção a fim de facilitar a integração de tecnologias nas cadeias de valor, desenvolver modelos empresariais inovadores, reduzir o tempo que decorre entre a inovação e a exploração comercial, bem como promover a adoção de soluções baseadas em inteligência artificial em domínios de interesse público e na sociedade. O recurso orçamentário previsto é de 2,061 bilhões de euros.

2.3.3.3 Objetivo específico 3: cibersegurança e confiança

Este objetivo refere-se ao apoio, em conjunto com os Estados-Membros, ao desenvolvimento e à aquisição de equipamentos, ferramentas e infraestruturas de dados avançados no domínio da cibersegurança a fim de atingir um nível comum elevado de cibersegurança, em plena conformidade com a legislação relativa à proteção de dados e com os direitos fundamentais, e garantir, simultaneamente, a autonomia estratégica da UE; apoiar o desenvolvimento e a melhor utilização possível dos conhecimentos, capacidades e competências da Europa no domínio da cibersegurança, bem como a partilha e integração das melhores práticas.

Também visa assegurar a implantação alargada de soluções eficazes de ponta em matéria de cibersegurança em todos os setores da economia europeia, prestando especial atenção às autoridades públicas e às PMEs; reforçar as capacidades dos Estados-Membros e do setor privado a fim de os ajudar a cumprir a Diretiva (UE) 2016/1148 do Parlamento Europeu e do Conselho sobre cibersegurança, nomeadamente através de medidas que visem apoiar a adoção de melhores práticas em matéria de cibersegurança; melhorar a resiliência aos ciberataques; contribuir para reforçar a sensibilização para os riscos e o conhecimento dos processos de cibersegurança; apoiar organizações públicas e privadas na obtenção de níveis básicos de cibersegurança (por exemplo, através da implantação da criptografia de ponta a ponta dos dados e de atualizações de *software*); e melhorar a cooperação entre as esferas civil e de defesa, no que se refere a projetos, serviços, competências e aplicações de cibersegurança de dupla utilização. O recurso orçamentário previsto é de 1,649 bilhão de euros.

2.3.3.4 Objetivo específico 4: competências digitais avançadas

Este objetivo busca apoiar o desenvolvimento de competências digitais avançadas a fim de aumentar a reserva de talentos da Europa; colmatar o fosso digital, tendo em conta o equilíbrio do gênero; apoiar a concessão e a prestação de ações de formação e cursos de longa duração e de elevada qualidade, incluindo a aprendizagem mista, para estudantes e trabalhadores; apoiar a concessão e a prestação de ações de formação e cursos de curta duração e de elevada qualidade para trabalhadores, em especial em pequenas e médias empresas e no setor público; apoiar ações de formação de elevada qualidade no local de trabalho e estágios para estudantes e trabalhadores, em especial nas pequenas e médias empresas e no setor público. O recurso orçamentário previsto é de 577 mil euros.

2.3.3.5 Objetivo específico 5: implantação e melhor utilização das capacidades digitais e interoperabilidade

Este objetivo se destina a apoiar o setor público e os domínios de interesse público, como a saúde e a prestação de cuidados, o ensino, o sistema judiciário, as alfândegas, os transportes, a mobilidade, a energia, o ambiente e os setores cultural e criativo, incluindo as empresas relevantes estabelecidas na União, na implantação efetiva de tecnologias digitais de ponta e no acesso efetivo às mesmas, tais como a computação de alto desempenho, a inteligência artificial e a cibersegurança.

Também busca a implantação, operacionalização e manutenção de infraestruturas de ponta transeuropeias e interoperáveis de serviços digitais em toda a União, incluindo os serviços conexos, em complementaridade com ações em nível nacional e regional; apoiar a integração e a utilização, no setor público europeu e em domínios de interesse público, de infraestruturas transeuropeias de serviços digitais e das normas digitais europeias acordadas, para facilitar a execução eficiente em termos de custos e a interoperabilidade; facilitar o desenvolvimento, a atualização e a utilização de soluções e enquadramentos pelas administrações públicas, empresas e cidadãos, nomeadamente através de soluções de código-fonte aberto e da reutilização de soluções e enquadramentos de interoperabilidade.

No que se refere ao apoio do setor público para a indústria da União, em especial às pequenas e médias empresas, pretende promover o acesso fácil a testes e ensaios piloto de tecnologias digitais, bem como aumentar a sua utilização, nomeadamente em nível transfronteiriço; apoiar a adoção pelo setor público e pela indústria da União, em especial pelas pequenas e médias empresas e pelas empresas em fase inicial, de tecnologias digitais avançadas; apoiar a concessão, o ensaio, a implementação, a implantação e a manutenção de soluções digitais interoperáveis, incluindo soluções digitais da administração pública, para os serviços públicos, no nível da União, prestados através de uma plataforma de soluções reutilizáveis baseadas em dados, a fim de promover a inovação e criar enquadramentos comuns no sentido de aproveitar toda a potencialidade dos serviços das administrações públicas em prol das empresas e dos cidadãos.

Por fim, pretende garantir a capacidade contínua, no nível da União, para a liderança do desenvolvimento digital, além da observação, análise e adaptação às tendências digitais em rápida evolução, bem como para a partilha e a divulgação das melhores práticas; apoiar a cooperação, no sentido de construir um ecossistema europeu de infraestruturas digitais e de partilha de dados de confiança, recorrendo e incluindo o apoio à interoperabilidade e à normalização e promoção da implantação de aplicações transfronteiriças na União, com base na segurança; desenvolver e fortalecer os Polos Europeus de Inovação Digital. O recurso orçamentário previsto é de 1,072 bilhão de euros.

2.3.4 Polos Europeus de Inovação Digital (*Digital Innovation Hubs* – DIHs)

Outra iniciativa-chave na estratégia digital da UE são os Polos Europeus de Inovação Digital, que possuem como objetivo apoiar as empresas europeias na exploração das tecnologias digitais. Polos são espaços onde as empresas podem compartilhar ideias e projetos visando à mudança de seus negócios, produtos, serviços e processos de produção.[134]

Nesses polos, são disponibilizados serviços que vão desde o aconselhamento tecnológico até informações sobre oportunidades de financiamento, projetos de treinamento e desenvolvimento de habilidades, redes de inovação. Espera-se, nesses espaços, que as empresas tenham a oportunidade de desenvolver a filosofia "teste antes de investir".[135]

Para a Comissão Europeia, a lógica da nova iniciativa dos polos é necessária diante da baixa taxa de digitalização ainda existente na Europa, em especial entre pequenas e médias empresas, que representam mais de 90% das empresas europeias. De acordo com dados da UE, apenas 20% das PME na UE são altamente digitalizadas, e acredita-se que a transformação digital é fundamental para que essas empresas se mantenham competitivas na cadeia de valor global.

Por isso, o foco é a adoção generalizada de tecnologias digitais avançadas pelas empresas, em especial pelas pequenas e médias empresas e por empresas de média capitalização (vale dizer, aquelas que empreguem até três mil pessoas), pelos organismos públicos e pela comunidade acadêmica.

Para atingir tais objetivos, os polos não se limitam à pesquisa e desenvolvimento. Alinhada ao objetivo disposto na *Bússola Digital 2030: o caminho europeu para a década digital*, a UE deve melhorar drasticamente as suas capacidades e letramento digitais, o que inclui não apenas a implementação de tecnologias digitais, como também a preparação da força de trabalho do continente.

Os polos também auxiliarão no desenvolvimento da infraestrutura digital, no fortalecimento da base industrial e em medidas para aumentar a resiliência e flexibilidade, em termos de tecnologia e cadeias de suprimentos. Para tanto, podem ser constituídos tanto como entidade única quanto por grupo coordenado de entidades com conhecimentos complementares e sem fins lucrativos.

É importante destacar que, na Comunicação da Comissão de 19 de abril de 2016, intitulada *Digitalização da indústria europeia – usufruir de*

---

[134] DIGITAL innovation hubs in European regions: what they are and how they will be funded. *Call for Europe*, [s. l.], 21 jan. 2023. Disponível em: https://www.call-for-europe.org/blog/digital-innovation-hubs-in-european-regions-what-they-are-and-how-they-will-be-funded. Acesso em: 29 jan. 2023.

[135] COMISSÃO EUROPEIA. *Polos Europeus de Inovação Digital*. Bruxelas, 2023. Disponível em: https://digital-strategy.ec.europa.eu/pt/activities/edihs. Acesso em: 29 jan. 2023.

todos os benefícios do Mercado Único Digital, já tinham sido criados os Polos de Inovação Digital (PID) para auxiliar as pequenas e médias empresas a aproveitarem as oportunidades digitais. Os PID foram implantados para disponibilizar conhecimento especializado em tecnologia, redes, informações de mercado e modelos de negócios, como uma espécie de balcão de negócios único a serviço da digitalização de empresas da região. Em 2017, a Comissão criou um catálogo, uma espécie de "lista telefônica" dos PID, para tentar promover a integração das empresas, mas, em 2019, apenas 498 empresas estavam registradas, das quais 309 em atividade e outras 189 em fase de instalação. Acredita-se que, diante da baixa implementação da primeira estratégia relacionada aos PID, a UE decidiu renová-los nessa nova modelagem.

Para distinguir os Polos de Inovação Digital que cumprem os critérios de elegibilidade ao abrigo do novo Programa dos Polos de Inovação Digital criados de acordo com a comunicação da Comissão de 19 de abril de 2016 e financiados por outras fontes, os novos Polos de Inovação Digital foram designados como Polos Europeus de Inovação Digital.

Outro objetivo primordial é que esses polos assegurem uma cobertura geográfica abrangente de toda a Europa, inclusive as regiões periféricas do Mercado Único Digital, tais como Romênia e Polônia, para que prestem apoio no domínio das competências digitais avançadas, por exemplo, por intermédio da articulação com prestadores de ensino que realizam formações de curta duração para trabalhadores e estágios para estudantes.

A fase inicial do Programa é o estabelecimento da rede inicial de polos, por intermédio de processo de concorrência, a partir de entidades designadas pelos Estados-Membros, que poderão propor livremente os candidatos, em conformidade com os seus procedimentos e estruturas administrativas e institucionais nacionais.

A seleção final será feita pela Comissão Europeia, mas tendo em conta o parecer proferido por cada Estado-Membro. Além disso, as entidades que já exercem funções de PID poderão ser designadas como candidatas pelos Estados-Membros, justamente para aproveitar a estrutura e o *know-how* adquiridos.

2.3.5 Bússola Digital ou Guião para a Década Digital (*Digital Compass*)

Proposta em março de 2021 e aprovada em 8 de dezembro de 2022, a Comissão Europeia instituiu a *Bússola Digital* (*Digital Compass*), um documento contendo a visão e definindo as metas para promover a digitalização na UE até 2030. Além disso, esse documento inclui uma proposta de decisão que estabelece o programa estratégico Guião para a Década Digital, que cria o quadro de governança para alcançar os objetivos em matéria digital até 2030.

O denominado Guião visa promover políticas digitais inclusivas e sustentáveis que beneficiem os cidadãos e as empresas e fixa metas digitais concretas que a UE pretende alcançar até o final da década nos domínios das competências, das infraestruturas digitais seguras e sustentáveis, da transformação digital das empresas e da digitalização dos serviços públicos.[136]

Para tanto, a Comissão propõe a criação de mecanismo de cooperação anual com os Estados-Membros, constituído pelos seguintes elementos: o Índice de Digitalidade da Economia e da Sociedade (DESI), o Relatório Anual sobre o avanço na Década Digital e o Quadro Anual.

Com o DESI, que analisaremos a seguir, o Guião fará o acompanhamento estruturado para mensurar, com base nos mesmos critérios e nível de transparência, os progressos na implementação de cada país e de cada uma das metas fixadas para 2030, incluindo indicadores-chave de desempenho.

Outro mecanismo é o Relatório Anual sobre o Avanço na Década Digital, no qual a Comissão avaliará os progressos realizados e recomendará medidas de ajustes específicas. Para tanto, cada Estado-Membro deverá elaborar os roteiros estratégicos plurianuais para a década digital, descrevendo quais são as políticas e medidas adotadas ou planejadas em apoio às metas para 2030.

O Quadro Anual, estruturado, servirá para debater e abordar domínios em que os progressos são insuficientes, através de recomendações e de compromissos conjuntos entre a Comissão e os Estados-Membros. E serão implantados mecanismos de apoio à execução de projetos plurinacionais e projetos multipaíses.[137]

---

[136] CONSELHO EUROPEU; CONSELHO DA UNIÃO EUROPEIA. Programa *"Guião para a Década Digital"*: Conselho e Parlamento Europeu chegam a acordo provisório. Comunicado de Imprensa. Bruxelas, 14 jul. 2022. Disponível em: https://www.consilium.europa.eu/pt/press/press-releases/2022/07/14/policy-programme-path-to-the-digital-decade-the-council-and-the-european-parliament-reach-a-provisional-agreement/. Acesso em: 6 jan. 2023.

[137] COMISSÃO Europeia propõe Guião para a Década Digital. *O Apreciador*, [s. l.], 22 set. 2021. Disponível em: https://oapreciador.com/comissao-europeia-propoe-guiao-para-a-decada-digital/. Acesso em: 16 fev. 2023.

2.3.6 Programa Caminho para a Década Digital

Além do Regulamento (UE) 2021/694 – Programa Europa Digital, para dar concretude às ações delineadas na estratégia *A Europa preparada para a era digital*, a Comissão Europeia apresentou, em 15 de setembro de 2021, a proposta de Decisão do Parlamento e do Conselho COM(2021) 574 final, que estabelece o Programa de Políticas 2030 Caminho para a Década Digital.[138]

O programa de políticas públicas, denominado Caminho para a Década Digital (*Path to the Digital Decade*), estabelece um mecanismo de acompanhamento e cooperação para alcançar os objetivos e metas comuns para a transformação digital da Europa até 2030. Esse quadro de governança se assenta em mecanismo de cooperação anual, que envolve a Comissão e os Estados-Membros.

Essa visão para a década digital da UE fundamenta-se em quatro principais pilares, refletindo, assim, atenção especial do Parlamento Europeu em quatro áreas prioritárias, quais sejam: competências, governo, empresas e infraestruturas.[139]

Por competências, pode-se considerar a priorização da UE em desenvolver a capacidade relativa às tecnologias no âmbito da informação e comunicação em pelo menos 20 milhões de cidadãos europeus, bem como promover a inclusão em competências digitais básicas de, no mínimo, 80% dos cidadãos europeus.

De acordo com o Comitê Econômico e Social da UE (CESE), deve-se manter e estimular o progresso do uso das tecnologias, inclusive no âmbito da prestação de serviços públicos, porém, sem deixar de capacitar os cidadãos, sob pena de se institucionalizarem novas formas de exclusão de pessoas, notadamente de grupos vulneráveis, como idosos, pessoas com pouco poder aquisitivo, moradores de áreas remotas ou rurais ou com deficiência cognitiva.[140]

---

[138] PARLAMENTO EUROPEU; CONSELHO DA UNIÃO EUROPEIA. Decisão (UE) 2022/2481 do Parlamento Europeu e do Conselho de 14 de dezembro de 2022 que estabelece o Programa Década Digital para 2030. *Jornal Oficial da União Europeia*, Luxemburgo, L 323, p. 4-26, 19 dez. 2022. Disponível em: https://eur-lex.europa.eu/legal-content/PT/TXT/PDF/?uri=CELEX:32022D2481&from=EN. Acesso em: 29 jan. 2023.

[139] COMISSÃO EUROPEIA. *COM(2021) 118 final*. Comunicado da Comissão ao Parlamento Europeu, ao Conselho, ao Comitê Econômico e Social Europeu e ao Comitê das Regiões. Orientações para a Digitalização até 2030: a via europeia para a Década Digital. Bruxelas, 2021. Disponível em: https://eur-lex.europa.eu/legal-content/PT/TXT/?uri=CELEX%3A52021DC0118. Acesso em: 29 jan. 2023.

[140] COMITÊ ECONÔMICO E SOCIAL EUROPEU. Parecer do Comitê Econômico e Social Europeu sobre "Os conceitos da UE para a gestão da transição num mundo do trabalho digitalizado – Contributo importante para um Livro Branco sobre o futuro do trabalho".

No que diz respeito ao âmbito governamental, na linha do que já vinha sido proposto nos anos anteriores, deve-se seguir na busca da prestação de serviço público de forma contínua, com qualidade, amplamente acessível a todos, seguro e com a devida proteção de dados e transparência quanto a esses serviços prestados digitalmente.[141]

Assim, as administrações públicas nacionais devem buscar o fornecimento de serviços públicos essenciais de forma totalmente *on-line*. Também se espera que todo cidadão tenha acesso a registros médicos digitais, utilize serviços de saúde de forma virtual e que 80% dos cidadãos também adotem sistemas de identificação digital até 2030.

Para as empresas, estima-se que 75% de todas as empresas da UE devem utilizar tecnologias como computação em nuvem, *big data* e inteligência artificial. Em complementação às medidas já previstas para as pequenas e médias empresas, pode ser fornecido apoio financeiro extra para atingir o nível básico de intensidade digital e também há previsão expressa de estímulo à inovação por intermédio do financiamento de "unicórnios", que são as *startups* avaliadas em mais de 1 bilhão de dólares.

Para implementar o programa, primeiro a Comissão desenvolve as trajetórias projetadas da UE para cada objetivo, em conjunto com os Estados-Membros, que, por sua vez, devem propor roteiros estratégicos nacionais para atingir as metas comunitárias. Na lista inicial de projetos multipaíses, divulgada pela Comissão Europeia, foi definido como prioritário o investimento em infraestrutura de dados, processadores de baixa potência, comunicação 5G, computação de alto desempenho, comunicação quântica segura, administração pública, *blockchain*, *hubs* de inovação digital e habilidades digitais.[142]

O passo seguinte é a definição conjunta, entre a Comissão e os Estados-Membros, dos indicadores-chave de desempenho para mensuração do progresso das metas digitais até 2030, o que será realizado em ato de execução da UE.[143]

Jornal Oficial da União Europeia, Luxemburgo, C 367, p. 15-19, 10 out. 2018. Disponível em: https://eur-lex.europa.eu/legal-content/PT/TXT/PDF/?uri=CELEX:52018AE1730&from=GA. Acesso em: 29 jan. 2023.

[141] COMITÊ ECONÔMICO E SOCIAL EUROPEU, 2018.

[142] COMISSÃO EUROPEIA. *COM(2021) 118 final*, 2021.

[143] *The Commission has identified an initial list of multi-country projects. This list includes areas for investment such as data infrastructure, low-power processors, 5G communication, high-performance computing, secure quantum communication, public administration, blockchain, digital innovation hubs and digital skills. The political agreement reached by the European Parliament and the Council is now subject to formal approval by the two co-legislators. Once approved, the Digital Decade policy programme will enter into force.*

Denota-se que a Bússola Digital e o Programa Caminho para a Década Digital funcionam como quadro de referência para a estratégia *A Europa preparada para a era digital*, ou seja, para as políticas públicas referentes à transformação digital, que serão desenvolvidas pelos Estados-Membros ao longo dos próximos anos. Os roteiros estratégicos para a transformação digital dos Estados-Membros serão acompanhados por relatórios e métricas anuais, de modo a identificar problemas durante a fase de implementação. De acordo com a Comissão Europeia, o primeiro relatório anual, relativo ao Estado da Década Digital, está previsto para junho de 2023.

De acordo com todas essas iniciativas, no mínimo, 20% das instalações de Fundos de Recuperação e Resiliência dos Estados-Membros – que serão estudados ainda neste capítulo – devem ser dedicadas à transformação digital.

2.3.7 Direitos e princípios digitais para a Década Digital

Outra novidade, no contexto da Agenda Digital Europeia, ocorreu em 26 de janeiro de 2022, quando a Comissão Europeia propôs uma declaração solene interinstitucional sobre os direitos e princípios digitais para a década digital, em complementação ao já disposto na Carta dos Direitos Fundamentais da UE e na legislação de proteção de dados e privacidade. O objetivo é fornecer um quadro de referência para os cidadãos sobre seus direitos digitais no contexto da transformação digital, bem como orientação para os Estados-Membros da UE e para empresas, ao lidar com novas tecnologias.[144]

Assim, no âmbito da Bússola Digital, a UE pretende adotar uma declaração europeia sobre os direitos e princípios digitais, por intermédio de um quadro de princípios que a UE e os Estados-Membros se comprometem a defender no contexto da transformação digital. Os direitos e princípios propostos são os que seguem abaixo:

  a) pessoas no centro: as tecnologias digitais devem proteger os direitos das pessoas, apoiar a democracia e garantir que todos os atores digitais atuem com responsabilidade e segurança – valores que a UE promove em todas as suas agendas internacionais;

---

[144] PARLAMENTO EUROPEU. *Uma agenda digital para a Europa*. Luxemburgo, 2022. Disponível em: https://www.europarl.europa.eu/factsheets/pt/sheet/64/digital-agenda-for-europe. Acesso em: 14 nov. 2022.

b) solidariedade e inclusão: a tecnologia deve unir, não dividir, as pessoas. Todos devem ter acesso à internet, a competências digitais, a serviços públicos digitais e a condições de trabalho justas;
c) liberdade de escolha *on-line*: as pessoas devem se beneficiar de um ambiente *on-line* justo, estar protegidas contra conteúdo ilegal e prejudicial e ser empoderadas quando interagem com tecnologias novas e em evolução, como a inteligência artificial;
d) participação no espaço público digital: os cidadãos devem poder participar do processo democrático em todos os níveis e ter controle sobre seus próprios dados;
e) aumento da segurança e proteção: o ambiente digital deve ser seguro e protegido. Todos os usuários, desde a infância até a velhice, devem ser empoderados e protegidos;
f) sustentabilidade do futuro digital: os dispositivos digitais devem apoiar a sustentabilidade e a transição verde, uma vez que as pessoas precisam saber sobre o impacto ambiental e o consumo de energia de seus dispositivos.

De acordo com a Comissão Europeia, nos planos e roteiros nacionais, é requisito inegociável que as pessoas estejam no centro da transformação digital e, para tanto, os Estados-Membros devem elaborar suas políticas públicas para a implementação da tecnologia com proteção aos direitos humanos e ao exercício da cidadania e da democracia de forma responsável e segura. Conforme apresentado no início deste capítulo, esse tem sido um aspecto fundamental de diferença entre a abordagem europeia para a transformação digital quando comparado com os Estados Unidos e a China.

Também se deve criar ambientes *on-line* que garantam a liberdade de escolha e forneçam segurança contra conteúdos ilegais para proteger a vida humana, criando sistemas seguros que interajam com o mundo real com segurança, bem como a construção de ambientes digitais seguros.

A segurança e proteção também devem ser construídas de forma a capacitar o indivíduo e respeitar seus direitos. Já a solidariedade e inclusão devem ser vistas no sentido de fornecer a todos acesso à internet, educando a população com habilidades digitais suficientes para participar dos ambientes digitais.

A participação se refere à facilitação de espaços públicos digitais que permitam às pessoas estarem integradas, inclusive em relação aos processos democráticos, sem perderem o controle sobre seus dados e direitos. E, por fim, há a sustentabilidade, que se refere a como a tecnologia deve apoiar a sustentabilidade e a transição verde e o impacto ambiental, definindo, por exemplo, como o consumo de energia dos dispositivos deve ser uma informação prontamente disponível.[145]

2.3.8 Estratégia Europeia para os Dados

Além dos deveres e responsabilidades de acesso e compartilhamento de dados dispostos no GDPR, a Comissão Europeia propôs, em fevereiro de 2022, a criação do Regulamento de Dados da UE,[146] com o fim de estabelecer regras de acesso aos dados (e com quais fins), em todos os setores econômicos da UE.

Esse novo regulamento nasce da percepção de que a economia europeia carece de avaliação correta do valor total que pode ser gerado a partir do uso e compartilhamento correto de dados. Não existia definição sobre quem pode usar e acessar dados gerados por produtos conectados e também por que pequenas e médias empresas quase nunca estão em posição de negociar acordos de compartilhamento de dados equilibrados com *players* de mercado mais fortes. Além disso, foram identificadas barreiras para alternar entre nuvem competitiva e confiável e serviços de ponta na UE, além da capacidade limitada de combinar dados provenientes de diferentes setores.

Somadas todas essas questões, o resultado é uma subutilização de dados e a perda de oportunidade de um mercado capaz de gerar PIB adicional estimado em 270 bilhões de euros para os Estados-Membros da UE até 2028, ao enquadrar as questões jurídicas, econômicas e técnicas que conduzem à subutilização dos dados.

Isso porque, na compra e venda de produtos e serviços, consumidores e empresas geram dados. Com o Regulamento de Dados, essas duas pontas da economia podem se beneficiar de facilidades, como preços mais baixos nos serviços pós-venda e de reparos, e aproveitar oportunidades de utilização de serviços que dependem do acesso a esses dados, dispondo de mais informações, os consumidores e os utilizadores.

---

[145] PARLAMENTO EUROPEU. *Uma agenda digital para a Europa*, 2022.
[146] COMISSÃO EUROPEIA. *Estratégia Europeia para os Dados*. Bruxelas, 2022. Disponível em: https://commission.europa.eu/strategy-and-policy/priorities-2019-2024/europe-fit-digital-age/european-data-strategy_pt#:~:text=A%20Estrat%C3%A9gia%20Europeia%20para%20os,investigadores%20e%20das%20administra%C3%A7%C3%B5es%20p%C3%BAblicas. Acesso em: 19 fev. 2023.

Assim, o Regulamento de Dados foi consolidado com a Lei Europeia de Governança de Dados (*European Data Governance Act*),[147] que entrou em vigor em 23 de junho de 2022 e, após o período regulamentar de carência de 15 meses, será aplicável a partir de setembro de 2023. Deverá também apoiar a criação e desenvolvimento de espaços europeus comuns de dados em domínios estratégicos, envolvendo atores privados e públicos, em setores como saúde, meio ambiente, energia, agricultura, mobilidade, finanças, manufatura, administração pública e habilidades.

A inovação baseada em dados também trará benefícios para as empresas e os indivíduos em diversas subáreas específicas, tais como:[148]

a) dados relativos à saúde: pela melhoria de tratamentos personalizados e na busca por cura a doenças raras;

b) dados relativos à mobilidade: estima-se que serão poupadas mais de 27 milhões de horas de tempo de utentes dos transportes públicos e até 20 bilhões de euros por ano em custos de mão de obra dos condutores de automóveis, graças à navegação em tempo real;

c) dados ambientais: combater as alterações climáticas, reduzir as emissões de CO e combater situações de emergência, como inundações e incêndios florestais;

d) dados agrícolas: desenvolver uma agricultura de precisão, novos produtos no setor agroalimentar e novos serviços em geral nas zonas rurais;

e) dados da administração pública: fornecer estatísticas oficiais melhores e mais confiáveis e contribuir para decisões baseadas em dados concretos.

Além da Lei Europeia de Governança de Dados, também foi aprovada a Lei de Dados (*Data Act*),[149] que removerá as barreiras de acesso aos dados, tanto para órgãos do setor público quanto para o setor privado, preservando os incentivos para investir na geração de dados, garantindo um controle equilibrado sobre os dados para seus criadores.

---

[147] COMISSÃO EUROPEIA. *Lei Europeia sobre a Governação dos Dados*. Bruxelas, 2022. Disponível em: https://digital-strategy.ec.europa.eu/pt/policies/data-governance-act. Acesso em: 20 fev. 2023.

[148] COMISSÃO EUROPEIA. *Lei Europeia sobre a Governação dos Dados*, 2022.

[149] COMISSÃO EUROPEIA. *Regulamento de dados*: Proposta de regulamento relativo a regras harmonizadas sobre o acesso equitativo aos dados e a sua utilização. Bruxelas, 23 fev. 2022. Disponível em: https://digital-strategy.ec.europa.eu/pt/library/data-act-proposal-regulation-harmonised-rules-fair-access-and-use-data. Acesso em: 20 fev. 2023.

Em outras palavras, a Lei de Dados tem o propósito de maximizar o valor de dados na economia, assegurando que um contingente maior de atores possa ter controle sobre seus dados e que mais dados fiquem disponíveis para uso em inovação, ao mesmo tempo preservando incentivos para investir em geração de dados.[150]

Enquanto a Lei de Governança de Dados cria os processos e estruturas para facilitar os dados, a Lei de Dados define quem pode criar valor a partir dos dados e sob quais condições – por exemplo, estabelecendo regras sobre o uso de dados gerados por dispositivos da internet das coisas. A expansão da tecnologia ainda gera incertezas sobre quem é o titular de direitos em relação aos dados gerados por usuários e dispositivos. Na realidade, esses direitos raramente são precisamente identificados, o que não só compromete a capacidade dos usuários de aproveitar ao máximo os dados digitais, como impede que haja distribuição justa da capacidade de construir dados digitais importantes, impedindo a digitalização e a criação de valor.

Acredita-se que, com a Lei de Dados, poder-se-á revelar o valor dos dados gerados por objetos conectados na Europa, uma das principais áreas de inovação nas próximas décadas, além de esclarecer quem pode criar valor a partir desses dados e sob quais condições. De acordo com a página da *web* da UE, que trata do Regulamento de Dados, são exemplos de utilização de dados industriais e comerciais:[151] os motores de reação, dotados de milhares de sensores, recolhem e transmitem dados para garantir um funcionamento eficiente; os parques eólicos utilizam dados industriais para reduzir o seu impacto visual e otimizar a energia eólica; os sistemas de navegação em tempo real, utilizados para evitar engarrafamentos, podem fazer poupar até 730 milhões de horas, o que representa cerca de 20 bilhões de euros em custos laborais; a notificação em tempo real de ônibus com atraso pode permitir poupar 27 milhões de horas de trabalho, o que representa 740 milhões de euros em custos laborais.

---

[150] COMISSÃO EUROPEIA. *Lei de dados*: Moldar o futuro digital da Europa. Bruxelas, 2022. Disponível em: https://digital-strategy.ec.europa.eu/en/policies/data-act. Acesso em: 20 fev. 2023.

[151] COMISSÃO EUROPEIA. *Regulamento de dados*, 2022.

2.3.9 A nova Agenda Europeia de Inovação e o *European Innovation Scoreboard*

Em 5 de julho de 2022, a UE, por intermédio do documento COM(2022) 332 *final*,[152] passou a adotar a nova Agenda Europeia de Inovação para posicionar a UE na liderança da nova onda de inovação tecnológica, a *deep-tech*[153] e *startups*, com o objetivo de reduzir as emissões de gases de efeito estufa, tornar as economias mais digitais e garantir a segurança alimentar, energética e das matérias-primas da Europa.[154]

Para tanto, essa nova agenda: melhorará o acesso ao financiamento para *startups* e *scale-ups* europeus, por exemplo, mobilizando fontes inexploradas de capital privado; melhorará as condições para permitir que os inovadores experimentem novas ideias por meio de *sandboxes* regulatórios; ajudará a criar "vales regionais de inovação" para conectar atores de inovação em toda a UE; atrairá e reterá talentos na Europa, especialmente mediante o apoio para a conversão de gênero, inclusão de recém-formados e capacitação em *deep tech*; fornecerá dados e informações que auxiliem na formulação e implementação de políticas públicas para a inovação, por intermédio do Painel Europeu de Inovação.

Esse painel (*European Innovation Scoreboard*), lançado em 22 de setembro de 2022, fornece uma análise comparativa do desempenho da inovação nos países da UE, outros países europeus e vizinhos regionais para avaliar os pontos fortes e de melhoria relativos aos seus sistemas nacionais de inovação e a identificar os desafios que precisam enfrentar.[155]

---

[152] COMISSÃO EUROPEIA. *COM(2022) 332 final*. Comunicação da Comissão ao Parlamento Europeu, ao Conselho, ao Comitê Econômico Europeu e ao Comitê das regiões: Uma nova Agenda Europeia para a Inovação. Estrasburgo, 5 jul. 2022. Disponível em: https://eur-lex.europa.eu/legal-content/PT/TXT/PDF/?uri=CELEX:52022DC0332&from=EN. Acesso em: 3 fev. 2023.

[153] "Deep Techs são negócios, na sua maioria startups, que aplicam pesquisa tecnológica complexa para propor soluções inéditas para problemas complexos ou impulsionar a transformação digital. Assim, a função das *Deep Techs* é essencialmente tangibilizar descobertas científicas e inovações de engenharia, com o intuito de aplicar essa tecnologia no desenvolvimento de soluções pioneiras que visam auxiliar em questões crônicas de nossa sociedade." OXIGÊNIO ACELERADORA. *O que são deep techs e como vão impactar o futuro?* São Paulo, 4 mar. 2022. Disponível em: https://blog.oxigenioaceleradora.com.br/deep-techs/. Acesso em: 3 fev. 2023.

[154] COMISSÃO EUROPEIA. *A Nova Agenda Europeia de Inovação*. Bruxelas, 2023. Disponível em: https://research-and-innovation.ec.europa.eu/strategy/support-policy-making/shaping-eu-research-and-innovation-policy/new-european-innovation-agenda_en. Acesso em: 3 fev. 2023.

[155] COMISSÃO EUROPEIA. *Painel europeu de inovação*. Bruxelas, 2022. Disponível em: https://research-and-innovation.ec.europa.eu/statistics/performance-indicators/european-innovation-scoreboard_pt. Acesso em: 3 fev. 2023.

A avaliação é realizada com base em um sistema de pontuação, obtido a partir da análise de 32 indicadores agrupados em 12 dimensões, tais como sistemas de investigação atrativos, investimento firme em investigação e desenvolvimento e utilização de tecnologias de informação.

Os países da UE se enquadram em quatro grupos de desempenho: líderes em inovação, inovadores fortes, inovadores moderados e inovadores emergentes. De acordo com o último levantamento realizado, a Suécia continua a ter o melhor desempenho na UE, seguida por outros países líderes em inovação, como Finlândia, Dinamarca, Holanda e Bélgica. Já Irlanda, Luxemburgo, Áustria, Alemanha, Chipre e França são fortes inovadores, com desempenho acima da média da UE, enquanto Estônia, Eslovênia, República Tcheca, Itália, Espanha, Portugal, Malta, Lituânia e Grécia são inovadores moderados. Por fim, Hungria, Croácia, Eslováquia, Polônia, Letônia, Bulgária e Romênia são inovadores emergentes.[156]

2.3.10 Ato de Mercados Digitais (*Digital Market Act* – DMA) e Ato de Serviços Digitais (*Digital Service Act* – DSA)

Em 2022, a UE aprovou duas outras normas significativas relacionadas ao uso da tecnologia e regulamentação de plataformas: o Ato de Mercados Digitais (*Digital Market Act* – DMA) e o Ato de Serviços Digitais (*Digital Service Act* – DSA). As duas normas estão mais relacionadas à regulação da competição que atinge o modelo de negócio das *big techs* e, apesar de interseccionarem com o tema desta pesquisa, qual seja, as políticas públicas para a transformação digital, avançam mais em direção ao direito concorrencial e econômico. Contudo, por se tratarem de medidas regulatórias inéditas em relação à tecnologia digital em *lato sensu*, entende-se importante apresentar uma visão geral do DMA e do DSA nesta pesquisa.

A Lei de Serviços Digitais e a Lei de Mercados Digitais surgiram do entendimento de que serviços digitais impactam a vida das pessoas, positivamente, com diversos benefícios, mas também podem – e costumam – trazer problemas e desafios para a regulação. A preocupação central de ambos os novos marcos normativos europeus é o comércio e troca de bens e serviços ilegais e conteúdo *on-line* que utilize sistemas

---

[156] COMISSÃO EUROPEIA. *Painel europeu de inovação*, 2022.

algorítmicos de manipulação para espalhar desinformação e para outros fins prejudiciais. Dentre os exemplos, estão discursos de ódio, produtos desonestos ou falsificados e brinquedos inseguros. Proíbem-se igualmente os chamados "padrões sombrios", técnicas enganosas para induzir usuários a fazerem coisas que não pretendiam, como se inscrever inadvertidamente em serviços ou sem querer adquirir produtos.

Essas duas últimas legislações compõem um conjunto de ações, dentro da Estratégia Europeia para Dados, que vimos ao longo deste capítulo[157] e foram aprovadas pelo Parlamento da União Europeia em 5 de julho de 2022, apresentando importantes regras em temas como interoperabilidade, segurança, privacidade, direito do consumidor/internauta, combate às *fake news* e discurso de ódio. Seus objetivos são criar um espaço digital mais seguro, no qual os direitos fundamentais de usuários de serviços digitais sejam protegidos, e estabelecer um campo de atuação que promova inovação, crescimento e competitividade, tanto no Mercado Único Europeu quanto globalmente.

A Lei dos Serviços Digitais (DAS),[158] que começou a ser discutida em 2020, determina que grandes empresas de tecnologia devam policiar suas plataformas para resguardar os usuários europeus de conteúdos *on-line* prejudiciais, como discursos de ódio e *fake news* e anúncios *on-line* direcionados a crianças.[159] Também obriga que as empresas de tecnologia encontrem meios de facilitar aos usuários a denúncia de problemas dessa espécie e se responsabilizem pelo custeio da capacitação dos funcionários da Comissão Europeia que farão a regulação da lei.

Consta da DAS o estabelecimento de multas para empresas que a descumprirem, que podem chegar a 10% do seu lucro mundial anual (ou 20% em caso de reincidência). Para os efeitos dessa lei, serviços digitais incluem uma ampla categoria de serviços *on-line*, desde simples *websites* até infraestruturas de serviços de internet e plataformas *on-line* (como mercados *on-line*, redes sociais, plataformas de compartilhamento de conteúdos, lojas de aplicativos e plataformas de viagem e hospedagem).

---

[157] COMISSÃO EUROPEIA. *O pacote da Lei de serviços digitais*. Bruxelas, 16 nov. 2022. Disponível em: https://digital-strategy.ec.europa.eu/en/policies/digital-services-act-package. Acesso em: 21 fev. 2023.

[158] BUTCHER, Isabel. Lei da UE quer forçar big techs a combaterem a desinformação. *Mobile Time*, [s. l.], 25 abr. 2022. Disponível em: https://www.mobiletime.com.br/noticias/25/04/2022/lei-da-ue-quer-forcar-big-techs-a-combater-a-desinformacao/. Acesso em: 21 fev. 2023.

[159] A lei considera que as grandes empresas apresentam maiores riscos de disseminação de conteúdo ilegal. Há regras específicas para plataformas que alcancem mais de 10% dos 450 milhões de consumidores da Europa.

As regras da DAS abrangem também serviços *on-line* intermediários, que milhões de europeus utilizam no dia a dia, estejam os fornecedores estabelecidos na UE ou no exterior. São, por exemplo, provedores de acesso à internet e registradores de nomes de domínios.

A UE foi pioneira em regular os serviços digitais e a definir o que é conteúdo ilegal, rastreamento de vendedores em plataformas digitais para evitar golpes, transparência nos algoritmos e o devido processo informacional.

Quanto à Lei de Mercados Digitais (DMA),[160] seu fundamento reside no fato de que algumas grandes plataformas e motores de busca atuam como guardiãs (*gatekeepers*) em mercados digitais; portanto, devem se comportar de maneira leal e justa. Os critérios utilizados pela Comissão Europeia para qualificar esses "guardiães" são objetivos: empresas que tenham forte posicionamento econômico, impacto significativo sobre o mercado interno da UE e estejam ativas em múltiplos países da UE; tenham forte posicionamento de intermediação, ou seja, conectam uma base grande de usuários a um número grande de negócios; tenham (ou possam vir a ter) uma posição consolidada e durável no mercado, que lhe permita se enquadrar nos dois critérios anteriores nos últimos três anos fiscais. O objetivo é evitar que essas empresas abusem do poder que possuem em razão de seus tamanhos e posições estratégicas no mercado.

De acordo com Beatriz Kira e Diogo Coutinho, o DMA inaugura nova era para a regulação de mercados digitais no cenário global, ao estabelecer "[...] um regime pró-competitivo diferenciado, que se aplica apenas a algumas plataformas [...]" e dá vida ao primeiro exemplo de "antitruste assimétrico", definido como um:

> [...] conjunto de regras lastreadas na aplicação de pressupostos, teorias, presunções, testes ou remédios de natureza regulatória ou quase-regulatória, que têm como objetivo o fomento ou promoção da concorrência. Isto é, um conjunto de regras que buscam atingir um fim típico do antitruste, mas que para tanto fazendo uso de conceitos e estratégias típicos de regulação setorial.[161]

---

[160] COMISSÃO EUROPEIA. *A Lei dos Mercados Digitais*: garantindo mercados digitais justos e abertos. Bruxelas, 2022. Disponível em: https://commission.europa.eu/strategy-and-policy/priorities-2019-2024/europe-fit-digital-age/digital-markets-act-ensuring-fair-and-open-digital-markets_en. Acesso em: 21 fev. 2023.

[161] KIRA, Beatriz; COUTINHO, Diogo R. O Digital Markets Act e o antitruste assimétrico na Europa: O que diz o DMA e por que ele é considerado um marco histórico na regulação de plataformas de internet? *Jota*, [s. l.], 31 mar. 2022. Disponível em: https://www.

A lei parte do diagnóstico do direito concorrencial para estabelecer novas obrigações, predefinidas para regular o comportamento das grandes empresas dominantes. Além disso, cria regras pró-competitivas para apenas alguns agentes do mercado.[162]

Beneficiam-se da DMA usuários de negócios que dependem de guardiães para oferecer seus serviços no mercado único, em regime de justo e equitativo tratamento; *startups*, que terão novas oportunidades de competir e inovar no ambiente de plataforma digital, sem ter que enfrentar termos e condições que limitem seu desenvolvimento; consumidores, que terão melhores serviços, dentre os quais escolher mais oportunidades de trocar de provedores, se assim o desejarem, além de acesso direto aos serviços, a preço justo. As regras da DMA passam a ser aplicáveis em maio de 2023 (as plataformas *on-line* foram obrigadas a publicar o número de seus usuários ativos em fevereiro de 2023), com prazo de seis meses para adaptações.

Conforme veremos no próximo capítulo, discussões similares ao DMA e, especialmente, ao DSA estão em pleno debate no Brasil, em razão da votação do Projeto de Lei nº 2.630/2020, conhecido como PL das *Fake News*.

2.4 Plano de Recuperação Europeu – *NextGenerationEU*

Outra peça-chave para entender o grau de priorização que a UE vem atribuindo para a transformação digital está no escopo da principal resposta econômica dada pelo bloco para a contração econômica sem precedentes decorrente da pandemia de COVID-19. O *NextGenerationEU* (NGEU) representa o maior pacote de incentivos financeiros já implementado no território europeu, doze vezes maior do que representou o Plano Marshall em valores atuais. Conforme será exposto a seguir, essas medidas de apoio financeiro não são importantes apenas pelo volume de recursos que serão injetados nas economias europeias, como, também, pelos instrumentos criados e pela capacidade de investimento nas duas agendas, que, na visão da UE, revolucionarão o continente na próxima década: a transformação verde e digital. Assim, conforme a seguir, a resposta europeia à crise da COVID-19 foi o investimento nos Estados e nas políticas públicas.

---

jota.info/opiniao-e-analise/artigos/digital-markets-act-e-o-antitruste-assimetrico-na-europa-31032022. Acesso em: 23 jan. 2023.

[162] KIRA; COUTINHO, 2022.

2.4.1 A crise da COVID-19 e as respostas da UE

A Europa – e todo o mundo – vivenciou a diminuição da produção, o aumento do desemprego e a incerteza quanto à retomada econômica, especialmente os países mais dependentes do turismo e do setor de serviços.[163] Esse grave cenário gerado pela pandemia levou a UE a adotar uma ação concertada "[...] para garantir a mobilização de recursos suficientes para gerar intervenções eficazes e mitigar os impactos social e econômico direto da crise causada pela COVID-19".[164]

A primeira medida adotada para facilitar o financiamento das ações realizadas pelos Estados-Membros para contenção do vírus foi a aprovação de um quadro temporário para acomodar os auxílios estatais à nova situação, na medida em que os Estados-Membros precisavam apoiar os setores econômicos e mitigar os efeitos que as medidas sanitárias de combate à pandemia tiveram nas economias nacionais.[165]

Além disso, logo após o início da pandemia, a UE flexibilizou o Pacto de Estabilidade e Crescimento (PEC), que é o acordo de comprometimento dos países integrantes do bloco em manter a vigilância orçamentária e evitar déficits superiores a 3% do PIB, sob pena de se submeter às sanções impostas pelo Conselho de Ministros de Finanças.[166] Para tanto, invocou-se a denominada cláusula de salvaguarda, que permite que os Estados se desviem das exigências orçamentárias e os autoriza a contrair mais empréstimos para gerar recursos. Na prática, o Conselho Europeu autorizou os Estados a flexibilizarem o controle do déficit fiscal para facilitar sua capacidade de endividamento e aumentar a capacidade de financiamento de medidas de mitigação das consequências sanitárias, sociais e econômicas da pandemia.

O Banco Central Europeu, por sua vez, comprometeu-se com um programa de compra de dívida pública para evitar que alguns Estados-Membros fossem penalizados com prêmio de risco, que elevaria as taxas

---

[163] OSTAPIUK; SOLSONA, 2021.
[164] COMISSÃO EUROPEIA. *COM(2020) 445 final*. Proposta alterada de decisão do Conselho relativa ao Sistema de recursos próprios da União Europeia. Bruxelas, 28 maio 2020. Disponível em: https://eur-lex.europa.eu/legal-content/PT/TXT/?uri=CELEX:52020PC0445. Acesso em: 8 jan. 2023.
[165] OLESTI RAYO, Andreu. El Programa NextGenerationEU y el nuevo ciclo presupuestario de la Unión Europea. *Revista de Derecho Comunitario Europeo*, [s. l.], n. 73, p. 727-745, 30 dez. 2022. Disponível em: https://www.cepc.gob.es/sites/default/files/2022-12/3996501-andreu-olesti.html. Acesso em: 21 fev. 2023.
[166] UNIÃO EUROPEIA. *Pacto de Estabilidade e Crescimento*. Bruxelas, 2015. Disponível em: https://eur-lex.europa.eu/legal-content/PT/TXT/?uri=LEGISSUM:stability_growth_pact. Acesso em: 21 fev. 2023.

de juros e encareceria o pagamento e a amortização da dívida. Essa medida foi tomada por meio da Decisão 2020/440, de 24 de março de 2022,[167] que aprovou um programa temporário de compra de ativos para os Estados afetados pela pandemia, conhecido por *Pandemia Emergency Purchase Programme* (PEPP). O PEPP autorizou os Bancos Centrais da zona do euro a adquirirem ativos no valor máximo de 750 milhões de euros (posteriormente, o valor foi elevado para 1,85 bilhão de euros).[168]

Além disso, foram adotadas outras medidas de caráter extraorçamentário, como é o caso dos programas desenvolvidos no âmbito do grupo Banco Europeu de Investimento (BEI) e do Mecanismo Europeu de Estabilidade (MEE), constituindo o primeiro um fundo de 25 bilhões de euros, financiado pelos Estados-Membros, proporcional à sua participação no BEI, que permitiria a mobilização de até 200 bilhões de euros para apoiar as empresas, especialmente as de médio e pequeno portes; e o segundo, por meio do estabelecimento de linha de crédito no valor equivalente a 2% do PIB do Estado requerente.

Contudo, a principal resposta dada pela UE e que se conecta com o tema desta pesquisa foi a proposta de criação de um Fundo de Recuperação no quadro orçamentário europeu com magnitude para fazer face à crise sem precedentes e destinar recursos aos setores e áreas geográficas mais afetados da Europa.

Desde o início das discussões, a novidade desse fundo consistiu na forma de financiamento que, em caráter inédito, autorizou a UE a solicitar empréstimos e, consequentemente, contrair dívidas nos mercados internacionais para cobrir a concessão de ajuda aos Estados-Membros. No âmbito da Comissão, a proposta foi rapidamente acolhida e, em dezembro de 2020, foi aprovado o Regulamento do Conselho 2020/2094, com o *NextGenerationEU* (NGEU).[169]

O NGEU é uma ferramenta técnica anticíclica transitória que organiza o financiamento do Plano de Recuperação. Com montante estimado em 750 bilhões de euros, tem por objetivo impulsionar fundos no mercado de capitais e cooperar com a reparação dos danos sociais

---

[167] BANCO CENTRAL EUROPEU. Decisão (UE) 2020/440 do Banco Central Europeu de 24 de março de 2020 relativa a um programa temporário de compras de emergência por pandemia (BCE/2020/17). *Jornal Oficial da União Europeia*, Frankfurt am Main, L 91, p. 1-4, 25 mar. 2020. Disponível em: https://eur-lex.europa.eu/legal-content/PT/TXT/PDF/?uri=C ELEX:32020D0440&from=PT. Acesso em: 21 fev. 2023.

[168] OLESTI RAYO, 2022.

[169] UNIÃO EUROPEIA. *Instrumento de Recuperação da União Europeia NextGenerationEU*. Bruxelas, 20 maio 2020. Disponível em: https://eur-lex.europa.eu/legal-content/PT/TXT/HTML/?uri=LEGISSUM:4499419. Acesso em: 8 jan. 2023.

e econômicos ocasionados pela pandemia de COVID-19. O plano foi estruturado em três pilares: instrumentos destinados a apoiar os esforços dos países da UE para alcançarem a recuperação, repararem danos e saírem fortalecidos da crise; medidas para estimular o investimento privado e apoiar empresas em dificuldades; reforços dos principais programas europeus para retirar ensinamentos da crise e tornar o mercado único mais forte e mais resiliente, bem como para acelerar as transições ecológica e digital.[170]

Dos 750 bilhões de euros aprovados, 312,5 bilhões de euros serão distribuídos como subsídios para evitar que haja o aumento das dívidas dos Estados-Membros, o que representa um novo patamar de integração para o bloco quando se refere ao montante de valores a título de transferência intracomunitária, conforme será exposto neste capítulo. O valor de 360 bilhões de euros será concedido como empréstimo no mercado de capitais, a ser tomado em nome do bloco europeu, com dívida a ser assumida por todos os países e com prazo de pagamento até o ano de 2058, o que provavelmente elevará o controle do Banco Central Europeu sobre as economias dos Estados-Membros.

Além disso, o NGEU reforçará alguns programas voltados para políticas específicas e já existentes na UE:

a) Coesão, ao abrigo da Assistência à Recuperação para a Coesão e os Territórios da Europa (REACT-EU): destina-se a ajudar a dar resposta às consequências econômicas da COVID-19 nos primeiros anos da recuperação, com valor destinado pela NGEU de 47,5 bilhões de euros;

b) Fundo para uma transição justa: tem por objetivo prestar apoio aos territórios que enfrentam graves desafios socioeconômicos decorrentes do processo de transição para uma economia com impacto neutro no clima,[171] com valor destinado pelo NGEU de 10 bilhões de euros;

c) Desenvolvimento rural: é o segundo pilar da Política Agrícola Comum (PAC), reforçando o primeiro pilar de apoio ao rendimento e medidas de mercado, através do reforço da

---

[170] CONSELHO EUROPEU; CONSELHO DA UNIÃO EUROPEIA. *Um Plano de recuperação para a Europa*. Luxemburgo, 2023. Disponível em: https://www.consilium.europa.eu/en/policies/eu-recovery-plan/#. Acesso em: 14 nov. 2021.

[171] PARLAMENTO EUROPEU. *Fundo para uma Transição Justa*. Bruxelas, 2022. Disponível em: https://www.europarl.europa.eu/factsheets/pt/sheet/214/fundo-para-uma-transicao-justa-ftj-. Acesso em: 20 fev. 2023.

sustentabilidade social, ambiental e econômica das áreas rurais,[172] com valor destinado pelo NGEU de 7,5 bilhões de euros;
d) Programa InvestEU: é um impulso adicional ao investimento, inovação e criação de emprego na Europa durante o período 2021-2027. Baseia-se no modelo de sucesso do Plano de Investimento para a Europa, o Plano *Juncker*, que mobilizou mais de 500 bilhões de euros no período 2015-2020,[173] com valor destinado pelo NGEU de 5,6 bilhões de euros;
e) Mecanismo de Proteção Civil da União Europeia: coordena a resposta a catástrofes naturais e de origem humana no nível da UE e tem por objetivo promover a cooperação entre as autoridades nacionais de proteção civil, sensibilizar mais o público para situações de catástrofe e prepará-lo melhor para elas,[174] com valor destinado pelo NGEU de 1,9 bilhão de euro;
f) Horizonte Europa: é o atual Programa-Quadro de Pesquisa e Inovação da UE, iniciado em janeiro de 2021 e conclusão prevista para 31 de dezembro de 2027, com uma dotação orçamental prevista de 95,5 bilhões de euros para apoio às atividades de investigação e inovação.[175] O valor destinado pelo NGEU foi de 5 bilhões de euros.

Apesar de o NGEU ser focado nas ações para retomada econômica e social da pandemia, o estudo dessa ferramenta, nesta pesquisa, mostra-se relevante, não apenas pelo reforço da priorização da transformação digital, como pelo investimento em políticas públicas e fortalecimento do Estado com respostas efetivas para superar as consequências advindas da crise.

Na verdade, como a experiência europeia vem demonstrando, a pandemia serviu como catalisador para a retomada dos investimentos

---

[172] COMISSÃO EUROPEIA. *Desenvolvimento Rural*. Bruxelas, 2020. Disponível em: https://agriculture.ec.europa.eu/common-agricultural-policy/rural-development_pt. Acesso em: 20 fev. 2023.

[173] UNIÃO EUROPEIA. *InvestEU*: Apoio ao investimento da UE. Bruxelas, 2021. Disponível em: https://investeu.europa.eu/index_en. Acesso em: 20 fev. 2023.

[174] CONSELHO EUROPEU; CONSELHO DA UNIÃO EUROPEIA. *Proteção civil da UE*. Bruxelas, 2023. Disponível em: https://www.consilium.europa.eu/pt/policies/civil-protection/#:~:text=O%20Mecanismo%20de%20Prote%C3%A7%C3%A3o%20Civil%20da%20Uni%C3%A3o%20Europeia%20coordena%20a,prepar%C3%A1%2Dlo%20melhor%20para%20elas. Acesso em: 20 fev. 2023.

[175] AGÊNCIA NACIONAL DE INOVAÇÃO. *Horizonte Europa*. Porto, Portugal, 2021. Disponível em: https://www.ani.pt/pt/promo%C3%A7%C3%A3o-internacional/redes-internacionais/horizonte-europa/. Acesso em: 20 fev. 2023.

e fortalecimento do papel do Estado. E, especificamente para o objeto desta pesquisa, que é a transformação digital, é uníssono o entendimento de que a pandemia acelerou esse processo em todo o mundo. De acordo com o relatório *Digitalization in Europe 2021-2022*, divulgado pelo BEI, a pandemia foi responsável pelo aumento da importância da transformação digital na EU, e 46% das empresas informaram que adotaram medidas para se transformarem mais digitais, apesar de permanecerem deficiências significativas, a depender do tamanho da empresa, do setor e do país onde se localiza.[176]

2.4.2 As negociações para aprovação do NGEU

Apesar de a proposta do NGEU ter sido prontamente endereçada pela Comissão Europeia, no âmbito do Parlamento Europeu, as discussões sobre esse instrumento mostraram o tensionamento político por detrás da medida de recuperação.[177]

Sob o ponto de vista político, as negociações no Parlamento Europeu foram longas e permeadas pelo tensionamento entre os países denominados países "frugais" e a coalizão franco-tedesca. Os "frugais" (Holanda, Suécia, Dinamarca e Áustria) eram contrários à proposta inicial francesa e alemã de que mais da metade dos 750 bilhões de euros fossem distribuídos no que eles consideram a título de fundo perdido.

Como condição para seus apoios, os "frugais" negociaram os valores de suas contribuições para o orçamento da União Europeia para o período de 2021-2027 e conseguiram a redução dos valores a serem pagos em subsídio, que passaram de 500 bilhões de euros para 360 bilhões de euros, bem como houvesse o fortalecimento dos mecanismos de vigilância, por intermédio da criação de um "freio de emergência", que pode ser acionado por qualquer um dos 27 membros da UE, caso entenda que os planos nacionais de recuperação não estão de acordo com as diretrizes da UE. Ao final, o acordo em torno da aprovação do NGEU contemplou uma combinação de absorção de choque somada a praticamente uma extensão do orçamento da UE.

---

[176] EUROPEAN INVESTMENT BANK. *Digitalisation in Europe 2021-2022*: Evidence from the EIB Investment Survey. Luxemburg, 2022. Disponível em: https://www.eib.org/attachments/publications/digitalisation_in_europe_2021_2022_en.pdf. Acesso em: 20 fev. 2023.

[177] CORDEIRO, Caio Barros; LIMA, Mateus Fernandes Vilela. O futuro pós-pandemia e a retomada econômica: O caso europeu e os caminhos para o Brasil. *Jota*, [s. l.], 6 jan. 2021. Disponível em: https://www.jota.info/opiniao-e-analise/artigos/o-futuro-pos-pandemia-e-a-retomada-economica-06012021. Acesso em: 20 fev. 2023.

Uma das hipóteses para aprovação do NGEU é, em primeiro lugar, a resposta política à ascensão de governos eurocéticos e da ferida aberta deixada pela saída do Reino Unido da UE, o *Brexit*. Além disso, foi determinante a aliança franco-tedesca, que não mediu esforços para a aprovação das medidas. Em terceiro lugar, a aprovação do Plano foi percebida como uma forma de compensar a imagem negativa que a UE – especialmente a Alemanha – ficou depois de contornar a crise das dívidas públicas de 2010, com condições de contrapartida "draconianas".[178]

Entre os frugais, o receio existente não só à época, mas, também, em parte da escassa doutrina sobre o NGEU, é de que a medida comprometa a disciplina orçamental na UE e pavimente o caminho para uma "união de transferência", na qual alguns Estados-Membros vivam à custa de outros e que já possuem gastos elevados com o setor público.

O que se colocou à mesa de negociação foi o fato de que os políticos europeus tentaram evitar os erros cometidos durante a última grande crise vivida pelo bloco e, nesse sentido, o NGEU representa um passo importante para a solidariedade europeia e a mobilização de fundos fiscais.[179]

2.4.3 O funcionamento do NGEU e as suas prioridades estratégicas: uma Europa resiliente, mais digital e verde

Conforme já exposto, tornar a Europa mais digital e mais verde foi o grande desafio escolhido pela UE para literalmente preparar a Europa para as próximas gerações.

No que se refere ao Pacto Ecológico, a UE quer se tornar o primeiro continente com impacto neutro no clima até 2050 e pretende investir em tecnologias e matrizes energéticas sustentáveis, incentivar o uso de veículos e meios de transportes ecológicos e edifícios e espaços públicos mais eficientes.[180]

---

[178] MÜZELL, Lúcia. Plano de recuperação econômica da UE pós-coronavírus pode dar novo rumo ao bloco. *RFI*, [s. l.], 3 jun. 2020. Disponível em: https://www.rfi.fr/br/economia/20200603-plano-de-recupera%C3%A7%C3%A3o-econ%C3%B4mica-da-ue-p%C3%B3s-coronav%C3%ADrus-pode-dar-novo-rumo-ao-bloco. Acesso em: 29 jan. 2023.

[179] GROS, Daniel. Article Der Fonds für Erholung und Resilienz: eine wirtschaftliche Analyse. *ZBW – Leibniz-Informationszentrum Wirtschaft*, [s. l.], n. 101, p. 87-90, 2021. Disponível em: https://link.springer.com/article/10.1007/s10273-021-2847-z. Acesso em: 29 jan. 2023.

[180] UNIÃO EUROPEIA. *NextGenerationEU*. Bruxelas, 2021. Disponível em: https://next-generation-eu.europa.eu/index_pt. Acesso em: 20 fev. 2023.

Quanto à transformação digital, entende-se que a tecnologia e a infraestrutura digitais têm um papel crítico em nossas vidas privadas e ambientes de negócios. Ao mesmo tempo, a pandemia de COVID-19 destacou não apenas o quanto as economias modernas dependem da disponibilidade da tecnologia, mas também a importância da autonomia da Europa em relação a sistemas e soluções provenientes de outras regiões do mundo.[181]

Para enfrentar esses desafios, o NGEU fará reforço financeiro para os programas e políticas públicas desenhadas pelos Estados-Membros no âmbito das iniciativas apresentadas neste capítulo, tais como desenvolvimento da tecnologia 5G e de banda larga ultrarrápida; fornecimento de identidade digital para facilitar os serviços públicos *on-line*; tornar as cidades mais inteligentes e eficientes; melhorar a segurança e disponibilidade para compras *on-line*; utilizar a inteligência artificial para combater as alterações climáticas; e melhorar os cuidados em áreas como saúde, transporte e educação.[182]

O Mecanismo de Recuperação e Resiliência (MRR), que representa a maior parte dos recursos financeiros do NGEU, oferece apoio financeiro aos Estados-Membros para investimentos e reformas em relação às transições verdes e digitais e para aumentar a resiliência das economias nacionais. Isso significa que a utilização dos fundos está apenas parcialmente ligada ao impacto da crise, porque o NGEU também fornece base de investimento para a consecução de objetivos mais amplos e de longo prazo.

O MRR conta com 672,5 bilhões de euros distribuídos da seguinte forma: 360 bilhões de euros do montante destinados a empréstimos e 312,5 bilhões de euros dedicados a ajudas e subvenções não reembolsáveis. Destes últimos, 70% foram alocados durante os anos de 2021 e 2022, enquanto os 30% restantes devem ser alocados durante o ano de 2023.

Conforme exposto, essa perspectiva de disponibilização do bloco em investimento de longo prazo, na transição das economias dos Estados-Membros, ao invés de focar na absorção do choque, vem sendo considerada como um dos grandes diferenciais do NGEU e do reforço no foco do atingimento dos objetivos prioritários do bloco. Para acessar os recursos do MRR, os Estados-Membros devem organizar seus respectivos Planos Nacionais de Recuperação e Resiliência (PRR), que deverão ser apresentados, avaliados e acompanhados pela UE.

---

[181] UNIÃO EUROPEIA. *NextGenerationEU*, 2021.
[182] UNIÃO EUROPEIA. *NextGenerationEU*, 2021.

Esses planos consistem em um conjunto de medidas de investimentos públicos destinados a operar reformas estruturais para cada um dos Estados-Membros, que deverão focar nos temas contemplados no NGEU, quais sejam: transição ecológica; transformação digital; crescimento inteligente, sustentável e inclusivo, incluindo coesão econômica, emprego, produtividade, competitividade, investigação, desenvolvimento e inovação, e um mercado interno em bom funcionamento, com pequenas e médias empresas fortes; coesão social e territorial; saúde e resiliência econômica, social e institucional, com o objetivo, entre outros, de aumentar a preparação e capacidade de reação às crises; e políticas para a próxima geração, crianças e jovens, como educação e desenvolvimento de habilidades.

2.4.4 Questionamentos e críticas ao NGEU

Conforme exposto, o NGEU é financiado por dívidas assumidas pela UE, mas apoiado por garantias dadas pelos Estados-Membros, o que representa um novo momento, não apenas para a estabilidade econômica, como também para a coesão integracional do bloco.[183]

De acordo com o levantamento bibliográfico realizado durante a etapa desta pesquisa na Alemanha, não há divergências no âmbito acadêmico sobre a gravidade da crise e da contração econômica decorrentes da COVID-19, bem como da necessidade de apoio financeiro aos Estados-Membros, em termos de concepção de investimentos e reformas estruturais para alcançar uma recuperação rápida e sólida. Os questionamentos encontrados se referem à: arquitetura jurídica do instrumento; legitimidade da Comissão para justificar a contração de empréstimos; e efetividade da medida.

O primeiro e o segundo aspectos questionam o caráter mais inovador do NGEU, que é a possibilidade de a UE contrair empréstimo financeiro, a partir da base jurídica disposta nos tratados regulamentadores do bloco. O objetivo desta pesquisa não é aprofundar na legitimidade jurídica dos instrumentos desenvolvidos pela UE, considerando o arcabouço jurídico que rege a UE, o que demandaria o aprofundamento

---

[183] DORN, Florian; FUEST, Clemens. Next Generation EU: Chancen und Risiken des europäischen Fonds für die wirtschaftliche Erholung nach der Corona-Krise. *Zeitgespräch*, [s. l.], n. 101, p. 78-81, 2021. Disponível em: https://www.wirtschaftsdienst.eu/inhalt/jahr/2021/heft/2/beitrag/next-generation-eu-chancen-und-risiken-des-europaeischen-fonds-fuer-die-wirtschaftliche-erholung-nach-der-corona-krise.html. Acesso em: 18 fev. 2023.

sobre as formas e institutos jurídicos europeus, que escapam ao propósito deste estudo. No entanto, foram encontrados artigos científicos que questionam se a arquitetura jurídica do instrumento é adequada e se existe uma base jurídica suficiente nos tratados para justificar o empréstimo por parte da Comissão.[184]

Sobre o terceiro aspecto – a efetividade da medida –, os pesquisadores do Centro de Estudos para Políticas Europeias, Cinzia Alcidi e Daniel Gros, afirmam que uma desvantagem dessa dualidade do NGEU entre a ideia abrangente de um plano para responder à crise da COVID-19 e a abordagem real para vincular os fundos aos objetivos da UE de resiliência, sustentabilidade e justiça é que tornou mais complexo definir a atribuição de financiamento. Isso porque, na prática, será mais difícil garantir *ex ante* que os países mais atingidos também recebam mais recursos.

Neste ponto, vale a explicação de que a fórmula de atribuição de recursos será baseada nas previsões da Comissão feitas para cada país e ligada às taxas de desemprego anteriores, bem como à população, PIB *per capita* inverso e desemprego juvenil, semelhante aos critérios da UE para atribuição de fundos de coesão previamente existentes. Para 2023, o critério do desemprego será substituído pela perda do PIB real, observada em anos anteriores.[185]

Outra crítica é que os objetivos traçados pela UE no NGEU seriam genéricos, mesmo que necessitem de orientações já especificadas em outras agendas europeias a serem detalhadas pelo Estado-Membro e que não seria difícil vincular uma ampla gama de itens de despesas a esses objetivos definidos como investimentos pelo fato de os Estados-Membros disporem de um amplo poder discricionário sobre a forma como os fundos serão gastos.

Isso se soma ao fato de parte do dinheiro ser fungível, o que significa que os Estados-Membros podem, em tese, utilizar fundos do NGEU para investimentos públicos, financiados a partir de fontes nacionais, de qualquer maneira. O documento de orientação tenta abordar essa questão para garantir que os fundos do NGEU representarão investimentos adicionais. Aos Estados-Membros, pede-se que

---

[184] OSTAPIUK; SOLSONA, 2021.
[185] GROS, Daniel; ALCIDI, Cinzia. Next Generation EU: A Large Common Response to the COVID-19 Crisis. *Intereconomics*, [s. l.], v. 55, n. 4, p. 202-203, 2020. Disponível em: https://www.intereconomics.eu/contents/year/2020/number/4/article/next-generation-eu-a-large-common-response-to-the-covid-19-crisis.html#:~:text=In%20July%202020%2C%20the%20European,the%20budget%20of%20the%20EU. Acesso em: 21 fev. 2023.

calcule a média de despesas em anos anteriores em itens incluídos em seus planejamentos. Contudo, para Florian Dorn e Clemens Fuest, os Estados-Membros podem argumentar que a crise afetou sua capacidade de investimentos para recorrerem aos fundos do NGEU.[186]

Por outro lado, o fato de os países poderem utilizar fundos do NGEU em substituição aos fundos nacionais não é necessariamente uma desvantagem: pode fazer mais sentido cortar impostos ou reduzir a dívida nacional se isso promover o desenvolvimento econômico sustentável. Naturalmente, do lado da UE, existe forte interesse em que os Estados-Membros envidem esforços para melhorar a resiliência das suas economias e reduzir a dependência de ajuda externa.[187]

Daniel Gros defende que o fundo NGEU foi concebido para ser principalmente uma redistribuição de Estados-Membros com alta renda *per capita* para países menos prósperos. Pode, portanto, ser visto como uma extensão do orçamento da UE, na medida em que se destina a promover a convergência econômica na União.

Ele argumenta justamente que a Instalação de Recuperação e Resiliência (RRF) representa um passo importante no caminho para a solidariedade europeia e oferece uma nova fonte de títulos europeus seguros. Além disso, na época em que foi lançado, o anúncio demonstrou o compromisso da UE com os Estados-Membros e causou forte impacto positivo nos mercados financeiros, especialmente para os países mais afetados pela crise, como Itália e Espanha.[188]

A combinação de acesso ao mercado, em condições favoráveis, e o conhecimento de que o financiamento do RRF chegará dentro de alguns anos permitem que os Estados-Membros tenham margem para planejar seus gastos. Para Gros, do ponto de vista político, seria desejável mostrar que os fundos da UE possam chegar rapidamente, mas, do ponto de vista econômico, não importa se os fundos da UE são pagos um ano antes ou depois, já que há o compromisso do bloco com o cumprimento do cronograma de gastos do NGEU.

Outro ponto de atenção é a preocupação com a magnitude do compromisso financeiro. Florian Dorn e Clemens Fuest questionam, por exemplo, o que significará o NGEU para o nível da dívida pública na Europa. No ano de 2020, a dívida pública na UE já representava cerca de 95% do PIB. Apenas para os Estados-Membros, espera-se que

---

[186] DORN; FUEST, 2021.
[187] GROS, 2021.
[188] GROS, 2021.

o pacote represente o aumento da dívida em 5,5 pontos percentuais. A estabilização da economia dos Estados-membros com uma dívida nacional elevada pode, no longo prazo, aumentar ainda mais os níveis de endividamento, em favor da política fiscal anticíclica, o que pode gerar perda de confiança dos investidores.[189]

Em realidade, dentro da comunidade acadêmica europeia, os aspectos mais polêmicos relativos ao NGEU se assentam no nível de endividamento, especialmente por ser a primeira vez em que haverá a emissão de dívida pública diretamente pela UE. Os fundos NGEU representaram, assim, a quebra do que sempre se colocou como um tabu na cultura política da comunidade: ao mesmo tempo em que permite que a UE contraia dívidas para a transformação econômica e social, há o condicionado do acesso a esses recursos pelo Estado de Direito e pelos valores da UE, conferindo ao bloco papel ativo e de liderança na gestão da crise social e econômica resultante da pandemia.[190]

Para María Amparado Salvador Armenáriz, pesquisadora espanhola sobre o tema, as novidades são substanciais: os planos que os Estados-Membros têm de apresentar no âmbito do MRR vão muito além do mero controle do equilíbrio das contas públicas, uma vez que submete à aprovação do Conselho – através da aprovação dos Planos – as escolhas feitas pelas liderança política de cada Estado-Membro.

Ainda para a referida autora, a retomada do investimento em políticas públicas, por meio do fortalecimento do Estado, representa o resgate de instrumentos e planejamento econômico:

> No século passado e no contexto das economias ocidentais, o direcionamento da política econômica por meio de planos esteve intimamente ligado às políticas keynesianas e ao consequente aumento do gasto público, como ocorre agora com os fundos NGEU. Recorda-nos, inclusive, outros momentos da nossa história em que –como agora – se fez um importante esforço financeiro público com o objetivo de alcançar o crescimento econômico direcionado a determinados setores e regiões. Certamente, agora os objetivos estratégicos – digitalização, economia verde e a coesão social – são outros e diferenças são enormes. Mas, no entanto, alguns elementos comuns podem ser identificados. Entre elas está, sem dúvida, a consciência da transformação da economia a

---

[189] DORN; FUEST, 2021.
[190] ROVIRA, Enoch Albertí. Unos fondos de alto impacto. Introducción a la sección monográfica "los fondos europeos NextGenerationEu: retos de las administraciones públicas". *Revista Catalana de Derecho Publico*, [s. l.], n. 63, p. 1-3, Dic. 2021. Disponível em: https://vlex.es/vid/fondos-alto-impacto-introduccion-913423868. Acesso em: 21 fev. 2023.

partir do poder público, algo que por outro lado já foi explorado em outros momentos de nossa história. Aparece também o controle central, bem como a utilização de instrumentos jurídico-administrativos para a colaboração público-privada. Em todo o caso, em cada momento histórico, o planejamento da intervenção pública na economia é adaptado às características e particularidades do direito e da economia do seu tempo.[191]

A literatura acadêmica europeia sobre o NGEU ainda é escassa, especialmente sobre a análise do impacto na transformação digital. Ainda há muita incerteza quanto ao efetivo impacto do NGEU, já que será necessário estabelecer os detalhes dos programas de financiamento ou o alcance potencial das medidas implementadas. Um dos pontos dignos de nota no que se refere aos investimentos do NGEU na transformação digital é o diálogo com outras iniciativas de grande porte, tais quais: *União da inovação, Juventude em movimento, Europa com eficiência de recursos, Uma política industrial para a era da globalização, Uma agenda para novas competências e empregos, Plataforma europeia contra a pobreza.*[192]

Na próxima seção desta pesquisa, serão apresentadas considerações gerais sobre os planos dos Estados-Membros para acessarem recursos do NGEU. Em um dos artigos pesquisados para esta pesquisa, Marcin Roman Czubala Ostapiuk e Miguel Ángel Benedicto Solsona já trazem relatos das possibilidades do NGEU para a Espanha: de acordo com os autores, a Espanha, país fortemente atingido pela pandemia, terá uma ampla margem de melhoria no contexto da digitalização, sendo o NGEU um notável impulso para a recuperação da crise provocada pela COVID-19, bem como para a implementação de novas tecnologias digitais naquele país. Nesse sentido, já foram adotados pela Espanha:

> [...] o Plano de Digitalização e o Plano Nacional de Competências Digitais (que procuram melhorar o capital humano e promover a digitalização tecnológica da economia); o Plano de Conectividade e a Estratégia de Promoção do 5G (através da sua implementação pretende-se aumentar a implantação da internet de banda larga de alta velocidade e da rede 5G, proporcionando hiperconectividade em território nacional, bem como viabilizando outras tecnologias); o Plano de Digitalização das

---

[191] ARMENDÁRIZ, María Amparo Salvador. Reformas jurídicas estatales para la gestión de los fondos NGEU: análisis y reflexión desde el derecho administrativo. *Revista Catalana de Derecho Publico*, [s. l.], n. 63, p. 61-80, Dic. 2021. Disponível em: http://revistes.eapc.gencat.cat/index.php/rcdp/article/view/10.2436-rcdp.i63.2021.3711/n63-salvador-es.pdf. Acesso em: 21 fev. 2023.
[192] KAMOLOV; STEPNOV, 2020.

Administrações Públicas (aspirando a manter e fortalecer a liderança espanhola neste âmbito, visa melhorar a acessibilidade dos serviços públicos. Da mesma forma, a saúde ou a justiça constituem algumas das áreas-alvo da sua atuação); a Estratégia Nacional de Inteligência Artificial (IA) (propõe ações de seu desenvolvimento científico e inovação, além da maior implantação da IA em nosso sistema produtivo, como uma das tecnologias de ponta e mais transcendentes na nova economia digital).[193]

Eles destacam ainda que, no caso da Agenda Digital, a Comissão Europeia evitou a adoção de uma abordagem *"one size fits all"*. Isso significa que, na prática, cada Estado-Membro tem a oportunidade de adaptar as diretrizes da UE e transformá-las em metas, políticas e atividades nacionais.[194]

2.4.5 Quadro-síntese dos Planos Nacionais para NGEU

Nesta seção, será apresentado um quadro-síntese com os principais destaques das ações contidas nos planos nacionais apresentados pelos Estados-Membros para o NGEU. É preciso alertar, contudo, que cada país se encontra em um estágio de maturidade de desenvolvimento de suas políticas públicas para a transformação digital, com casos em que ainda há baixa aderência técnica e política em nível do Estado-Membro.

---

[193] OSTAPIUK; SOLSONA, 2021, p. 127.
[194] KAMOLOV; STEPNOV, 2020.

QUADRO 1 – QUADRO-SÍNTESE DOS PLANOS NACIONAIS PARA O NGEU

(continua)

País	Valor concedido (ou solicitado em processo de aprovação)	Percentual do PIB nacional do ano de 2019 equivalente ao valor concedido	Principais ações
1. Alemanha	€25,6 bilhões de em subsídios	0,75%	52% da sua dotação total serão dedicados à transição digital. Destaca-se o investimento de €3 milhões de euros para a digitalização dos serviços públicos, tanto em nível regional como federal.
2. Áustria	€3,5 bilhões em subsídios (equivalente a 0,87% do PIB austríaco de 2019)	0,87%	53% da sua dotação total serão dedicados à transição digital. O foco será a conectividade e o acesso à educação digital nas escolas, com o fornecimento de dispositivos (computadores e *tablets*) aos alunos.
3. Bélgica	€5,9 bilhões em subsídios	1,25%	27% da sua dotação total serão dedicados à transição digital. A principal dotação financeira – €585 milhões – será investida na transformação digital da administração pública, do sistema judicial e do sistema de saúde pública para melhorar o acesso dos cidadãos e das empresas.
4. Bulgária	€6,27 bilhões em subsídios	10,24%	25% desse valor serão usados para acelerar a transformação digital. Os desafios digitais para a Bulgária estão relacionados com a baixa conectividade, baixa oferta e aceitação de serviços públicos digitais, baixo nível de competências digitais e absorção limitada de tecnologias digitais pelas empresas.

(continua)

País	Valor concedido (ou solicitado em processo de aprovação)	Percentual do PIB nacional do ano de 2019 equivalente ao valor concedido	Principais ações
5. Croácia	€6,3 bilhões em subsídios	11,68%	20% da sua dotação total serão dedicados à transição digital. • A maior quantia desse orçamento – €287 milhões – irá para a transição digital da administração pública: digitalização do sistema de justiça e a interoperabilidade do sistema de informação governamental. • Também fará investimentos na conectividade digital das zonas rurais: com o aumento da banda larga nacional; e a digitalização do ensino superior, com investimentos em *e-learning* e ferramentas de ensino digital.
6. Chipre	€1 bilhão em subsídios e €200 milhões em empréstimos para financiar seu plano de recuperação e resiliência	5,61%	23% da sua dotação total serão dedicados à transição digital. • As linhas de ação incluem a digitalização dos serviços públicos e a transição para a saúde digital; melhoria da conectividade; e promoção das competências digitais entre alunos e professores.
7. Dinamarca	€1,5 bilhão em subsídio	0,5%	25% da sua dotação total serão dedicados à transição digital. Sua estratégia digital centrar-se-á em três pontos-chave: • Digitalizar ainda mais a administração pública e fortalecer a digitalização nas empresas e indústrias. • Implementar o acesso de alta velocidade à Internet em zonas rurais. • Conseguir a transição digital das PME.

(continua)

País	Valor concedido (ou solicitado em processo de aprovação)	Percentual do PIB nacional do ano de 2019 equivalente ao valor concedido	Principais ações
8. Eslováquia	€6,3 bilhões em subsídios	6,72%	21% da sua dotação total serão dedicados à transição digital. Os investimentos serão realizados em: • Implementação de soluções para fazer avançar o desenvolvimento eletrônico do governo para melhorar a sua acessibilidade para os cidadãos. • Digitalização nas escolas com infraestruturas e competências digitais, com ações especialmente destinadas a reduzir o gargalo digital. • Apoio à digitalização das empresas.
9. Eslovênia	€2,5 bilhões, sendo €1,8 bilhão em subsídios e €705 milhões em empréstimos	5,17%	21% da sua dotação total serão dedicados à transição digital. • A maior parte do apoio virá para a alfabetização digital de estudantes e docentes, bem como de funcionários públicos. • Por outro lado, existe o desafio da digitalização na saúde pública: incorporação de novos serviços digitais nos cuidados de saúde, incluindo a telemedicina, digitalização dos registros médicos e atualização do sistema de marcações eletrônicas de consultas para proporcionar maior transparência nos tempos de espera. • Também apostará na transição digital das empresas, por meio do apoio à implementação de tecnologias digitais.

CAPÍTULO 2 | SOLUÇÕES NO PLANO INTERNACIONAL: A TRANSFORMAÇÃO DIGITAL NO CONTEXTO DE UMA VERDADEIRA AGENDA... | 117

(continua)

País	Valor concedido (ou solicitado em processo de aprovação)	Percentual do PIB nacional do ano de 2019 equivalente ao valor concedido	Principais ações
10. Espanha	€69,5 bilhões em subsídios	5,58%	O Plano de Recuperação, Transformação e Resiliência da Espanha[195] foi apresentado em 30 de abril de 2021 e já foi aprovado pela Comissão Europeia. Está estruturado em quatro eixos transversais: • A transição ecológica, a transformação digital, a coesão territorial e social, e a igualdade de gênero. Projetam-se, ainda, 10 políticas de alavancagem, que, por sua vez, reúnem os 30 componentes que articulam os projetos coerentes de investimentos e reformas para modernizar o país. • 28% da sua dotação total serão dedicados à transição digital. Contempla medidas sobre a digitalização da administração pública, da indústria e das empresas, incluindo um programa específico para a digitalização das pequenas e médias empresas. Há também investimentos em equipamentos digitais para a educação e a melhoria das competências digitais. A transformação digital contempla-se como um eixo transversal, pelo que a transformação digital será implementada por meio das dez políticas de alavancagem.

[195] ESPAÑA. Gobierno de España. *Plan de Recuperación, Transformación y Resiliencia*. Madrid, 2021. Disponível em: https://planderecuperacion.gob.es/plan-espanol-de-recuperacion-transformacion-y-resiliencia. Acesso em: 7 fev. 2023.

(continua)

País	Valor concedido (ou solicitado em processo de aprovação)	Percentual do PIB nacional do ano de 2019 equivalente ao valor concedido	Principais ações
10. Espanha	€69,5 bilhões em subsídios	5,58%	• A transformação digital na Espanha baseia-se na premissa da necessidade de abordar urgentemente a transição digital, garantindo a acessibilidade da sociedade como um todo, promovendo a digitalização das empresas – especialmente pequenas e médias empresas e *startups* – e da indústria e a capacitação digital da população. • Das reformas anunciadas, destaca-se a "Reforma para a modernização e digitalização da Administração", que promoverá o *e-Government* para alcançar eficiência por meio da digitalização dos processos e procedimentos administrativos. • Também implementaram o faturamento eletrônico para todas as empresas e trabalhadores (programa *"Digital Kit"*).
11. Estônia	€970 milhões em subsídios	3,45%	22% da sua dotação total serão dedicados à transição digital. A sua estratégia digital se concentrará em três pontos-chave: • Apoio à transformação digital das empresas. • Digitalização da administração pública: modernizar o governo digital, com serviços baseados em tecnologia de ponta para melhorar a resiliência, segurança e eficiência e reduzir a carga administrativa para cidadãos e empresas. • Aumento da conectividade: implantação de redes de alta capacidade em zonas rurais para reduzir o gargalo digital.

(continua)

País	Valor concedido (ou solicitado em processo de aprovação)	Percentual do PIB nacional do ano de 2019 equivalente ao valor concedido	Principais ações
12. França	€39,4 bilhões em subsídios	1,62%	21% da sua dotação total serão dedicados à transição digital. As principais medidas a serem adotadas serão: • Digitalização de empresas. Serão destinados €385 milhões para a sua transição digital, ajudando-os a fazer o melhor uso das tecnologias digitais. • Digitalização das escolas por meio do fornecimento de equipamentos digitais no valor de €131 milhões. • Digitalização da administração pública. Serão investidos €500 milhões na melhoria da eficiência da administração pública e da qualidade do ambiente de trabalho dos funcionários públicos.
13. Finlândia	€2,1 bilhões em subsídios	0,87%	27% da sua dotação total serão dedicados à transição digital. • O maior investimento será dedicado à inovação digital aplicada aos cuidados de saúde e bem-estar social. • Desenvolvimento da conectividade digital, com investimentos em infraestruturas de banda larga de alta velocidade. • Desenvolvimento dos projetos de serviços ferroviários Digirail; e do sistema de comunicação Future Railway Mobile, baseado em 4G e 5G.

(continua)

País	Valor concedido (ou solicitado em processo de aprovação)	Percentual do PIB nacional do ano de 2019 equivalente ao valor concedido	Principais ações
14. Grécia	€30,5 bilhões, sendo €17,8 bilhões em subsídios e €12,7 bilhões em empréstimos	16,27%	23,3% da sua dotação total serão dedicados à transição digital. • Destaca-se o investimento de €1,3 bilhão para a transformação digital do setor público: digitalização de arquivos, aumento da interoperabilidade dos sistemas e utilização de tecnologias avançadas, como computação em nuvem e *big data*. • Contempla a destinação de €375 milhões para a digitalização de empresas, especialmente as PME.
15. Holanda	€4,7 bilhões em subsídios	0,7%	26% serão destinados à transformação digital. A Holanda é um dos países mais desenvolvidos digitalmente na UE, com altos níveis de habilidades digitais básicas e avançadas. No entanto, o país também enfrenta uma escassez persistente de profissionais qualificados digitalmente, inclusive em inteligência artificial, dados e segurança cibernética. Além disso, a proporção de mulheres especialistas em tecnologia tem aumentado nos últimos anos, mas ainda está abaixo da média da UE.
16. Hungria	€5,8 bilhões em subsídios	3,5%	20% deste valor serão destinados para a transformação digital. Apesar de o plano húngaro já ter sido aprovado pela UE e estar estruturado em torno da transição ecológica, dos cuidados de saúde, da investigação e do âmbito digital, até o fechamento desta pesquisa, não foram encontrados os detalhamentos das ações voltadas para a agenda digital.

(continua)

País	Valor concedido (ou solicitado em processo de aprovação)	Percentual do PIB nacional do ano de 2019 equivalente ao valor concedido	Principais ações
17. Itália	€191,5 bilhões, sendo €68,9 bilhões em subsídios e €122,6 bilhões em empréstimos	10,71%	25% da sua dotação total serão dedicados à transição digital. Prevê medidas de apoio à digitalização das empresas. • Está previsto, sobretudo, um investimento de €13,4 bilhões para promover a adoção de tecnologias digitais pelas empresas, por meio de um esquema de crédito fiscal destinado a apoiar e acelerar a sua transformação digital. • Também serão realizados investimentos na expansão das redes de banda larga ultrarrápidas e na conectividade 5G. • Há ainda a previsão de investimentos para a digitalização da administração pública, com medidas previstas para os setores da administração pública em geral, da saúde, da justiça e da educação.
18. Irlanda	€989 milhões em subsídios	0,3%	32% da sua dotação total serão dedicados à transição digital; sobretudo, as ações terão como objetivo apoiar a digitalização do setor público, com especial interesse na saúde pública. Além disso, engloba apoio à digitalização de empresas, especialmente PME; e ações contra o gargalo digital, com especial atenção a estudantes desfavorecidos.
19. Letônia	€1,8 bilhão em subsídios	5,99%	21% da sua dotação total serão dedicados à transição digital. Seu principal investimento será para: • Transformação digital das empresas. • Melhoria das competências digitais básicas e avançadas dos cidadãos em geral, empresas e administrações públicas. • Introdução da tecnologia 5G.

(continua)

País	Valor concedido (ou solicitado em processo de aprovação)	Percentual do PIB nacional do ano de 2019 equivalente ao valor concedido	Principais ações
20. Lituânia	€2,2 bilhões em subsídios	4,59%	32% da sua dotação total serão dedicados à transição digital. Suas principais linhas de ação anunciadas são a digitalização da administração pública para torná-la mais acessível a cidadãos e empresas; e o desenvolvimento da tecnologia 5G.
21. Luxemburgo	€93,4 bilhões em subsídios	0,15%	27% da sua dotação total serão dedicados à transição digital. Os destaques são a melhoria da segurança das comunicações do setor público; acessibilidade em ambientes digitais de serviços administrativos para cidadãos e empresas; e implementação de sistemas de cuidados de saúde.
22. Malta	€316,4 milhões em subsídios	2,3%	26% da sua dotação total serão dedicados à transição digital. O maior esforço nesse campo será feito na digitalização da administração pública e dos serviços públicos a fim de melhorar a experiência dos usuários e a segurança dos sistemas; nesse sentido, visa também à digitalização do sistema judicial para aumentar a acessibilidade e a eficiência. Por outro lado, será fornecido apoio à digitalização das empresas.
23. Polônia	€35,4 bilhões, sendo 23,9 bilhões em subsídios e €11,5 bilhões em empréstimos	6,6%	Está previsto dedicar 20% do orçamento à transformação digital. Até a data de fechamento desta pesquisa, não foram encontradas mais informações ou detalhamento do plano.

(continua)

País	Valor concedido (ou solicitado em processo de aprovação)	Percentual do PIB nacional do ano de 2019 equivalente ao valor concedido	Principais ações
24. Portugal	€16,6 bilhões em subsídios	7,82%	22% da sua dotação total serão dedicados à transição digital. Destaca-se o investimento de €300 milhões na modernização do Serviço Nacional de Saúde, por meio da melhoria da sua capacidade tecnológica, digitalização e segurança. Além disso, €650 milhões serão dedicados para a transição digital de empresas: apoio às pequenas e médias empresas e aos seus funcionários com competências digitais personalizadas e treinamento personalizado para ajudá-los a fazer o melhor uso da tecnologia digital.
25. República Tcheca	€7 bilhões em subsídios	3,25%	22% da sua dotação total serão dedicados à transição digital. Serão feitos investimentos nestas áreas: • Competências digitais com a adaptação dos currículos ao ambiente digital; equipamento e formação. • Transformação digital na administração pública, no sistema judicial e nos cuidados de saúde. • Fomento da transição digital da economia, com o apoio à transformação digital de empresas, criação de centros de inovação digital e desenvolvimento de redes de alta capacidade e redes 5G.

(conclusão)

País	Valor concedido (ou solicitado em processo de aprovação)	Percentual do PIB nacional do ano de 2019 equivalente ao valor concedido	Principais ações
26. Romênia	€29,2 bilhões, sendo €14,3 bilhões em subsídios e €14,9 bilhões em empréstimos	13,1%	21% da sua dotação total serão dedicados à transição digital. O investimento mais relevante será dedicado à digitalização da administração pública, especialmente em áreas-chave, como a justiça, o emprego, a segurança social, a contratação pública e as declarações fiscais. Estão previstas: • Criação de uma infraestrutura segura de nuvens para a construção do ambiente digital da administração pública e o desenvolvimento da identificação eletrônica. • Digitalização da saúde, com o desenvolvimento de um sistema de saúde eletrônico integrado. • Digitalização da educação para melhorar as competências pedagógicas digitais, os conteúdos, os equipamentos e os recursos educativos, inclusive em universidades.
27. Suécia	€3,29 bilhões em subsídios	0,69%	O plano de recuperação da Suécia contém 30 reformas e investimentos, divididos em cinco áreas de foco. 24% do custo previsto no plano estão ligados à transição para o digital. Estão previstas ações de expansão da banda larga, digitalização da administração pública e investigação.[196]

Fonte: Elaborado pelo pesquisador (2023) com base nas informações disponíveis nos *sites* da União Europeia.

[196] CONSELHO EUROPEU; CONSELHO DA UNIÃO EUROPEIA. *Infografia – Recovery fund*: the EU delivers. Bruxelas, 2022. Disponível em: https://www.consilium.europa.eu/pt/infographics/recovery-fund-eu-delivers/. Acesso em: 7 fev. 2023.

Pelo quadro-síntese acima, percebe-se que os cinco países que menos recorreram a recursos financeiros no âmbito do NGEU, em valores absolutos, foram Malta, Estônia, Irlanda, Chipre e Dinamarca. Na outra ponta, os cinco países que mais receberam recursos – a título de subsídio e de empréstimos – foram Itália, Luxemburgo, Espanha, França e Polônia. Desses dois grupos de países, conforme veremos a seguir, Polônia, Itália e Chipre ficaram abaixo da média europeia no Índice de Economia e Sociedade Digital – DESI 2022, enquanto Malta, Irlanda e Estônia apresentam-se como uns dos países mais bem posicionados no *ranking* que mede o progresso digital dos Estados-Membros.

Outro dado interessante obtido a partir do quadro é o fato de a maioria dos países ter dedicado entre 20% e 30% dos recursos para a transformação digital, enquanto Alemanha e Áustria investiram, respectivamente, 52% e 53% do valor total dos recursos recebidos da UE na transição digital. Os dois países, apesar de estarem acima da média europeia em termos de digitalização, ainda apresentam fraquezas na transformação digital a serem enfrentadas: no caso da Áustria, é exemplo a falta de especialistas em TI e, na Alemanha, o baixo nível de digitalização da administração pública.[197]

Além disso, a Alemanha atrasou a entrega da sua estratégia digital, e a versão inicial foi criticada por especialistas em razão da ausência de detalhamento das medidas a serem implementadas.[198] Vale ainda citar que a Áustria já está em fase de reestruturação institucional para coordenação das políticas públicas para transformação digital e que, em 2018, foi criado o Ministério de Assuntos Digitais e Econômicos.[199] Mais detalhes sobre o desenvolvimento das agendas digitais pelos Estados-Membros serão apresentados no item a seguir.

---

[197] EUROPEAN COMMISSION. *The Digital Economy and Society Index*: Countries' performance in digitisation. Bruxelas, 16 Sept. 2022. Disponível em: https://digital-strategy.ec.europa.eu/en/policies/countries-digitisation-performance. Acesso em: 7 fev. 2023.

[198] KABELKA, Laura. Germany's draft digital strategy prompts criticism over delays, vagueness. *Euractiv*, [s. l.], 12 jul. 2022. Disponível em: https://www.euractiv.com/section/digital/news/germanys-draft-digital-strategy-prompts-criticism-over-delays-vagueness/. Acesso em: 7 fev. 2023.
FEDERAL FOREIGN OFFICE. The Federal Government's new Digital Strategy. Berlin, 13 set. 2022. Disponível em: https://www.auswaertiges-amt.de/en/aussenpolitik/digital-strategy/2551972. Acesso em: 7 fev. 2023.

[199] HÖLZL, Werner *et al. Digitalisation in Austria*: State of play and reform needs. Wien Arsenal: Austrian Institute of Economic Research, 2019. Disponível em: https://www.wifo.ac.at/jart/prj3/wifo/resources/person_dokument/person_dokument.jart?publikationsid=61892&mime_type=application/pdf. Acesso em: 7 fev. 2023.

2.5 Índice de Economia e Sociedade Digitais (DESI)

Já foi citado ao longo deste capítulo que, para acompanhar o progresso digital dos Estados-Membros, a UE utiliza, desde 2014, o Relatório do Índice de Digitalidade da Economia e da Sociedade (*The Digital Economy and Society Index* – DESI), que é atualmente o índice oficial de mensuração da digitalização dos Estados-Membros da UE, que ajuda a acompanhar o progresso desses países nas transformações digitais. A metodologia de classificação consiste em avaliar cinco indicadores agregados: comunicação (comunicação fixa e móvel e disponibilidade de preços); capital humano (uso da internet, desenvolvimento de competências digitais básicas e avançadas); utilização de serviços de internet (motores de busca, *e-mails*, etc.); integração de tecnologias digitais (digitalização de negócios, *e-commerce*); e serviços públicos digitais (governo digital, serviços públicos digitais).[200]

Divulgados anualmente, os relatórios do DESI fornecem uma análise do grau de desenvolvimento digital dos países, no nível da UE, e também retratam individualmente os perfis dos Estados-Membros nas principais áreas da agenda digital. Com os resultados dos levantamentos do DESI, é possível identificar os domínios que requerem uma ação prioritária em relação à agenda digital, bem como são elaborados capítulos temáticos para apoiar as decisões políticas da UE dos Estados-Membros.

Esse índice permite ao menos quatro tipos de análise: avaliação geral do desempenho de cada Estado-Membro a partir da pontuação geral no índice e as pontuações das principais dimensões do índice; análise mediante indicadores individuais, o que permite identificar as áreas nas quais o desempenho do Estado-Membro pode ser melhorado; monitoramento para avaliar o progresso ao longo do tempo; análise comparativa entre Estados-Membros, de acordo com as pontuações obtidas no índice, comparando países em estágios semelhantes de desenvolvimento digital.

A Comissão Europeia já ajustou o referido índice para alinhá-lo com os quatro pontos cardeais estabelecidos na Bússola Digital 2030, que são: capital humano, conectividade, integração de tecnologia digital e serviços públicos digitais.[201] Uma ferramenta similar ao DESI poderia

---

[200] COMISSÃO EUROPEIA. *Índice de Economia e Sociedade Digitais (DESI)*. Bruxelas, 2022. Disponível em: https://digital-strategy.ec.europa.eu/pt/policies/desi. Acesso em: 7 fev. 2023.
[201] EUROPEAN COMMISSION. *Digital Economy and Society Index (DESI) 2022*: Methodological Notes. Bruxelas, 2022. Disponível em: https://digital-strategy.ec.europa.eu/en/policies/desi. Acesso em: 7 fev. 2023.

ser extremamente útil na realidade brasileira, conforme veremos no capítulo 4.

2.5.1 Os resultados do DESI do ano de 2022

Para ilustrar a absorção das normas comunitárias pelos Estados-Membros, bem como o nível de avanço digital nesses países, serão apresentadas considerações sobre os relatórios DESI 2022, ou seja, com os dados obtidos durante o ano de 2021, para avaliar os progressos realizados nos Estados-Membros da UE no domínio digital. De acordo com o *ranking* ilustrado na figura abaixo, o país europeu mais avançado na agenda digital é a Finlândia, e o menos avançado é a Romênia.

FIGURA 1 – DESI 2022

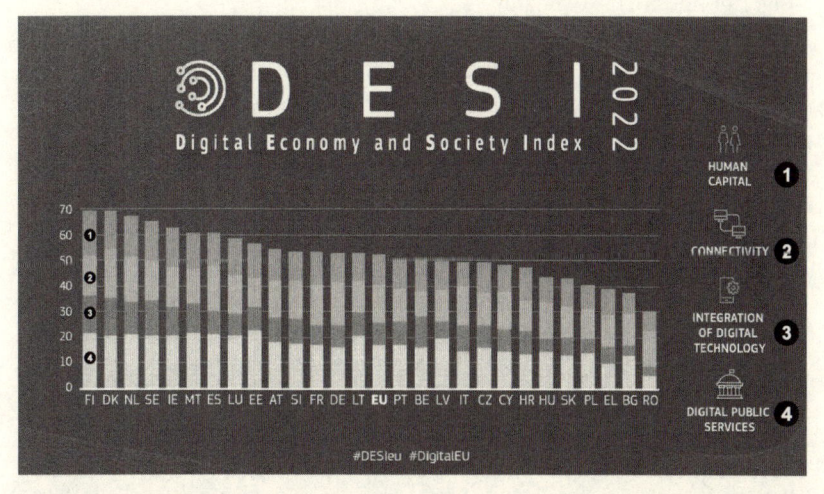

Fonte: https://icdleurope.org/the-digital-economy-and-society-index-2022-has-been-released/?utm_source=rss&utm_medium=rss&utm_campaign=the-digital-economy-and-society-index-2022-has-been-released.

Os resultados do DESI 2022 indicam que, enquanto a maioria dos Estados-Membros da UE faz progresso na sua transformação digital, com especial influência do aceleramento digital provocado pela pandemia, a adoção de tecnologias digitais chave para negócios, tais como IA e *big data*, permanece baixa, mesmo entre países que se colocam à frente no *ranking*, como Finlândia, Dinamarca, Holanda e Suécia.[202]

---

[202] COMISSÃO EUROPEIA. *Índice de Economia e Sociedade Digitais (DESI)*, 2022.

Níveis insuficientes de competências digitais ameaçam as perspectivas de crescimento, aprofundam o fosso digital e aumentam os riscos de exclusão digital, na medida em que mais e mais serviços, inclusive os essenciais, mudam para *on-line*.

De acordo com o relatório geral, os esforços precisam ser melhorados para assegurar a implantação onipresente de infraestrutura de conectividade, notadamente em 5G, exigida para serviços e aplicações altamente inovadoras. Além das competências digitais e redes 5G, outro aspecto de melhoria é a necessidade de transformação digital das pequenas e médias empresas europeias.

Vale destacar que o *Recovery and Resilience Facility*[203] foi concebido justamente para que os Estados-Membros invistam em suas próprias transformações digitais e contribuam coletivamente para o aumento da resiliência potencial de inovação da UE, ao mesmo tempo reduzindo suas dependências externas.

Até o momento da publicação do relatório DESI 2022, vinte e cinco planos nacionais de recuperação tinham sido aprovados pelo Conselho da União Europeia. A soma total alocada nesses planos está estimada em 490 bilhões de euros, dos quais 325 bilhões de euros em caráter de financiamento e 165 bilhões de euros como empréstimos. Estava pendente a aprovação dos planos da Hungria e da Holanda. Outro dado obtido no relatório de 2022 foi que, dos 27 países que compõem a UE, 21 haviam recebido desembolso de pré-financiamento e cinco já se encontram em fase de recebimento dos pagamentos subsequentes, depois de avaliações positivas de seus pedidos, quais sejam: Espanha, Grécia, França, Itália e Portugal. No total, 67,02 bilhões de euros em financiamentos já foram distribuídos.

Do total do valor desses 25 planos aprovados, 127 bilhões de euros – o equivalente a 26% – foram destinados a apoiar a transformação digital. Além disso, dentro dos 25 planos aprovados, 21 apresentaram compromissos com projetos digitais chave multinacionais, em acordo com o Programa de Políticas da Década Digital, principalmente em *hubs* de inovação, corredores de 5G e comunicação quântica.

---

[203] Como parte de uma resposta abrangente aos desafios e carências dos países-membros, a Facilidade de Recuperação e Resiliência (*Recovery and Resilience Facility*) pretendeu mitigar os impactos econômicos e sociais da pandemia de COVID-19 e fazer as economias europeias mais sustentáveis, resilientes e mais bem preparadas para os desafios e oportunidades das transições digital e verde. COMISSÃO EUROPEIA. *A Instalação de Recuperação e Resiliência*. Bruxelas, 2022. Disponível em: https://commission.europa.eu/business-economy-euro/economic-recovery/recovery-and-resilience-facility_en. Acesso em: 12 fev. 2023.

As metas do Programa *Caminho para a Década Digital* já foram incorporadas na avaliação do DESI e objetivamente buscam: alcançar 20 milhões de especialistas em TIC, incluindo igualdade de gênero, e, no mínimo, 80% da população dotados de competências básicas digitais; obter infraestruturas digitais sustentáveis, com conectividade (de preferência com redes 5G), semicondutores de ponta (dobrando a produção da UE em relação à produção global) e computadores com aceleração quântica; 75% das empresas da UE usando nuvem, IA e *big data*; esforços para dobrar o número de unicórnios da UE; fazer com que mais de 90% das pequenas e médias empresas tenham competências digitais básicas; e, finalmente, tornar os serviços públicos chave 100% *on-line* (com o mesmo percentual para o E-Saúde) e 80% da população usando identificação digital.

Em relação ao capital humano, dos 87% das pessoas com idade entre 16 e 74 anos que usaram a internet regularmente em 2021, apenas 54% possuíam pelo menos competências digitais básicas. Holanda e Finlândia aparecem na frente do *ranking*, enquanto Romênia e Bulgária ficaram em último. Durante o ano de 2020, 55% das empresas do bloco europeu que recrutaram ou tentaram recrutar especialistas em TIC relataram dificuldades de preencher esses postos de trabalho.

Na conectividade de banda larga, embora a UE tivesse cobertura total, apenas 70% dos lares podiam contar com o benefício de conectividade VHCN (do inglês *Very High Capacity Networks* ou redes de capacidade muito elevada). E um grande lapso de cobertura VHCN fixa permanece entre as áreas urbanas e rurais, apesar de ter havido um crescimento de 29% em 2020 para 32% em 2021. Malta, Luxemburgo, Dinamarca, Espanha, Letônia, Holanda e Portugal são os países mais avançados em cobertura fixa VHCN total, com mais de 90% das residências cobertas. Em contraste, na Grécia, apenas uma em cada cinco residências tem esse acesso.

Tratando-se de integração de tecnologia digital por negócios, em 2021, apenas 55% das pequenas e médias empresas alcançaram um nível básico na adoção de tecnologias digitais. Suécia e Finlândia possuem, respectivamente, 86% e 82% de pequenas e médias empresas com nível básico de intensidade digital. Romênia e Bulgária têm as taxas mais baixas de digitalização de pequenas e médias empresas. Diferentemente do que se possa imaginar, considerando o grau de priorização e investimento públicos, na UE como um todo, o uso de tecnologias digitais ainda permanece baixo, com 34% das empresas se apoiando em computação em nuvem, 8% utilizando inteligência artificial e 14% fazendo uso de *big data*.

Em serviços públicos digitais, o relatório DESI verificou que a pontuação de qualidade atingiu 75 de cada 100 em serviços públicos digitais para cidadãos e 82 de cada 100 em empresas. Estônia, Finlândia, Malta e Holanda têm as pontuações mais altas para serviços públicos digitais; Romênia e Grécia, as mais baixas.

2.5.2 Os extremos da digitalização na Europa: os casos da Finlândia e da Romênia

Como é possível perceber pelos dados do DESI, a digitalização na UE é desigual e irregular, embora haja sinais de convergência entre os Estados-Membros. Ao mesmo tempo em que os países mais avançados permanecem em destaque no *ranking*, nos últimos anos há um substancial grupo de Estados-Membros que se aproximaram da média de digitalização da UE. Ressalta-se ainda que a maioria dos Estados-Membros que apresentavam um nível menor de digitalização do que a média da UE há cinco anos atrás está progredindo num ritmo mais rápido do que o restante, indicando a consolidação de convergência global para o digital na UE.

Para ilustrar esse cenário, esta pesquisa fez análise comparativa dos dois extremos entre os 27 países que compõem a UE: a Finlândia,[204] o país com o melhor índice de digitalização, e a Romênia,[205] com o pior.

A Finlândia tem um *score* de 69,6 pontos, bem superior à média da UE, de 52,3. Continua a liderar os países da UE nos indicadores que rastreiam capital humano, e a proporção de pessoas empregadas trabalhando como especialistas em TIC está acima da média da UE em quase três pontos percentuais (7,4% contra 4,5%).

A Romênia, por sua vez, apresentou um *score* de 30,6 pontos. Teve crescimento anual abaixo dos seus pares, o que indica que não converge com o restante dos Estados-Membros. Está defasada em diversos indicadores relacionados com a dimensão capital humano, com um baixo nível de competências digitais básicas (28%), em comparação com a média da UE, mas mantendo seus altos *rankings* na proporção de especialistas mulheres em TIC (segunda posição, com 26%) e graduados

---

[204] COMISSÃO EUROPEIA. *Finlândia no Índice de Economia e Sociedade Digital*. Bruxelas, 2022. Disponível em: https://digital-strategy.ec.europa.eu/en/policies/desi-finland. Acesso em: 12 fev. 2023.

[205] COMISSÃO EUROPEIA. *Romênia no Índice de Economia e Sociedade Digital*. Bruxelas, 2022. Disponível em: https://digital-strategy.ec.europa.eu/en/policies/desi-romania. Acesso em: 12 fev. 2023.

em TIC (quarta posição, com 6,7%). Entretanto, pontua abaixo da média (2,6% contra 4,5%) na proporção de especialistas em TIC empregados, apesar da sinalização de crescimento desse percentual de forma consistente, segundo o DESI. Em contraste, a cota de empresas que oferecem treinamento em TIC estagnou-se em 6%, significativamente abaixo da média da UE.

Na Finlândia, os graduados em TIC representam 7,5% de todos os graduados, e a cota de empresas que proveem treinamento de TIC aos seus empregados é quase duas vezes a média da UE. Mais que isso, o percentual de pequenas e médias empresas com pelo menos um nível de intensidade digital está consideravelmente acima da média da UE (82% contra 55%); 66% das empresas usam soluções de nuvem; e 16% integram tecnologia de IA em suas operações. Embora a Finlândia já tenha atingido a meta da Década Digital de 80% da população com pelo menos competências digitais básicas, ainda precisa aumentar o percentual de especialistas em TIC empregados e a meta de graduados em TIC.

Na Romênia, a cota de pequenas e médias empresas com pelo menos um nível básico de intensidade digital fica em 22%, e a porcentagem de empresas que compartilham informações eletronicamente é de 17% – a mais baixa da UE. Por outro lado, a Romênia, comparativamente, desempenha-se bem em conectividade, que é a dimensão na qual apresenta melhores resultados (15ª posição, com *score* de 55,2 contra a média de 59,9 da UE). A adoção de banda larga fixa, de pelo menos 100 Mbps (57%) e cobertura VHCN com 87%, ultrapassa a média da UE. Entretanto, o desempenho na integração de tecnologias digitais e serviços públicos digitais é pobre, comparado com outros Estados-Membros.

A Finlândia ocupa a 8ª posição em conectividade entre os países da UE. Isso se dá pela falta de viabilidade de redes fixas em regiões esparsamente habitadas. Embora a taxa de cobertura de VHCN (redes de capacidade muito alta) fixa esteja perto da média da UE (68% comparado com a média de 70% da UE), tem um *score* baixo (12,4%) e fica para trás na oferta para as áreas rurais. Por outro lado, a Finlândia é líder na oferta de serviços comerciais em 5G, e as empresas finlandesas são usuárias intensivas de redes sociais (51% contra a média da UE de 29%) e de *e-invoices* (faturas digitais), com percentual de 83% contra a média da UE, de 32%. A interação *on-line* entre autoridades governamentais e o público está se aproximando do máximo – 92% – dos usuários de internet que usam serviços *e-government*, quase o mesmo percentual do ano anterior. A perspectiva é que o país alcance a meta da Década Digital antes do previsto.

A Romênia não conta ainda com uma estratégia digital, embora tenha adotado, por exemplo, arcabouço legal para a digitalização no setor da educação. Apesar de sofrer com os desafios demográficos, o país continua a ser um ator forte no campo de *Next Generation Access* (NGA)[206] e VHCN. A cobertura de banda larga fixa subiu para 94,1% dos lares, apenas ligeiramente abaixo da média da UE, que é de 97,9%. Além disso, a banda larga rápida subiu seis pontos percentuais, para 93%, acima da média da UE, de 90%. A cobertura de VHCN em áreas urbanas é de 90%, muito maior do que a média da UE, de 76%. A cobertura de VHCN em áreas rurais tem encontrado dificuldade na implantação de fibra, especialmente na vizinhança de estradas e edifícios.

No *ranking* de integração de tecnologia digital, a Finlândia está em primeiro lugar, com 59,1 pontos, bem acima da média da UE (36,1) em quase todos os quesitos. A Romênia está em último, com 15,2 pontos.

Os indicadores romenos estão quase todos muito abaixo da média da UE; ainda mais, ou estão estagnados, ou decresceram em relação ao ano anterior. Pequenas e médias empresas com pelo menos nível básico de intensidade digital somam 22% (a média da UE é de 55%). Só 12% das pequenas e médias empresas vendem *on-line*, e 4% vendem *on-line* para o exterior. O uso de computação em nuvem alcançou apenas 11%, enquanto a média da UE é de 34%. O uso de *big data* continua baixo, com 5% *versus* 14% da média da UE. Quanto à inteligência artificial, somente 1% das empresas adotou essa tecnologia, enquanto a média da UE é de 8%. Apenas 68% de empresas com média/alta intensidade de ação verde por meio de TIC são ligeiramente superiores à média da UE (66%).

Já na Finlândia, apenas as vendas *on-line* para o exterior (8%) ficaram abaixo da média da UE (9%).

No quesito serviços públicos digitais, a Romênia fica abaixo da média da UE em todos os indicadores: usuários de *e-government* (17% contra 65%), formulários pré-preenchidos (19% contra 64%), serviços públicos digitais para cidadãos (44% contra 75%), serviços públicos digitais para negócios (42% contra 82%), dados abertos (76% contra

---

[206] *Next Generation Access* refere-se a redes avançadas que tenham pelo menos as seguintes características: entrega confiável de serviços de alta velocidade para o assinante por meio de backhaul óptico (ou tecnologia equivalente); suporte uma variedade de serviços digitais avançados que incluam serviços sobre IP e tenham velocidades substancialmente mais altas de *upload*, comparadas com redes básicas de banda larga.

81%). A Finlândia ocupa a segunda posição nesse quesito, superando a média da UE em todos os indicadores.

Na mesma linha, foram analisados os planos nacionais de recuperação e resiliência *(National Recovery and Resilience Plan – RRP)* da Finlândia e da Romênia. Conforme já exposto, o programa *Recovery and Resilience Facility* foi implantado pela Comissão Europeia em 19 de fevereiro de 202w1 para financiar reformas e investimentos em Estados-Membros desde o começo da pandemia, em fevereiro de 2020, até dezembro de 2026. Para financiar o NGEU, a Comissão Europeia, em nome da UE, fará empréstimos no mercado de capitais.

Os serviços públicos digitais continuam a ser um desafio para a Romênia, como já demonstrado nos dados acima. A política pública de *e-government* foi adotada na Romênia em junho de 2021, e a transformação digital do setor público romeno é impulsionada por essa política para o período de 2021-2030: a pretensão é estabelecer uma estrutura para o desenvolvimento de ferramentas de *e-government*, a partir de consultoria de instituições relevantes, sob coordenação da Secretaria-Geral do governo romeno, com o fim de criar um mapa de referência para a digitalização de serviços públicos nos próximos dez anos. A estrutura inclui mecanismos para, regularmente, monitorar, avaliar e ajustar o programa.

Uma grande cota de investimentos e reformas digitais dedicadas a essa dimensão, no RRP da Romênia, de quase 6 bilhões de euros, é uma oportunidade de melhorar os resultados de 2021 e cumprir o objetivo de alcançar, em 2030, a meta da Década Digital de 100% de oferta *on-line* de serviços públicos chave para cidadãos e empresas da UE.[207] Os investimentos financiados pelo RRP permitirão o desenvolvimento de estrutura unitária para um sistema de nuvem do governo romeno, que inclui: implementação da infraestrutura de nuvem (€675 mil); desenvolvimento de nuvem e migração (€187 milhões); desenvolvimento de *e-health* e telemedicina (€400 milhões); digitalização do judiciário (€162 milhões), do ambiente (€52 mil) e do emprego e proteção social (€85 milhões); implementação de formulários eletrônicos em contratos públicos (€0,85 milhão); cartões de identidade e assinatura digitais

---

[207] Cada plano de recuperação e resiliência tem que dedicar pelo menos 20% da alocação total do plano para objetivos digitais. Para esse fim, os planos têm que especificar e justificar até que ponto cada medida contribui completamente (100%), parcialmente (40%) ou sem impacto (0%) em objetivos digitais. Combinando os coeficientes com os custos estimados de cada medida, permite-se avaliar em que grau o plano contribui para objetivos digitais e se alcança a meta de 20%.

(€200 milhões); digitalização do setor não governamental (€10 milhões) e gerenciamento de serviço civil (€ 10 milhões).

Quanto à Finlândia, sua contribuição em política digital no seu RRP, adotado em outubro de 2021, soma 574 milhões de euros, representando 27,5% da alocação total do plano, que foca em reformas e investimentos em serviços públicos digitais, competências digitais e transição digital da economia para explorar completamente o potencial da transformação digital. O plano prevê, por exemplo, medidas de suporte para a transição digital, com investimentos de €50 milhões em infraestrutura de banda larga de alta velocidade por toda a Finlândia; e €85 milhões para inaugurar o projeto digital do sistema de proteção de trens em toda a rede de ferrovias até 2040, juntamente com o futuro sistema de Comunicação Móvel Ferroviária, baseada em 4G e 5G.

O plano nacional finlandês também aloca €100 milhões em inovação digital em bem-estar social e serviços de saúde; €46 milhões para investir em aprendizagem continuada; e €25 milhões para investir em tecnologias-chave de aceleração (microeletrônica, 6G, inteligência artificial e computação quântica). Outros €20 milhões estão alocados para agilizar processos de educação para o trabalho, no sentido de facilitar recrutamento internacional de trabalhadores.

2.6 A pandemia e a Agenda Digital na UE: oportunidade para o fortalecimento do Estado e do direito das políticas públicas

Conforme vimos neste capítulo, a partir da busca de um Mercado Único, a UE vem, desde 2010, investindo na transformação digital por intermédio da implementação de uma verdadeira Agenda Digital ampla e robusta e, ao trazer esse tema, não apenas para o debate, mas, também, para o centro das políticas públicas no nível comunitário, promove uma coordenação institucionalizada por intermédio de uma arquitetura de governança híbrida em multiníveis.

Com isso, a busca de regulamentação das inovações digitais decorrentes da tecnologia, desde o esboço e discussões entabuladas em 2007, e ainda que com tropeços, como o observado em relação à Agenda de Lisboa, reflete *per si* uma realidade inequívoca: as tecnologias digitais como prioridade para as instituições formuladoras de políticas públicas na UE.

O resultado que se observa é uma miríade de documentos, estratégias, programas e planos relacionados à transformação digital que, em diversos casos, não só se complementam como se sobrepõem, mas demonstram o inequívoco esforço para a coordenação no nível comunitário para que cada Estado-Membro possa delimitar suas próprias prioridades, seguindo as diretrizes comunitárias. Além disso, os sítios eletrônicos oficiais da UE estão sempre atualizados com as últimas informações relativas ao tema, *links* para documentos, explicações e, também, detalhamento sobre a execução e alocações financeiras destinadas a cada um dos projetos.

Esta pesquisa defende que o que está nos bastidores desse movimento é o fato de a Europa ter perdido a primeira onda de tecnologia e, apesar disso, ter decidido dobrar a aposta ao traçar, no âmbito do NGEU, o *Digital Deal* e definir a transformação digital como pilar da recuperação econômica e social pós-pandemia. Por outro lado, o aumento das tensões entre Estados Unidos e China, bem como a necessidade de enfrentar seus próprios conflitos internos, como a guerra da Ucrânia, tem servido como incentivo para que a Europa desenvolva suas próprias capacidades digitais.[208] Em realidade, o que parece estar na mesa para a UE é a busca pela soberania digital, compreendida como a habilidade de controlar as novas tecnologias sociais e seus efeitos socioeconômicos.[209]

Vimos também que, apesar de todos esses esforços, as grandes plataformas globais (*big techs*) concentram-se majoritariamente nos Estados Unidos e na China. A UE, diferentemente desses países, tem buscado enfrentar temas de tecnologia e transformação digital pautando-se na tradição de Estado e de políticas para a promoção do bem-estar social, com forte posicionamento sobre os valores democráticos e respeito ao interesse dos cidadãos.

Essa postura coloca o bloco em posição diferenciada em relação aos Estados Unidos e à China e tem aberto o caminho, no nível internacional, para que a UE sirva de modelo regulatório e normativo para outros países, como o Brasil, justamente por possuírem grande quantidade de documentos e estudos relacionados ao tema. Contudo, grande parte da vantagem que a Europa vem adquirindo nos últimos anos diz respeito ao seu poder regulatório e ao amadurecimento de mecanismos para limitar a atuação das *big techs*, mas o continente ainda não logrou

---

[208] HOBBS, Carla (ed.). *Europe's digital sovereignty*: From rulemaker to superpower in the age of US-China rivalry. [*S. l.*]: European Council on Foreign Relations, 30 July 2020. Disponível em: https://ecfr.eu/publication/europe_digital_sovereignty_rulemaker_superpower_age_us_china_rivalry/#Introduction:_Europe%E2%80%99s_digital_sovereignty. Acesso em: 7 fev. 2023.

[209] HOBBS, 2020.

o assento de superpotência tecnológica, o que leva ao questionamento de até que ponto a posição de árbitro global da tecnologia é suficiente para sustentar a ambiciosa meta de posicionar a UE como superpotência digital.

Também é possível concluir que, na EU, a pandemia serviu como impulsionadora da digitalização dos serviços nos Estados-Membros, sobretudo por intermédio do NGEU. Isso porque, conforme visto, a magnitude das consequências sanitárias e econômicas e a experiência negativa das medidas econômicas adotadas durante a crise de 2009 levaram a UE a reagir rapidamente para a retomada econômica decorrente da crise gerada na pandemia, dentro da estrutura jurídica existente no bloco e sem a necessidade de recorrer a acordos internacionais entre Estados-Membros.[210] Diferentemente do que ocorreu na crise da dívida soberana de 2009, a gravidade e a intensidade da pandemia abriram as portas para um novo modelo de financiamento capaz de enfrentar as graves consequências socioeconômicas, por intermédio de uma resposta coletiva e solidária do bloco no investimento nas estruturas dos Estados-Membros.

Assim, no plano macroeconômico, a pandemia levou à conclusão de que a resposta necessária para amenizar a crise não é mais a ortodoxia orçamentária e os cortes em programas sociais, mas, sim, uma injeção econômica compensatória que gera a reativação das engrenagens econômicas no curto e médio prazo.[211]

Esse papel ativo da UE ficou visível na política de recuperação, assente em dois pilares fundamentais: a solidariedade entre os membros e a orientação para uma economia (e, portanto, uma sociedade) verde e digital, de acordo com o Pacto Ecológico Europeu e a Estratégia Digital Europeia. Há de se considerar, ainda, os esforços orçamentários nacionais, que incluíram grandes medidas de liquidez (diferimentos de impostos, injeções de capital, reembolso antecipado de impostos, etc.), garantias de crédito que podem se tornar medidas fiscais e, por fim, a injeção de centenas de bilhões de euros no sistema bancário para estabilizar os mercados financeiros e facilitar as condições de acesso ao crédito.[212]

A centralidade das revoluções digital e verde (*twin revolutions*) como eixos estruturantes das medidas de recuperação econômica foi redobrada, com a aposta na reconstrução dos Estados, ao invés

---

[210] GROS; ALCIDI, 2020.
[211] ARMENDÁRIZ, 2021.
[212] GROS; ALCIDI, 2020.

da adoção, como já ocorrido no passado, de políticas draconianas. Entende-se que o que estava em jogo era a própria credibilidade da UE frente aos Estados-Membros e aos cidadãos: se a UE não demonstrasse sua utilidade em uma situação imprevisível e extraordinária como essa, diante do cenário de instabilidade internacional, poderiam emergir focos de resistência ao bloco e, até mesmo, de desintegração. Independentemente dos resultados efetivos do NGEU, que serão observados ao longo dos próximos anos, não resta dúvida de que as respostas da UE estão sendo assertivas e contundentes, não apenas para a recuperação, como para a transformação das economias nacionais.

Durante a etapa desta pesquisa na Alemanha, verificou-se que, mesmo na Europa, ainda há pouca literatura sobre o NGEU: por ser uma política recente, os estudos estão ocorrendo em paralelo à realidade social e jurídica em mudança, inclusive sob a perspectiva do desafio de adaptação do conteúdo a novos relatórios publicados por instituições europeias e nacionais que analisam a adequação do NGEU aos tratados. O controle *ex post* será fundamental para avaliar o cumprimento dos compromissos assumidos nos planos de recuperação, após a distribuição dos recursos dos fundos e a redução dos efeitos mais diretos provocados pela crise da COVID-19.

O que é fato é a União Europeia ter embarcado em um novo caminho de transformação digital, enfatizando a assertividade no que diz respeito à liderança digital, reivindicando um papel de ator global em termos de políticas e direitos digitais. Além disso, conforme exposto, os novos documentos de política sobre transformação digital promovem a ideia de soberania tecnológica europeia, indicando, assim, para a cristalização de uma abordagem europeia em relação às políticas digitais que seriam projetadas no cenário internacional.[213]

Se a estratégia inicial para o Mercado Único Digital estava concentrada mais na construção de um quadro regulamentar interno, a dimensão internacional da Europa Digital é muito mais pronunciada na estratégia digital europeia, que pretende servir de modelo e, até mesmo, tornar-se norma internacional, como é o caso da legislação interna em matéria de proteção de dados.[214]

---

[213] MARCUT, Mirela. Evaluating the EU's role as a global actor in the digital space. *Romanian Journal of European Affairs*, [s. l.], v. 20, n. 2, p. 79-85, Dec. 2020. Disponível em: http://rjea.ier.gov.ro/wp-content/uploads/2020/12/RJEA-vol-20-no-2_Dec-2020_articol-6.pdf. Acesso em: 15 mar. 2023.

[214] DÍAZ, Antonio; PUCH, Luis A. EU After COVID-19: Na Opportunity for Policy Coordination. *Inter Econ*, [s. l.], v. 56, n. 4, p. 197-200, 2021. Disponível em: https://pubmed.ncbi.nlm.nih.gov/34376866/. Acesso em: 15 mar. 2023.

O chamado "efeito Bruxelas" enfatiza exatamente essa ideia, a saber, que a UE vem estabelecendo os padrões em vários campos legais e políticos para dentro e fora do bloco. Diversos países, sendo o Brasil um deles, adotam parâmetros europeus para tratar das mudanças decorrentes da economia digital, justamente pelo fato de a UE estar definindo os padrões globais, contribuindo, assim, para o seu estatuto de poder regulador global.[215]

Conforme vimos, houve intenso investimento nas condições do quadro legislativo e regulamentar para a economia e sociedade digital, com a tentativa de posicionar o cidadão no centro e melhorar os serviços públicos e privados disponíveis eletronicamente, incluindo recomendações de políticas implementadas e serviços eletrônicos transfronteiriços testados para empresas e cidadãos nas seguintes áreas: regras de telecomunicações, confiança e segurança, comércio eletrônico, inovação TIC, *e-health, e-skills*.

O que se vê no nível da UE é uma preocupação em colocar o bloco na corrida internacional pela inovação, o que requer coordenação e esforço por todos os membros do bloco. Nesse sentido, a Bússola Digital monitorará e enfrentará os bloqueios e problemas da transformação digital de maneiras concretas. O sistema foi concebido para servir de monitoramento transparente e compartilhado, baseado no Índice de Economia e Sociedade Digital (DESI), que mede e gerencia o progresso do programa e tem se demonstrado como uma poderosa ferramenta para a aferição do avanço da agenda digital.

Os direitos digitais recentemente lançados representam outra novidade ainda difícil de ser mensurada, mas assentam bases para estudos acadêmicos na área do direito e das políticas públicas. Isso porque deverão ser seguidos por todos os Estados-Membros como balizadores de suas normas e definição de prioridades na formulação e implementação de políticas públicas. O que já é possível afirmar é o avanço cada vez mais forte rumo ao conceito de cidadania digital abrangente e inclusivo, apto a tornar a transformação digital um propósito para servir a população.

Mesmo com todas essas medidas inovadoras e montantes de investimentos, deve-se alertar para o fato de que a Europa apresenta diversos problemas e inconsistências quando se fala da Agenda Digital: países como a Romênia ainda possuem baixos níveis de digitalização e, mesmo em países ricos, como a Alemanha, há problemas sensíveis

---

[215] MARCUT, 2020.

a serem resolvidos, como a má qualidade da internet e a digitalização dos serviços públicos.

Outro desafio é a própria estrutura de governança e a incompletude das instituições europeias, que tornam a agilidade de resposta mais difícil. Por esse motivo, acredita-se que a estratégia de deixar ampla margem de definição de prioridades para os Estados-Membros e evitar o modelo *one size fits all* parece ser uma solução adequada para uma agenda tão complexa como a transformação digital.

No entanto, ao mesmo tempo em que a UE concede margem para a construção dos planos internos com menos ingerência de Bruxelas, com o NGEU, a UE desempenha um papel preponderante sobre os Estados-Membros ao estar autorizada a contrair empréstimos no mercado de capitais. Na prática, isso significa que, apesar da autonomia dos Estados-Membros, a UE participa ativamente na aprovação dos Planos de Recuperação e Resiliência e no subsequente controle desses planos. Assim, a capacidade de influenciar as políticas dos Estados-Membros, por parte das instituições europeias durante as fases de aprovação e controle, é, ao menos em tese, maior do que nunca.

Conforme exposto no primeiro capítulo, esta pesquisa alinha-se à premissa de que o problema da tecnologia hoje não é mais necessariamente sobre disponibilidade, mas sobre escolhas e prioridades, notadamente no campo do Estado e das políticas públicas. E sob esse aspecto, o estudo da UE se mostrou extremamente relevante, já que, especialmente durante a pandemia de COVID-19, a UE decidiu investir ainda mais nas agendas verde e digital, injetando, de forma inédita, recursos nas economias dos Estados-Membros.

Esta pesquisa demonstra que a agenda da transformação digital virou parte integrante da sociedade europeia.[216] Um exemplo dessa centralidade é o fato de 2023 ter sido escolhido como o Ano Europeu das Competências,[217] destinado a concentrar esforços para capacitar pessoas e empresas para contribuírem para as transições ecológica e digital, apoiando a inovação e a competitividade.

Por fim, há uma última consideração a ser feita sobre a etapa desta pesquisa realizada na Alemanha: o período de pesquisa *in loco*

---

[216] ALVES, Margarida R. Digitalização na Europa: A pandemia tornou a transformação digital uma parte integrante da sociedade europeia. *Ecommerce News*, [s. l.], 11 maio 2022. Disponível em: https://ecommercenews.pt/digitalizacao-na-europa-a-pandemia-tornou-a-transformacao-digital-uma-parte-integrante-da-sociedade-europeia/. Acesso em: 8 jan. 2023.

[217] COMISSÃO EUROPEIA. *Ano europeu das competências*. Bruxelas, 2023. Disponível em: https://year-of-skills.europa.eu/index_en. Acesso em: 8 jan. 2023.

na Europa não foi suficiente para desvelar aspectos políticos e institucionais necessários para a compreensão, em maior nível de detalhes, do funcionamento das engrenagens da UE. A consequência é a impossibilidade de se elaborar análise crítica mais aprofundada sobre as inconsistências e falhas nos processos de formulação e implementação dessas políticas públicas na UE.

Apesar desta limitação, acredita-se que a transversalidade e a centralidade da Agenda Digital na definição das políticas públicas da UE podem trazer inspirações para a realidade brasileira. O sucesso em como será tratada a transformação digital definirá o futuro das nossas próximas gerações e, nos próximos capítulos, se verá como esse tema vem se desenvolvendo no Brasil.

CAPÍTULO 3

O ESTADO DA ARTE DAS POLÍTICAS PÚBLICAS PARA A TRANSFORMAÇÃO DIGITAL NO BRASIL

Após o mapeamento das principais normas e políticas públicas voltadas para a transformação digital na UE, este capítulo tem por objetivo documentar e analisar a evolução e o estado da arte das normas e políticas públicas para a tecnologia e a transformação digital no Brasil.

Na realidade, vimos que, na UE, desenvolveu-se, no plano jurídico-normativo, uma agenda digital para coordenar e articular as políticas públicas para a transformação digital dos setores público e privado e da sociedade, motivada pela decisão política de tornar a UE líder na corrida global pela transformação digital.

Partindo desses parâmetros, não é possível afirmar que o Brasil teve ou atualmente possui uma agenda ambiciosa como a europeia. Isso não significa que o Brasil não adotou e vem adotando medidas importantes relacionadas ao uso da tecnologia e ao desenvolvimento da transformação digital. Veremos ao longo deste capítulo que diversas medidas vêm sendo implementadas, inclusive com forte influência da UE (o anteriormente citado "efeito Bruxelas"). Além disso, há a Estratégia Brasileira para a Transformação Digital (E-Digital), que será analisada a seguir.

Contudo, em razão da ausência de estratégia política bem delimitada e articulada pela União, não só para o âmbito federal, bem como para estados e municípios, a hipótese desta pesquisa é que se trata de medidas isoladas para responder demandas específicas (*event driven*) e, na maioria das vezes, desarticuladas, o que coloca o Brasil em risco quando se pensa na urgência da transformação digital e da preparação da sociedade e da economia para essas mudanças.

Assim, outra hipótese desta pesquisa é que a burocracia exerceu papel relevante no debate sobre a transformação digital no país porque foi capaz, mesmo sem o compromisso político, de alavancar essas medidas no plano jurídico e normativo. Aqui, há um aspecto positivo e um negativo a serem apresentados. Do ponto de vista positivo, a burocracia ter sido capaz de patrocinar essas agendas permitiu que no Brasil tenham sido desenvolvidas importantes iniciativas, sobretudo na dimensão Governo Digital. Além disso, graças a esse trabalho, o Brasil possui uma série de documentos e estratégias que dialogam com modelos internacionais – tais como o europeu e o padrão adotado pela OCDE.

O efeito negativo disso foi, em muitos casos, a vinculação dessa agenda à eficiência, desburocratização e enxugamento da máquina pública. Na prática, isso significa que, enquanto a UE decidiu priorizar as medidas para a transformação digital a partir do fortalecimento do Estado e das políticas públicas, no Brasil, esse cenário de ação da burocracia ganhou guarida nos governos liberais sob o discurso de redução do Estado, no contexto de desmonte de políticas públicas e de cortes orçamentários.

Esse descompasso entre a agenda da burocracia e da política ocasionou outro aspecto negativo: a oficialidade dessas medidas pode refletir em planos e estratégias com pouco conteúdo e efetividade ou, até mesmo, desencontrados daquilo que vinha ocorrendo na prática no momento em que foram oficializados. Veremos neste capítulo o exemplo da atualização do plano para a Lei de Acesso à Informação, que foi colocado em marcha durante o período em que o governo Bolsonaro criava sigilos a informações públicas em velocidade e volume sem precedentes no país; ou ainda como a Estratégia e o Plano para a inovação foram atualizados em meio a cortes orçamentários que ameaçaram o funcionamento das instituições públicas responsáveis pela agenda de inovação no país.

Defende-se nesta pesquisa, contudo, que trazer essas medidas para o plano jurídico-normativo foi, por si, um avanço e que a academia possui papel fundamental em desvelar essas inconsistências e adensar esse debate, não apenas indicando soluções para o futuro, bem como registrando os avanços, ainda que menores do que se esperava, mas que foram capazes de manter esses temas em movimento durante o período histórico de maior retrocesso e desmonte de políticas públicas observado desde a redemocratização.

Se, por si só, a transformação digital já é um processo heterogêneo e impactado por diferentes fatores de escolha que tendem a resultar em fragmentação e inconsistência, mais importante será que as escolhas públicas venham para contribuir na coordenação e articulação para evitar a exclusão social. Assim, o desafio de trajetória desta pesquisa se mostra ainda mais sensível quando analisada a realidade brasileira.

Outra explicação necessária é que esta pesquisa se voltou majoritariamente para a análise das políticas públicas e discussões em curso no âmbito do governo federal. No entanto, faz-se o registro de que existem diversas iniciativas para a transformação digital nos âmbitos dos estados e municípios, tais como medidas locais e regionais para Governo Digital, *smart cities*, entre outras. Da mesma forma, os Poderes Legislativo e Judiciário, assim como o Ministério Público, desenvolvem uma série de medidas em prol da digitalização e da transformação digital.

A Estratégia Brasileira para a Transformação Digital (E-Digital), acima citada, com o diagnóstico dos desafios a serem superados e a visão de futuro do governo para a transformação digital da economia, do governo e da sociedade brasileira, é, na atualidade, o documento mais próximo do que seria a "agenda digital brasileira" e contempla as ações de curto e médio prazo, organizadas em dois eixos – Economia Digital e Governo Digital. Contudo, conforme veremos no tópico dedicado ao E-Digital, apesar de ser um documento que oficializa as medidas para a transformação digital, muito há que se avançar para a efetiva priorização e adoção dessas medidas.

3.1 Antecedentes normativos relacionados à tecnologia e transformação digital no Brasil

A edição de normas voltadas à incorporação da tecnologia e, indiretamente, da transformação digital no Brasil não é um tema recente e tampouco linear ou estruturado.[218] Na realidade, o histórico brasileiro de incorporação de novas tecnologias começou ainda antes da redemocratização, em 1984, com a Lei da Reserva de Mercado (Lei Federal nº 7.232/84, também chamada Lei da Informática), editada durante o regime militar. A lei tinha como objetivo incentivar o investimento do governo e das empresas privadas na formação de especialistas em

---

[218] Em trabalho publicado em 2020, Brognoli e Ferenhof registraram, em uma linha do tempo, um resumo das iniciativas governamentais para a implantação da E-Digital no país. BROGNOLI, Tainara da Silva; FERENHOF, Helio Aisenberg. Transformação digital no governo brasileiro: desafios, ações e perspectivas. *NAVUS – Revista de Gestão e Tecnologia*, Florianópolis, v. 10, n. 1, p. 1-11, jan./dez. 2020. Disponível em: http://www.spell.org.br/documentos/ver/58408/transformacao-digital-no-governo-brasileiro--desafios--acoes-e-perspectivas/i/pt-br. Acesso em: 23 mar. 2023.

transferência e absorção de tecnologia nas áreas de microeletrônica, arquiteturas de *hardware*, desenvolvimento de *software* e outros. Contudo, hoje avalia-se que a primeira versão dessa lei comprometeu o fortalecimento da indústria nacional pelo favorecimento de práticas de pirataria, na medida em que encareceu o mercado de *software* internacional no Brasil sem o devido desenvolvimento da indústria nacional.[219]

No governo Collor, houve a atualização da Lei da Informática, por intermédio da Lei nº 8.248, de 23 de outubro de 1991, para estimular a capacitação e a competitividade na área de tecnologia da informação, uma vez que, naquele momento, a internet já se revelava um poderoso instrumento de compartilhamento de conhecimento. Ainda em 1991, o governo editou a Lei nº 8.387, alterando o Decreto-Lei nº 288, de 28 de fevereiro de 1967, que havia criado a Zona Franca de Manaus, para ampliar o escopo de atuação e os deveres fiscais de produtos desenvolvidos e montados ali, em especial os de informática. Apenas dez anos depois, com a edição da Lei nº 10.176, de 11 de janeiro de 2001, durante o governo Fernando Henrique Cardoso, houve nova atualização dos incentivos fiscais para empresas do setor de tecnologia, dispostos na Lei da Informática.

Um ano antes, em 2000, foi criado, pelo Decreto nº 9.067/2000, o Comitê Executivo do Governo Eletrônico (CEGE), o qual, entre os anos 2001 e 2002, constatou que a infraestrutura de rede da administração pública federal era precária, formada por uma malha de diversas redes administradas de maneira isolada e não coordenada. Não havia padrões de desempenho e interatividade, e as interfaces com o usuário – cidadão ou servidor público – raramente eram de fácil manuseio. Cada órgão do governo seguia um ritmo de implementação de TICs e, em função disso, os sistemas corporativos do governo não eram integrados. Para minimizar essa situação, o CEGE passou a seguir três linhas de atuação: formular políticas, estabelecer diretrizes e coordenar e articular as ações de implantação do que se chamava, à época, Governo Eletrônico.

Dentre os principais resultados do CEGE, destacam-se as medidas para a contratação de certificação digital para os órgãos e entidades da administração pública federal à Infraestrutura de Chaves Públicas Brasileira (ICP-Brasil), cedendo ao Serviço Federal de Proteção de Dados (Serpro) a categoria de Autoridade Certificadora, medida esta necessária para a validade jurídica de atos e negócios realizados

---

[219] RIGO, Michael. Vivendo na época da Reserva de Mercado de Informática. *Blog do Michael*, [s. l.], 1º maio 2014. Disponível em: https://www.michaelrigo.com/2014/05/vivendo-na-epoca-da-reserva-de-mercado.html. Acesso em: 23 mar. 2023.

virtualmente. Além disso, estabeleceu regras e diretrizes para os sítios na internet do governo federal (forma de estruturação, elaboração, elementos obrigatórios de usabilidade, arquitetura da informação e acessibilidade, elementos de interação, diretrizes para adoção de nomes de domínio, prazo para adoção de tais recomendações etc.), dando início à padronização do acesso a portais e serviços públicos federais; criou o Subcomitê de Integração de Sistemas Administrativos (SISA); instituiu o Portal Governo como ambiente virtual de interação interna dos órgãos federais; autorizou a Caixa Econômica Federal a realizar contratações e também se tornar uma autoridade certificadora; instituiu o Portal de Serviços e Informações de Governo *e-Gov*; implantou o Sistema de Acompanhamento de Processos do Governo Federal (PROTOCOLO. NET) para condensar informações comuns a todos os sistemas de protocolo de processos administrativos; e instituiu o Inventário de Recursos de Tecnologia da Informação e de Comunicação (INVENTIC).

Mesmo com essas medidas, no início do primeiro mandato do presidente Luiz Inácio Lula da Silva, o Ministério das Comunicações ainda não havia conseguido ampliar para patamar mínimo razoável a conectividade no território nacional: o cidadão brasileiro médio, especialmente no interior do país, continuava digitalmente excluído e sem acesso a serviços eletrônicos governamentais.[220]

A primeira providência foi criar o Programa Governo Eletrônico – Serviço de Atendimento ao Cidadão (GESAC), projeto de inclusão digital baseado em *software* livre, destinado às camadas C, D e E da população. Inicialmente, por intermédio de portarias interministeriais, quatro ministérios se articularam para o programa: Comunicações, Defesa, Educação e Desenvolvimento Social e Combate à Fome.

Por meio de decreto presidencial não numerado, de 29 de outubro de 2003,[221] o governo instituiu comitês técnicos do CEGE e nomeou a Secretaria de Logística e Tecnologia da Informação como o principal órgão supervisor do programa. Foi selecionado um conjunto de localidades

---

[220] NERI, Marcelo Cortes (org.). *Mapa da Inclusão Digital*. Rio de Janeiro: FGV: CPS, 2012. Disponível em: https://bibliotecadigital.fgv.br/dspace/bitstream/handle/10438/20738/Texto-Principal-Mapa-da-Inclusao-Digital.pdf?sequence=3&isAllowed=y. Acesso em: 5 fev. 2023.

[221] BRASIL. Presidência da República. Secretaria Geral. Subchefia para Assuntos Jurídicos. *Decreto de 29 de outubro de 2003*. Institui Comitês Técnicos do Comitê Executivo do Governo Eletrônico e dá outras providências. Brasília, DF, 2003. Disponível em: http://www.planalto.gov.br/ccivil_03/dnn/2003/dnn10007.htm#:~:text=DNN%2010007&text=DECRETO%20DE%2029%20DE%20OUTUBRO%20DE%202003.&text=Institui%20Comit%C3%AAs%20T%C3%A9cnicos%20do%20Comit%C3%AA,Eletr%C3%B4nico%20e%20d%C3%A1%20outras%20provid%C3%AAncias. Acesso em: 4 jan. 2023.

beneficiadas, que se encontravam dentro dos seguintes requisitos: estar sob um baixo Índice de Desenvolvimento Humano (IDH), não dispor de acesso à internet e já desenvolver alguma atividade apoiada por TIC.

Ainda em 2003, iniciou-se o processo de estabelecimento de convênios com diversas universidades, dentre elas a Universidade de São Paulo, a Universidade de Brasília e a Universidade Federal de Minas Gerais, para projetos de inclusão digital e inovação social, por meio, por exemplo, da criação de Núcleos de Inovação Tecnológica (NITs), cujos desenvolvimentos seriam repassados para instituições parceiras do setor produtivo, desde que resultassem em benefícios culturais, educacionais, artísticos e socioeconômicos para a população. Vale a observação de que, apesar de terem sido implementados alguns NITs em Institutos Federais de Educação, Ciência e Tecnologia no país, o desenvolvimento desses núcleos foi pouco efetivo e gerou baixo interesse do setor privado – similar ao que ocorreu com os Polos de Inovação Digital (PID) europeus, estudados no capítulo anterior.[222]

No final do mesmo ano, foi lançado o portal www.idbrasil.gov.br[223] para tratar de inclusão digital por meio do Programa de Governo Eletrônico – Serviço de Atendimento ao Cidadão (GESAC). O referido portal encontra-se atualmente desativado, mas deve ser registrado no inventário desta pesquisa, porque, em 2007, foi o meio para divulgação do Mapa da Inclusão Digital no Brasil, com importante diagnóstico sobre a realidade e a desigualdade de acesso digital em cada uma das regiões do país.[224]

Em 2004, o Decreto Presidencial nº 5.134 adotou nova medida de institucionalização e impulso à transformação digital ao criar o Departamento de Governo Eletrônico.[225] Naquele mesmo ano, iniciou-se

---

[222] MACHADO, Hilka Pelizza Vier; SARTORI, Rejane; CRUBELLATE, João Marcelo. Institucionalização de núcleos de inovação tecnológica em instituições de ciência e tecnologia da região sul do Brasil. *Revista Eletrônica de Administração*, Porto Alegre, v. 23, n. 3, p. 5-31, dez. 2017. Disponível em: https://www.scielo.br/j/read/a/SVDgTprBx4vds8VVmxvbn9s/?format=html. Acesso em: 6 fev. 2023.

[223] MACIEL, Ariane Durce. *Gênero e inclusão digital*: apropriação das TICs pelos usuários do Programa do Governo Federal GESAC. 2015. 166 f. Tese (Doutorado) – Instituto Brasileiro de Informação em Ciência e Tecnologia, Universidade Federal do Rio de Janeiro, Rio de Janeiro 2015. Disponível em: https://ridi.ibict.br/bitstream/123456789/878/1/TeseArianeMaciel.pdf. Acesso em: 6 jan. 2023.

[224] BRASIL. Ministério da Ciência, Tecnologia, Inovações e Comunicações. Instituto Brasileiro de Informação em Ciência e Tecnologia (IBICT). *Mapa da Inclusão Digital no Brasil*. Brasília, DF, 2007. Disponível em: https://mid.ibict.br/. Acesso em: 6 jan. 2023.

[225] O departamento de Governo Eletrônico coordenou a instalação de 3.200 unidades de comunicação: 2.400 escolas atendidas pelo Programa PROINFO/MEC, destinado a promover o uso pedagógico da informática na rede pública de educação básica, 400 unidades

em Brasília o projeto Infovia Brasil, rede de comunicação por telefone para transmissão de dados que consistia em uma rede governamental por fibra óptica de transmissão de dados, voz e imagem, desenvolvido para integrar órgãos e entidades governamentais. O governo também aperfeiçoou o processo de compras em TI (*softwares* e *hardwares*) realizadas pelo Poder Executivo federal, passando a utilizar *"workflow"*, um sistema de gestão automatizado que segue uma sequência lógica.[226]

Em 2005, lançou o Modelo de Acessibilidade de Governo Eletrônico (e-MAG) nos portais e sítios eletrônicos da administração pública para o uso das pessoas com necessidades especiais, mas que teve baixa utilização pelas instituições públicas federais.[227] Publicou-se também o Decreto nº 5.450, que regulamentava o pregão, na forma eletrônica, para aquisição de bens e serviços para a administração pública, o qual representou importante avanço para compras públicas em ambientes eletrônicos, mudando inclusive a lógica de fornecimento de produtos e serviços, já que compradores de outras regiões passaram a ter acesso a essas contratações públicas.[228]

Também em 2005, foi aprovada a Lei nº 11.196/05, conhecida como Lei do Bem, um incentivo fiscal exclusivo para inovação, que concede redução de Imposto de Renda da Pessoa Jurídica (IRPJ) e da

---

militares localizadas em regiões remotas e de fronteira, 200 telecentros comunitários do Fome Zero e 200 telecentros comunitários em parceria com Eletronorte, Itaipu, Banco do Brasil, Caixa Econômica e Secretaria da Pesca/MA, entre outras. Mais informações em: COZENDEY, Carlos Marcio; BARBOSA, Andrezza; SOUSA, Leandro Magalhães de Silva de. O projeto going digital da OCDE: caminhos para a transformação digital no Brasil. *Revista Tempo do Mundo*, Brasília, DF, n. 25, p. 155-199, abr. 2021. Disponível em: https://www.ipea.gov.br/portal/images/stories/PDFs/rtm/210426_rtm_25_art_7.pdf. Acesso em: 20 dez. 2022.

[226] Informações obtidas no *e-book* IPM SISTEMAS. *Governo Verdadeiramente Digital*: entenda o que é a sua importância para a gestão pública. Florianópolis, 2022. Disponível em: https://www.ipm.com.br/. Acesso em: 6 jan. 2023.

[227] Um estudo sobre a acessibilidade em *sites* de Universidades Federais de Pernambuco demonstra a baixa utilização das recomendações do e-MAG. SILVA, Danielle Karla Martins da; SOBRAL, Natanael Vitor; SOARES, Ludenivson Victor Hugo. Acessibilidade em sites de universidades federais de Pernambuco: avaliação à luz do Modelo de Acessibilidade em Governo Eletrônico – eMAG. *Revista dos Mestrados Profissionais*, Recife, v. 5, n. 2, p. 1-11, 2016. Disponível em: https://periodicos.ufpe.br/revistas/RMP/article/view/244884/35004. Acesso em: 6 jan. 2023.

[228] Atualmente revogado pelo Decreto nº 10.024, de 20 de setembro de 2019. BRASIL. Presidência da República. Secretaria Geral. Subchefia para Assuntos Jurídicos. *Decreto nº 10.024, de 20 de setembro de 2019*. Regulamenta a licitação, na modalidade pregão, na forma eletrônica, para a aquisição de bens e a contratação de serviços comuns, incluídos os serviços comuns de engenharia, e dispõe sobre o uso da dispensa eletrônica, no âmbito da administração pública federal. Brasília, DF, 2019. Disponível em: https://www.planalto.gov.br/ccivil_03/_ato2019-2022/2019/decreto/d10024.htm. Acesso em: 2 jan. 2023.

Contribuição Social sobre o Lucro Líquido (CSLL), majoritariamente. A Lei do Bem foi regulamentada pelo Decreto nº 5.798/2006 e, de acordo com esse benefício, há a exclusão do percentual de 60% da base de cálculo do IRPJ e CSLL, com possibilidade adicional de 20% sobre a soma dos gastos relacionados com projetos de pesquisa e desenvolvimento realizados durante o ano fiscal.

Em 2008, foi lançado o Portal de Convênios para a realização, por meio da internet, de convênios e contratos de repasse com recursos da União para os demais entes federativos, o que também foi importante para que esses fluxos começassem a ser geridos em ambientes virtuais.

A partir de 2009 e com mais ênfase no governo da presidente Dilma Rousseff, a Infovia Brasil foi estendida ao Poder Judiciário, começando pelo Tribunal de Justiça de Alagoas e, depois, para vários outros tribunais estaduais, que se interligavam ao Conselho Nacional de Justiça (CNJ), Superior Tribunal de Justiça (STJ) e tribunais federais.[229] Em setembro de 2011, o Ministério do Planejamento e a Secretaria de Direitos Humanos da Presidência da República (SDH/PR) promoveram o evento *Acessibilidade Digital – um direito de todos*, lançando a 3ª versão do Modelo de Acessibilidade de Governo Eletrônico (o *e-MAG* 3.0), chamado Portal da Pessoa com Deficiência.[230] Em outubro de 2011, o Comitê Gestor da Internet (CGI.br), do governo federal, realizou em São Paulo o I Fórum da Internet no Brasil, com mais de três mil representantes da comunidade acadêmica, do terceiro setor, do segmento empresarial e do governo.

Nos seus dois mandatos, a presidente Dilma implantou o aperfeiçoamento do Sistema de Cadastramento Unificado de Fornecedores (Sicaf), para participação em pregões eletrônicos, de forma totalmente virtual; sancionou a Lei de Acesso à Informação; ampliou o sistema de consultas públicas do Governo Federal; e efetivou acordos de cooperação técnica com municípios para melhorar a gestão administrativa das prefeituras e a oferta de serviços eletrônicos.[231]

---

[229] CONSELHO NACIONAL DE JUSTIÇA. Sistema Infovia é implantado no Sistema Judiciário alagoano. *Jusbrasil*, Rio de Janeiro, 5 abr. 2010. Disponível em: https://cnj.jusbrasil.com.br/noticias/2143698/sistema-infovia-e-implantado-no-poder-judiciario-alagoano. Acesso em: 6 jan. 2023.

[230] BRASIL. Ministério da Gestão e da Inovação em Serviços Públicos. Governo Digital. *Acessibilidade digital*: Modelo de acessibilidade. Brasília, DF, 28 nov. 2019. Disponível em: https://www.gov.br/governodigital/pt-br/acessibilidade-digital/modelo-de-acessibilidade#:~:text=A%20terceira%20vers%C3%A3o%20do%20Modelo,de%20uniformizar%20os%20elementos%20de. Acesso em: 6 jan. 2023.

[231] BRASIL. Presidência da República. Secretaria Geral. Subchefia para Assuntos Jurídicos. *Lei nº 12.527, de 18 de novembro de 2011*. Regula o acesso a informações previsto no inciso XXXIII

Por intermédio dos Decretos nº 7.568, 7.592 e 7.641, de 2012, o Sistema de Convênios (Siconv) foi sendo preparado para funcionar virtualmente. Assim, as entidades privadas sem fins lucrativos que recebiam verbas do governo federal passaram a comprovar o exercício de atividade, registro de irregularidades e outras medidas necessárias para a fiscalização de convênios, contratos de repasses e termos de parceria. Todo o sistema utilizou *software* livre, disponibilizado pela *Open Knowledge Foundation* (OKFN).[232] O uso de *softwares livres*, no âmbito do governo federal, já existia desde 2003, e é importante para o registro nesta pesquisa, porque envolveu uma escolha de política pública sobre a economia de recursos que seriam destinados ao pagamento de licenças para grandes empresas de tecnologia. A economia com o uso de plataformas livres permitiu que a administração pública pudesse destinar esses recursos a outras áreas, tais como construção de hospitais, escolas ou até mesmo de contratação de pessoal para o uso e desenvolvimento de tecnologia.[233]

Ainda em 2012, o Comitê Gestor da Internet (CGI.br) divulgou os resultados da primeira pesquisa TIC *Kids Online* Brasil, realizada pelo CETIC.br, em parceria com a *London School of Economics*. Era a aplicação, no Brasil, de pesquisa conduzida, em 2010, em 25 países da Europa, com crianças/adolescentes de 9 a 16 anos e o mesmo número de pais para gerar evidências do uso da internet sobre crianças e adolescentes, com o objetivo de identificar possibilidades e riscos das atividades *on-line*.

Em 2013, foi editada a Lei nº 12.865, que criou o Sistema de Pagamentos Brasileiros (SPB).[234] Entre outras medidas, essa lei é considerada

---

do art. 5º, no inciso II do § 3º do art. 37 e no § 2º do art. 216 da Constituição Federal; altera a Lei nº 8.112, de 11 de dezembro de 1990; revoga a Lei nº 11.111, de 5 de maio de 2005, e dispositivos da Lei nº 8.159, de 8 de janeiro de 1991; e dá outras providências. Brasília, DF, 2011. Disponível em: https://www.planalto.gov.br/ccivil_03/_ato2011-2014/2011/lei/l12527.htm. Acesso em: 31 dez. 2022.

[232] Mais informações em: OPEN KNOWLEDGE FOUNDATION. *Um futuro justo, sustentável e aberto*. London, 2023. Disponível em: https://okfn.org/. Acesso em: 2 jan. 2023.

[233] Dados da época estimam que, entre 2003 e 2008, o governo federal economizou R$380 milhões com a adoção de *softwares* livres e código aberto em computadores do setor público. SOUZA, Jéssica Santos de. *Governo Federal economiza R$380 mi ao adotar softwares livres*. Brasília, DF: Serpro, 31 ago. 2010. Disponível em: https://www.serpro.gov.br/menu/noticias/noticias-antigas/governo-federal-economiza-r-380-mi-ao-adotar-softwares-livres. Acesso em: 31 mar. 2023.

[234] BRASIL. Presidência da República. Secretaria Geral. Subchefia para Assuntos Jurídicos. *Lei nº 12.865, de 9 de outubro de 2013*. Autoriza o pagamento de subvenção econômica aos produtores da safra 2011/2012 de cana-de-açúcar e de etanol que especifica e o financiamento da renovação e implantação de canaviais com equalização da taxa de juros; dispõe sobre os arranjos de pagamento e as instituições de pagamento integrantes do Sistema de Pagamentos Brasileiro (SPB); autoriza a União a emitir, sob a forma de colocação

o marco legal das *fintechs*, que hoje são as instituições financeiras e não financeiras que fazem uso intensivo de tecnologia para prestar serviços financeiros e de pagamentos de forma virtual. Ao estabelecer quais redes e instituições de pagamentos fariam parte do SPB, levando em consideração, por exemplo, parâmetros como o volume processado, essa nova abordagem revolucionou esse mercado, o que tem gerado o maior acesso aos serviços financeiros pela população brasileira.

Na esteira da Lei do SPB, em 2016, o Banco Central do Brasil lançou a Agenda BC+, uma abrangente agenda de políticas públicas para enfrentar questões referentes à cidadania financeira, legislação mais moderna, sistema financeiro mais eficiente e crédito mais barato, impulsionando a competitividade por meio da digitalização. Todo esse cenário de inovação no setor financeiro resultou em um crescimento significativo no número de *fintechs* e, em 2021, a Agenda BC+ foi substituída pela Agenda BC#, atualmente estruturada nos pilares inclusão, competitividade, transparência, educação e sustentabilidade.[235] Citam-se como exemplos do avanço dessas medidas no setor financeiro o desenvolvimento do sistema instantâneo de pagamento – o Pix –, que já é referência mundial, e as ações para a agenda de *open banking*.

O Pix começou a ser desenvolvido em 2016 e foi oficialmente lançado em 2020 pelo Banco Central. Trata-se de novo meio de

---

direta, em favor da Conta de Desenvolvimento Energético (CDE), títulos da dívida pública mobiliária federal; estabelece novas condições para as operações de crédito rural oriundas de, ou contratadas com, recursos do Fundo Constitucional de Financiamento do Nordeste (FNE); altera os prazos previstos nas Leis nº 11.941, de 27 de maio de 2009, e nº 12.249, de 11 de junho de 2010; autoriza a União a contratar o Banco do Brasil S.A. ou suas subsidiárias para atuar na gestão de recursos, obras e serviços de engenharia relacionados ao desenvolvimento de projetos, modernização, ampliação, construção ou reforma da rede integrada e especializada para atendimento da mulher em situação de violência; disciplina o documento digital no Sistema Financeiro Nacional; disciplina a transferência, no caso de falecimento, do direito de utilização privada de área pública por equipamentos urbanos do tipo quiosque, trailer, feira e banca de venda de jornais e de revistas; altera a incidência da Contribuição para o PIS/Pasep e da Cofins na cadeia de produção e comercialização da soja e de seus subprodutos; altera as Leis nºs 12.666, de 14 de junho de 2012, 5.991, de 17 de dezembro de 1973, 11.508, de 20 de julho de 2007, 9.503, de 23 de setembro de 1997, 9.069, de 29 de junho de 1995, 10.865, de 30 de abril de 2004, 12.587, de 3 de janeiro de 2012, 10.826, de 22 de dezembro de 2003, 10.925, de 23 de julho de 2004, 12.350, de 20 de dezembro de 2010, 4.870, de 1º de dezembro de 1965 e 11.196, de 21 de novembro de 2005, e o Decreto nº 70.235, de 6 de março de 1972; revoga dispositivos das Leis nºs 10.865, de 30 de abril de 2004, 10.925, de 23 de julho de 2004, 12.546, de 14 de dezembro de 2011, e 4.870, de 1º de dezembro de 1965; e dá outras providências. Brasília, DF, 2013. Disponível em: http://www.planalto.gov.br/ccivil_03/_ato2011-2014/2013/lei/l12865.htm. Acesso em: 25 jan. 2023.

[235] CRDC. *As mudanças que a Agenda BC está trazendo para o mercado financeiro no Brasil*. São Paulo: CRDC, 11 mar. 2022. Disponível em: https://crdc.com.br/as-mudancas-que-a-agenda-bc-esta-trazendo-para-o-mercado-financeiro-no-brasil. Acesso em: 6 jan. 2023.

pagamento que permite a realização de transferências e pagamentos instantâneos, em até dez segundos, disponível 24 horas por dia, nos 7 dias da semana. Ao contrário dos demais meios de transferências, como TED e DOC (que serão extintos até fevereiro de 2024), o envio de Pix é necessariamente gratuito para todas as pessoas físicas e microempreendedores individuais (MEI), independentemente da instituição financeira ou de pagamento utilizado e ocorre mediante o cadastro de uma chave Pix. O sucesso do Pix foi imediato e serviu como inspiração para o desenvolvimento de sistemas de pagamento instantâneos em diversos países. De acordo com o Banco Central,[236] uma semana depois de seu lançamento, em 16 de novembro de 2020, cerca de 50 milhões de chaves já haviam sido cadastradas.[237]

Já o *open banking* (ou sistema bancário aberto) é a infraestrutura responsável por descentralizar as informações financeiras dos consumidores e baseia-se na premissa de que os dados financeiros pertencem ao titular, e não à instituição financeira a que ele esteja vinculado. Na prática, isso significa que os cidadãos podem compartilhar seus dados, mediante consentimento expresso, entre diversas instituições para obter melhores serviços financeiros. A evolução do compartilhamento de dados, iniciado pelo *open banking*, tem conduzido as mudanças para uma nova dimensão, que permite a habilitação do *open finance* (finanças abertas) e que abrange também serviços de seguro, câmbio e investimentos.[238]

O que é interessante, tanto no caso do Pix quanto do *open banking*, é se tratar de exemplos de inovações nas quais as definições de tecnologia foram determinantes para o nível de sucesso das medidas, uma vez que estabeleceram o parâmetro de segurança do ecossistema, a qualidade da experiência do usuário, a eficiência das comunicações, a facilidade de adesão de novos entrantes e até se o ecossistema ficará obsoleto a médio prazo ou poderá evoluir de acordo com as necessidades dos participantes.

---

[236] MELLO, João Manoel Pinho de. *Discurso do Diretor de Organização do Sistema Financeiro e de Resolução, João Manoel Pinho de Mello, na abertura da 11ª reunião plenária do Fórum Pix*. São Paulo, 22 out. 2020. Disponível em: https://www.bcb.gov.br/content/estabilidadefinanceira/pix/Forum_Pix_Plenaria/20201022-Discurso-Diorf.pdf. Acesso em: 6 jan. 2023.

[237] Mais informações: PACHECO, Ellen (org.). *A transformação do Pix para os pagamentos brasileiros*. [S. l.]: Zetta, 2022. Disponível em: https://somoszetta.org.br/wp-content/uploads/2022/01/Zetta_2021_V14_desktop.pdf. Acesso em: 6 jan. 2023.

[238] Para mais informações: SOUZA, Luísa. *Panorama Zetta: O futuro construído pela Zetta*. [S. l.]: Zetta, 2021. Disponível em: https://somoszetta.org.br/wp-content/uploads/2022/04/Panorama_Zetta_Desktop.pdf. Acesso em: 6 jan. 2023.

Voltando ainda para o ano de 2013, foi criada a Empresa Brasileira de Pesquisa e Inovação Industrial (Embrapii), uma organização social qualificada pelo Poder Público Federal que apoia instituições de pesquisa tecnológica, fomentando a inovação na indústria brasileira. A organização mantém contrato de gestão com os Ministérios da Ciência, Tecnologia e Inovações; da Educação; da Saúde; e da Economia.[239]

Outra importante medida ocorreu em 2014, com a edição da Lei nº 12.965, o Marco Civil da Internet (MCI), também conhecida como a Constituição da Internet. Após longo debate e votação no Congresso Nacional, a referida lei passou a disciplinar o uso da rede em todo o território nacional, a partir de princípios como neutralidade, privacidade e liberdade de expressão. Foi a primeira lei brasileira a tratar de forma abrangente a rede e adotou o conceito multissetorialista da internet, reconhecendo que não se trata nem de um fenômeno público e nem privado, mas, sim, com caráter multissetorial.[240]

O Supremo Tribunal Federal (STF) discute, desde 2017, no Recurso Extraordinário nº 1.037.396,[241] a constitucionalidade do artigo 19 do MCI, que determina a necessidade de prévia e específica ordem judicial de exclusão de conteúdo para a responsabilização civil de provedor de internet, *websites* e gestores de aplicativos de redes sociais por danos decorrentes de atos ilícitos praticados por terceiros.[242] Observa-se que,

---

[239] Já existem estudos analisando o modelo de funcionamento da Embrapii e a sua contribuição para o Sistema de Inovação. Para mais informações, acessar: SANTOS, Jonatas Soares dos; FUCK, Marcos Paulo. Trajetórias da inovação no Brasil: o papel da Embrapii. *Revista Espacios*, [s. l.], v. 37, n. 36, p. 5, 2016. Disponível em: https://www.revistaespacios.com/a16v37n36/16373605.html. Acesso em: 6 fev. 2023; GORDON, José Luis; STALLIVIERI, Fabio. Embrapii: um novo modelo de apoio técnico e financeiro à inovação no Brasil. *Revista Brasileira de Inovação*, Campinas, v. 18, n. 2, p. 331-362, jul./dez. 2019. Disponível em: https://www.scielo.br/j/rbi/a/3n38B3CStm8fNMWyPP5gQBj/?format=pdf&lang=pt. Acesso em: 6 jan. 2023.

[240] LEMOS, Ronaldo. Cinco anos do Marco Civil da Internet. *Folha de S. Paulo*, São Paulo, 6 maio 2019. Disponível em: https://www1.folha.uol.com.br/colunas/ronaldolemos/2019/05/cinco-anos-do-marco-civil-da-internet.shtml. Acesso em: 6 jan. 2023.

[241] BRASIL. Supremo Tribunal Federal. *Recurso Extraordinário nº 1.037.396*. Recurso extraordinário em que se discute, à luz dos arts. 5º, incs. II, IV, IX, XIV e XXXVI, e 220, *caput*, §§ 1º e 2º, da Constituição da República, a constitucionalidade do art. 19 da Lei n. 12.965/2014 (Marco Civil da Internet) que impõe condição para a responsabilização civil de provedor de internet, websites e gestores de aplicativos de redes sociais por danos decorrentes de atos ilícitos de terceiros. Relator: Min. Dias Toffoli. Disponível em: https://portal.stf.jus.br/processos/detalhe.asp?incidente=5160549. Acesso em: 5 fev. 2023.

[242] BRASIL. Supremo Tribunal Federal. *Recurso Extraordinário 1037396*. Tema 987 - Discussão sobre a constitucionalidade do art. 19 da Lei n. 12.965/2014 (Marco Civil da Internet) que determina a necessidade de prévia e específica ordem judicial de exclusão de conteúdo para a responsabilização civil de provedor de internet, websites e gestores de aplicativos de redes sociais por danos decorrentes de atos ilícitos praticados por terceiros. Relator: Min. Dias Toffoli. Disponível em: https://portal.stf.jus.br/jurisprudenciaRepercussao/verAndamentoProcesso.asp?incidente=5160549&numeroProcesso=1037396&classeProcesso=RE&numeroTema=987. Acesso em: 5 fev. 2023.

pela dicção do referido artigo 19, o MCI optou pelo modelo judicial de moderação de conteúdo, e essa discussão, além do âmbito do STF, foi retomada com a votação do Projeto de Lei nº 2.630/22 (PL da *Fake News*), conforme veremos ao final deste capítulo.

Em janeiro de 2016, com a publicação do Decreto nº 8.638, para dar arcabouço legal ao Governo Eletrônico, a presidente Dilma Rousseff instituiu a Política de Governança Digital e atribuiu ao Ministério do Planejamento, à época, a responsabilidade pela elaboração da Estratégia de Governança Digital (EGD) do Poder Executivo federal. A Governança Digital foi compreendida como a área que visa a uma aproximação entre diversos campos do conhecimento, relevantes e envolvidos com o uso de TIC, incluindo princípios, plataformas, metodologias, processos e tecnologias digitais para a reflexão sobre a realização de atividades relacionadas ao governo, em todas as suas esferas, de forma a configurar o que tem se convencionado chamar de Governo Eletrônico, *E-Government* ou simplesmente E-Gov.[243] Veremos, no tópico específico sobre Governo Digital, que as bases lançadas em 2016 serviram como pilares de sustentação para que a burocracia fosse capaz de manter essa agenda em desenvolvimento, apesar da inexistência de compromisso político por parte dos presidentes que sucederam a Dilma Rousseff.

Também em 2016, foi aprovado o Marco Legal da Inovação – Lei nº 13.243 –, que lançou as bases e promoveu estímulos à constituição de alianças estratégicas e ao desenvolvimento de projetos de cooperação que envolvam empresas, ICT e entidades privadas sem fins lucrativos. Além disso, entre outras medidas, autorizou as ICT públicas integrantes da administração pública indireta, as agências de fomento, as empresas públicas e as sociedades de economia mista a participarem minoritariamente do capital social de empresas e a apoiarem a criação, a implantação e a consolidação de ambientes promotores da inovação. Os vetos apresentados à época criaram impasses, sobretudo diante da obrigatoriedade de realização de licitação para todo e qualquer equipamento ou produto utilizado nos laboratórios, taxação das bolsas de pesquisas para projetos de desenvolvimento das empresas e manutenção do imposto de importação para equipamentos dos bens para pesquisa científica, tecnológica e inovação.[244]

---

[243] PIMENTA, Marcelo Soares; CANABARRO, Diego Rafael (org.). *Governança digital*. Porto Alegre: UFRGS/CEGOV, 2014.

[244] SICSÚ, Abraham Benzaquen; SILVEIRA, Mariana. Avanços e retrocessos no marco legal da Ciência, Tecnologia e Inovação: mudanças necessárias. *Ciência e Cultura*, São Paulo, v. 68, n. 2, p. 4-5, abr./jun. 2016. Disponível em: http://cienciaecultura.bvs.br/pdf/cic/v68n2/v68n2a02.pdf. Acesso em: 6 jan. 2023.

Durante o governo Temer, apesar da falta de priorização política, outras agendas iniciadas nos governos anteriores foram continuadas: houve a implantação de plataformas estruturantes de Governo Digital, como a Plataforma de Cidadania Digital, disposta no Decreto nº 8.936/2016 e que, atualmente, concentra o acesso a serviços digitais do governo em um portal único, que deixou de ser chamado, em 2021, de Plataforma de Cidadania Digital e passou a denominar-se Plataforma gov.br.[245]

O então presidente Michel Temer, com o Decreto de 7 de março de 2017,[246] instalou o Conselho Nacional para a Desburocratização – Brasil Eficiente, com representantes do setor produtivo, comunidade científica e sociedade civil, visando à modernização e eficiência dos serviços públicos. Conforme se verá a seguir, o documento central que resultou das reuniões do conselho foi publicado em 2018, sob o título de *Estratégia Brasileira para a Transformação Digital (E-Digital)*, com o diagnóstico dos desafios a serem superados e a visão de futuro do governo para a transformação digital da economia, do governo e da sociedade brasileira. Esse é, na atualidade, o documento mais próximo do que seria a "agenda digital brasileira" e contempla as ações de curto e médio prazo, organizadas em dois eixos: Economia Digital e Governo Digital. Contudo, conforme veremos no tópico dedicado ao E-Digital, apesar de ser um documento que oficializa as medidas para a transformação digital, muito há que se avançar para a efetiva priorização e adoção dessas medidas.

Em agosto de 2018, o Brasil editou a Lei nº 13.709/2018, Lei Geral de Proteção de Dados (LGPD), destinada a preservar e fortalecer a

---

[245] O portal (https//:gov.br) foi instituído pelo Decreto nº 9.756, de 11 de abril de 2019, no governo Jair Bolsonaro, e tem como principal objetivo reunir, num só lugar, serviços para o cidadão e informações sobre a atuação do governo federal. Conforme o *site* https://www.gov.br/pt-br/orgaos-do-governo, estão interligados os seguintes órgãos do governo federal: Advocacia-Geral da União, Banco Central do Brasil, Casa Civil, Controladoria-Geral da União, Gabinete de Segurança Institucional, Ministério da Agricultura, Pecuária e Abastecimento, Ministério da Cidadania, Ministério da Ciência, Tecnologia e Inovações, Ministério das Comunicações, Ministério da Defesa, Ministério da Economia, Ministério da Educação, Ministério da Infraestrutura, Ministério da Justiça e Segurança Pública, Ministério da Mulher, da Família e dos Direitos Humanos, Ministério da Saúde, Ministério das Relações Exteriores, Ministério de Minas e Energia, Ministério do Desenvolvimento Regional, Ministério do Meio Ambiente, Ministério do Turismo, Ministério do Trabalho e Previdência, Planalto, Secretaria de Governo e Secretaria-Geral.

[246] BRASIL. Presidência da República. Secretaria Geral. Subchefia para Assuntos Jurídicos. *Decreto de 07 de março de 2017*. Cria o Conselho Nacional para a Desburocratização – Brasil Eficiente e dá outras providências. Brasília, DF, 2017. Disponível em: https://legislacao.presidencia.gov.br/atos/?tipo=DSN&numero=07/03-14451&ano=2017&ato=a2cITSE5EeZpWT304. Acesso em: 4 jan. 2023.

confiança e o engajamento de clientes e consumidores, sob uma perspectiva ética e responsável. A LGPD brasileira foi inspirada na *General Data Protection Regulation* (GDPR) da UE, adotada em 2016, que entrou em vigor em 2018 e exige compromisso das empresas e governo com as obrigações e o uso adequado dos dados, na tentativa de reduzir o risco potencial de brechas capazes de viabilizar exposições e vazamentos de dados.[247]

A LGPD é um importante marco na agenda da tecnologia e da transformação digital, visto que o fundamento da economia digital é o uso de dados dos cidadãos para a prestação de serviços. A ausência de previsões relativas ao uso e tratamento desses dados deixava os cidadãos em situação de vulnerabilidade frente às grandes plataformas digitais. Para enfrentar essas questões, a lei dispõe sobre o tratamento, a proteção e a segurança de dados pessoais dispostos em meio físico ou digital, feitos por pessoa física ou jurídica de direito público ou privado. Esse tratamento de dados engloba qualquer atividade que utiliza um dado pessoal na execução de sua operação: coleta, distribuição, processamento, arquivamento, armazenamento, eliminação, avaliação ou controle da informação, modificação, comunicação, transferência, difusão ou extração.[248]

Na referida lei, foi criada, ainda, a Autoridade Nacional de Proteção de Dados (ANPD), originalmente vinculada à Presidência da República e atualmente ao Ministério da Justiça e que tem por objetivo orientar, regular, fiscalizar e penalizar aqueles que descumpram a legislação.[249] A ANPD ainda está em fase de estruturação, e seu pleno funcionamento é fundamental para a evolução de políticas baseadas em dados e, consequentemente, para a transformação digital.

Quando do surgimento da LGPD, surgiram questionamentos sobre potenciais conflitos com a Lei de Acesso à Informação. Embora existam intersecções sobre alguns temas contidos em ambas as leis, como o acesso a informações pessoais armazenadas em bases de dados estatais, a incompreensão (ou má vontade) de alguns órgãos e entidades públicas em publicizar informações, especialmente durante a gestão

---

[247] LGPD EXPERTS. *LGPD*: Lei Geral de Proteção de Dados. São Paulo: FESESP, 2015. Disponível em: http://www.fesesp.org.br/?page_id=3476. Acesso em: 6 jan. 2023.

[248] Ver também: BRASIL. Comitê Central de Governança de Dados. *Guia de boas práticas*: Lei Geral de Proteção de Dados (LGPD). Brasília, DF, 2020. Disponível em: https://www.gov.br/governodigital/pt-br/seguranca-e-protecao-de-dados/guias/guia_lgpd.pdf. Acesso em: 5 fev. 2023.

[249] BRASIL. Serpro. *Quem vai regular a LGPD?* Brasília, DF, 2019. Disponível em: https://www.serpro.gov.br/lgpd/governo/quem-vai-regular-e-fiscalizar-lgpd. Acesso em: 5 fev. 2023.

do presidente Jair Bolsonaro, ao abusar da classificação de informações como sigilosas, nada mais é do que uma malversação, de caráter antidemocrático, e não necessariamente representa conflito entre essas leis. Vale lembrar que, na essência, as referidas legislações versam sobre objetos e feixes de atuação distintos, quais sejam: informações de caráter público e utilização e consentimento de dados pessoais.[250]

Em janeiro de 2019, já durante a gestão do presidente Jair Bolsonaro, foi publicado o Decreto nº 9.756, que instituiu o portal único "gov.br", no âmbito de todos os órgãos e entidades da administração pública federal direta, autárquica e fundacional, para centralização das informações institucionais, notícias e serviços prestados pelo governo federal. A coordenação da implementação dessas medidas ficou a cargo da Secretaria do Governo Digital e da Secretaria Especial de Desburocratização, Gestão e Governo Digital do então Ministério da Economia.

Na mesma data, a Portaria nº 1.556, do Ministério da Ciência, Tecnologia, Inovações e Comunicações, aprovou a Estratégia Brasileira para a Transformação Digital (E-Digital). Assim, entre 2017 e 2019, inspirado pelo movimento que já vinha acontecendo em outros países, principalmente no âmbito da UE e das diretrizes da OCDE, foram definidas as atuais estratégias e políticas digitais brasileiras descritas no portal do Governo Digital do governo federal, a serem apresentadas nos próximos subtópicos deste capítulo.[251]

3.2 As principais estratégias e políticas digitais brasileiras: E-Gov e E-Digital

Até a data de fechamento desta pesquisa, o portal do Governo Digital do governo federal[252] apresentava dez estratégias e "políticas digitais", a saber: o Governo Digital (E-Gov); a Estratégia Brasileira para a Transformação Digital (E-Digital); a Estratégia Brasileira de Inteligência Artificial; a Política Nacional de Segurança da Informação

---

[250] CRUZ, Sinuhe Nascimento e. *Lei de Acesso à Informação e Lei Geral de Proteção de Dados Pessoais*: diálogos e possibilidades de harmonização. Live LGPD e Lei de Acesso à Informação: resumo comentado. [S. l.]: Data Privacy BR, 2022. Disponível em: https://dataprivacy.com.br/wp-content/uploads/2022/01/dpbr_live_LAI_e_LGPD_resumo_vf.pdf. Acesso em: 5 fev. 2023.

[251] BRASIL. Ministério da Gestão e da Inovação em Serviços Públicos. *Governo Digital*. Brasília, DF, 2022. Disponível em: https://www.gov.br/governodigital/pt-br/estrategias-e-politicas-digitais. Acesso em: 30 dez. 2022.

[252] BRASIL. *Governo Digital*. Brasília, DF, 2022.

(PSNI); a Estratégia Nacional de Segurança Cibernética (E-Ciber); a Estratégia Brasileira para Redes 5G; a Política Nacional de Inovação e a Estratégia Nacional de Inovação; a Política e os Planos de Ação para Governo Aberto; o Plano Nacional de Internet das Coisas; e a Computação em Nuvem. A primeira ressalva a ser feita refere-se ao fato de que essas "estratégias e políticas digitais" constam dentro da página virtual do Governo Digital. Ao retomarmos a parte conceitual apresentada no primeiro capítulo desta pesquisa, temos que, no Brasil, ainda parece haver certa confusão conceitual ao pensar e colocar a transformação digital dentro da dimensão Governo.

Essa impropriedade terminológica deflagra a forma como esses conceitos foram tratados no Brasil: a agenda de Governo Digital para medidas adotadas para digitalização dos serviços públicos; a transformação digital como medidas destinadas a mudanças nas empresas e setor privado; e, ainda, um conceito não técnico e bem delimitado de "agenda digital" como aquela mais voltada para a regulamentação do uso da internet e da responsabilidade das plataformas e provedores de internet.

Inexistindo, no plano jurídico-normativo, uma "agenda" voltada para o digital, acredita-se que o mais correto seria tratar a transformação digital como gênero, dentro do qual se abrem subtemas, tal qual o Governo Digital. Voltando-se mais uma vez para a hipótese de que essas medidas, no âmbito do governo federal, foram patrocinadas pela burocracia e não ganharam destaque na arena política, parece fazer sentido que se pense na lógica da transformação digital excessivamente sob a ótica do Governo Digital, embora essa abordagem observada a partir da experiência digital mostre limitações e impropriedades.

Veremos que a Estratégia para a Transformação Digital começa a organizar esses conceitos, que passam a ser tratados de forma mais adequada, o que se faz necessário porque, como vimos, o conceito de transformação foi ampliado e, na atualidade, engloba todas as iniciativas para preparação do Estado, sociedade e setor produtivo na transição digital.

Feita essa ressalva terminológica, neste subcapítulo serão analisadas as duas políticas públicas consideradas atualmente mais importantes, não apenas para esta pesquisa, como também para a forma como o desenvolvimento dessa agenda vem ocorrendo no âmbito do governo federal, quais sejam as iniciativas voltadas para o Governo Digital e para a Transformação Digital.

Na sequência, serão apresentados os demais planos e estratégias acima descritos, que compõem as políticas para a transformação digital no Brasil. Também serão apresentadas as considerações formuladas pela OCDE sobre o caminho para a era digital no Brasil, que englobam, sobretudo, as iniciativas em curso no âmbito do Governo Digital e da Transformação Digital. Por fim, serão abordados os principais temas relacionados à agenda digital no âmbito do Poder Legislativo nos últimos anos, ainda que algumas delas sejam mais voltadas para temas de regulação da internet e de plataformas e que, apesar de não se negar a relevância dessas discussões, escapam ao objetivo central desta pesquisa.

3.2.1 Governo Digital

De acordo com a OCDE, por Governo Digital compreende-se o uso de tecnologias digitais para tornar as instituições públicas mais funcionais, ágeis e responsivas para demandas de cidadãos e de negócios.[253] O Banco Mundial, a seu turno, defende que o conceito de Governo Digital representa uma mudança fundamental na maneira pela qual os governos, em vários pontos do mundo, estão abraçando sua missão, alavancando o poder das tecnologias de informação para a transformação: estabelecer metas administrativas mensuráveis para aperfeiçoar a entrega de serviços públicos; tomar decisões baseadas em dados para promulgar políticas que tenham por base conhecimentos e fatos; assegurar maior responsabilidade e transparência dentro do governo para construir maior confiança do público.[254]

Vimos que os primeiros normativos brasileiros utilizavam a expressão "Governo Eletrônico" para se referir à aquisição de novos equipamentos e tecnologias para aprimoramento da atuação administrativa. Patrícia Ferreira Baptista e Leonardo Silveira Antoun Netto traçam a diferença entre Governo Eletrônico e Governo Digital, nos seguintes termos:

> O governo eletrônico reflete a aquisição de novos equipamentos e softwares para aprimoramento de processos internos de trabalho, além da disponibilização de informações em sítios eletrônicos, sem, porém,

---

[253] OECD. *OECD Digital Government Studies. Digital Government Review of Brazil*: Towards the Digital Transformation of the Public Sector. Paris, 28 nov. 2018. Disponível em: https://www.oecd-ilibrary.org/sites/9789264307636-en/index.html?itemId=/content/publication/9789264307636-en. Acesso em: 24 mar. 2023.
[254] WORLD BANK. *Digital Government for Development*. Disponível em: https://www.worldbank.org/en/topic/digitaldevelopment/brief/digital-government-for-development. Acesso em: 24 mar. 2023.

mudanças efetivas na lógica burocrática que balizava as relações entre o Estado e os seus cidadãos. O governo digital, por sua vez, apresenta-se como sistema normativo, política pública e fonte de novos arranjos institucionais no Estado [...].[255]

A concepção de Governo Eletrônico, portanto, mostra-se limitada e restrita à digitalização da administração pública, enquanto a expressão Governo Digital alcança o fenômeno do processo de mudança na atuação administrativa, a partir da tecnologia como centralidade da transformação do setor público, com premissas voltadas para a coordenação interinstitucional e criação de estratégias de longo prazo.[256]

Conforme demonstrado no início deste capítulo, as ações em torno da incorporação da tecnologia e da transformação digital, ainda que não representem propriamente uma agenda estruturada e coordenada no plano jurídico-normativo, não são recentes no Brasil e, embora tenham ocorrido avanços importantes para o setor empresarial, para a sociedade, bem como para as plataformas digitais, as principais medidas implementadas nos últimos anos foram adotadas para dentro da administração pública federal e, portanto, voltadas para o Governo Digital no plano federal.

A primeira evidência do foco da dimensão Governo Digital aparece quando analisados os dados internacionais sobre a maturidade de governos digitais dos países. Mesmo o Brasil estando atrasado em diversos indicadores de nível de maturidade digital, quando comparado em nível internacional, o país já ocupa o 2º lugar no *ranking* do Banco Mundial que avalia a maturidade em governo digital (no âmbito federal) de 198 países,[257] tendo subido da 7ª posição que ocupava no ano anterior. No Índice de Maturidade em Governo Digital (GTMI) e que usa o valor máximo de 1, a Coreia do Sul lidera o *ranking*, com 0,991, enquanto o Brasil atinge 0,975. O valor médio do GTMI é 0,552.

Essa avaliação do Banco Mundial leva em consideração quatro eixos de análise: sistemas governamentais centrais, prestação de serviços públicos, engajamento do cidadão e habilitadores *GovTech*. Dentre

---

[255] BAPTISTA, Patrícia Ferreira; ANTOUN NETTO, Leonardo Silveira. Governo Digital: política pública, normas e arranjos institucionais no regime federativo brasileiro. A edição da Lei Federal n. 14.129/2021 e o desenvolvimento do governo digital nos Estados. *RFD – Revista da Faculdade de Direito da UERJ*, Rio de Janeiro, n. 41, p. 1-34, 2022. p. 2-3.

[256] BAPTISTA; ANTOUN NETTO, 2022.

[257] MESTRE, Gabriela. Brasil é o 2º em ranking de governo digital do Banco Mundial. *Poder360*, Brasília, DF, 17 nov. 2022. Disponível em: https://www.poder360.com.br/internacional/brasil-e-2o-lugar-em-ranking-de-governo-digital-do-banco-mundial/. Acesso em: 10 fev. 2023.

os critérios considerados no índice, está o fato de que o Brasil se destaca mundialmente na oferta de serviços públicos digitais por meio da plataforma "gov.br", que já conta com 140 milhões de usuários – o que equivale a 80% da população brasileira acima de 18 anos.

No início deste capítulo, vimos que, ao longo das últimas décadas, foram produzidas diversas normas sobre o uso e desenvolvimento de tecnologia. Contudo, apenas em 2020 essas iniciativas foram consubstanciadas na Estratégia de Governo Digital para o período de 2020 a 2022. Posteriormente, em 2021, houve outro marco normativo para o tema de Governo Digital, com a publicação da Lei do Governo Digital (Lei nº 14.129/21),[258] que contém regras, princípios e instrumentos focados na eficiência da administração pública para a prestação de serviços no âmbito do Governo Digital.

3.2.1.1 A Estratégia de Governo Digital (E-Gov)

O governo editou, em 2020, o Decreto nº 10.332/20[259] contendo a Estratégia de Governo Digital para o período de 2020 a 2022, organizada em princípios, objetivos e iniciativas para nortear a transformação do governo por meio de tecnologias digitais; e a criação do Comitê de Governança Digital.

A Estratégia de Governo Digital não inaugura a busca pela modernização da administração pública e da prestação de serviços públicos, mas aglutina, em um único documento, 18 objetivos e respectivas iniciativas a serem seguidas pela administração federal, conforme o quadro abaixo:

---

[258] BRASIL. Ministério da Ciência, Tecnologia e Inovações. *Estratégia Brasileira para a Transformação Digital (E-Digital)*: Ciclo 2022-2026. Brasília, DF, 2022. Disponível em: https://www.gov.br/mcti/pt-br/acompanhe-o-mcti/transformacaodigital/arquivosestrategiadigital/edigital_ciclo_2022-2026.pdf. Acesso em: 24 mar. 2023.

[259] BRASIL. Presidência da República. Secretaria Geral. Subchefia para Assuntos Jurídicos. *Decreto nº 10.332, de 28 de abril de 2020*. Institui a Estratégia de Governo Digital para o período de 2020 a 2022, no âmbito dos órgãos e das entidades da administração pública federal direta, autárquica e fundacional e dá outras providências. Brasília, DF, 2020. Disponível em: https://www.planalto.gov.br/ccivil_03/_ato2019-2022/2020/decreto/d10332.htm. Acesso em: 2 jan. 2023.

QUADRO 2 – QUADRO-RESUMO DAS INICIATIVAS
PARA O GOVERNO DIGITAL

(continua)

Objetivo	Iniciativas
Objetivo 1 – Oferta de serviços públicos digitais	Iniciativa 1.1. Transformar cem por cento dos serviços públicos digitalizáveis até 2023.
	Iniciativa 1.2. Simplificar e agilizar a abertura, a alteração e a extinção de empresas no Brasil, de forma que esses procedimentos possam ser realizados em um dia, até 2022.
Objetivo 2 – Avaliação de satisfação nos serviços digitais	Iniciativa 2.1. Oferecer meio de avaliação de satisfação padronizado para, no mínimo, cinquenta por cento dos serviços públicos digitais até 2023.
	Iniciativa 2.2. Aprimorar a satisfação dos usuários dos serviços públicos e obter nível médio de, no mínimo, 4,5 (quatro inteiros e cinco décimos) em escala de 5 (cinco) pontos, até 2022.
	Iniciativa 2.3. Aprimorar a percepção de utilidade das informações dos serviços no portal único gov.br e atingir, no mínimo, sessenta e cinco por cento de avaliações positivas até 2023.
Objetivo 3 – Canais e serviços digitais simples e intuitivos	Iniciativa 3.1. Estabelecer padrão mínimo de qualidade para serviços públicos digitais, até 2020.
	Iniciativa 3.2. Realizar, no mínimo, cem pesquisas de experiência com os usuários reais dos serviços públicos, até 2022.
Objetivo 4 – Acesso digital único aos serviços públicos	Iniciativa 4.1. Consolidar seiscentos e vinte e dois domínios do Poder Executivo federal no portal único gov.br, até 2022.
	Iniciativa 4.2. Integrar todos os estados à rede Gov.br, até 2022.
	Iniciativa 4.3. Consolidar a oferta dos aplicativos móveis na conta única do governo federal nas lojas, até 2020.
	Iniciativa 4.4. Ampliar a utilização do *login* único de acesso gov.br para mil serviços públicos digitais, até 2022.

(continua)

Objetivo	Iniciativas
Objetivo 5 – Plataformas e ferramentas compartilhadas	Iniciativa 5.1. Implementar meios de pagamentos digitais para, no mínimo, trinta por cento dos serviços públicos digitais que envolvam cobrança, até 2022.
	Iniciativa 5.2. Disponibilizar caixa postal do cidadão, que contemplará os requisitos do domicílio eletrônico, nos termos do disposto na Lei nº 14.129, de 29 de março de 2021, até 2023.
Objetivo 6 – Serviços públicos integrados	Iniciativa 6.1. Interoperar os sistemas do governo federal, de forma que, no mínimo, seiscentos serviços públicos disponham de preenchimento automático de informações relacionadas ao Cadastro Base do Cidadão, ao Cadastro Nacional de Pessoa Jurídica e ao Cadastro de Endereçamento Postal, até 2022.
	Iniciativa 6.2. Ampliar para vinte a quantidade de atributos no cadastro base do cidadão até 2023.
	Iniciativa 6.3. Estabelecer quinze cadastros base de referência para interoperabilidade do governo federal até 2023.
	Iniciativa 6.4. Estabelecer barramento de interoperabilidade dos sistemas do governo federal, até 2020, de forma a garantir que pessoas, organizações e sistemas computacionais compartilhem os dados.
Objetivo 7 – Políticas públicas baseadas em dados e evidências	Iniciativa 7.1. Produzir quarenta novos painéis gerenciais de avaliação e monitoramento de políticas públicas, até 2022.
	Iniciativa 7.2. Catalogar, no mínimo, as trezentas principais bases de dados do governo federal, até 2022.
	Iniciativa 7.3. Disponibilizar o mapa de empresas no Brasil, até 2020.

(continua)

Objetivo	Iniciativas
Objetivo 8 – Serviços públicos do futuro e tecnologias emergentes	Iniciativa 8.1. Desenvolver, no mínimo, seis projetos de pesquisa, desenvolvimento e inovação com parceiros do governo federal, instituições de ensino superior, setor privado e terceiro setor, até 2022. Iniciativa 8.2. Implementar recursos de inteligência artificial em, no mínimo, doze serviços públicos federais, até 2022. Iniciativa 8.3. Disponibilizar, pelo menos, nove conjuntos de dados por meio de soluções de *blockchain* na administração pública federal, até 2022. Iniciativa 8.4. Implementar recursos para criação de uma rede *blockchain* do governo federal interoperável, com uso de identificação confiável e de algoritmos seguros. Iniciativa 8.5. Implantar um laboratório de experimentação de dados com tecnologias emergentes até 2023.
Objetivo 9 – Serviços preditivos e personalizados ao cidadão	Iniciativa 9.1. Implantar mecanismo de personalização da oferta de serviços públicos digitais, baseados no perfil do usuário, até 2022. Iniciativa 9.2. Ampliar a notificação ao cidadão em, no mínimo, vinte e cinco por cento dos serviços digitais.
Objetivo 10 – Implementação da Lei Geral de Proteção de Dados no âmbito do governo federal	Iniciativa 10.1. Estabelecer método de adequação e conformidade dos órgãos com os requisitos da Lei Geral de Proteção de Dados, até 2020. Iniciativa 10.2. Estabelecer plataforma de gestão da privacidade e uso dos dados pessoais do cidadão, até 2020.

(continua)

Objetivo	Iniciativas
Objetivo 11 – Garantia da segurança das plataformas de Governo Digital e de missão crítica	Iniciativa 11.1. Garantir, no mínimo, noventa e nove por cento de disponibilidade das plataformas compartilhadas de governo digital, até 2022.
	Iniciativa 11.2. Implementar controles de segurança da informação e privacidade em trinta sistemas críticos do governo federal, até 2022.
	Iniciativa 11.3. Definir padrão mínimo de segurança cibernética a ser aplicado nos canais e nos serviços digitais, até 2022.
Objetivo 12 – Identidade digital ao cidadão	Iniciativa 12.1. Prover dois milhões de validações biométricas mensais para serviços públicos federais, até o final de 2020.
	Iniciativa 12.2. Disponibilizar identidade digital ao cidadão, com expectativa de emissão de quarenta milhões, até 2022.
	Iniciativa 12.3. Criar as condições para a expansão e para a redução dos custos dos certificados digitais para que custem, no máximo, R$50,00 (cinquenta reais) por usuário anualmente, até 2022.
	Iniciativa 12.4. Disponibilizar novos mecanismos de assinatura digital ao cidadão, até 2022.
	Iniciativa 12.5. Incentivar o uso de assinaturas digitais com alto nível de segurança.
	Iniciativa 12.6. Estabelecer critérios para adoção de certificado de atributos para simplificação dos processos de qualificação de indivíduo ou entidade.
	Iniciativa 12.7. Promover a divulgação ampla de sistemas e aplicações para uso e verificação das políticas de assinatura com códigos abertos e interoperáveis.

(continua)

Objetivo	Iniciativas
Objetivo 13 – Reformulação dos canais de transparência e dados abertos	Iniciativa 13.1. Integrar os portais de transparência, de dados abertos e de ouvidoria ao portal único gov.br, até 2020.
	Iniciativa 13.2. Ampliar a quantidade de bases de dados abertos, de forma a atingir 0,68 (sessenta e oito centésimos) ponto no critério de disponibilidade de dados do índice organizado pela Organização para a Cooperação e Desenvolvimento Econômico, até 2022.
	Iniciativa 13.3. Melhorar a qualidade das bases de dados abertos, de forma a atingir 0,69 (sessenta e nove décimos) ponto no critério de acessibilidade de dados do índice organizado pela Organização para a Cooperação e Desenvolvimento Econômico, até 2022.
Objetivo 14 – Participação do cidadão na elaboração de políticas públicas	Iniciativa 14.1. Revogada.
	Iniciativa 14.2. Aprimorar os meios de participação social e disponibilizar nova plataforma de participação, até 2021.
Objetivo 15 – Governo como plataforma para novos negócios	Iniciativa 15.1. Disponibilizar, no mínimo, vinte novos serviços interoperáveis que interessem às empresas e às organizações até 2023.
	Iniciativa 15.2. Revogada.
	Iniciativa 15.3. Criar dinâmica de integração entre os agentes públicos de transformação digital e o ecossistema de inovação *GovTech*, até 2022.
	Iniciativa 15.4. Ampliar em vinte por cento a quantidade de competições de inovação abertas para a identificação ou o desenvolvimento de soluções de base tecnológica para o governo federal, realizadas no âmbito do gov.br/desafios, até 2022.

(continua)

(continua)

(conclusão)

Objetivo	Iniciativas
Objetivo 15 – Governo como plataforma para novos negócios	Iniciativa 15.5. Sistematizar e disseminar conhecimentos sobre compras públicas de inovação, até 2022. Iniciativa 15.6. Incorporar a temática de *GovTechs* em, no mínimo, dois programas de empreendedorismo inovador ou de transformação digital, até 2022. Iniciativa 15.7. Realizar, no mínimo, dois eventos sobre o uso de *GovTechs* na administração pública federal, com foco no marco legal das *startups*, nos termos do disposto na Lei Complementar nº 182, de 1º de junho de 2021, até 2022.
Objetivo 16 – Otimização das infraestruturas de tecnologia da informação	Iniciativa 16.1. Realizar, no mínimo, seis compras centralizadas de bens e serviços comuns de tecnologia da informação e comunicação, até 2022. Iniciativa 16.2. Ampliar o compartilhamento de soluções de *software* estruturantes, totalizando um novo *software* por ano, até 2022. Iniciativa 16.3. Disponibilizar o Portal Nacional de Contratações Públicas, até 2022. Iniciativa 16.4. Revogada. Iniciativa 16.5. Migração de serviços de, pelo menos, trinta órgãos para a nuvem, até 2022. Iniciativa 16.6. Negociar acordos corporativos com os maiores fornecedores de tecnologia da informação e comunicação do governo, de forma a resultar na redução de, no mínimo, vinte por cento dos preços de lista, até 2022.

(conclusão)

Objetivo	Iniciativas
Objetivo 17 – O digital como fonte de recursos para políticas públicas essenciais	Iniciativa 17.1. Aprimorar a metodologia de medição da economia de recursos com a transformação digital, até 2020. Iniciativa 17.2. Disponibilizar painel com o total de economia de recursos auferida com a transformação digital, até 2020.
Objetivo 18 – Equipes de governo com competências digitais	Iniciativa 18.1. Capacitar, no mínimo, dez mil profissionais das equipes do governo federal em áreas do conhecimento essenciais para a transformação digital. Iniciativa 18.2. Difundir os princípios da transformação digital por meio de eventos e ações de comunicação, de forma a atingir, no mínimo, cinquenta mil pessoas, até 2022. Iniciativa 18.3. Promover ações com vistas ao recrutamento e à seleção de força de trabalho dedicada à transformação digital e à tecnologia da informação na administração pública federal. (Redação dada pelo Decreto nº 10.996, de 2022).

Fonte: Elaborado pelo pesquisador (2023).

A partir do quadro-síntese acima, vimos que os objetivos de 1 a 6 voltam-se para serviços públicos com acesso único, compartilhado e integrado. Já os objetivos 8 e 9 voltam-se, respectivamente, para a implementação de recursos de inteligência artificial e implantação de mecanismos de personalização da oferta de serviços públicos digitais. Também há medidas relacionadas aos dados dos cidadãos, seja para implementação da Lei Geral de Proteção de Dados (objetivo 10), seja para transparência (objetivo 13), e um objetivo específico para disponibilizar a identidade digital para o cidadão (objetivo 12). O objetivo 14 está voltado para aprimorar a participação do cidadão na elaboração de políticas públicas, e os objetivos 15 e 16, para a utilização do governo como plataforma, seja para compartilhamento de soluções dentro da administração (objetivo 16), seja para a disponibilização de novos serviços interoperáveis para as empresas. Por fim, o objetivo 17 pretende criar painel com o total de economia de recursos auferida com a transformação digital, e o objetivo 18 está voltado para a capacitação de equipes de governo com competências digitais.

De acordo com a estratégia, cada órgão e entidade deverá elaborar os seguintes documentos de planejamento: plano de transformação digital; plano diretor de tecnologia da informação e comunicação; plano de dados abertos. Nesse ponto, a E-Gov dialoga com a Estratégia de Transformação Digital (E-Digital) para governo (que se verá no item seguinte). A partir das diretrizes gerais da E-Digital, que devem ser seguidas pela Estratégia de Governo Digital, foram pactuadas as ações de transformação de serviços e/ou unificações de canais dos diversos órgãos do governo.

No quadro abaixo, são apresentadas as principais ações entregues, conforme informações obtidas nos portais eletrônicos do governo federal para o ano de 2021[260] (que é a última atualização disponível):

---

[260] Os dados mais atualizados disponíveis nas bases de dados federais se referem a 2021.

QUADRO 3 – QUADRO-RESUMO DAS AÇÕES ENTREGUES EM 2021

(continua)

Órgãos/Entidades	Ações entregues em 2021
Advocacia-Geral da União	Desenvolvimento do sistema Sapiens 2.0[261] (que teve a atualização mais recente em abril de 2022), com Módulo Administrativo para consulta de tarefas em aberto, fluxo de tarefas administrativas e indicação de ações necessárias.
Ministério da Agricultura, Pecuária e Abastecimento	Duas ações de acesso digital a serviços, como solicitação de "sementes, insumos e outros itens contemplados na cadeia produtiva do cacau",[262] e acesso digital ao serviço de peticionar documentos eletronicamente.
ANVISA	Acesso digital ao Sistema Nacional de Produção de Embriões.[263]
Banco Central do Brasil	Três ações entregues: migração do *app* Dinheiro Brasileiro para a loja Governo do Brasil; migração do *app* Câmbio Legal para a loja Governo do Brasil; migração do *app* Calculadora do Cidadão para a loja Governo do Brasil.
Ministério da Cidadania	Uma ação entregue: acesso digital ao serviço de conciliação do Auxílio Emergencial para efeitos de Declaração de Ajuste Anual de Imposto de Renda.

---

[261] BRASIL. Ministério da Agricultura, Pecuária e Abastecimento. *Sistema Sapiens 2.0*. Brasília, DF, abr. 2022. Disponível em: https://www.gov.br/agu/pt-br/composicao/cgu/cgu/guias/guia-sapiens-2-0_atualizado_v-1-8-3_4-2022.pdf. Acesso em: 10 fev. 2023.

[262] BRASIL. Ministério da Agricultura, Pecuária e Abastecimento. *Acesso digital ao serviço Solicitar sementes, insumos e outros itens contemplados na cadeia produtiva do cacau*. Brasília, DF, 7 out. 2021. Disponível em: https://www.gov.br/pt-br/plano-transformacao-digital/acesso-digital-ao-servico-solicitar-sementes-insumos-e-outros-itens-contemplados-na-cadeia-produtiva-do-cacau. Acesso em: 10 fev. 2023.

[263] BRASIL. Governo Digital. *Ações Previstas de Transformação de Serviços em ANVISA*. Brasília, DF, 3 nov. 2022. Disponível em: https://www.gov.br/pt-br/plano-transformacao-digital/plano-transformacao-digital/@@template_acao_plano?previstas=1&eixo=transformacao_servicos&dt_inicio=01/01/2021&dt_fim=31/03/2021&area=anvisa. Acesso em: 10 fev. 2023.

(continua)

Órgãos/Entidades	Ações entregues em 2021
Ministério da Ciência e Tecnologia	Cinquenta e oito ações previstas, das quais quatorze foram entregues, sendo todas da Comissão Nacional de Energia Nuclear, com destaque para os acessos digitais aos seguintes serviços: obter certificação da qualificação de supervisor em proteção radiológica; obter autorização para operação de depósito de rejeitos radioativos de baixo e médio níveis de radiação; obter autorização para encerramento de depósito final de rejeitos radioativos; obter autorização para descomissionamento de depósitos iniciais, intermediários ou provisórios de rejeitos radioativos; obter autorização para construção de depósito de rejeitos radioativos.
Comissão de Valores Mobiliários – CVM	Apenas uma ação prevista: acesso digital ao serviço Solicitar Certidão de Débitos de Taxa de Fiscalização do Mercado de Valores Mobiliários e de Multas aplicadas pela CVM.
Ministério da Defesa	Trinta ações previstas, das quais quatro foram entregues pelo Comando do Exército, sendo o acesso digital aos seguintes serviços: autorizar Aquisição de Produtos Controlados pelo Exército para Pessoa Física – CAC – no Mercado Nacional; registrar arma de fogo com emissão de CRAF para CAC; revalidar Certificado de Registro para Pessoa Jurídica não Fabricante; conceder Certificado de Registro para Pessoa Jurídica não Fabricante.
Defesa Econômica	Cinco ações previstas e uma entregue pelo Conselho Administrativo de Defesa Econômica (CADE): acesso digital ao serviço Enviar representação sobre infrações à ordem econômica ao CADE.

(continua)

Órgãos/Entidades	Ações entregues em 2021
Ministério do Desenvolvimento Regional	Quatorze ações previstas e quatro entregues, todas pela SUDENE, referentes ao acesso digital aos seguintes serviços: verificar a autenticidade e/ou emitir a 2ª via da Certidão de Regularidade de Incentivos Fiscais administrados pela SUDENE; realizar a retificação da Declaração Anual de Incentivos Fiscais administrados pela SUDENE (DAIF-Retificadora); realizar a Declaração Anual de Incentivos Fiscais administrados pela SUDENE; emitir Certidão de Regularidade de Incentivos Fiscais administrados pela SUDENE; verificar a autenticidade e/ou emitir a 2ª via da Certidão de Regularidade de Incentivos Fiscais administrados pela SUDENE.
Ministério da Economia	Dez ações previstas e duas entregues, referentes ao acesso digital aos seguintes serviços: realizar transação excepcional para débitos rurais e fundiários inscritos em dívida ativa da União; realizar transação excepcional para débitos rurais e fundiários inscritos em dívida ativa da União.
Ministério da Educação	Dezesseis ações previstas, das quais nove não foram entregues para acesso digital aos serviços: solicitar vinculação de cursos de graduação à respectiva Área Básica de Ingresso (ABI) no Sistema e-MEC; solicitar Vinculação de Cursos de Graduação a Bacharelados/Licenciaturas Interdisciplinares no Sistema e-MEC; solicitar o saneamento de curso na base do Sistema e-MEC no caso de curso presencial idêntico a outro curso da IES; solicitar Correção de Dados de Curso de Graduação Conforme Ato Publicado; solicitar Atualização de Dados da Mantenedora de Instituição de Educação Superior no Sistema e-MEC conforme Receita Federal; solicitar Alteração Referente a Endereço da IES no Sistema e-MEC; solicitar alteração da denominação de curso no caso de IES Estadual ou Militar; solicitar a inserção ou a correção de dados de ato regulatório de IES ou curso de graduação; solicitar a inclusão de nome de curso experimental na tabela do e-MEC.

(continua)

Órgãos/Entidades	Ações entregues em 2021
Fiocruz	Vinte e sete ações previstas, das quais quinze foram entregues, com destaque para o acesso digital aos serviços: solicitar estudos experimentais envolvendo a transmissão vetorial, estudos taxonômicos e xenodiagnóstico (Fiocruz/MG); solicitar espécimes de mosquitos *Aedes aegypti, Aedes albopictus* e *Culex quinquefasciatus* (Fiocruz/PE); solicitar avaliação de ferramentas e metodologias para a vigilância e controle de mosquitos (IAM/Fiocruz PE); solicitar a avaliação da toxicidade de inseticidas para o controle de *Aedes aegypti, Aedes albopictus* e *Culex quinquefasciatus* (Fiocruz/PE).
Funasa	Duas ações previstas (Integração Comprasnet e Comprasnet Contratos e Integração com o SIAPE), sendo que não constam informações sobre ações entregues.
Ministério da Infraestrutura	Três ações previstas e apenas uma entregue: *login* único nos sistemas da Agência Nacional de Aviação Civil.
Inmetro	Três ações previstas, das quais não constam informações se foram entregues, para acesso digital aos serviços: solicitar verificação de instrumento de medição em Goiás, Distrito Federal e Rio Grande do Sul; obter material de referência sobre medição e qualidade; obter marca de reparo e de selagem para uso por empresas autorizadas em Distrito Federal, Goiás e Rio Grande do Sul.

CAPÍTULO 3
O ESTADO DA ARTE DAS POLÍTICAS PÚBLICAS PARA A TRANSFORMAÇÃO DIGITAL NO BRASIL | 173

(continua)

Órgãos/Entidades	Ações entregues em 2021
Ministério da Justiça e Segurança Pública (MJSP)	Dezoito ações previstas e dezesseis entregues, com destaque para a atualização dos serviços do MJSP no portal gov.br; acesso digital aos seguintes serviços: realizar Cursos na Escola Nacional de Prevenção e Solução de Conflitos (ENAPRES); realizar Cursos na Escola Nacional de Prevenção e Solução de Conflitos; realizar cursos EaD para profissionais de segurança pública; serviço Consultar pessoa desaparecida; serviço Consultar os criminosos mais procurados do Brasil; cadastrar-se como proprietário de veículo no aplicativo Sinesp Cidadão; cadastrar Participação Cidadã em Matéria de Segurança Pública; consultar Registros de Entrada de Estrangeiro (AN); realizar Cursos na Escola Nacional de Prevenção e Solução de Conflitos (ENAPRES).
Ministério do Meio Ambiente	Cento e trinta e três ações previstas, das quais apenas uma entregue: acesso digital ao serviço Protocolar documentos junto ao Ministério do Meio Ambiente.
Ministério da Saúde	Duas ações previstas e uma entregue: automação do registro qualificado da imunização para campanha vacinal.
Previdência Complementar	Dez ações previstas e sem registro de entregas: preenchimento automático de dados do CNPJ em serviços do órgão; preenchimento automático de dados do CEP em serviços do órgão; preenchimento automático de dados de Quitação Eleitoral em serviços do órgão; preenchimento automático de dados da Certidão de Antecedentes Criminais da Polícia Federal em serviços do órgão; preenchimento automático de dados da base de Certidão Negativa de Débito (CNPJ) em serviços do órgão; preenchimento automático de dados do CNPJ em serviços do órgão; preenchimento automático de dados do CEP em serviços do órgão; preenchimento automático de dados de Quitação Eleitoral em serviços do órgão; preenchimento automático de dados da Certidão de Antecedentes Criminais da Polícia Federal em serviços do órgão; preenchimento automático de dados da base de Certidão Negativa de Débito (CNPJ) em serviços do órgão.

(continua)

Órgãos/Entidades	Ações entregues em 2021
Receita Federal	Dezenove ações previstas e entregues, com destaque para o acesso digital aos seguintes serviços: retificar pagamento; parcelar débitos de segurados, obra ou reclamatória trabalhista; obter registro especial de papel imune; obter laudo fiscal de destruição de bens; obter isenção de impostos para comprar carro; obter cópia de declaração enviada à Receita Federal; obter autorização para transferir carro com isenção; manifestar inconformidade sobre despacho decisório; inscrever ou atualizar cadastro nacional de pessoas jurídicas; impugnar multa isolada ou por atraso na entrega de declarações.
Reforma Agrária	Vinte e quatro ações previstas e três entregues, referentes ao acesso digital aos serviços: emitir Guia de Recolhimento à União (GRU) para pagamento de Título de Regularização Fundiária; acesso Regularizar ocupação em área rural da União; pagamento de títulos de domínio de Projetos de Assentamento.
Relações Exteriores	Uma ação prevista e entregue: acesso digital ao serviço Registro de casamento no exterior.

(continua)

Órgãos/Entidades	Ações entregues em 2021
Saúde Suplementar	Trinta e cinco ações previstas, das quais trinta e duas foram entregues, com destaque para: *login* único no serviço Emitir comprovante de dados cadastrais do consumidor junto à ANS; migração do *site* ANS para o gov.br; acesso digital aos seguintes serviços: suspender ou reativar comercialização de plano de saúde; solicitar reconhecimento de entidade acreditadora em saúde para o Programa de Qualificação dos Prestadores de Serviço de Saúde (QUALISS); solicitar reconhecimento de entidade acreditadora de operadoras de planos de saúde; solicitar reconhecimento como entidade acreditadora em saúde para o Programa de Certificação em Atenção Primária à Saúde (APS); solicitar homologação de acreditação de operadoras de planos de saúde; solicitar homologação da certificação de Boas Práticas em Atenção Primária à Saúde (APS); solicitar reunião com a ANS; pagar ou parcelar débitos junto à ANS; obter vistas e cópias de processos administrativos em posse da ANS; obter certidão emitida pela ANS; obter certidão de regularidade de envio do SIP; obter certidão de regime especial de direção técnica; emitir certidão de situação cadastral de plano de saúde; cancelar registro de plano de saúde; cancelar registro de operadora de planos privados de saúde. Além disso, foram previstas mais treze ações relativas à interoperabilidade, das quais três foram entregues: preenchimento automático de dados do CPF no serviço Obter vistas e cópias de processos administrativos em posse da ANS; preenchimento automático de dados do CPF no serviço Receber reclamações sobre possíveis práticas irregulares de operadoras de planos privados de assistência à saúde, inclusive administradoras de benefícios; preenchimento automático de dados do CPF no serviço Emitir comprovante de dados cadastrais do consumidor junto à ANS.

(conclusão)

Órgãos/Entidades	Ações entregues em 2021
Trabalho	Nove ações previstas e nenhuma com entrega registrada na página do governo federal, relativas ao acesso digital aos seguintes serviços: verificar base de cálculo do FGTS (integração com a Carteira Digital do Trabalho); solicitar compensação ou restituição de valores pagos indevidamente; realizar parcelamento de débitos; protocolo de recurso de auto de infração trabalhista ou notificação de débito de FGTS; protocolo de petições em processo administrativo de auto de infração e notificação de débito de FGTS; protocolo de defesa de auto de infração trabalhista ou notificação de débito de FGTS; emitir guias de recolhimento do FGTS (edição de guias, pagamento de guias atrasadas, emitir guias de débitos inscritos em dívida ativa); consultar extrato de FGTS (integração com a Carteira Digital do Trabalho); consultar débitos do FGTS, guias pagas (histórico de pagamento) e não pagas (em aberto).
Turismo	Três ações previstas e sem registro de entregas: migração do *site* da FUNARTE para o portal gov. br; migração do *site* da FCRB para o portal gov.br; migração do *site* da FCP para o portal gov.br. Também há uma ação prevista em interoperabilidade: preenchimento automático de dados do CPF nos serviços do MTUR.
Zona Franca de Manaus	Trinta e seis ações previstas e sete entregues relativas ao acesso digital aos seguintes serviços: obter Concessão de Incentivos Fiscais na Aquisição de Mercadorias Nacionais por Empresas Localizadas na Zona Franca de Manaus, Áreas de Livre Comércio; solicitar Ajustes de Dados no Sistema de Indicadores de Empresas com Projetos Plenos Aprovados na Zona Franca de Manaus; obter restituição de taxas da SUFRAMA; obter listagem de taxa cobrada pela SUFRAMA.

Fonte: https://www.gov.br/pt-br/plano-transformacao-digital.

Até o fechamento desta pesquisa, verificou-se que há órgãos em atraso nas suas entregas ou que ainda estão em processo de elaboração de seus planos: Agência Nacional de Cinema, Ministério das Comunicações, Controladoria-Geral da União, Escola Nacional da Administração Pública, Funarte, Fundacentro, IBGE, Mineração, Energia e Petróleo, Polícia Federal, Polícia Rodoviária Federal, Presidência, Previdência, Propriedade Industrial e Tecnologia da Informação. Espera-se que a nova equipe de governo promova o lançamento desses planos.

O quadro acima exposto, apesar de extenso, é relevante para esta pesquisa, porque permite demonstrar que o processo de transformação digital pode contemplar desde medidas simples, como migrações de *sites* de prestação de serviços públicos digitais para a plataforma gov.br e automação de serviços que não necessitam de atendimento humano, até medidas mais ambiciosas referentes ao desenvolvimento de novos sistemas ou interoperabilidade entre sistemas existentes, definição de políticas públicas educacionais e de capacitação profissional em temas de tecnologia.

Dentre as medidas em curso, destacam-se aquelas referentes ao incremento da plataforma gov.br e do uso de *login* único para acesso aos serviços digitais. Por intermédio do gov.br, serviços de forte impacto econômico-social passaram a ser acessados pelos cidadãos em único portal. Dentre eles, estão as Carteiras Digitais de Trânsito e de Trabalho, Abono Salarial, Certificado de Vacinação, além do Valores a Receber, do Banco Central, entre outros que constantemente são inseridos na plataforma. Em paralelo a essa medida, o uso de um único *login* e senha para acesso aos serviços digitais é considerado um dos grandes avanços do país: a unificação dos registros em torno do Cadastro de Pessoas Físicas (CPF), somada à integração dos principais documentos do cidadão em um único aplicativo, trará maior segurança jurídica e agilidade inicialmente nas interações do cidadão com o poder público, mas, no futuro, até mesmo para diversos outros propósitos, como fechar contratos, realizar transações financeiras, etc.

Evidentemente, ainda há muitas inovações a se realizar na transformação da administração pública, não apenas no Brasil, mas em todo o mundo. As mudanças no formato de trabalho, intensificadas pela pandemia, bem como novos comportamentos dos trabalhadores, exigem adaptação. Será vista, nos próximos anos, a intensificação dos processos de desburocratização dos serviços, digitalização de documentos em pontos críticos da administração, infraestrutura em nuvem, etc. Vale registrar, ainda, que a E-Gov está em fase de revisão e, até o final de 2023, novas medidas serão apresentadas.

Além da E-Gov, também é importante citar iniciativas específicas em curso dentro do governo federal no que se refere à prestação de serviços públicos, tal qual a Estratégia de Saúde Digital do Brasil, revisada e atualizada para o período 2020-2028. Segundo informações obtidas do UNA-SUS,[264] a estratégia de Saúde Digital busca nortear e alinhar as diversas atividades e projetos públicos e privados, potencializando o poder de transformação da saúde digital no Brasil.

O Plano de Ação de Saúde Digital 2020-2028, consolidado em documento do Ministério da Saúde,[265] descreve atividades a serem executadas, assim como os recursos necessários para a implementação da Visão de Saúde Digital, contendo o detalhamento da elaboração do Plano. Investir em um prontuário eletrônico unificado na saúde seria um avanço na integração e disponibilização de dados.

3.2.1.2 Lei nº 14.129/21 – Lei do Governo Digital

Outro marco normativo para o tema de Governo Digital se deu em março de 2021, com a publicação da Lei do Governo Digital, Lei nº 14.129,[266] contendo as regras, princípios e instrumentos focados na eficiência da administração pública. A referida lei foi concebida para aumentar a eficiência do governo, "[...] especialmente por meio da desburocratização, da inovação, da transformação digital e da participação do cidadão".[267]

A Lei do Governo Digital é de aplicação para os órgãos da administração pública direta federal, abrangendo os Poderes Executivo, Judiciário e Legislativo, incluindo o Tribunal de Contas e o Ministério Público da União, e para as entidades da administração pública indireta federal, incluídas as empresas públicas e sociedades de economia mista, suas subsidiárias e controladas, que prestem serviço público, autarquias e fundações públicas. Também é aplicável às administrações direta e

---

[264] BRASIL. Ministério da Saúde. *Estratégia de Saúde Digital para o Brasil 2020-2028*. Brasília, DF, 2020. Disponível em: https://bvsms.saude.gov.br/bvs/publicacoes/estrategia_saude_digital_Brasil.pdf. Acesso em: 4 jan. 2023.

[265] BRASIL. *Estratégia de Saúde Digital para o Brasil 2020-2028*, 2020.

[266] BRASIL. *Estratégia Brasileira para a Transformação Digital (E-Digital)*, 2022.

[267] BRASIL. Presidência da República. Secretaria Geral. Subchefia para Assuntos Jurídicos. *Lei nº 14.129, de 29 de março de 2021*. Dispõe sobre princípios, regras e instrumentos para o Governo Digital e para o aumento da eficiência pública e altera a Lei nº 7.116, de 29 de agosto de 1983, a Lei nº 12.527, de 18 de novembro de 2011 (Lei de Acesso à Informação), a Lei nº 12.682, de 9 de julho de 2012, e a Lei nº 13.460, de 26 de junho de 2017. Brasília, DF, 2021. Disponível em: https://www.planalto.gov.br/ccivil_03/_ato2019-2022/2021/lei/l14129.htm. Acesso em: 25 jan. 2023.

indireta dos demais entes federados, desde que adotem os comandos dessa lei, por meio de atos normativos próprios.

São estabelecidos como princípios e diretrizes do Governo Digital o da eficiência pública e, ainda, a desburocratização, a modernização, o fortalecimento e a simplificação da relação do poder público com a sociedade; a disponibilidade em plataforma única do acesso às informações e aos serviços públicos; a possibilidade aos cidadãos e pessoas jurídicas de demandar e de acessar serviços públicos por meio digital, sem a necessidade de solicitação presencial; transparência na execução e monitoramento da qualidade desses serviços; incentivo à participação social no controle e na fiscalização; uso de linguagem compreensível; uso da tecnologia para otimizar processos de trabalho da administração pública; a interoperabilidade de sistemas e promoção de dados abertos; o estímulo ao uso das assinaturas eletrônicas nas interações e nas comunicações entre órgãos públicos; implantação do governo como plataforma e adoção preferencial de padrões e formatos abertos e livres.

Para Fabrício Motta e Vanice Regina Lírio do Valle, a lei:

> É um instrumento que desburocratiza a participação do cidadão, com inovação tecnológica e ferramentas simples de usar. Funciona por meio do portal gov.br e tem como diretrizes modernizar a relação do poder público com todos os cidadãos, ampliando o acesso aos serviços digitais; incentivar a participação da sociedade na administração pública; e ser uma plataforma única para acesso dos cidadãos a serviços e informações. Atualmente, somente no âmbito federal, 2,8 mil serviços estão disponíveis, o que representa cerca de 60% dos serviços utilizados pelos cidadãos.[268]

Conceitos-chaves para a transformação digital foram incorporados na lei, tais como o de interoperabilidade de sistemas (artigo 3º, XIV), base nacional de serviços públicos (artigo 4º, III), governo como plataforma (artigo 4º, VII), além de fazer referência em lei a transformação digital, digitalização, redes de conhecimento e direitos dos usuários da prestação digital de serviços públicos.

A lei, ainda, replicou objetivos estratégicos já dispostos na Estratégia de Governo Digital, como a existência de plataforma única de acesso a informações e serviços públicos e o estímulo ao uso das

---

[268] MOTTA, Fabricio; VALLE, Vanice Regina Lírio do. Governo Digital: mapeando possíveis bloqueios institucionais à sua implantação. *In*: MOTTA, Fabricio; VALLE, Vanice Regina Lírio do (coord.). *Governo Digital e a busca por inovação na Administração Pública*: a Lei nº 14.129, de 29 de março de 2021. Belo Horizonte: Fórum, 2022. p. 43-62.

assinaturas eletrônicas nas interações e comunicações entre órgãos públicos e entre estes e os cidadãos. Ainda sobre assinaturas, o cidadão poderá optar por receber qualquer comunicação, notificação ou intimação por meio eletrônico. O uso do Cadastro de Pessoas Físicas (CPF) ou Cadastro Nacional de Pessoa Jurídica (CNPJ) passa a ser os números padrões para acesso aos serviços do Governo Digital, o que, também, já destacado neste capítulo, representa importante avanço rumo ao documento de identidade digital.

A lei também previu que órgãos públicos poderão criar laboratórios de inovação, abertos à colaboração da sociedade, para o desenvolvimento e a experimentação de conceitos e de métodos inovadores para a gestão e prestação de serviços públicos, o tratamento de dados produzidos pelo governo e a participação cidadã. Esses laboratórios de inovação assemelham-se conceitualmente aos novos Polos Europeus de Inovação Digital (DIH), criados no âmbito da UE para auxiliar no desenvolvimento da infraestrutura digital, no fortalecimento da base industrial e em medidas para aumentar a resiliência e flexibilidade, em termos de tecnologia e cadeias de suprimentos.

3.2.1.3 Análise crítica do Governo Digital

A Lei do Governo Digital deve ser considerada um marco importante no novelo da transformação digital brasileira, por trazer para o plano legal a consolidação das ações que vêm sendo conduzidas especialmente pela administração pública federal. Há diversas aberturas promovidas pela lei que são importantes para a transformação digital no Brasil, tal como o capítulo IV, que, ao tratar o governo como plataforma, dispõe sobre a abertura de dados (seção I), a interoperabilidade de dados entre órgãos públicos (seção II) e possibilidades de cooperações interfederativas ao posicionar o governo federal como apoio técnico para os entes federados para implantação e adoção de estratégias que visem à transformação digital da administração pública (art. 3º, XXI).

Motta e Valle fazem a seguinte avaliação das inovações, sobretudo para o direito, promovidas pela lei:

> A Lei n. 14.129/2021, propondo um modelo de governo digital que inaugure uma nova forma de relacionamento entre a Administração Pública e os destinatários de sua atuação, incorpora ferramentas de modificação na dinâmica tradicional regedora dessas mesmas relações. Com isso, promove uma conciliação entre a racionalidade jurídica, que se encontra na regularidade do procedimento e na estabilidade das

estruturas formais de organização e atuação, e a racionalidade da gestão, que tem por fonte de legitimidade a eficácia das ações desenvolvidas. Em verdade, nesse alinhamento entre racionalidade jurídica e racionalidade de gestão tem-se a tradução de um direito fundamental à boa administração, e por isso a iniciativa é de ser prestigiada.

No campo da resistência cultural, o investimento, obrigatoriamente, deve ser no treinamento e na formação das lideranças públicas a conduzirem o processo. Educação digital deve ser a palavra de ordem dentro da Administração, para os seus próprios agentes, e em favor dos destinatários do governo digital.[269]

Em complementação ao diagnóstico apresentado por Motta e Valle, destaca-se, nesta pesquisa, a dimensão política envolvida no tema: a referida lei é originária do PL nº 317/2021, de autoria do então deputado Alessandro Molon (REDE-RJ), professor Israel Batista (PV/DF), Mariana Carvalho (PSDB/RO), Rodrigo Coelho (PSB/SC), João H. Campos (PSB/SC), Vinicius Poit (NOVO/SP), Luisa Canziani (PTB/PR), Tiago Mitraud (NOVO/MG), Marcelo Calero (CIDADANIA/RJ), Paulo Ganime (NOVO/RJ), Tábata Amaral (PDT/SP), e não de iniciativa do Poder Executivo. A versão inicial do projeto de lei tinha por objetivo instituir regras e instrumentos para a eficiência pública, como forma de mitigar "[...] o excesso de exigências burocráticas, a baixa informatização, o ainda frágil acesso à informação, a falta de abertura das bases de dados públicos, a ausência de mecanismos de participação e inovação".[270]

O objetivo desta pesquisa não é analisar a constitucionalidade formal da Lei do Governo Digital, por se tratar de um projeto de lei de iniciativa parlamentar, até mesmo porque se parte da compreensão de que a jurisprudência do Supremo Tribunal Federal vem evoluindo ao longo dos anos e assentando premissas que possibilitam projetos de lei de iniciativa parlamentar que disponham sobre mudanças na estrutura administrativa, desde que não haja criação de cargos ou impacto orçamentário-financeiro, a partir de interpretação mais restritiva da iniciativa privativa do presidente da República disposta na alínea "e" do inciso II do §1º do artigo 61 da Constituição da República.[271]

---

[269] MOTTA; VALLE, 2022, p. 60.

[270] BRASIL. Câmara dos Deputados. *Projeto de Lei nº ___ de 2017*. Institui regras e instrumentos para a eficiência pública. Autor: Alessandro Molon. Brasília, DF, 2017. Disponível em: https://www.camara.leg.br/proposicoesWeb/prop_mostrarintegra?codteor=1568383&filename=PL%207843/2017. Acesso em: 29 jan. 2023.

[271] O STF considerou constitucional a criação de programa de políticas públicas por meio de lei de iniciativa parlamentar no AgR no RE nº 290.549/RJ: BRASIL. Supremo Tribunal Federal. *Agravo Regimental no Recurso Extraordinário nº 290.549 Rio de Janeiro*. Agravo

O que, de fato, ganha relevo, considerando a abordagem Direito e Políticas Públicas, ao voltarmos para a iniciativa da proposta, é: (i) porque a escolha de votar projeto de lei é apenas um dos aspectos da transformação digital – a dimensão Governo –, perdendo a oportunidade de trazer para o âmbito da norma propostas que contemplassem a transformação digital mais ampla em outras dimensões, como empresas e sociedade; (ii) não se trata de um projeto de lei apresentado pelo chefe do Poder Executivo; (iii) a opção, logo no início do texto normativo, de vincular a iniciativa do Governo Digital com a agenda de desburocratização e eficiência.

Sobre o item i, as dimensões da transformação digital no Brasil, no nível de priorização de agenda pela própria burocracia, ainda estavam voltadas para a dimensão interna, qual seja, a do Governo Digital. Além disso, aprovar e executar um projeto de lei apenas na perspectiva "governo" auxilia na condução da agenda, visto que são comandos a serem exarados apenas para a própria administração pública.

O registro que se faz nesta pesquisa é que, se observada à época a experiência internacional, a aprovação da lei poderia ter ocorrido a partir de um olhar mais sistêmico para o fenômeno da transformação digital *lato sensu* para traçar prioridades para dimensões das empresas, como, por exemplo, incentivo à transformação digital para pequenas e médias empresas, o letramento digital ou princípios; não apenas direitos dos usuários de serviços digitais, e sim direitos para o exercício da cidadania digital.

Sobre o item ii, o campo legislativo, a composição de forças para movimentar essa agenda tão pouco esteve a cargo da liderança do governo, mas, sim, dos parlamentares atuantes em temas para a tecnologia. Vale ainda registrar que esse projeto de lei constou na lista de projetos de lei prioritários[272] para destravar a economia, apresentado

---

regimental no recurso extraordinário. Lei de iniciativa parlamentar a instituir programa municipal denominado "rua da saúde". Inexistência de vício de iniciativa a macular sua origem. Agravante: Prefeito do Município do Rio de Janeiro. Agravado: Câmara Municipal do Rio de Janeiro. Relator: Min. Dias Toffoli, 28 de fevereiro de 2012. Disponível em: https://redir.stf.jus.br/paginadorpub/paginador.jsp?docTP=TP&docID=1863766. Acesso em: 5 fev. 2023. O mesmo se deu em relação à ADI nº 3.394/AM: BRASIL. Supremo Tribunal Federal. Tribunal Pleno. *Ação Direta de Inconstitucionalidade nº 3.394 Amazonas*. Requerente: Governador do Estado do Amazonas. Requerido: Assembleia Legislativa do Estado do Amazonas. Relator: Min. Eros Grau, 2 de abril de 2007. Disponível em: https://redir.stf.jus.br/paginadorpub/paginador.jsp?docTP=AC&docID=541505. Acesso em: 5 fev. 2023.

[272] RODRIGUES, Douglas. Projetos prioritários de Guedes para destravar a economia empacam no Congresso. *Poder360*, Brasília, DF, 23 jul. 2020. Disponível em: https://www.poder360.com.br/congresso/projetos-prioritarios-de-guedes-para-destravar-a-economia-empacam-no-congresso-2/. Acesso em: 4 jan. 2023.

em 2020 pelo então ministro Paulo Guedes. A resposta sobre o porquê de esse projeto de lei ter constado na lista de prioridades do então ministro da Economia está na análise do item iii, que trata da vinculação do Governo Digital com a agenda de eficiência e desburocratização da administração pública federal.

Assim como no Brasil, a experiência internacional demonstra que a disponibilização de serviços públicos de forma ágil e totalmente digital se mostra como importante vetor de simplificação e desburocratização administrativa, o que leva à avaliação de vincular o Governo Digital com a agenda da eficiência. Ocorre que, conforme também já destacado nesta pesquisa, a forma como a burocracia conseguiu encampar essa agenda em um governo não apenas liberal, mas ativo no desmonte do Estado e das políticas públicas, gerou o efeito, ainda que não desejado, da torção semântica como pano de fundo para o enxugamento da máquina estatal.

Na esteira da análise de Motta e Valle, a eficiência deve ser um dos princípios a serem observados quando se pensa em Governo Digital. Contudo, ao reduzir essa agenda apenas à eficiência, permite-se a criação de um rótulo que justifique, inclusive, o próprio desmonte do Estado.

No caso do governo Bolsonaro, o então ministro Paulo Guedes afirmou que "[...] cerca de 40% a 50% do funcionalismo federal irá se aposentar nos próximos anos, e a ideia é não contratar pessoas para repor. Vamos investir na digitalização".[273] Mas o objetivo que se busca nos processos de transformação digital não deve ser o de substituir máquinas ou modelos de inteligência artificial por pessoas. Ao contrário, é como preparar as pessoas para esse novo modelo de linguagem e interação sociais. Percebe-se que, na gestão do presidente Jair Bolsonaro, o fundo de tolerância das iniciativas para a transformação digital foi capturado pela agenda do desmonte, ao invés de se pensar no investimento na transformação digital em capital humano e na preparação da sociedade. O descasamento do processo de digitalização das instituições públicas com a sociedade, especialmente pela parcela da população com menos acesso, pode aumentar o fosso da exclusão social.

---

[273] FERRARI, Hamilton. Guedes avalia que digitalização substituirá servidores que se aposentarem. *Correio Braziliense*, Brasília, DF, 16 mar. 2019. Disponível em: https://www.correiobraziliense.com.br/app/noticia/economia/2019/03/16/internas_economia,743376/guedes-avalia-que-digitalizacao-substituira-servidores-aposentados.shtml. Acesso em: 4 jan. 2023.

A fundamentação com base na eficiência é extremamente relevante e não deve ser negada: trata-se de um dos princípios da administração pública, constante no *caput* do artigo 37 da Constituição da República de 1988. A crítica que se faz é para evitar que o tema não seja capturado como fator de barateamento e redução da máquina estatal, mediante a reforma do Estado, sob pena de limitar as potencialidades advindas da preparação do Estado e da sociedade para a transformação digital.

Nesse sentido, o trabalho de pesquisa de Anderson Vieira Santos e Platini Gomes Fonseca, *Transformação digital no serviço público brasileiro*, revelou com clareza essas lacunas.[274] Na revisão da literatura em periódicos, os autores verificaram que o debate sobre as perspectivas e desafios da transformação digital:

> [...] traz à tona como o cidadão, principal beneficiário desse processo, ainda não está envolvido nas instâncias de formulação das políticas de governo digital e caso não sejam tomadas as devidas medidas e políticas públicas, a exclusão digital pode ampliar mais ainda a desigualdade social brasileira, principalmente no acesso aos serviços públicos e aos direitos fundamentais do cidadão.[275]

Uma constatação do estudo foi que a implementação de uma nova forma de prestação de serviços estatais, por meio do paradigma do Governo Digital (que podemos expandir para toda a transformação digital), não é apenas uma reforma do aparelho administrativo, mas, sim:

> [...] uma reforma estatal que terá que enfrentar um grande gargalo para sua plena execução, tais como o acesso a tecnologias por considerável parcela da população brasileira ainda é insuficiente, renovar a estrutura de tecnologia instalada nos órgãos públicos federais e fomentar uma cultura organizacional voltada para a inovação. Esses são pontos cruciais para serem tratados pelo estado brasileiro, tendo como pano de fundo, depois de controlada a pandemia, os impactos sociais de dois anos de crise de saúde, econômica e social.[276]

---

[274] SANTOS, Anderson Vieira; FONSECA, Platini Gomes. Transformação digital no serviço público brasileiro: uma revisão sistemática de literatura. *Revista Formadores: Vivências e Estudos*, Cachoeira, Bahia, v. 15, n. 1, p. 58-71, mar. 2022. Disponível em: http://loja.dw360.com.br/ojs3/index.php/formadores/article/view/1535/1075. Acesso em: 28 dez. 2022.

[275] SANTOS; FONSECA, 2022, p. 67.

[276] SANTOS; FONSECA, 2022, p. 62.

O que esta pesquisa propõe lançar, em complemento à abordagem pelo recorte do princípio da eficiência, é que a estruturação de medidas para a transformação digital, tanto para a administração pública quanto para as empresas ou para a sociedade, seja percebida como dimensão da cidadania e, ainda, da reconstrução do Estado. E o momento para a guinada nesta visão é agora, conforme trataremos no próximo capítulo.

3.2.2 Estratégia Brasileira para a Transformação Digital (E-Digital)

Em junho de 2016, o G20[277] reconheceu que a transformação digital estava alcançando toda a economia e a sociedade em vários países, com infraestruturas digitais praticamente já em fases avançadas de desenvolvimento na zona da OCDE. Somada a essa preocupação, dois outros fóruns internacionais receberam destaque no debate sobre a transformação digital e os reflexos para o Brasil: o Fórum Econômico de Davos,[278] que, na edição de 2016, debateu a Quarta Revolução Industrial,[279] e o amadurecimento desse tema no âmbito da OCDE, que, nos últimos anos, vem investindo na pesquisa relacionada à economia digital.

Como desdobramento desses debates internacionais, em 2017, foi publicada a Portaria do MCTIC nº 842/2017,[280] que instituiu o Grupo de Trabalho Interministerial (GTI), responsável por iniciar o desenho da Estratégia Nacional brasileira para a era digital, com base no Marco de Políticas Integradas *A Caminho da Era Digital*, da OCDE.

---

[277] Grupo dos 20, formado pelos ministros de finanças e chefes dos bancos centrais das 19 maiores economias do mundo mais a União Europeia. Foi criado em 1999, após as sucessivas crises financeiras da década de 1990 – dentre as mais importantes crises cambiais do Sistema Monetário Europeu, em 1992; a crise do México, em 1994; a crise asiática, em 1997; e a crise russa, em 1998.
[278] Fundado por Klaus Schwab, em 1971, como *European Management Symposium*, foi reconhecido pelo Conselho Federal Suíço como Fórum Econômico Mundial em 2015. Disponível em: https://widgets.weforum.org/history/2015.html. Acesso em: 10 fev. 2023.
[279] WORLD ECONOMIC FORUM. *9 quotes that sum up the Fourth Industrial Revolution*. Davos, 23 jan. 2016. Disponível em: https://www.weforum.org/agenda/2016/01/9-quotes-that-sum-up-the-fourth-industrial-revolution/. Acesso em: 10 fev. 2023.
[280] BRASIL. Ministério da Ciência, Tecnologia e Inovações. *Portaria MCTIC nº 842, de 17 de fevereiro de 2017*. Institui Grupo de Trabalho para elaborar proposta de estratégia brasileira de economia digital, a ser posteriormente submetida à consulta pública e enviada na forma de minuta de Decreto Presidencial à Presidência da República. Brasília, DF, 2017. Disponível em: https://antigo.mctic.gov.br/mctic/opencms/legislacao/portarias/migracao/Portaria_MCTIC_n_842_de_17022017.html. Acesso em: 10 fev. 2023.

Com base nos estudos desse GTI, em fevereiro de 2018, o Ministério da Ciência, Tecnologia, Inovações e Comunicações lançou uma consulta pública sobre a Estratégia Digital brasileira, sob o argumento de que a estratégia era fundamental para orientar o país e ajudar na sua inserção internacional.

Ainda em 2018, foi editado o Decreto nº 9.319/2018, que instituiu o Sistema Nacional para a Transformação Digital (SinDigital)[281] e estabeleceu a estrutura de governança para a implantação da Estratégia Brasileira para a Transformação Digital (E-Digital). De acordo com o referido decreto, a E-Digital foi estruturada em eixos temáticos (eixos habilitadores e eixos de transformação digital) e uma estrutura de governança para a implantação, prevendo atualizações em ciclos de quatro anos. Para a governança, criou-se o Comitê Interministerial para a Transformação Digital (CITDigital).

A E-Digital visa à harmonização das iniciativas do Poder Executivo federal ligadas ao ambiente digital, com o objetivo de aproveitar o potencial das tecnologias digitais para promover o desenvolvimento econômico e social sustentável e inclusivo, com inovação e aumento de competitividade, de produtividade e dos níveis de emprego e renda no país.

Está estruturada conforme os seguintes eixos temáticos habilitadores: infraestrutura e acesso às tecnologias de informação e comunicação; pesquisa, desenvolvimento e inovação; confiança no ambiente digital; educação e capacitação profissional; e dimensão internacional. Quanto aos eixos de transformação digital, há a transformação digital da economia e a transformação digital do governo.

O CITDigital, por sua vez, tem como responsabilidade: apoiar com evidências as políticas públicas implementadas pelos diversos órgãos e entidades públicas em relação à digitalização; promover sinergias entre essas políticas públicas e sua coerência com a E-Digital; promover o compartilhamento de informações e fazer análises de impacto de iniciativas setoriais relacionadas à digitalização; monitorar e avaliar periodicamente os resultados da E-Digital, com base em um conjunto de metas e indicadores predefinidos; cooperar com órgãos semelhantes nos estados, no Distrito Federal, nos municípios e em outros países; propor aos órgãos competentes a adoção de medidas e normas para a implementação das ações estratégicas definidas na E-Digital.

---

[281] O Decreto nº 9.319 foi alterado pelo Decreto nº 9.804, de 23 de maio de 2019, e pelo Decreto nº 10.782, de 30 de agosto de 2022.

A E-Digital é o documento mais próximo que o Brasil possui da "agenda digital Europeia", ao menos em termos de conceito – ao tratar a transformação digital como fenômeno mais amplo, que inclui dimensões da sociedade, da economia e do governo. Sob a perspectiva da oficialidade da medida, a criação do CITDigital foi importante, mais uma vez, para o alinhamento do Brasil com os modelos e parâmetros utilizados pela OCDE, sobretudo para a denominada "abordagem integral do governo" (*whole-of-government*), adotada pela OCDE para a transformação digital.

A iniciativa pode ser interpretada como um projeto-piloto para articulação e coordenação de programas de políticas entre várias instituições do governo, dentro das ações estratégicas definidas pela E-Digital, mas a materialidade e o alcance efetivo da estratégia devem ser objeto de análise, visto que a medida promove uma bricolagem de diversas iniciativas em curso no governo federal, mas deixa a desejar no quesito articulação interfederativa, ao não contemplar medidas de coordenação com os demais entes. Isso sem falar da ausência de previsão de alocação de recursos para o desenvolvimento da estratégia e demais críticas a serem apresentadas no próximo tópico.

3.2.2.1 Análise crítica do SinDigital e da E-Digital

A primeira crítica em relação ao SinDigital é o fato de não se tratar verdadeiramente de um sistema nacional. A começar por se tratar de um sistema com pretensões de ser nacional, fixado por decreto e composto apenas por membros do Poder Executivo federal. Isso, por si só, chama a atenção para o tom autoritário e centrado na União de uma medida que se propõe a ser nacional.

Além disso, não foram previstos os objetivos, a distribuição de competências entre os entes federados, os instrumentos jurídicos, a forma de cooperação federativa, os prazos e critérios de avaliação inerentes à estruturação de um sistema, especialmente em nível nacional. O Decreto nº 9.319/2018 nominou o SinDigital, mas, em realidade, contemplou apenas medidas para a E-Digital. Da forma como estruturado, suspeita-se tratar mais de cumprimento de requisito de convergência para possível adesão do Brasil à OCDE do que, de fato, estruturar um sistema. Isso porque o SinDigital carece de fundamentos jurídicos mínimos capazes de fundamentar e sustentar uma política pública. Voltaremos no Sistema Nacional para a Transformação Digital no capítulo 4.

Sobre o E-Digital, em 2018, o Grupo de Estudos de Direito Autoral e Industrial da Universidade Federal do Paraná promoveu a análise do referido decreto. No escopo do trabalho, há importante observação em relação à necessidade de atuação no plano internacional para o enfrentamento das "lacunas digitais" entre países em desenvolvimento e desenvolvidos. Não por outro motivo, desde a década de 1990, surgiram diversas iniciativas e estratégias para otimizar o potencial da tecnologia e de dados, conforme apresentado anteriormente. Especificamente sobre a E-Digital, destaca-se a seguinte observação:

> Para o caso brasileiro, a Estratégia Nacional surgiu com um "atraso" de aproximadamente duas décadas de experiências com a Internet e com o e-commerce. Trata-se de uma missão desafiadora, que requer esforços conjuntos de instituições diversas em uma transformação socioeconômica baseada em insumos digitais. Embora pareça que a E-Digital tenha o foco de ampliar o acesso aos serviços de telecomunicações, como a Internet (tal como fez a França em 2011 e a Índia em 2015), a Estratégia Nacional brasileira envolve um contexto de criação de uma conjuntura de impulsos para a indústria nacional em um largo processo de desindustrialização, de alto grau de competitividade internacional, de baixa produtividade etc. Haverá de se pensar que essa nova regulação não representa a solução completa para os problemas econômicos brasileiros, mas uma contribuição em formato de agenda política para o futuro da digitalização da indústria nacional.[282]

De fato, a ausência de formato de agenda política é um aspecto relevante não apenas para a E-Digital, como para todas as medidas e políticas públicas adotadas para a transformação digital no Brasil. Não é possível definir, com base nos documentos oficiais e na análise político-institucional, quais são os objetivos do Brasil, externa e internamente, para a transformação digital.

Ao aderir aos modelos da OCDE de produção de documentos e formalização no plano normativo, sobretudo para agrupar as iniciativas para a transformação digital em um único lugar, a E-Digital mostra-se como um início, mas com pontas soltas a serem amarradas, a depender do grau de priorização que essa agenda receberá, para além da guarida, no escopo da burocracia.

Isso pode ser percebido nas críticas do Tribunal de Contas da União (TCU) sobre o modelo escolhido pelo governo federal na

---

[282] BOTELHO, Martinho Martins; POMPEO FILHO, Roberto Nelson Brasil. Transformação digital da economia. In: WACHOWICZ, Marcos; CANUT, Letícia. Análise da estratégia brasileira para transformação digital: comentários ao Decreto nº 9.319/18. Curitiba: GEDAI: UFPR, 2018. p. 126-139 (p. 138-139). Disponível em: http://www.gedai.com.br/wp-content/uploads/2018/08/livro_An%C3%A1lise-da-estrat%C3%A9gia-brasileira-para-transforma%C3%A7%C3%A3o-digital.pdf. Acesso em: 10 fev. 2023.

condução da transformação digital. No Acórdão nº 1.469/2017,²⁸³ o relator, ministro Benjamin Zymler, constatou à época desafios a serem enfrentados pelo Brasil na implementação de um governo efetivamente digital, pela inexistência de diagnóstico de como estava a prestação de serviços públicos digitais previamente à Política de Governança Digital; ausência de diretrizes e padrões que assegurem requisitos mínimos para a qualidade dos serviços digitais; e ausência de mecanismo remoto integrado, simplificado e economicamente acessível e seguro para autenticação da identidade dos cidadãos. O TCU apontou ainda a dificuldade de compartilhamento de informações entre órgãos e entidades públicas, incluindo as empresas estatais de tecnologia da informação.

Mais recentemente, durante a aprovação com ressalvas das contas da Presidência, referentes ao ano de 2021,²⁸⁴ o TCU promoveu avaliação para a área de Governo Digital, explicitando pontos de atenção para a execução da Estratégia Brasileira para a Transformação Digital (E-Digital), do Programa Brasil Moderniza e do Programa Conecta Brasil. A conclusão do relatório está em linha com uma das provocações apresentadas nesta pesquisa: de que se trata de uma agenda ainda incipiente e que foi capaz apenas de mobilizar estruturas internas e não logrou expandir-se para os outros entes federados ou em iniciativas para a sociedade.

O TCU, ao avaliar a área de Governo Digital, mostrou pontos de atenção não só para a execução da E-Digital, mas também do Programa Brasil Moderniza e do Programa Conecta Brasil. Segundo o relatório:

> [...] o panorama em exame sugere que o Governo Federal dispensa atenção quase exclusiva à transformação digital da máquina estatal, sem dúvida essencial no esforço de melhoria dos serviços públicos e de desburocratização. Por outro lado, a evolução digital do resto do país parece andar aos soluços, quando se avalia o andamento das iniciativas previstas na estratégia E-Digital, especialmente no que se refere às ações relacionadas aos seus eixos habilitadores.²⁸⁵

---

[283] BRASIL. Tribunal de Contas da União. *Acórdão nº 1.409/2017*. Relator Benjamin Zymler. Relatório de Auditoria. Brasília, DF, 12 jul. 2017. Disponível em: https://pesquisa.apps.tcu.gov.br/#/documento/acordao-completo/*/NUMACORDAO%253A1469%2520ANOACORDAO%253A2017/DTRELEVANCIA%2520desc%252C%2520NUMACORDAOINT%2520desc/0/sinonimos%253Dfalse. Acesso em: 10 fev. 2023.

[284] BRASIL. Tribunal de Contas da União. Plenário. *Processo TC 008.731/2022-5*. Parecer prévio sobre as Contas do Presidente da República. Brasília, 29 jun. 2022. Disponível em: https://portal.tcu.gov.br/data/files/B9/35/F4/47/AA1B1810B4FE0FF7E18818A8/Parecer%20Contas%20-%20completo.pdf. Acesso em: 10 fev. 2023.

[285] Conforme Bruno do Amaral, em artigo publicado em 8 de julho de 2022. AMARAL, Bruno do. TCU tece críticas à estratégia digital do governo Bolsonaro. *Teletime*, São Paulo, 8 jul. 2022.

Veja que a análise do TCU está em linha com uma das hipóteses desta pesquisa: de que houve excesso de priorização da dimensão Governo, justamente por se tratar de uma agenda carregada pela burocracia e que só estabeleceu ponte com a agenda política quando vinculada à eficiência e à redução da máquina pública.

O TCU também criticou a evolução da estratégia com a tecnologia 5G, que veremos a seguir, em conformidade com a opinião do especialista Ronaldo Lemos, lamentando haver "[...] poucas perspectivas concretas para melhoria a curto e médio prazos [...]" e que o país "[...] é o mais atrasado na adoção da quinta geração (entre 112 países)". E cita a meta do Programa Conecta Brasil, de ampliar acesso à banda larga para domicílios de 74,68% para 91%, censurando que, no segundo ano do programa, ainda não é possível fazer uma mensuração realista da evolução desse resultado. Outra crítica se refere às "[...] deficiências estruturais na conectividade das escolas públicas [...]", especialmente no acesso rural, onde 48% das instituições não têm internet (contra 18% no total).

Em 17 de novembro de 2022, o MCTI publicou a atualização da E-Digital para 2022-2026,[286] que, como previsto, ocorre em ciclos de quatro anos. Esse trabalho de atualização foi realizado pelo Comitê Interministerial para a Transformação Digital (CITDigital), à época composto por representantes do Ministério da Ciência, Tecnologia e Inovações (MCTI), Casa Civil, Ministério da Economia, Ministério das Relações Exteriores, Ministério das Comunicações, Ministério da Educação, Gabinete de Segurança Institucional e Secretaria-Geral da Presidência da República.

O diagnóstico apresentado pelo CITDigital foi de que o Brasil conquistou avanços em muitas frentes de transformação digital nos últimos anos, em parte potencializado pelas circunstâncias impostas pela pandemia de COVID-19. Na apresentação da Estratégia Brasileira para a Transformação Digital (Ciclo 2022-2026),[287] está dito que dados, informações e conhecimentos se relacionam de modo cada vez mais

---

Disponível em: https://teletime.com.br/08/07/2022/tcu-tece-criticas-a-estrategia-digital-do-governo-bolsonaro/. Acesso em: 10 fev. 2023.

[286] BRASIL. Ministério da Ciência, Tecnologia e Inovações. *MCTI publica atualização da Estratégia Brasileira para a Transformação Digital 2022-2026*. Brasília, 17 nov. 2022. Disponível em: https://www.gov.br/mcti/pt-br/acompanhe-o-mcti/noticias/2022/11/mcti-atualiza-estrategia-brasileira-para-a-transformacao-digital-para-o-periodo-2022-2026. Acesso em: 10 fev. 2023.

[287] BRASIL. *MCTI publica atualização da Estratégia Brasileira para a Transformação Digital 2022-2026*, 2022.

imperceptível com as atividades diárias, por meio de dispositivos portáteis progressivamente mais conectados de forma estável e rápida. Voltaremos à análise crítica da E-Digital no capítulo 4.

3.3 Demais políticas e estratégias voltadas para a transformação digital no Brasil

Conforme exposto no subcapítulo anterior, além das estratégias para o Governo Digital e para a Transformação Digital, o portal do governo federal[288] identifica outras políticas e estratégias nacionais que integram a transformação digital brasileira no nível federal: a Estratégia Brasileira de Inteligência Artificial; a Política Nacional de Segurança da Informação (PSNI); a Estratégia Nacional de Segurança Cibernética (E-Ciber); a Estratégia Brasileira para Redes 5G; a Política Nacional de Inovação e a Estratégia Nacional de Inovação; a Política e os Planos de Ação para Governo Aberto; o Plano Nacional de Internet das Coisas; e a Computação em Nuvem.

Conforme já exposto, por inexistir propriamente uma "agenda digital" no plano jurídico-normativo brasileiro que compile todas essas iniciativas, o recorte de análise das políticas públicas para a transformação digital deu-se a partir desses planos e estratégias sistematizadas pelo Governo Digital.

3.3.1 Estratégia Brasileira de Inteligência Artificial (EBIA)

A Estratégia Brasileira de Inteligência Artificial – também conhecida como EBIA – foi instituída pela Portaria MCTI nº 4.617/2021.[289] Seu papel é nortear as ações do Estado no sentido de estimular a pesquisa, inovação e desenvolvimento de soluções em inteligência artificial.[290]

---

[288] BRASIL. Gov.br. *Governo Digital*. Brasília, DF, 2023. Disponível em: https://www.gov.br/governodigital/pt-br. Acesso em: 28 jan. 2023.

[289] BRASIL. Ministério da Ciência, Tecnologia e Inovações. Portaria GM nº 4.617, de 6 de abril de 2021. Institui a Estratégia Brasileira de Inteligência Artificial e seus eixos temáticos. *Diário Oficial da União*: Seção 1, Brasília, DF, edição 67, p. 30, 12 abr. 2021. Disponível em: https://www.gov.br/mcti/pt-br/acompanhe-o-mcti/transformacaodigital/arquivosinteligenciaartificial/ebia-portaria_mcti_4-617_2021.pdf. Acesso em: 28 jan. 2023.

[290] Uma discussão recente sobre os impactos da inteligência artificial tem se dado com as inovações promovidas pelo chatbot denominado ChatGPT, uma ferramenta de IA especializada em diálogo, capaz de receber perguntas dos usuários e respondê-las. "O principal diferencial dessa ferramenta na comparação com os chatbots é sua capacidade mais ampla de oferecer respostas mais compreensíveis e com repertório mais amplo, o que lhe permite responder questões mais complexas de forma coesa. Para gerar essas informações e as

A inteligência artificial pode ser compreendida como sistema computacional dotado de diferentes graus de autonomia, que utiliza abordagens baseadas em aprendizagem de máquina e/ou lógica e representação do conhecimento, por meio de dados de entrada provenientes de máquinas ou humanos, com o objetivo de produzir previsões, recomendações ou decisões que possam influenciar o ambiente virtual ou real.[291]

Por se tratar de tema novo e de descobertas que sempre nos conduzem à fronteira de regulamentações técnicas e jurídicas, em tese, a definição dessa estratégia deveria buscar estabelecer premissas para que essas soluções fossem criadas e utilizadas de forma consciente, ética e em prol da sociedade. De acordo com a EBIA, isso tudo aconteceria por intermédio da promoção de investimentos sustentados em pesquisa e desenvolvimento em IA; remoção de barreiras à inovação em IA; capacitação de profissionais para o ecossistema de IA; estímulo à inovação e ao desenvolvimento da IA brasileira em ambiente internacional; e promoção de ambiente de cooperação entre os entes públicos e privados, a indústria e os centros de pesquisas para o desenvolvimento da IA.

A EBIA foi consolidada em nove eixos temáticos, transversais e verticais, a saber: eixo legislação, regulação e uso ético; eixo governança de IA; eixo aspectos internacionais; eixo qualificações para um futuro digital; eixo força de trabalho e capacitação; eixo pesquisa, desenvolvimento, inovação (PD&I) e empreendedorismo; eixo aplicação nos setores produtivos; eixo aplicação no poder público; e eixo segurança pública.

Sobre o eixo legislação, regulação e uso ético, o enfoque está na necessidade de desenvolvimento de parâmetros jurídicos, regulatórios e éticos para orientar o desenvolvimento e aplicação da IA, a serem

---

respostas aos usuários, o *software* faz um uso de um amplo banco de textos disponíveis na internet, o que inclui publicações jornalísticas, artigos e até mesmo mensagens postadas em redes sociais, como o Twitter. Ao ter acesso a esse conteúdo, o ChatGPT vai armazenando as informações para poder acessá-las quando questionado sobre determinado assunto." MEIO & MENSAGEM. *ChatGPT*: o que é, desdobramentos e aplicação na criatividade. [*S. l.*]: M&M, 10 jan. 2023. Disponível em: https://www.meioemensagem.com.br/proxxima/chatgpt-o-que-e. Acesso em: 4 fev. 2023.

[291] BRASIL. Senado Federal. Comissão Temporária Interna do Senado. *Comissão de Juristas responsável por subsidiar a elaboração de substitutivo sobre Inteligência Artificial no Brasil.* Subsidiar a elaboração de minuta de substitutivo para instruir a apreciação dos Projetos de Lei nºs 5.051, de 2019, 21, de 2020, e 872, de 2021, que têm como objetivo estabelecer princípios, regras, diretrizes e fundamentos para regular o desenvolvimento e a aplicação da inteligência artificial no Brasil. Brasília, DF, 2022. Disponível em: https://legis.senado.leg.br/comissoes/comissao?codcol=2504. Acesso em: 5 fev. 2023.

adotados por atores públicos e privados, observados os exemplos internacionais. A preocupação é estabelecer um ponto de equilíbrio entre a proteção e a salvaguarda de direitos, inclusive aqueles associados à proteção de dados pessoais e à prevenção de discriminação e viés algorítmico; a preservação de estruturas adequadas de incentivo ao desenvolvimento de uma tecnologia cujas potencialidades ainda não foram plenamente compreendidas; e o estabelecimento de parâmetros legais que confiram segurança jurídica quanto à responsabilidade dos diferentes atores que participam da cadeia de valor de sistemas autônomos.

Vale ressaltar que ainda não existe no Brasil uma lei que trata das definições e parâmetros de utilização de inteligência artificial. O tema vem sendo debatido no Congresso nos últimos anos, conforme se verá neste capítulo.

3.3.1.1 Análise crítica da EBIA

Analisando os documentos referentes à EBIA, Eduardo Magrani, especialista brasileiro em temas de tecnologia, afirma que "[...] falta estratégia à Estratégia Brasileira de Inteligência Artificial (EBIA)", na medida em que contemplou uma colagem de estratégias internacionais sem, contudo, mapear quais são as necessidades aplicáveis à realidade brasileira. Além de ser um documento que chegou atrasado, sem detalhamento e muito aquém dos desafios impostos pela inteligência artificial, para ele, uma das falhas mais graves é não ter sido direcionado o desenvolvimento de inteligência artificial que explore os diferenciais competitivos brasileiros.[292]

Para Magrani, a EBIA também padece de outras faltas graves: não foi capaz de compreender a complexidade do próprio conceito de inteligência artificial; não promoveu o mapeamento do estado da arte nem demonstrou qual será o papel do governo federal na coordenação de medidas e definição de políticas públicas para o fomento e a regulação da inteligência artificial no país; tampouco há a informação sobre as ações e respectiva disponibilidade orçamentária para dar concretude às medidas.

---

[292] PAIVA, Fernando. A EBIA é uma estratégia sem estratégia, diz Eduardo Magrani. *Mobile Time*, [s. l.], 15 abr. 2021. Disponível em: https://www.mobiletime.com.br/noticias/15/04/2021/a-ebia-e-uma-estrategia-sem-estrategia-critica-eduardo-magrani/. Acesso em: 24 mar. 2023.

O coordenador da área de direito e tecnologia do Instituto de Tecnologia e Sociedade – ITS Rio, Christian Perrone, por sua vez, entende que a EBIA não se aprofundou no impacto que a tecnologia terá sobre o mercado de trabalho e a educação, uma vez que, se não houver a devida preparação da sociedade para a inserção em um mercado que fará cada vez mais uso da inteligência artificial, poderá ocorrer a precarização das condições de trabalho e aumento da exclusão digital.[293]

A publicação descuidada dessa Estratégia acabou desconsiderando questões importantes relacionadas ao uso da inteligência artificial, tais como a capacidade de conectividade, segurança, integração de sistemas, armazenamento e compartilhamento de dados, desenvolvimento de aplicações, escalabilidade, acessibilidade e análise de dados. Uma infraestrutura adequada para garantir a conectividade e a flexibilidade necessária para a diversidade de dispositivos existentes é fundamental e, nesse contexto, a chegada tardia da tecnologia 5G compromete ainda mais a efetividade das medidas.

Existem infinitos exemplos de como as aplicações de sistemas de IA podem ajudar a otimizar a logística (por exemplo, estocagem e cadeia de suprimentos), o transporte (por exemplo, veículos autônomos) e a melhoria nos serviços financeiros (por exemplo, detectar fraudes e reduzir os custos de atendimento ao cliente). Até mesmo nas atividades profissionais, como advogados, engenheiros e arquitetos, os sistemas de IA podem torná-las mais eficientes, permitindo análise de grandes volumes de dados com rapidez e acurácia. Na agricultura, pode-se ver o aumento do uso de drones para analisar os dados da propriedade em tempo real e a utilização de *softwares* para previsões climáticas, uso da água, saúde do solo e outras variáveis. Na utilização cotidiana, os mecanismos de busca em *websites* transformaram a forma como nos relacionamos com o mundo.

Na administração pública, as aplicações de IA assumem importância crucial, por exemplo, na área de assistência médica: diagnósticos médicos, prevenção de surtos de doenças, desenvolvimento de novos medicamentos, disponibilização de exames, entre outros. No entanto, a falta de critérios éticos e a frustração provocada pela EBIA em relação à coordenação do Estado na condução de medidas e políticas públicas para o uso de inteligência artificial ainda suscitarão intensos debates

---

[293] PAIVA, Fernando. EBIA: falta profundidade nos impactos laboral e educacional, critica coordenador do ITS Rio. *Mobile Time*, [s. l.], 9 abr. 2021. Disponível em: https://www.mobiletime.com.br/noticias/09/04/2021/ebia-falta-profundidade-nos-impactos-laboral-e-educacional-critica-coordenador-do-its-rio/. Acesso em: 24 mar. 2023.

na formulação e implementação de políticas públicas e, conforme se verá a seguir, o tema está na agenda do Congresso Nacional.

3.3.2 Política Nacional de Segurança da Informação (PSNI) e Estratégia Nacional de Segurança Cibernética (E-Ciber)

No que se refere à segurança da informação e cibernética, destaca-se a existência da Política Nacional de Segurança da Informação (PSNI), aprovada pelo Decreto nº 9.637/2018,[294] e da Estratégia Nacional de Segurança Cibernética (E-Ciber).

A PSNI abrange a segurança cibernética, defesa cibernética, segurança física e proteção de dados organizacionais. Suas ações pretendem assegurar a disponibilidade, integridade, confidencialidade e autenticidade da informação,[295] e a sua implementação ocorre por intermédio da Estratégia Nacional de Segurança da Informação (ENSI) e pelos planos nacionais. Em virtude da abrangência da Segurança da Informação, o Decreto nº 9.637/2018 indicou, em seu artigo 6º, que a ENSI deveria ser construída em módulos, a fim de contemplar a segurança cibernética, a defesa cibernética, a segurança das infraestruturas críticas, a segurança da informação sigilosa e a proteção contra vazamento de dados.

Assim, cada um dos módulos da ENSI contém ações estratégicas e objetivos relacionados com a segurança da informação, focados principalmente na segurança das infraestruturas críticas, segurança da informação sigilosa e proteção contra vazamento de dados. O primeiro

---

[294] BRASIL. Presidência da República. Secretaria Geral. Subchefia para Assuntos Jurídicos. *Decreto nº 9.637, de 26 de dezembro de 2018*. Institui a Política Nacional de Segurança da Informação, dispõe sobre a governança da segurança da informação, e altera o Decreto nº 2.295, de 4 de agosto de 1997, que regulamenta o disposto no art. 24, caput, inciso IX, da Lei nº 8.666, de 21 de junho de 1993, e dispõe sobre a dispensa de licitação nos casos que possam comprometer a segurança nacional. Brasília, DF, 2018. Disponível em: http://www.planalto.gov.br/ccivil_03/_ato2015-2018/2018/decreto/D9637.htm. Acesso em: 28 jan. 2023.

[295] O problema da segurança de dados e sistemas foi inicialmente abordado em 2001, pelo Gabinete de Segurança Institucional (GSI), da Presidência da República. Em 2008, foi criado o Departamento de Segurança da Informação e Comunicação, vinculado ao GSI, com a atribuição de planejar e coordenar a execução de atividades de segurança da informação e comunicação na área da administração pública federal. Trecho do estudo *Proposta de avaliação da Política Nacional de Segurança da Informação por Processo de Análise Hierárquica*, realizado por um grupo de professores da Escola Superior de Guerra do Rio de Janeiro. SANTOS, Clarice Saraiva Andrade dos *et al*. Proposta de Avaliação da Política Nacional de Segurança da Informação por Processo de Análise Hierárquica. *Perspectivas em Ciência da Informação*, Belo Horizonte, v. 27, n. 4, p. 108-145, out./dez. 2022. Disponível em: https://www.scielo.br/j/pci/a/ks9gSpJbgRNJP9vZxbfHJqL/#. Acesso em: 5 fev. 2023.

módulo se deu com a criação da Estratégia Nacional de Segurança Cibernética (E-Ciber), por meio do Decreto nº 10.222/2020, a qual contém as principais ações pretendidas pelo governo federal no período de 2020 a 2023. Na introdução do anexo do referido decreto, consta:

> A revolução digital está transformando profundamente nossa sociedade. Nas últimas duas décadas, bilhões de pessoas se beneficiaram do crescimento exponencial do acesso à internet, da rápida adoção dos recursos de tecnologia da informação e comunicação, e das oportunidades econômicas e sociais oriundas do ambiente digital. Os rápidos avanços na área de tecnologia da informação e comunicação resultaram no uso intenso do espaço cibernético para as mais variadas atividades, inclusive a oferta de serviços por parte do Governo federal, em coerência com as tendências globais. Entretanto, novas e crescentes ameaças cibernéticas surgem na mesma proporção, e colocam em risco a administração pública e a sociedade.

A E-Ciber[296] tem uma gama ampla de objetivos, dentre eles, fortalecer as ações de governança cibernética, tanto por parte do setor público quanto do privado, por exemplo, criando controles para o tratamento de informações com restrição de acesso ou criptografadas, com referência à gestão de pessoas, à segurança cibernética e à gestão de ativos de informação, em casos como contratações por órgãos públicos. Além disso, objetiva intensificar o combate à pirataria de *software*, incentivando a utilização de recursos de verificação de veracidade, como o certificado digital. Outro passo é estabelecer um modelo centralizado de governança, criando um Sistema Nacional de Segurança Cibernética que auxiliará na elaboração de políticas públicas e no aprimoramento do arcabouço legal sobre segurança cibernética.

3.3.2.1 Análise crítica da E-Ciber

Em abril de 2021, o Instituto Igarapé publicou uma análise da estratégia de segurança cibernética no Brasil[297] a partir de metodologia

---

[296] BRASIL. Presidência da República. Secretaria Geral. Subchefia para Assuntos Jurídicos. *Decreto nº 10.222, de 5 de fevereiro de 2020*. Aprova a Estratégia Nacional de Segurança Cibernética. Brasília, DF, 2020. Disponível em: http://www.planalto.gov.br/ccivil_03/_ato2019-2022/2020/decreto/D10222.htm. Acesso em: 28 jan. 2023.

[297] HUREL, Louise Marie. *Cibersegurança no Brasil*: uma análise da estratégia nacional. Rio de Janeiro: Instituto Igarapé, 2021. (Artigo Estratégico 54). Disponível em: https://igarape.org.br/wp-content/uploads/2021/04/AE-54_Seguranca-cibernetica-no-Brasil.pdf. Acesso em: 6 fev. 2023.

composta pela realização de entrevistas e pesquisa de campo. De acordo com o relatório, foram identificadas as principais lacunas para o avanço da governança da segurança cibernética no país.

Primeiramente, verificou-se a ausência de uma linguagem compartilhada para se referir às questões de segurança cibernética/digital na sociedade. Além disso, conforme relata o Instituto Igarapé,[298] apesar de a E-Ciber ter sido aprovada em 2020, esse "[...] não foi o primeiro esforço do governo em estabelecer competências, princípios e objetivos norteadores para a segurança cibernética". O instituto afirma que o Brasil tem gradualmente introduzido o termo dentro de seu vocabulário político-estratégico desde meados dos anos 2000, por meio da publicação de documentos como o *Livro Verde da Segurança Cibernética*[299] e a *Estratégia de Segurança da Informação e Comunicações e de Segurança Cibernética da Administração Pública Federal 2015-2018*.[300] Diferentes órgãos da administração pública federal também buscaram inserir as preocupações com a segurança em seus respectivos planejamentos, inclusive no caso do E-Digital, já analisado neste capítulo, que incluiu a segurança e defesa cibernética, bem como crimes cibernéticos, dentro de um de seus eixos temáticos de confiança no ambiente digital.

Outra questão identificada se refere à associação de segurança cibernética com assuntos, responsabilidades e competências de instituições militares. Nos últimos governos, a concentração de militares no GSI reforçou a já existente militarização da cibersegurança, além de congregar pouca diversidade na construção e implementação das atividades de coordenação.[301]

Como se sabe, militares ligados ao GSI participaram ativamente de manifestações antidemocráticas decorrentes da falta de respeito ao resultado das eleições, inclusive questionando a posse do presidente eleito, Luiz Inácio Lula da Silva. Mais recentemente, agentes do GSI/PR

---

[298] HUREL, 2021, p. 15.

[299] BRASIL. Presidência da República. Gabinete de Segurança Institucional. Departamento de Segurança da Informação e Comunicações. *Livro verde da segurança cibernética*. Brasília, DF: GSIPR/SE/DSIC, 2010. Disponível em: https://livroaberto.ibict.br/handle/1/639. Acesso em: 13 fev. 2023.

[300] BRASIL. Presidência da República. Gabinete de Segurança Institucional. *Portaria CDN nº 14, de 11 de maio de 2015*. Homologa a "Estratégia de Segurança da Informação e Comunicações e de Segurança Cibernética da Administração Pública Federal - 2015/2018, versão 1.0". Brasília, DF, 2015. Disponível em: https://www.gov.br/gsi/pt-br/assuntos/noticias/2015/estrategia-de-seguranca-da-informacao-e-comunicacoes-sic-e-de-seguranca-cibernetica-da-administracao-publica-federal-apf#:~:text=A%20Estrat%C3%A9gia%20foi%20elaborada%20pelo,diversos%20atores%20envolvidos%20na%20APF. Acesso em: 13 fev. 2023.

[301] HUREL, 2021.

estiveram sob suspeita de envolvimento com o ato antidemocrático de 8 de janeiro de 2023, quando houve a invasão e a depredação, por apoiadores do ex-presidente Bolsonaro, das instituições integrantes dos três Poderes da República, em Brasília.

A E-Ciber prevê diversidade setorial no processo de consolidação da governança nacional com transparência para a sociedade e, por essa razão, o Instituto Igarapé entende ser urgente uma lei que especifique atribuições e indique mecanismos de diálogo com a sociedade civil, representada por todos os entes nacionais. E deve ser repensada com urgência a coordenação dessa estratégia pelo GSI/PR, em razão da militarização e das condutas deflagradas pelos seus agentes.

Há, ainda, outras lacunas importantes para serem preenchidas. Uma delas é o desconhecimento de riscos específicos e compartilhados entre setores, ou seja, não há entendimento abrangente dos diferentes riscos e impactos que essas tecnologias introduzem no exercício de direitos, no funcionamento da economia, nas infraestruturas críticas e para a confiabilidade dos indivíduos nos benefícios associados a essas tecnologias. A própria E-Digital, lançada em 2018, refere-se à proliferação de serviços por aplicativos e à expansão dos trabalhadores da chamada *gig economy*, expressão que faz alusão ao modelo de economia baseado em trabalho informal, mediado por plataformas digitais. Mencione-se, também, que as mudanças drásticas ocorridas na economia, durante e em função da pandemia, resultaram em oferta e concentração de trabalho informal via plataformas, afetando desproporcionalmente classes média e baixa.[302]

Também foi identificada a necessidade de atuação estatal mais organizada, eficaz e transparente em proteção de direitos e privacidade, segurança e defesa, porque disso depende a confiança de todos no ambiente digital. Até o momento, constatam-se: ausência de mecanismos para o compartilhamento de informações sobre riscos/ameaças; falta de conhecimento em segurança entre setores; falta de alinhamento normativo, estratégico e operacional para responder a incidentes; e existência de diferentes níveis de maturidade da sociedade em segurança cibernética. Parte desse alinhamento cabe à legislação, mas há que se estruturar uma coordenação firme e compartilhada.

---

[302] Preocupação revelada, por exemplo, por VAN DOORN, N. Platform labor: on the gendered and racialized exploitation of low-income service work in the 'on-demand' economy. *Information, Communication & Society*, v. 20, n. 6, p. 898-914. 2017. Disponível em: https://www.tandfonline.com/doi/full/10.1080/1369118X.2017.1294194. Acesso em: 13 fev. 2023.

Durante o mandato 2023-2026 do presidente Lula, ocorrerá o processo de revisão da E-Ciber e, dentro do setor de tecnologia, há uma expectativa na retomada do investimento no que diz respeito à segurança dos brasileiros na internet, sobretudo dado ao aumento exponencial do número de brasileiros com acesso à internet de alta velocidade, especialmente com a implementação da tecnologia 5G e com a escalada – também exponencial – dos crimes cibernéticos.[303]

3.3.3 Estratégia Brasileira para Redes 5G

A Estratégia Brasileira para Redes de Quinta Geração (5G) também consta como uma das integrantes da Agenda Digital do governo federal. No âmbito da tecnologia, o avanço das redes de telecomunicações "5G" tem levantado discussões sobre a revolução que será proporcionada pelo incremento da velocidade até vinte vezes maior do que a da tecnologia 4G e da capacidade de interconectividade de dispositivos, o que representa não só o acesso a serviços mais rápidos e de maior qualidade (por exemplo, aulas virtuais), como também de soluções automatizadas (por exemplo, o aumento na segurança de sistemas operacionais de drones, serviços de entregas, etc.) e do tão polêmico uso da realidade virtual.

A Estratégia brasileira foi estruturada para desenvolver essa tecnologia no país e, sobretudo, expandir seu uso em todo o território nacional. Há consenso de que a adoção da tecnologia 5G representará ganhos sociais e econômicos para a sociedade e é fundamental para a transformação digital. O governo federal considera que a banda larga móvel de quinta geração, com suas potenciais aplicações em cidades inteligentes, veículos autônomos, saúde e educação a distância e no uso de robótica na produção e nos serviços, aumentará a produtividade e o bem-estar da população.

Uma das ações mais relevantes dentro da Estratégia para redes 5G foi a Portaria do Ministério das Comunicações nº 1.924,[304] de 29 de janeiro de 2021, que orientou os leilões para redes 5G, realizados entre

---

[303] CORADO, Leo. Último mandato de Lula: as leis e abordagens de privacidade de dados e segurança cibernética mudarão no Brasil? *Portal Juristas*, [s. l.], 17 nov. 2022. Disponível em: https://juristas.com.br/2022/11/17/ultimo-mandato-de-lula-as-leis-e-abordagens-de-privacidade-de-dados-e-seguranca-cibernetica-mudarao-no-brasil/. Acesso em: 6 fev. 2023.

[304] BRASIL. Ministério das Comunicações. Portaria nº 1.924/SEI-MCOM, de 29 de janeiro de 2021. *Diário Oficial da União*: seção 1, Brasília, DF, edição 20-A, p. 18, 29 jan. 2021. Disponível em: https://www.in.gov.br/en/web/dou/-/portaria-n-1.924/sei-mcom-de-29-de-janeiro-de-2021-301396768. Acesso em: 28 jan. 2023.

os dias 4 e 5 de novembro de 2021. A portaria estabeleceu diretrizes para os certames licitatórios das faixas de radiofrequências e definiu critérios para a proteção dos usuários que recebem sinais de TV aberta e gratuita por meio de antenas parabólicas na banda C satelital, adjacente à faixa de 3,5 GHz.

Conforme divulgação da Embratel,[305] as faixas de frequência licitadas foram 700 MHz, 2,3 GHz, 3,5 GHz e 26 GHz. Na faixa de 3,5 GHz, que foi a principal do leilão, a Claro ficou com o lote B1, ao oferecer lance de R$338 milhões (ágio de 5,18%, valor acima do mínimo previsto no edital); o lote B2 foi arrematado pela Vivo, por R$420 milhões (ágio de 30,69%); e o lote B3 ficou com a TIM, que vai pagar R$351 milhões (ágio de 9,22%). O edital previa ainda um quarto lote, na faixa de 3,5 GHz, mas não houve lance. Já a faixa de 700 MHz foi adquirida pela Winity II Telecom, que ofereceu lance de R$1,427 bilhão, valor 805% superior ao mínimo exigido. Nos lotes regionais, para a faixa de 3,5 GHz, as vencedoras foram Brisanet (Nordeste e Centro-Oeste), Sercomtel (Norte e estado de São Paulo), Consórcio 5G Sul (região Sul), além da Cloud2U, que vai atuar nos estados do Rio de Janeiro, Espírito Santo e Minas Gerais, e Algar Telecom, com previsão de atender a algumas localidades em Minas Gerais, Mato Grosso do Sul, Goiás e São Paulo.

3.3.3.1 Análise crítica da Estratégia Brasileira para o 5G

Em 26 de setembro de 2021, antes da realização do leilão, Ronaldo Lemos publicou artigo no jornal *Folha de São Paulo* criticando a demora para a realização dos leilões. Para Lemos, tratava-se de "[...] medida urgente para permitir que o país tenha chance de ser competitivo na economia do conhecimento". Contudo, alertava, à época, que o 5G chegaria tarde demais no Brasil, visto que a implantação começou apenas em 2022 e só estará integralmente no interior do país em 2028, o "[...] ano em que o mundo começará a implementar a tecnologia do 6G, que substituirá a atual". Para Lemos, mais uma vez "[...] perdemos de novo o bonde da história".[306]

---

[305] PRÓXIMO NÍVEL. Redação. O que é 5G e por que teve um dos maiores leilões da história do país. *Próximo Nível*, [s. l.], 10 nov. 2021. Disponível em: https://proximonivel.embratel. com.br/o-que-e-5g-e-por-que-teve-um-dos-maiores-leiloes-da-historia-do-pais/?gclid=C jwKCAiAioifBhAXEiwApzCztk7QFwvjkBBG5WfSRbm3UZXGSJgwMLWMOElVRyCc PKt04NwudsLAERoCkP8QAvD_BwE. Acesso em: 7 fev. 2023.

[306] LEMOS, Ronaldo. 5G vai chegar tarde demais no Brasil. *Folha de S. Paulo*, São Paulo, 26 set. 2019. Disponível em: https://www1.folha.uol.com.br/colunas/ronaldolemos/2021/09/5g-vai-chegar-tarde-demais-ao-brasil.shtml. Acesso em: 7 fev. 2023.

O 5G começou em outros países em 2019. Quando o Brasil chegar ao clube, em 2022, as principais aplicações para a tecnologia já terão sido desenvolvidas. Com isso, nosso papel será, mais uma vez, de consumidores de inovações produzidas em outros lugares. Perdemos a oportunidade de sermos desenvolvedores de aplicações feitas localmente, que poderiam ser depois vendidas globalmente.[307]

Um dos motivos da demora ocorreu pelo fato de que a gestão do então presidente Jair Bolsonaro patrocinou uma das frentes da disputa geopolítica entre os Estados Unidos e a China ao tentar impedir – sem sucesso – que a empresa chinesa Huawei fosse uma das fornecedoras de equipamentos para as telefônicas. A disputa ocorreu em razão do banimento norte-americano à empresa chinesa, sob a alegação de que a tecnologia adotada representaria ameaça à segurança nacional das nações que vierem a adotá-la. A condução da tecnologia 5G nos Estados Unidos ficou sob responsabilidade da empresa norte-americana AT&T.

Ao promover o banimento da Huawei, os Estados Unidos passaram a pressionar outros países, como Reino Unido, Austrália, Canadá, Nova Zelândia e Índia, a interromperem seus contratos com a empresa chinesa, em uma ofensiva dos países ocidentais contra a Huawei. No caso do Brasil, houve a ameaça de que as empresas americanas teriam de deixar o país caso fosse adotado o "5G chinês". Conforme exposto no início do capítulo 2, o que está por detrás da investida norte-americana não é uma disputa técnica, mas, sim, de liderança tecnológica e de geopolítica.

Outro exemplo dessa disputa tecnológica entre Estados Unidos e China pela liderança na condução da tecnologia global é a ameaça de banimento sob alegação das práticas de espionagem da rede social TikTok, que atualmente possui mais de 150 milhões de usuários americanos e já é proibida em todos os dispositivos federais e em metade dos governos estaduais. O banimento de uma rede social em território americano seria um ato sem precedentes, mas a China já bloqueia há muito tempo redes sociais estrangeiras, como Twitter, Facebook, Instagram e YouTube.

Por fim, vale lembrar que o TikTok já foi banido na Índia em 2020, junto com mais outros 58 aplicativos chineses, sob a alegação de riscos na segurança da informação dos usuários. Sabe-se, contudo, que o fundo dessa questão também é, sobretudo, geopolítico e reside na

---

[307] LEMOS, 2019.

disputa territorial histórica entre os dois países em relação às regiões da Caxemira e de Arunachal Pradesh.[308]

No caso brasileiro, a limitação para a empresa chinesa participar do leilão 5G ficou apenas para atuar nas redes internas do governo, já que não possui capital aberto e acionistas no Brasil. No entanto, o impasse acabou sendo um dos motivos do atraso da chegada da tecnologia no país.

Cristiane Sanches, especialista em direito digital e membro do Conselho Consultivo da Anatel, discorda dessa análise, por entender que "[...] o *timing* brasileiro está correto, somente atrás do Chile. A maturidade de outros países será utilizada a favor das operadoras brasileiras e a indústria estará mais bem preparada para a entrada em operação no Brasil".[309] Contudo, enquanto as principais capitais brasileiras já começaram a experimentar a tecnologia em 2022, nas demais cidades, o cronograma foi escalonado em longo período de tempo, conforme o número de habitantes: cidades com mais de 500.000 moradores devem receber o serviço até 31 de julho de 2025; as com mais de 200.000 habitantes, até 31 de julho de 2026; as com mais de 100.000, até 31 de julho de 2027; e onde há mais de 30.000, até 31 de julho de 2028.

3.3.4 Política Nacional de Inovação e Estratégia Nacional de Inovação

Instituída pelo Decreto nº 10.534/2020,[310] a Política Nacional de Inovação tem por propósito orientar, coordenar e articular estratégias, programas e ações de fomento à inovação no setor produtivo. Seus objetivos são:[311] estimular a pesquisa, o desenvolvimento e a inovação

---

[308] Para mais informações, acessar: INDIA's ban on TikTok deprives the country of a favourite pastime. *The Economist*, [s. l.], 2 jul. 2020. Disponível em: https://www.economist.com/asia/2020/07/02/indias-ban-on-tiktok-deprives-the-country-of-a-favourite-pastime?utm_medium=cpc.adword.pd&utm_source=google&ppccampaignID=19495686130&ppcadID=&utm_campaign=a.22brand_pmax&utm_content=conversion.direct-response.anonymous&gclid=Cj0KCQjwmN2iBhCrARIsAG_G2i5vEBhe-QNK8dW0Gk70gqKCFm9kTGJD0CyNU2J1QKU8sgBggHMni8AaAu-3EALw_wcB&gclsrc=aw.ds. Acesso em: 7 fev. 2023.

[309] BENITES, Afonso. Com dois anos e meio de atraso, Brasil começa a leiloar tecnologia 5G. *Jornal El País*, [s. l.], 3 nov. 2021. Disponível em: https://brasil.elpais.com/brasil/2021-11-04/com-dois-anos-e-meio-de-atraso-brasil-comeca-a-leiloar-tecnologia-5g.html. Acesso em: 7 fev. 2023.

[310] BRASIL. Presidência da República. Secretaria Geral. Subchefia para Assuntos Jurídicos. *Decreto nº 10.534, de 28 de outubro de 2020*. Institui a Política Nacional de Inovação e dispõe sobre sua governança. Brasília, DF, 2020. Disponível em: http://www.planalto.gov.br/ccivil_03/_ato2019-2022/2020/decreto/D10534.htm. Acesso em: 29 jan. 2023.

[311] BRASIL. Ministério da Ciência, Tecnologia e Inovações. *Política Nacional de Inovação*. Brasília, DF, 2020. Disponível em: https://inovacao.mcti.gov.br/politica/. Acesso em: 29 jan. 2023.

de empresas, de ICT e de entidades privadas sem fins lucrativos, com vistas ao aumento da produtividade e da competitividade da economia, da geração de riqueza e do bem-estar social; promover a coordenação e o alinhamento dos instrumentos de políticas públicas, dos programas e ações relacionados, direta ou indiretamente, ao fomento e à inovação; fomentar a transformação de conhecimento em produtos, em processos e em serviços inovadores; desenvolver o capital humano necessário para aumentar os níveis de inovação na economia.

As atividades de inovação foram classificadas dentro de cinco eixos e, para cada um deles, foram definidas diretrizes estratégicas para orientar os planos setoriais e temáticos de inovação,[312] tendo como instrumento principal a Estratégia Nacional de Inovação. Os eixos temáticos são: educação, base tecnológica, mercados, cultura da inovação e fomento à inovação.

A Estratégia Nacional de Inovação, por sua vez, é o principal instrumento da Política Nacional de Inovação. Foi criada no mesmo Decreto nº 10.534/2020 e estabelece as iniciativas previstas para o período de 2021 a 2024. Prevê, para a gestão governamental, o aumento da coesão, sinergia e efetividade de políticas voltadas para a inovação. É composta de objetivos, metas e iniciativas que organizam as prioridades governamentais e formam base para a elaboração dos planos de ação temáticos, como vimos na Política Nacional de Inovação.

O *site* do MCTI destaca como principais ações:[313] o aperfeiçoamento da formação de capital humano, especialmente em disciplinas relacionadas com ciência, tecnologia e engenharias; o estímulo ao investimento privado em inovação; o apoio a *startups* e iniciativas de inovação aberta; o estabelecimento de programas de apoio a tecnologias estruturantes, em áreas como agricultura, energias renováveis, espaço, entre outras.

---

[312] Estão em andamento o Programa de Diplomacia da Inovação (PDI), implementado pelo Itamaraty desde 2017; Startup Point (portal de iniciativas de apoio a *startups* do governo federal); Teias da Inovação MCTI; Programa Mulheres Inovadoras (Finep/MCTI); Instituto Federal – Polo de Inovação (Embrapii, em parceria com o Programa Novos Caminhos do Ministério da Educação); Pólen – Programa de Cooperação para Eficiência da Rede Federal de Educação; Programa Educação Conectada, do Ministério da Educação; Programa Centelha, do Ministério da Educação; Programa Conecta Startup Brasil; Cenários e perspectivas da Conectividade para o Agro; Bio Insumos do Ministério da Agricultura, Pecuária e Abastecimento. Informações disponíveis no *site* Política Nacional de Inovação. BRASIL. *Política Nacional de Inovação*, 2020.

[313] BRASIL. Ministério da Ciência, Tecnologia e Inovações. *Estratégia Nacional de Inovação*. Brasília, DF, 11 ago. 2021. Disponível em: https://www.gov.br/governodigital/pt-br/estrategias-e-politicas-digitais/estrategia-nacional-de-inovacao. Acesso em: 29 jan. 2023.

Sobre o Marco Legal da Inovação, destaca-se a regulamentação dos instrumentos jurídicos de parcerias para a pesquisa, o desenvolvimento e a inovação: termo de outorga, acordo de parceria para pesquisa, desenvolvimento e inovação, convênio para pesquisa, desenvolvimento e inovação; e a priorização e simplificação dos processos de importação e de desembaraço aduaneiro de bens e produtos utilizados em pesquisa científica e tecnológica ou em projetos de inovação.

Em fevereiro de 2019, a Embrapii foi aprovada pelo Comitê da Área de Tecnologia da Informação (CATI), do governo federal, como coordenadora do Programa Prioritário (PPI) em IoT/Manufatura 4.0.[314] O objetivo desse programa é ser um mecanismo adicional para as empresas beneficiadas pela Lei de Informática (Lei nº 8.248/1991) cumprirem as responsabilidades de PD&I, em conformidade com a referida lei. Com isso, as empresas poderão fazer aportes dos valores dos recursos de sua obrigatoriedade em PD&I da Lei de Informática diretamente para o PPI IoT/Manufatura 4.0 e, com isso, cumprir sua obrigação com a regra para obter os benefícios previstos na legislação.

Os recursos depositados no PPI são destinados exclusivamente à contratação de projetos de demanda das empresas em IoT/Manufatura 4.0, utilizando tecnologias da informação e comunicação (seguindo as regras da Lei de Informática), em parceria com as unidades Embrapii credenciadas no CATI.

3.3.4.1 Análise crítica da Política Nacional de Inovação e da Estratégia Nacional de Inovação

Em levantamento produzido pelo Instituto de Pesquisas Aplicadas (IPEA), publicado em 2021, sobre a Política Nacional de Inovação e a Estratégia Nacional de Inovação, concluiu-se que ambos os normativos são genéricos e incompletos: a Estratégia carece de diagnóstico preciso sobre os desafios para a inovação no país; e, na Política Nacional de Inovação, os eixos são genéricos (tais como promover a coordenação, fomentar a inovação) e há ausência de dados científicos enquanto fonte de informação para a inovação.[315]

---

[314] EMPRAPII. *Orientações para empresas sobre PPI – IOT/Manufatura 4.0*. Brasília, DF, 5 fev. 2019. Disponível em: https://embrapii.org.br/orientacoes-para-empresas-sobre-ppi-iot-manufatura-4-0/. Acesso em: 7 fev. 2023.

[315] DE NEGRI, Fernanda *et al. Análise da "Nova Estratégia de Inovação"*. Brasília, DF: Ipea, 2021. Disponível em: https://repositorio.ipea.gov.br/bitstream/11058/10884/1/NT_AnaliNovaEstrat NacInovacao_Publicacao_Preliminar.pdf. Acesso em: 7 fev. 2023.

A análise do IPEA denuncia ainda que falta à Estratégia objetivos específicos e que foram traçadas metas equivocadas. A título exemplificativo, destaca-se a seguinte passagem da análise do IPEA:

> Entre as metas muito amplas e que, portanto, estão sujeitas a diversos outros fatores além da política de inovação, estão a ampliação dos investimentos empresariais em inovação e da taxa de inovação na economia brasileira. Pretende-se ampliar os investimentos empresariais em atividades inovativas de 0,6% para 0,8% da receita líquida de vendas em 2024. Em primeiro lugar, o indicador citado no documento está equivocado, não foi de 0,62%, e sim de 1,65%, nas indústrias de transformação e extrativas; de 0,66% nas empresas de eletricidade e gás; e de 5,79% nos serviços selecionados. O valor apresentado no documento, possivelmente, refere-se ao percentual da "receita de vendas investido em atividades internas de P&D" nas indústrias de transformação e extrativas. Em segundo lugar, esse investimento vem caindo nos últimos anos para as indústrias e para os serviços selecionados, fruto entre outras coisas do esvaziamento das políticas de inovação, como já foi alertado. Essa falta de precisão em relação ao indicador estabelecido e as diferenças entre atividades econômicas inviabilizam a meta estabelecida.[316]

Cabe ainda destacar a fragmentação e a ausência de prioridades, na medida em que o documento se desdobra em cinco eixos subdivididos em 45 iniciativas, que, por sua vez, são detalhadas em mais de 170 ações. O IPEA aponta ainda que essas ações somam R$91 bilhões, mas que "[...] trata-se de cifra muito superior aos valores orçamentários previstos para a ciência e tecnologia pelo governo federal como um todo, como visto anteriormente. Numa análise mais acurada, parece haver erros significativos no documento publicado pelo MCTI".[317]

Por fim, é importante registrar que, enquanto a Política Nacional e a Estratégia para a Inovação eram lançadas, o Ministério da Economia promovia sucessivos cortes nas despesas primárias discricionárias do MCTI. No ano de 2022, esse corte ultrapassou R$2,9 bilhões e, quando analisadas com os demais cortes orçamentários promovidos às agências federais vinculadas, como o Conselho Nacional de Desenvolvimento Científico e Tecnológico (CNPq) e a Financiadora de Estudos e Projetos (Findep), além dos cortes feitos na Coordenação de Aperfeiçoamento de Pessoal de Nível Superior (Capes), representaram grave atentado

---

[316] DE NEGRI et al., 2021.
[317] DE NEGRI et al., 2021.

às políticas públicas de fomento à ciência e ao desenvolvimento tecnológico e inovação do país.[318]

Em um sistema de desenvolvimento tecnológico e inovação abalado pelo forte impacto causado por esses cortes e medidas de sucateamento, acredita-se que o Plano Nacional e a Estratégia de Inovação merecem profunda revisão diante do novo cenário político iniciado em 2023.

3.3.5 Políticas e planos de ação para Governo Aberto

A Parceria para Governo Aberto ou OGP, do inglês *Open Government Partnership*, é uma iniciativa internacional que pretende difundir e incentivar globalmente práticas governamentais relacionadas com a transparência dos governos, com o acesso à informação pública, com a participação social, com a melhoria de prestação de serviços públicos e com o fortalecimento da integridade.[319]

A OGP foi fundada em 2011, durante a gestão da presidente Dilma Rousseff, e hoje tem setenta e seis países como membros e cento e seis governos locais, representando mais de dois bilhões de pessoas e milhares de organizações da sociedade civil.[320] Os membros submetem planos de ação criados em parceria com a sociedade civil, que definem compromissos concretos para realçar a transparência, a *accountability* e a participação pública nos governos. O Brasil é membro da OGP desde a sua fundação.

Conforme também já citado neste capítulo, em 2011, foi sancionada a Lei nº 12.527, Lei de Acesso à Informação, importante marco para a transparência e acesso a dados no país. Além disso, ainda durante a gestão da presidente Dilma Rousseff, foi editado o Decreto nº 8.777/2016, que instituiu a Política Nacional de Dados Abertos do Poder Executivo Federal.

---

[318] INICIATIVA PARA A CIÊNCIA E TECNOLOGIA NO PARLAMENTO BRASILEIRO. ICTP.BR critica a desestruturação das políticas de Ciência e Tecnologia no país com novo corte. *Academia Brasileira de Ciências*, Rio de Janeiro, 30 maio 2022. Disponível em: https://www.abc.org.br/2022/05/30/ictp-br-critica-a-desestruturacao-das-politicas-de-ciencia-e-tecnologia-no-pais-com-novo-corte/. Acesso em: 7 fev. 2023.

[319] BRASIL. Controladoria-Geral da União. *Parceria para Governo Aberto*: o que é a iniciativa? Brasília, DF, 11 dez. 2014. Disponível em: https://www.gov.br/cgu/pt-br/governo-aberto/a-ogp/o-que-e-a-iniciativa. Acesso em: 7 fev. 2023.

[320] OPEN GOVERNMENT PARTNERSHIP. *Our process*. [S. l.]: OGP, 2011. Disponível em: https://www.opengovpartnership.org/process/. Acesso em: 29 jan. 2023.

A Política de Dados Abertos do Poder Executivo Federal, por sua vez, define regras para disponibilização de dados abertos governamentais no âmbito do Poder Executivo federal. Constituiu-se por uma série de documentos normativos, de planejamento e de orientação. Os principais instrumentos que regulam a Política são o Decreto nº 8.777, de 2016, o Decreto nº 9.903, de 2019, e a Resolução nº 3, do Comitê Gestor da INDA (CGINDA).

O órgão responsável pela gestão e monitoramento da Política é a Controladoria-Geral da União (CGU), por meio da Infraestrutura Nacional de Dados Abertos. Seus principais objetivos estão elencados no artigo 1º do Decreto nº 8.777/2016, dentre os quais: promover a publicação de dados contidos em bases de dados de órgãos e entidades da administração pública federal autárquica e fundacional sob a forma de dados abertos; aprimorar a cultura de transparência pública; e franquear aos cidadãos o acesso, de forma aberta, aos dados produzidos ou acumulados pelo Poder Executivo federal.

O Plano de Dados Abertos (PDA) é, a seu turno, um instrumento que operacionaliza a Política de Dados Abertos e organiza o planejamento das ações de implementação e promoção da abertura de dados de cada órgão e entidade, obedecendo as regras de publicação e diretrizes para os planos, dispostas no artigo 5º do Decreto nº 8.777/2016 e na Resolução nº 3 da CGINDA. Sobre o monitoramento dessa política, a CGU criou o Painel de Monitoramento da Política de Dados Abertos do Poder Executivo Federal, com o objetivo de permitir que a população verifique se os órgãos da administração direta, autárquica e fundacional estão cumprindo as disposições da Política de Dados Abertos.

Quanto aos planos de ação, o mais recente (quinto apresentado pelo Brasil) foi submetido ao OGP, contemplando o período de 2021 a 2023.[321] Em consulta pública,[322] os cinco temas priorizados pela sociedade civil para esse plano foram: Cadeias Agropecuárias e Dados Abertos; Meio Ambiente, Florestas e Dados Abertos; Combate à Corrupção no

---

[321] O plano pode ser consultado, na íntegra, neste endereço: OPEN GOVERNMENT PARTNERSHIP. *5º Plano de Ação Nacional em Governo Aberto*. Brasília, DF: Controladoria-Geral da União, 2021. Disponível em: https://www.opengovpartnership.org/wp-content/uploads/2022/01/Brazil_Action-Plan_2021-2023_PT.pdf. Acesso em: 29 jan. 2023.

[322] A consulta pública para selecionar os temas da sociedade civil na construção do 5º Plano de Ação do Brasil na OGP ocorreu entre os dias 7 de janeiro de 2021 e 5 de fevereiro de 2021, por meio da plataforma Participa+Brasil (https://www.gov.br/participamaisbrasil/pagina-inicial). A consulta teve o objetivo de identificar temas que a sociedade gostaria de ver aprofundados e discutidos nas oficinas de cocriação, com a finalidade de construir, em conjunto, compromissos internacionais no âmbito da OGP. No total, foram apresentadas 64 contribuições.

Setor Público; Maus-Tratos de Animais e Governo Aberto; e Direitos Humanos e Dados Abertos.

3.3.5.1 Análise crítica das políticas e planos de ação para Governo Aberto

O maior contrassenso nessa agenda, da qual se ressalta, mais uma vez, que o Brasil foi um dos países fundadores, é evidenciar que, ao mesmo tempo em que houve a apresentação do último plano de ação sobre Governo Aberto, o país assistia ao completo descaso da gestão do presidente Jair Bolsonaro com a publicização de informações oficiais. Viu-se que, nesse período, o país foi conduzido na direção contrária às medidas adotadas no plano formal.

Nesse sentido, vale lembrar que, em 2019, foram extintos, de uma só vez, praticamente todos os mecanismos de participação popular existentes no governo federal. Mesmo com a decisão do Supremo Tribunal Federal sobre a violação dos princípios constitucionais, o governo federal atuou para promover o esvaziamento dessas instâncias.[323]

O pilar da transparência ficou altamente comprometido com os sucessivos sigilos de informações impostos à Presidência e aos Ministérios, o que levou, inclusive, a OCDE a classificar o Brasil como "ambiente restrito" ao livre exercício dos direitos fundamentais e recomendou uma estratégia nacional de Governo Aberto. Assim, o aniversário de dez anos da Lei de Acesso à Informação, ocorrido em maio de 2022, foi marcado pelas estratégias do governo Bolsonaro em reduzir ao máximo a transparência nos órgãos federais pela imposição de sigilos e dificuldade de acesso aos dados públicos.

A gravidade dessas medidas, que, por si próprias, já são nefastas à democracia, tornou-se ainda mais profunda se considerarmos que o mundo atravessava a pandemia de COVID-19. A falta de estratégia, somada à desinformação e ausência de transparência, deixou o país em situação de completa vulnerabilidade no enfrentamento da pandemia. Aos poucos, esses sigilos estão sendo revisitados e são importantes peças do quebra-cabeças da reconstrução republicana e democrática do país.

---

[323] CRUZ, Isabela. O que é governo aberto. E como o Brasil vai na direção oposta. *Nexo*, [s. l.], 10 out. 2022. Disponível em: https://www.nexojornal.com.br/expresso/2022/10/10/O-que-%C3%A9-governo-aberto.-E-como-o-Brasil-vai-na-dire%C3%A7%C3%A3o-contr%C3%A1ria. Acesso em: 29 jan. 2023.

3.3.6 Plano Nacional de Internet das Coisas e computação em nuvem

Outros dois documentos constantes na página virtual do Governo Digital são o Plano Nacional de Internet das Coisas e as ações para adoção da computação em nuvem.

O Plano Nacional de Internet das Coisas foi instituído pelo Decreto nº 9.854/2019,[324] resultado de elaboração conjunta entre o MCTI e o Banco Nacional de Desenvolvimento, com base na livre concorrência e na livre circulação de dados – observadas as diretrizes de segurança da informação e de proteção de dados pessoais. Um dos objetivos é melhorar a qualidade de vida das pessoas e promover ganhos de eficiência nos serviços, por meio da implementação de soluções de internet das coisas.

A internet das coisas (ou IoT, do inglês *internet of things*), conforme a define o decreto mencionado, é a "[...] infraestrutura que integra a prestação de serviços de valor adicionado com capacidades de conexão física ou virtual de coisas com dispositivos baseados em tecnologias da informação e comunicação existentes e nas suas evoluções, com interoperabilidade".

Os objetivos do Plano Nacional de Internet das Coisas incluem promover a capacitação profissional relacionada com o desenvolvimento de aplicações de IoT e a geração de empregos na economia digital; promover um ecossistema de inovação nesse setor, buscando parcerias com os setores público e privado para a implementação da IoT; aumentar a integração do país no cenário internacional, por meio da participação em fóruns de padronização, da cooperação internacional em pesquisa, desenvolvimento e inovação e da internacionalização de soluções de IoT desenvolvidas no país.

Foram previstas sessenta ações, divididas entre estruturantes, medidas e catalisadores. Dentre estas, destacam-se as principais ações estruturantes: incentivar a criação de Plataformas de Inovação em Saúde, Cidades, Rural e Indústrias, que permitam a interlocução com o governo de forma centralizada e simples; disseminar o conhecimento gerado no ecossistema de inovação, estimular a troca de experiências e induzir o encontro entre fornecedores e compradores de solução; apoiar e fortalecer projetos-piloto para IoT; elaborar plano de apoio

---

[324] BRASIL. Ministério da Ciência, Tecnologia e Inovações. *Plano Nacional de Internet das Coisas – IoT*. Brasília, DF, 2023. Disponível em: https://www.gov.br/mcti/pt-br/acompanhe-o-mcti/transformacaodigital/internet-das-coisas. Acesso em: 29 jan. 2023.

para exportação de soluções de IoT desenvolvidas no país com foco nas Plataformas de Inovação e Centros de Competência; criar o observatório de Transformação Digital, plataforma para engajamento do ecossistema de IoT no Brasil, divulgação e monitoramento das iniciativas do Plano Nacional de Internet das Coisas (IoTBR); fornecer conectividade, por meio de mecanismos financeiros e não financeiros para provedores regionais e por meio de elementos do Plano Nacional de Conectividade (PNC) que assegurem conectividade de alta capacidade com ênfase nos municípios com produção rural abundante.

Também foi prevista a criação da Câmara de Gestão e Acompanhamento do Desenvolvimento de Sistemas de Comunicação Máquina a Máquina[325] e Internet das Coisas (Câmara IoT). O papel da Câmara é, entre outros, promover e fomentar parcerias entre entidades públicas e privadas, apoiar e propor projetos mobilizadores e estimular o uso e desenvolvimento de soluções de IoT.

3.3.6.1 Análise crítica do Plano Nacional de Internet das Coisas e computação em nuvem

Apesar de, na parte principiológica do decreto, constar a justificativa de "melhorar a qualidade de vida e promover ganhos de eficiência", fundamentos que deveriam estabelecer uma política pública dessa natureza, tais como reforço aos princípios do Marco Civil da Internet, fomento à tecnologia nacional, preservação dos direitos e garantias fundamentais, não são citados.[326]

Outra crítica que se faz é similar às traçadas nos documentos anteriores, de que o plano é genérico – temas como câmera de monitoramento nas ruas, tecnologia de reconhecimento facial, segurança da informação, discriminação e vieses de dados não foram contemplados. E, apesar de listar áreas prioritárias para ação, o Plano não detalha quais mecanismos e políticas públicas deverão ser desenvolvidos e implementados, o que pode comprometer a efetividade da medida, já que a internet das coisas é um tema transversal e com diferentes impactos.

---

[325] Consideram-se Comunicação Máquina a Máquina as redes de telecomunicações, incluídos os dispositivos de acesso, para transmitir dados a aplicações remotas, com o objetivo de monitorar, de medir e de controlar o próprio dispositivo, o ambiente ao seu redor ou sistemas de dados a ele conectados por meio dessas redes (artigo 8º do Decreto nº 9.854/2019).

[326] Para mais informações: INTERVOZES. Governo ignora desafios e publica plano genérico de Internet das Coisas. *Carta Capital*, São Paulo, 1º jul. 2019. Disponível em: https://www.cartacapital.com.br/blogs/intervozes/governo-ignora-desafios-e-publica-plano-generico-de-internet-das-coisas/. Acesso em: 29 jan. 2023.

Assim, o Plano pode ser percebido como um primeiro passo, mas deverá ser revisitado para evitar os impactos negativos que o uso indiscriminado da internet das coisas pode ocasionar em termos de violação de direitos.

Por fim, a ação para computação em nuvem se refere à adoção de serviços de computação em nuvem no âmbito da administração pública federal, de acordo com a Estratégia de Governo Digital (Decreto nº 10.332/2020), que traz o conceito de nuvem primeiro (*cloud first*) e que significa o conjunto de iniciativas para migração dos serviços digitais de ambientes de computação local para o ambiente de computação em nuvem.[327]

O conceito de *cloud first* foi baseado no Guia do Departamento de Nuvem dos Estados Unidos (*Cloud First Buyer's Guide for Government*).[328] Apesar de ser uma ação listada na página do Governo Digital, há poucas informações disponíveis sobre o que vem sendo feito nesse campo.

A computação em nuvem é um ambiente que permite oferecer recursos e realizar serviços de qualquer lugar e a qualquer momento, de maneira facilitada, com acesso à internet, a recursos computacionais (por exemplo, redes, servidores, armazenamento, aplicações e serviços), de forma rápida e sem esforços, em conjunto a um fornecedor de serviços.[329]

Esse ambiente pode auxiliar, por exemplo, em autosserviço sob demanda, situação em que o cliente pode pessoalmente configurar recursos computacionais necessários, como servidores e redes de armazenamento, de maneira automática, sem precisar depender do fornecedor de serviços em nuvem.

Alguns exemplos de computação em nuvem são Google Maps, Dropbox e *softwares* de gestão, como os de músicas (por exemplo, Spotify). O *site* do antigo Ministério da Economia informa que, em fevereiro de 2020, o serviço de computação em nuvem do governo federal já havia obtido a adesão de 23 órgãos e entidades federais. Segundo o *site*, a tecnologia permite não apenas acelerar a transformação

---

[327] BRASIL. Ministério da Gestão e da Inovação em Serviços Públicos. *O que é a diretriz "cloud first" da SGD para o Sisp?* Brasília, DF, 1º jul. 2022. Disponível em: https://www.gov.br/governodigital/pt-br/estrategias-e-politicas-digitais/computacao-em-nuvem/o-que-e-a-diretriz-cloud-first-da-sgd-para-o-sisp. Acesso em: 29 jan. 2023.

[328] TECHAMERICA FOUNDATION. *Cloud First Buyer's Guide for Government*. Washington, DC, 2018. Disponível em: https://forum.ibgp.net.br/wp-content/uploads/2018/09/Cloud-First-Buyers-Guide-for-Gov-July-2011.pdf. Acesso em: 29 jan. 2023.

[329] SAVARESE NETO, Eduardo. Computação em Nuvem: o que é, como funciona e importância. *FIA Business School*, [s. l.], 11 fev. 2019. Disponível em: https://fia.com.br/blog/computacao-em-nuvem/. Acesso em: 29 jan. 2023.

digital, como também baratear os custos de armazenamento para o Estado.

Entre 2019 e 2020, foram realizados dois pregões eletrônicos para contratação centralizada de empresa especializada para prestação de serviços gerenciados de computação em nuvem.[330] O Serpro também desenvolveu a chamada Nuvem Serpro, que é uma plataforma tecnológica com múltiplas nuvens para governo que permite acesso por demanda, independentemente da localização, a um conjunto compartilhado de recursos computacionais configuráveis (servidores, armazenamento, bancos de dados, rede, *software*, análise, etc.).[331]

O uso da computação em nuvem – dentro ou fora da administração – é considerado como um passo inevitável no processo de transformação digital das instituições. Os riscos que devem ser evitados dizem respeito, sobretudo, à indisponibilidade do serviço mediante a não implementação de controles e salvaguardas suficientes para garantir a estabilidade e continuidade do provedor; confidencialidade e integridade de dados, sobretudo durante a etapa de transmissão desses dados para evitar acessos indevidos por invasores internos e externos.

Em 2018, o TCU promoveu fiscalização de auditoria operacional para avaliar as práticas comerciais adotadas por grandes fabricantes de tecnologia da informação para a administração pública federal no tocante à licenciamento de *software*. O resultado foi o Acórdão TCU nº 2.659/2018[332] e o alerta para os riscos que esses modelos de aquisição podem causar, tais quais os elevados valores de subscrição, a dificuldade de gestão dos dados em razão da heterogeneidade de tecnologias adotadas e o aumento de dependência dos fabricantes. O aspecto de maior destaque do referido acórdão é a inversão na lógica de aquisição observada nesses procedimentos, na medida em que se paga pelo consumo após o uso ao invés da aquisição.

---

[330] Foram estes: Pregão Eletrônico nº 29/2018 (BRASIL. Ministério da Economia. *Pregão Eletrônico SRP nº 29/2018*: Reabertura. Disponível em: https://www.gov.br/economia/pt-br/acesso-a-informacao/licitacoes-e-contratos/licitacoes-e-contratos/licitacoes/pregao/2018/pregao-eletronico-no-29-2018. Acesso em: 13 fev. 2023) e Pregão Eletrônico SRP nº 18/2020 (BRASIL. Ministério da Economia. *Pregão Eletrônico SRP nº 18/2020*: Central de compras. Brasília, DF, 2020. Disponível em: https://www.gov.br/economia/pt-br/acesso-a-informacao/licitacoes-e-contratos/licitacoes/pregoes/2020/pregao-no18-2020. Acesso em: 13 fev. 2023).

[331] BRASIL. Serpro. *Nuvem Serpro*. Disponível em: https://www.serpro.gov.br/menu/nosso-portfolio/para-governos/infraestrutura-1/nuvem-serpro. Acesso em: 13 fev. 2023.

[332] BRASIL. Tribunal de Contas da União. *Acórdão nº 2.569/2018*. Plenário. Relator: Min. Aroldo Cedraz. Brasília, DF, 7 nov. 2018. Disponível em: https://pesquisa.apps.tcu.gov.br/#/documento/acordao-completo/2569%252F2018/%2520/DTRELEVANCIA%2520desc%252C%2520NUMACORDAOINT%2520desc/0/sinonimos%253Dfalse. Acesso em: 13 fev. 2023.

De acordo com o TCU, as principais causas apontadas residem justamente na falta de orientação aos gestores sobre o marco legal aplicável à contratação de serviços baseados em computação em nuvem que receiam incorrer em alguma ilegalidade, somada à falta de padronização no mercado sobre formas de comercialização de serviços baseados em computação em nuvem.

3.4 Estudo OCDE: o caminho para a era digital no Brasil

Conforme exposto no item anterior, o governo brasileiro seguiu o modelo e padrões da OCDE para compor a Estratégia de Transformação Digital no final de 2017, com base no Marco de Políticas Integradas *A Caminho da Era Digital* da OCDE.[333] [334]

A OCDE, criada no início da década de 1960 como desdobramento da Organização para a Cooperação Econômica Europeia (OCEE), tem por objetivo debater sobre políticas públicas para o desenvolvimento econômico e social dos países, à exceção das políticas públicas de defesa – ainda que tratando eventualmente de temas correlatos, como aspectos da indústria de defesa, relação entre segurança nacional, comércio e investimentos, etc.[335]

A OCDE definiu em relatório o Marco de Políticas Integradas, a que deu o nome de *A Caminho da Era Digital*, considerando que todos os domínios da política de um país devem estar coordenados para que se alcance a transformação digital. Essa coordenação significa envolver diversos atores em diferentes níveis do governo, bem como agentes não governamentais e parceiros internacionais. Para a OCDE, a abordagem integral do governo (*whole-of-government*) deve ser estruturada a partir da realidade de cada país e ao longo do tempo.

> Embora uma governança bem projetada seja fundamental para uma coordenação eficiente, não existe uma única abordagem que funcione para todos. Diferentes abordagens podem refletir, por exemplo, variações entre instituições do país, a forma como o governo está organizado, ou cultura e capacidade administrativa. Além disso, acordos

---

[333] O Brasil já era parceiro da OCDE desde 2012 e já aderiu, desde 1996, às métricas de avaliação do PISA, o *Programme for International Student Assessment*, adotado por todos os países-membros.

[334] OCDE. *A Caminho da Era Digital no Brasil*: Revisões da OCDE sobre a Transformação Digital. Paris: OCDE, 2020. Disponível em: https://www.oecd.org/digital/a-caminho-da-era-digital-no-brasil-45a84b29-pt.htm. Acesso em: 20 dez. 2022.

[335] COZENDEY; BARBOSA; SOUSA, 2021.

de governança tendem a evoluir com o passar do tempo, por exemplo, devido a mudanças no governo, ao progresso tecnológico e a mudanças na constelação de atores que promovem a transformação digital.[336]

No caso do Brasil, a OCDE analisou os mecanismos de coordenação na estratégia digital nacional e elaborou recomendações para ajudar a assegurar uma abordagem integral do governo para a transformação digital, especialmente por intermédio do fortalecimento do CITDigital. Foram apresentados quatro componentes do marco para a agenda digital, que as próprias autoridades brasileiras definiram como prioridades, quais sejam, os quesitos acesso, uso, confiança e inovação.

3.4.1 Quesito acesso

Neste quesito, a OCDE recomenda ampliar a disponibilidade de serviços de comunicação fixa e móvel de alta qualidade com preços competitivos, essencial para a transformação digital no Brasil, porque o país está abaixo da média dos países da OCDE (15,5% contra 31,4%),[337] com preços mais altos. Para tanto, o Brasil deve tomar medidas para promover e expandir o acesso à banda larga em áreas com pouca cobertura e, concomitantemente, criar uma agência reguladora unificada e independente para os setores de comunicação e radiodifusão, por meio da fusão das funções regulatórias da Agência Nacional de Telecomunicações (Anatel), da Agência Nacional do Cinema (Ancine) e do Ministério da Ciência, Tecnologia, Inovações e Comunicações.

Complementarmente, a OCDE recomenda reformar o arcabouço legal para introduzir um regime de licenciamento baseado em licença única para serviços de comunicação e radiodifusão, com o fim de aumentar a produtividade e proteger o consumidor.

A recomendação da OCDE leva em conta que o licenciamento de serviços de comunicação no Brasil ainda é bastante fragmentado: diferentes autorizações são necessárias para cada tipo de serviço de comunicação prestado. Embora reconheça que a Anatel tem gradualmente simplificado sua classificação de serviços de comunicação e seu marco de licenciamento ao longo dos anos, a OCDE identificou que, atualmente, há quatro categorias principais de serviços no Brasil que exigem uma autorização: telefonia fixa; telefonia móvel; serviços multimídia, como

---

[336] OCDE, 2020.
[337] OCDE, 2020, p. 29.

banda larga fixa; e TV por assinatura.[338] Além disso, a OCDE relata que, sob o marco de licenciamento atual, alguns serviços são classificados como serviços de valor agregado, ou seja, não são considerados nem serviços de comunicação, nem de radiodifusão. Os serviços de valor agregado podem incluir OTT,[339] mas também camadas de prestação de serviços de internet, excluindo o acesso *"last-mile"* (última milha, como se chama o processo logístico de entrega do produto ao cliente).

Em relação a serviços de radiodifusão, o regime de licenciamento aplica diferentes exigências à radiodifusão de TV de sinal aberto e serviços de TV por assinatura, equivalentes. A OCDE considera importante remover as restrições legais aos investimentos estrangeiros diretos em radiodifusão para evitar domínio de mercado e projetar cuidadosamente o leilão do 5G a fim de garantir a concorrência de mercado.

Outra recomendação é promover a internet das coisas (*internet of things* – IoT), abolindo as taxas (como o Fundo de Fiscalização das Telecomunicações) e estabelecendo um plano de numeração distinto para a IoT.

3.4.2 Quesito uso

A recomendação é acabar com a desigualdade digital e, para tanto, não basta ampliar o acesso, é preciso promover o uso. Embora reconheça que o Brasil tenha feito progressos na melhoria de acesso à internet nos últimos anos, a OCDE verificou que 47 milhões de pessoas seguiam desconectadas, como apontou a pesquisa TIC Domicílios 2019.[340] Uma parte disso se deve ao fato de que a habilidade de usar tecnologias digitais efetivamente diferencia indivíduos de acordo com a idade, renda e formação.

O principal alerta reside no risco de que a desigualdade digital agrave a desigualdade social existente no país, aprofundando, em consequência, a exclusão social. Por isso, as recomendações incluem: aumentar a conscientização sobre os benefícios da internet entre as pessoas; desenvolver conteúdo, serviços e aplicativos que atendam

---

[338] OCDE, 2020, p. 45.
[339] OTT Streaming é um serviço de mídia que consiste em canais de conteúdos que utilizam a internet para oferecer vídeos a seus espectadores em vez de usar infraestruturas tradicionais, como TV a cabo (por exemplo, Netflix e Disney).
[340] CGI.BR. *Três em cada quatro brasileiros já utilizam a Internet, aponta pesquisa TIC Domicílios 2019*. São Paulo: CGI.Br, 26 maio 2020. Disponível em: https://www.cgi.br/noticia/releases/tres-em-cada-quatro-brasileiros-ja-utilizam-a-internet-aponta-pesquisa-tic-domicilios-2019/. Acesso em: 9 jan. 2023.

às necessidades das pessoas com baixo conhecimento digital, como pessoas com educação precária, baixa renda ou idosas; oferecer cursos *on-line* em larga escala sobre segurança na internet, serviços bancários *on-line*, acesso a serviços governamentais digitais, *e-commerce*, criação de conteúdo; aumentar o papel dos telecentros no treinamento de provedores, especialmente em áreas rurais e remotas, e garantir assistência técnica e financeira adequada do governo federal; ampliar o Programa Nacional de Formação de Agentes de Inclusão Digital e o Programa Computadores para Inclusão, em cooperação com o setor privado; monitorar e avaliar regularmente o Programa Educação Conectada; implementar novas Diretrizes Curriculares Comuns em todo o país, por meio da adaptação de livros escolares, treinamento de professores e alinhamento de avaliações de desempenho nas escolas.

3.4.3 Quesito confiança

Para a OCDE, é fundamental promover a segurança digital, tanto para o governo quanto para empresas e os próprios cidadãos. A OCDE reconhece que o Brasil está desenvolvendo amplo marco normativo de segurança digital, começando com a adoção de sua primeira Estratégia Nacional de Segurança Cibernética (E-Ciber),[341] um conjunto de ações estratégicas do governo federal relacionadas à área de segurança cibernética até 2023, inicialmente pelo Decreto nº 10.641/2021.

A OCDE admite que a E-Ciber é um passo acertado, mas recomenda um conjunto mais amplo de iniciativas, dentre elas a criação de uma ampla comunidade de líderes digitais nos setores público e privado, acadêmico e sociedade civil, com orçamento adequado, para implementar e monitorar a segurança cibernética, definindo marcos claros e mensuráveis para a privacidade dos usuários; implementar campanhas de conscientização entre empresas, indivíduos e dentro do governo; fortalecer os programas de treinamento e educação em segurança digital em todos os níveis; estabelecer um registro nacional de instrutores em segurança digital; encorajar estudantes a seguirem carreiras em segurança digital; fortalecer o diálogo multilateral sobre

---

[341] BRASIL. Ministério da Ciência, Tecnologia e Inovações. *Estratégia Nacional de Segurança Cibernética*. Brasília, DF, 11 ago. 2021. Disponível em: https://www.gov.br/governodigital/pt-br/estrategias-e-politicas-digitais/estrategia-nacional-de-seguranca-cibernetica#:~:text=A%20Estrat%C3%A9gia%20Nacional%20de%20Seguran%C3%A7a,de%20seguran%C3%A7a%20cibern%C3%A9tica%20at%C3%A9%20 2023. Acesso em: 9 jan. 2023.

segurança digital, com base no modelo brasileiro de governança da internet (CGI).³⁴²

3.4.4 Quesito inovação

Os gastos do Brasil em pesquisa, desenvolvimento e inovação em relação ao PIB estão acima dos países da América Latina e do Caribe, mas ainda abaixo dos países da OCDE. Os gastos empresariais em PD&I representam uma parcela menor do total gasto no Brasil, particularmente no setor de TIC, e o baixo capital humano, especialmente em ciências, engenharia e TIC, é um grande gargalo no sistema de inovação.

Há também, de acordo com a OCDE, uma lacuna entre pesquisa básica e pesquisa aplicada, enquanto a colaboração entre as empresas e o setor acadêmico continua limitada. Embora o apoio público à PD&I nas empresas tenha aumentado nos últimos anos, o acesso de empresas novas e pequenas a esse apoio é limitado.

Para fortalecer a inovação digital, a OCDE também recomenda que o Brasil deve direcionar o apoio público à inovação digital para a pesquisa orientada a missões, com base no modelo do Plano Nacional de Internet das Coisas; garantir recursos públicos adequados, estáveis e previsíveis para a pesquisa em TIC; desenvolver roteiros para o avanço das principais tecnologias digitais, tais como a inteligência artificial e análise de dados, em coordenação com ministérios setoriais e partes interessadas do setor privado; construir competências no setor público para aquisição de soluções inovadoras de alta tecnologia, emprestando conhecimentos de empresas e instituições, como o BNDES; aumentar as garantias legais para funcionários públicos envolvidos nos processos de aquisição de inovação, abrir o *e-procurement* para soluções inovadoras das *startups*; aumentar a transferência de conhecimentos das empresas para a academia, por exemplo, por meio de maior participação das empresas nos Escritórios de Transferência de Tecnologia (ETT)³⁴³ e no

---

³⁴² Como já vimos neste capítulo, a Lei Geral de Proteção de Dados, aprovada em 2018, tem papel de relevância no atingimento do objetivo de conseguir a confiança do público na segurança digital.

³⁴³ Os chamados escritórios de transferência de tecnologia (ETT) têm se destacado na Europa e nos Estados Unidos por fazerem a conexão entre a academia e a indústria, gerando novas patentes e produtos, e mesmo trazendo lucro para várias universidades. Para mais informações, consultar: INOVAÇÃO TECNOLÓGICA. *Transferência de tecnologia e universidades*: Lucro ou benefício para estudantes? São Paulo: Agência Fapesp, 26 dez. 2018. Disponível em: https://www.inovacaotecnologica.com.br/noticias/noticia.php?artigo=a-transferencia-tecnologia-lucro-universidades&id=010175181226#.ZBy4MnbMLrc. Acesso em: 23 mar. 2023.

ensino; considerar a introdução de cláusulas de reembolso em dinheiro ou compensação de prejuízos fiscais para tornar a Lei do Bem[344] mais adequada às jovens empresas inovadoras.

Outras iniciativas recomendadas pela OCDE são o fortalecimento de parcerias público-privadas para o avanço da inteligência artificial de forma confiável, garantindo a participação de PMEs e *startups*, e fortalecimento de programas para *startups* com foco no empreendedorismo feminino.

Para a promoção da transformação digital da economia, a OCDE recomenda ainda esforços coordenados de todos os órgãos do governo, em estreita colaboração com o setor privado, de tal maneira que os responsáveis pelas políticas precisam se concentrar em regras que sejam suficientemente flexíveis para se ajustarem aos modelos de negócios e limites setoriais em constantes mudanças. Os setores prioritários, segundo a OCDE, são estes: agronegócio, manufatura, *fintechs* e cibermedicina (Conecte SUS).

3.5 Propostas em curso no Poder Legislativo

Além das iniciativas em curso no âmbito do Poder Executivo e do Anteprojeto de Lei de Inteligência Artificial descrito neste capítulo, há uma série de projetos de lei relacionados à transformação digital e regulação de plataformas e da economia digital atualmente em discussão, tanto na Câmara dos Deputados quanto no Senado Federal.

Em 29 de dezembro de 2021, o presidente da Câmara dos Deputados, deputado Arthur Lira, e a deputada Luísa Canziani escreveram um artigo-relatório no jornal *Folha de São Paulo* noticiando a atuação da bancada denominada Frente Parlamentar Mista da Economia e Cidadania Digital, especialmente para ampliar a cidadania digital e assegurar infraestrutura, segurança jurídica e investimentos para novas tecnologias, de modo a estimular, no Brasil, um ambiente de negócios competitivo globalmente.[345]

---

[344] A Lei do Bem (Lei nº 11.196/05) é um dos principais incentivos fiscais do país, direcionada à geração de investimentos privados em ciência e tecnologia. Em 11 de novembro de 2022, o então Ministério de Ciência, Tecnologia e Inovação publicou a portaria MCTI nº 6.536/22, atualizando a Lei do Bem, como recomendado pela OCDE. Mais informações em: DINO. Portaria do MCTI dá mais segurança legal para a Lei do Bem. *Valor Econômico*, São Paulo, 16 nov. 2022. Disponível em: https://valor.globo.com/patrocinado/dino/noticia/2022/11/16/portaria-do-mcti-da-mais-seguranca-legal-para-a-lei-do-bem.ghtml. Acesso em: 9 jan. 2023.

[345] LIRA, Arthur; CANZIANI, Luiza. Transformação digital: se o Brasil quer marchar para a frente, não podemos ficar presos ao passado. *Folha de S. Paulo*, São Paulo, 29 dez. 2021.

A Frente Digital é um grupo suprapartidário de deputados e senadores com objetivo de propor soluções para a economia digital, cidadania conectada e plena, governo digital eficiente, transparente e zeloso com a privacidade dos brasileiros. Era composta, até dezembro de 2022,[346] pela deputada Luísa Canziani (PSD-PR), deputada Angela Amin (PP-SC), deputado Paulo Ganime (Novo-RJ), senador Rodrigo Cunha (PSDB-AL), deputado Rodrigo Coelho (Podemos-SC) e deputado Vitor Lippi (PSDB-SP).

A Frente Parlamentar atua nas áreas de educação, governo digital, comércio eletrônico, conectividade (acesso à internet), mídias e audiovisual (novas plataformas de mídia), parques tecnológicos, mobilidade e finanças e pagamentos.

Os avanços nas medidas para a transformação digital, no âmbito do Congresso Nacional, aconteceram por intermédio da discussão de diversas iniciativas para a economia digital.

> Foram à sanção o Marco Legal das Startups e a Lei do Governo Digital. Consensuamos sobre direitos dos entregadores por aplicativos na pandemia (PL 1.665/2019). Aprovamos e aguardamos a atuação do Senado no Marco da Inteligência Artificial (PL 21/2020), que nos leva à vanguarda e traz segurança para quem usa e quem inova, abrindo espaço para investimentos bilionários.
>
> Também foi à Casa vizinha a prorrogação da desoneração da folha de pagamentos, salvando milhões empregos em tecnologia (PL 2.541/2021); o projeto de lei dos criptoativos (PL 2.303/2015); e a manutenção dos incentivos da Lei de Informática (PEC 10/2021). Consolidamos a proteção dos dados pessoais como direitos fundamentais (PEC 17/2019) e aderimos à Convenção de Budapeste sobre crimes cibernéticos (PDL 255/21).
>
> No tema da conectividade, fiscalizamos de perto o 5G. As redes de quinta geração viabilizarão a internet das coisas, a agropecuária conectada, a indústria 4.0, o teletrabalho e outra infinidade de oportunidades. Ainda derrubamos o veto à Lei da Conectividade nas Escolas; afinal, sem conectividade não há futuro.
>
> Para o ano que vem, ainda em negociação com o governo, virá a Política Nacional de Educação Digital (PL 4.513/2020). O projeto é chave para assegurar os talentos imprescindíveis para o futuro. No longo prazo, o texto aprofunda o ensino do pensamento computacional nas escolas;

Disponível em: https://www1.folha.uol.com.br/opiniao/2021/12/transformacao-digital.shtml. Acesso em: 28 dez. 2022.

[346] Durante os meses de janeiro a abril de 2023, o *website* da Frente Digital ficou fora do ar e não foi possível confirmar sua atual composição.

no curto, facilita a formação de programadores e a inclusão digital. Foi também aprovada a urgência do PL 1.998/2020, que fará permanente a telemedicina. Esperamos seguir adiante na telessaúde e no e-commerce de medicamentos.

A agenda legislativa de tecnologia é extensa e seguirá firme. Há a Política Nacional de Cidades Inteligentes (PL 976/2021), a atualização da Lei do Bem (4.944/2020) e o financiamento de startups pelos fundos constitucionais (5.306/2020).[347]

Ainda que sem necessariamente haver uma "agenda legislativa" bem delimitada ou comissão temática voltada especificamente para a economia ou para a transformação digital, de fato, após a publicação do artigo-relatório acima, diversas medidas citadas foram aprovadas pelo Congresso Nacional, servindo como indicador dos temas relacionados à tecnologia e transformação digital que foram priorizados pelo Legislativo federal.

Após a publicação deste artigo, o PL nº 2.541/2021 foi transformado na Lei nº 14.288/2021, que prorrogou a desoneração da folha de pagamentos até 31 de dezembro de 2023 contemplando dezessete setores, dentre eles, as empresas que prestam serviços considerados de TI e TIC, nos termos do §4º do artigo 14 da Lei nº 11.774/2008. A medida é considerada polêmica porque, no cenário de crise, diminui a arrecadação da União ao privilegiar setores específicos da economia com a redução dos encargos trabalhistas; contudo, para as empresas de tecnologia, é considerada como importante incentivo para o investimento em inovação e desenvolvimento tecnológico nos ambientes de negócios. Assim, não é possível dizer que se trata de medidas específicas para a transformação digital, mas de um "encaixe" do setor de TI e TIC no rol de setores desonerados.

O PDL nº 255/21 foi convertido no Decreto Legislativo nº 37/2021, aprovando o texto da Convenção sobre o Crime Cibernético, celebrada em Budapeste em 23 de novembro de 2001, versando sobre crimes cometidos pelos meios digitais, tais como acesso ilegal, interceptação ilícita, violação de dados, falsificações e fraudes informáticas, crimes relacionados ao conteúdo da informação, violação de direitos autorais, etc. Muitos dos temas tratados já são objeto de regulamentação pelo Marco Civil da Internet e pela Lei Geral de Proteção de Dados.

O que chama a atenção no caso da aprovação da Convenção de Budapeste foi o trâmite acelerado, que durou menos de seis meses, em

---

[347] LIRA; CANZIANI, 2021.

razão da natureza do tema e do fato de ser necessário reflexões sobre medidas legislativas que deverão ser adotadas em razão desse compromisso. A convenção possibilita a adesão com ressalvas para garantir a harmonia das normas do plano internacional com o direito interno do país aderente e que mereciam relevo no debate democrático.³⁴⁸

O PL nº 4.513/2020 foi aprovado e convertido na Lei nº 14.510/2022, que alterou, entre outras, a Lei nº 8.080/1990 para autorizar e disciplinar a prática de telessaúde em todo o território nacional. De acordo com a nova lei, considera-se telessaúde a modalidade de prestação de serviços de saúde a distância, por meio da utilização das tecnologias da informação e da comunicação, que envolvem, entre outros, a transmissão segura de dados e informações de saúde, por meio de textos, sons, imagens ou outras formas adequadas.

O tema da telessaúde ganhou destaque com a pandemia de COVID-19, mas já era objeto de regulamentação infralegal no âmbito do Sistema Único de Saúde desde 2007. Contudo, a ausência de previsão legislativa expressa e questionamentos sobre o atendimento médico a distância gerava insegurança jurídica para os profissionais. A medida é considerada um passo importante na transformação digital na área da saúde.³⁴⁹

A PEC nº 17/2019 foi transformada na Emenda Constitucional nº 115/2022, que incluiu a proteção de dados pessoais entre os direitos e garantias fundamentais previstos na Constituição da República de 1988 e atribuiu competência à União para legislar, organizar e fiscalizar a proteção e o tratamento de dados pessoais. Ao elevar essa previsão para *status* constitucional, a medida foi considerada como uma vitória simbólica para a proteção de dados e para o processo de construção da cidadania digital. Contudo, representantes do Observatório para a Qualidade da Lei publicaram artigo com análise crítica sobre a elevação da proteção de dados ao *status* de direito fundamental e a centralização, na União, de competências legislativas e materiais sobre a proteção de dados.³⁵⁰

---

³⁴⁸ Para mais informações: GUEIROS, Guilherme. O combate aos crimes cibernéticos exige pressa, mas não deve atropelar direitos. *Consultor Jurídico*, São Paulo, 27 dez. 2021. Disponível em: https://www.conjur.com.br/2021-dez-27/gueiros-combate-crimes-ciberneticos-nao-atropelar-direitos. Acesso em: 28 dez. 2022. E também: COALIZÃO DIREITOS NA REDE. *Carta aos membros do Senado Federal sobre a Convenção de Budapeste*. [S. l.] 21 out. 2021. Disponível em: https://direitosnarede.org.br/2021/10/21/carta-aos-membros-do-senado-federal-sobre-a-convencao-de-budapeste/. Acesso em: 28 dez. 2022.
³⁴⁹ Disponível em: PARISE, Camila Martino; BERTIN, Anna Luiza. A regulamentação da telessaúde no Brasil. *Jota*, [s. l.], 9 jan. 2023. Disponível em: https://www.jota.info/opiniao-e-analise/artigos/a-regulamentacao-da-telessaude-no-brasil-09012023. Acesso em: 28 fev. 2023.
³⁵⁰ OLIVEIRA, Thaís de Bessa Gontijo de; MACIEL, Caroline Stéphanie Francis dos Santos; SILVA, Pietra Vaz Diógenes; SOARES, Fabiana de Menezes. Uma visão cética da

Sobre o primeiro aspecto, o Observatório para a Qualidade da Lei defende que a transformação e a concentração digital devem ser percebidas como problemas complexos, que não devem ser tratados apenas com a constitucionalização, até mesmo porque "[...] o obstáculo à proteção dos direitos não seria a falta de norma constitucional, mas sim a falta de conformidade das obrigações regulatórias por parte das plataformas digitais dominantes". Tratar as medidas no plano constitucional consolida uma preocupação, mas não resolve os problemas. Assim, sob a perspectiva da legística, questionam a estratégia de efetividade da medida, considerando que o *status quo* da concentração digital pode produzir o efeito contrário e contribuir para a precarização da proteção de dados.

Sobre o segundo ponto – a concentração da competência legislativa e material no âmbito da União –, as autoras do artigo entendem que a legislação multinível é consequência do federalismo cooperativa:

> Nas competências legislativas concorrentes, já não haveria legislações municipais e estaduais que estabelecessem normas gerais nem que afrontassem a LGPD, sob pena de inconstitucionalidade, mas nada impediria que os entes subnacionais legislassem sobre o tema seguindo os parâmetros da LGPD.[351]

Assim, mais importante do que a constitucionalização da proteção de dados, defendem a discussão e implementação de medidas que fortaleçam o poder de supervisão das autoridades, de regulação proporcional ao risco da atividade, para que não haja prejuízo à inovação e ao desenvolvimento científico e tecnológico nacional. De fato, conforme será apresentado no capítulo seguinte, medidas como pensar no arcabouço dos direitos digitais de forma ampla seriam mais efetivas do que constitucionalizar quase que casuisticamente a proteção de dados.

A PEC nº 110/2021, por sua vez, resultou na Emenda Constitucional nº 121/2022, que restabelece benefícios tributários a empresas de tecnologia da informação e comunicação e de semicondutores, abrangendo as empresas situadas dentro e fora da Zona Franca de Manaus. Apesar de ter sido considerada uma vitória para o setor de tecnologia, reitera-se o comentário já apresentado para a desoneração

---

constitucionalização da proteção de dados: Em prol da retórica, PEC 17/2019 pode reduzir supervisão da LGPD no Brasil. *Jota*, [s. l.], 27 out. 2021. Disponível em: https://www.jota.info/opiniao-e-analise/artigos/protecao-de-dados-visao-cetica-constitucionalizacao-27102021. Acesso em: 28 dez. 2022.

[351] OLIVEIRA; MACIEL; SILVA; SOARES, 2021.

da folha: a falta de definição de uma agenda ou estratégia delimitada que identifique quais medidas serão adotadas para incentivar o desenvolvimento tecnológico.[352]

Ainda no final de 2022, o PL nº 2.303/2015 (com numeração substituída para PL nº 4.401/2021), foi convertido na Lei nº 14.478/2022, que definiu o conceito de ativos virtuais, de prestadoras e do crime de fraude com utilização de criptoativos e suas penas. Diante do impasse, durante a votação, para definir o conceito de ativos virtuais e, sobretudo, a cargo de qual órgão ou entidade ficará a responsabilidade na fiscalização dessas atividades, a referida lei acabou sendo aprovada em caráter principiológico e mais punitivista, na medida em que pretende coibir crimes de estelionato e lavagem de dinheiro relacionados à transação de ativo virtual, mas não definiu a entidade responsável pela autorização e fiscalização a cargo da administração pública federal.

A principal crítica foi o fato de não ter sido incluída no texto da lei a exigência de segregação patrimonial, que nada mais é do que a separação dos valores investidos pelos clientes daqueles integrantes dos ativos corporativos da entidade gestora (*exchange*) responsável pela gestão dos patrimônios dos clientes. A ausência de previsão da segregação patrimonial, que está em discussão de implementação pelo Banco Central ainda em 2023, pode expor os clientes de criptoativos brasileiros a casos ocorridos como o da corretora FTX, que fazia o armazenamento e o comércio de criptomoedas, como Bitcoin, Ethereum, entre outras, e faliu recentemente, afetando seus clientes. Ainda vale lembrar que a regra da segregação patrimonial é observada pelas corretoras em geral e, em caso de falência das corretoras, os recursos dos clientes não poderão ser usados para quitar débitos com credores e deverão ser devolvidos aos clientes.

Permanece também o debate se a lei de criptoativos deveria ter sido objeto de lei complementar, visto que qualquer alteração do sistema financeiro nacional não poderia ser objeto de lei ordinária,[353]

---

[352] Dados compilados pelos portais Reuters e CNBC estimam que, de outubro de 2022 a janeiro de 2023, pelo menos de 51 a 70 mil trabalhadores teriam sido impactados por esses cortes. LOUBAK, Ana Letícia; ZANATTA, Carolina. Demissões em massa nas big techs: entenda como elas podem afetar você. *Techtudo*, [s. l.], 23 jan. 2023. Disponível em: https://www.techtudo.com.br/noticias/2023/01/demissoes-em-massa-nas-big-techs-entenda-como-elas-podem-afetar-voce.ghtml. Acesso em: 6 fev. 2023.

[353] LOPES, Fernando dos Santos. PL que pretende regulamentar criptomoedas é inconstitucional: PL 2303/2015 viola princípio da reserva de Lei Complementar. *Jota*, [s. l.], 12 abr. 2022. Disponível em: https://www.jota.info/opiniao-e-analise/artigos/pl-que-pretende-regulamentar-criptomoedas-e-inconstitucional-12042022. Acesso em: 6 fev. 2023.

muito embora, conforme exposto, a lei tenha adotado critério genérico de definição de ativos virtuais como sendo "[...] a representação digital de valor que pode ser negociada ou transferida por meios eletrônicos e utilizada para realização de pagamentos ou com propósito de investimento". Em razão dessa abrangência, também ficou em aberto para a regulamentação da lei a definição de qual órgão ou entidade da administração pública federal fará a supervisão de ativos virtuais.

Outro tema de extrema relevância relacionado ao de criptoativos, mas que deixou de ser abordado na lei, é a ideia de *tokenização* da economia, que consiste na representação digital de qualquer ativo, seja em dinheiro, direito, título ou propriedade. Assim, o *token* opera como um certificado, um registro digital que representa uma coisa como ativo financeiro, que passa a ser incluído na rede de *blockchain* (tecnologia que agrupa informações conectadas por intermédio de criptografia). O grande desafio lançado para esse futuro é o de como representar e mapear todas as possibilidades de criação e uso de *tokens* (por exemplo, certificados de propriedades, frações de imóveis, etc.).[354]

O Banco Central do Brasil (BC)[355] já admite a emissão de *tokens* no Sistema Financeiro Nacional, e a Comissão de Valores Imobiliários (CVM)[356] seguiu o mesmo padrão para os bens de valores imobiliários.

Para a transformação digital, o interessante da economia *tokenizada* é o fato de promover a padronização dos contratos por intermédio de uma nova lógica que substitui os atuais critérios de registro confiável de ativos (hipotecas, registros de transações, certidões de cartórios) por *tokens* com registros *blockchain*. O proprietário de um bem *tokenizado* possui autenticação equivalente a uma espécie de "registro cartorário digital", na medida em que permite a criação de uma base de dados segura e rastreável.[357]

---

[354] Existem diversos tipos de *tokens*, tais como os de pagamento de transações, os *digital currencies* (CBDC), os *tokens* não fungíveis (da sigla NFT, em inglês), que podem representar quaisquer bens materiais ou puramente digitais, etc. Para mais informações: SOUZA, Mazé de. Regulamentar tokenização é chave para alavancar o mercado de criptoativos. *Jota*, [s. l.], 30 mar. 2023. Disponível em: https://www.jota.info/coberturas-especiais/regulamentacao-criptoativos/regulamentar-tokenizacao-e-chave-para-alavancar-o-mercado-de-criptoativos-30032023. Acesso em: 6 abr. 2023.

[355] JOVELINO, Luiz. Banco Central anuncia autorização para emissão de tokens no Sistema Financeiro Nacional. *BL Consultoria Digital*, São Paulo, 2021. Disponível em: https://blconsultoriadigital.com.br/emissao-de-tokens-bacen/. Acesso em: 6 abr. 2023.

[356] COMISSÃO DE VALORES MOBILIÁRIOS. *Ofício Circular CVM/SSE 04/23*: Caracterização dos "tokens de recebíveis" ou "tokens de renda fixa" como valores mobiliários. Rio de Janeiro, 4 abr. 2023. Disponível em: https://conteudo.cvm.gov.br/legislacao/oficios-circulares/sse1/oc-sse-0423.html. Acesso em: 6 fev. 2023.

[357] SOUZA, 2023.

O Banco Central vem avançando rumo à economia *tokenizada* por intermédio do projeto de criação do "Real Digital", compreendido como uma *Central Bank Digital Currencies* (CBDC), que são moedas digitais emitidas e administradas pelo respectivo Banco Central de um país.[358] Para tanto, espera-se aproveitar os benefícios da tecnologia de contabilidade distribuída (DLT), que é o registro à prova de falsificação em todas as camadas de uma transação financeira, por intermédio da programabilidade de contratos inteligentes em nível de camada de infraestrutura, execução e liquidação automatizadas. Isso permite que essas transações obedeçam a padrões de contratos inteligentes e registro de informações *blockchain* (ou de padrão distribuído) para reduzir riscos e obter ganhos de eficiência e tempo nas intermediações financeiras.

Por fim, houve a sanção da Política Nacional de Educação Digital (Pned), por intermédio da Lei nº 14.533/2023,[359] com medidas de estruturação e incentivo ao ensino de computação, programação e robótica nas escolas. O texto prevê a necessidade de que a política de educação digital considere as vulnerabilidades sociais e econômicas dos alunos e priorize os menos favorecidos. Pretende-se promover a inclusão digital da população brasileira, a educação digital nas escolas, ações de capacitação do mercado de trabalho e incentivo à inovação, à pesquisa e ao desenvolvimento.

A lei contempla também formas de financiamento para a implementação da educação digital nas escolas e, além das dotações orçamentárias da União, de estados, municípios e Distrito Federal, prevê a utilização dos recursos do Fundo de Universalização dos Serviços de Telecomunicações (Fust) e do Fundo de Desenvolvimento Tecnológico das Telecomunicações (Funttel). O presidente Lula vetou três dispositivos da Lei nº 14.533/2023, dentre eles a inclusão de novos componentes de caráter obrigatório na Base Nacional Comum Curricular (BNCC), argumentando que a decisão deve ser aprovada pelo Conselho Nacional de Educação e homologada pelo ministro da Educação.

Além desses projetos de lei, vale citar a aprovação da Lei nº 14.206/21, resultado da conversão da Medida Provisória nº 1.051/21, que

---

[358] CAMPOS NETO, Roberto. *Agenda de Tecnologia*: Transformação Digital e Democratização do Sistema Financeiro. Apresentação do Evento IDP Summit, Brasília, DF, 27 fev. 2023. Disponível em: https://www.bcb.gov.br/conteudo/home-ptbr/TextosApresentacoes/Apresenta%C3%A7%C3%A3o_RCN_IDP_vpub.pdf. Acesso em: 6 abr. 2023.

[359] BRASIL. Senado Federal. Agência Senado. *Política Nacional da Educação Digital é sancionada com vetos*. Brasília, DF, 12 jan. 2023. Disponível em: https://www12.senado.leg.br/noticias/materias/2023/01/12/politica-nacional-de-educacao-digital-e-sancionada-com-vetos. Acesso em: 6 fev. 2023.

instituiu o Documento Eletrônico de Transporte, buscando simplificar os procedimentos durante a pandemia de COVID-19[360] por intermédio de uma plataforma eletrônica para a unificação de todos os documentos administrativos relacionados ao transporte de cargas no Brasil. A medida necessita de regulamentação, e a Agência Nacional de Transportes Terrestres (ANTT) e o Ministério dos Transportes deverão especificar o funcionamento desses procedimentos, especialmente em relação a quais documentos serão unificados ou dispensados. Essa medida será necessária, visto que a lei não estabeleceu a listagem de documentos que serão afetados pela medida; mas o objetivo é que a nova lei auxilie a simplificação dos procedimentos para evitar que caminhoneiros atuem na informalidade.[361]

E houve ainda, na área da saúde, a sanção da Lei nº 14.338/22, que dispõe sobre a bula eletrônica de remédios.[362] A lei determina a inserção de QR code nas embalagens de produtos para que os consumidores possam ter acesso à versão digital da bula, sem, contudo, substituir a bula impressa junto com o medicamento. A lei previu, ainda, que o conteúdo seja disponibilizado em formatos eletrônicos que permitam a conversão para áudio ou vídeo, o que auxiliará o acesso a pessoas deficientes ou analfabetas.

Da mesma forma, a Lei nº 14.382/22, que foi a conversão da Medida Provisória nº 1.085/21, atualizou leis antigas, da década de 1960, e dispôs sobre o Sistema Eletrônico dos Registros Públicos (SERP).[363]

---

[360] BRASIL. Presidência da República. Secretaria Geral. Subchefia para Assuntos Jurídicos. *Lei nº 14.206, de 27 de setembro de 2021*. Institui o Documento Eletrônico de Transporte (DT-e); e altera a Lei nº 11.442, de 5 de janeiro de 2007, a Lei nº 13.703, de 8 de agosto de 2018, a Lei nº 10.209, de 23 de março de 2001, a Lei nº 5.474, de 18 de julho de 1968, a Lei nº 10.833, de 29 de dezembro de 2003, e a Lei nº 8.935, de 18 de novembro de 1994. Brasília, DF, 2021. Disponível em: https://www.planalto.gov.br/ccivil_03/_Ato2019-2022/2021/Lei/L14206.htm. Acesso em: 25 jan. 2023.

[361] IMPACTO da implantação do DT-e nas transportadoras: Obrigatoriedade, benefícios, dilemas, mudanças impostas (O). *Logweb*, [s. l.], 6 maio 2022. Disponível em: https://www.logweb.com.br/o-impacto-da-implantacao-do-dt-e-nas-transportadoras-obrigatoriedade-beneficios-dilemas-mudancas-impostas/. Acesso em: 6 abr. 2023.

[362] BRASIL. Presidência da República. Secretaria Geral. Subchefia para Assuntos Jurídicos. *Lei nº 14.338, de 11 de maio de 2022*. Altera a Lei nº 11.903, de 14 de janeiro de 2009, para dispor sobre a bula digital de medicamentos. Brasília, DF, 2022. Disponível em: https://www.in.gov.br/en/web/dou/-/lei-n-14.338-de-11-de-maio-de-2022-399315842. Acesso em: 25 jan. 2023.

[363] BRASIL. Presidência da República. Secretaria Geral. Subchefia para Assuntos Jurídicos. *Lei nº 14.382, 27 de junho de 2022*. Dispõe sobre o Sistema Eletrônico dos Registros Públicos (Serp); altera as Leis nºs 4.591, de 16 de dezembro de 1964, 6.015, de 31 de dezembro de 1973 (Lei de Registros Públicos), 6.766, de 19 de dezembro de 1979, 8.935, de 18 de novembro de 1994, 10.406, de 10 de janeiro de 2002 (Código Civil), 11.977, de 7 de julho de 2009, 13.097, de 19 de janeiro de 2015, e 13.465, de 11 de julho de 2017; e revoga a Lei nº 9.042, de 9 de maio de 1995, e dispositivos das Leis nºs 4.864, de 29 de novembro de 1965,

Essa lei ganhou notoriedade no debate público em razão da possibilidade de alteração tanto de prenome como de sobrenome diretamente em cartório, sem a necessidade de procedimento judicial, afastando a regra geral de imutabilidade do nome da pessoa física.[364]

Para fins do objeto desta pesquisa, qual seja, a análise de atos e normas para a transformação digital, a lei pavimenta o caminho para a implementação do SERP em todo o território nacional, com o objetivo de não apenas promover o acesso remoto a serviços cartorários e de registro, mas como o de promover a interoperabilidade e a interconexão entre os atuais sistemas existentes nas serventias extrajudiciais. Para tanto, a lei dispõe que o SERP terá operador nacional e que os oficiais dos registros públicos deverão promover a sua implementação e funcionamento sob a coordenação da Corregedoria Nacional de Justiça do Conselho Nacional de Justiça. Essa modernização é extremamente relevante para o ambiente de negócios do país, na medida em que ainda existem diversos entraves burocráticos para o registro e funcionamento de atividades comerciais e, sobretudo, ausência de interconexão entre as serventias espalhadas pelo país.

Sobre o PL nº 21/2020, que trata da inteligência artificial, a votação ainda não foi concluída. Em 6 de dezembro de 2022, uma comissão de dezoito juristas entregou ao presidente do Senado, Rodrigo Pacheco,[365] depois de 240 dias de trabalho, um relatório para subsidiar a elaboração

---

8.212, de 24 de julho de 1991, 12.441, de 11 de julho de 2011, 12.810, de 15 de maio de 2013, e 14.195, de 26 de agosto de 2021. Brasília, DF, 2022. Disponível em: http://www.planalto.gov.br/ccivil_03/_ato2019-2022/2022/lei/L14382.htm. Acesso em: 25 jan. 2023.

[364] SCHREIBER, Anderson. A mudança tem nome: As alterações trazidas pela Lei 14.382/2022 ao Sistema Eletrônico dos Registros Públicos. Jota, [s. l.], 2 ago. 2022. Disponível em: https://www.jota.info/opiniao-e-analise/colunas/coluna-do-anderson-schreiber/a-mudanca-tem-nome-02082022. Acesso em: 6 abr. 2023.

[365] A comissão de juristas foi nomeada por ato do presidente do Senado Federal (ATS nº 4/2022), senador Rodrigo Pacheco, em 17 de fevereiro de 2022. BRASIL. Senado Federal. Ato do Presidente do Senado Federal nº 4, de 2022. Institui Comissão de Juristas responsável por subsidiar a elaboração de minuta de substitutivo para instruir a apreciação dos Projetos de Lei nºs 5.051, de 2019, 21, de 2020, e 872, de 2021, que têm como objetivo estabelecer princípios, regras, diretrizes e fundamentos para regular o desenvolvimento e a aplicação da inteligência artificial no Brasil. Diário do Senado Federal, Brasília, DF, p. 4-7, 17 fev. 2022. Disponível em: https://legis.senado.leg.br/sdleg-getter/documento?dm=9087218&ts=16475 51369960&disposition=inline#:~:text=Institui%20Comiss%C3%A3o%20de%20Juristas%20 respons%C3%A1vel,desenvolvimento%20e%20a%20aplica%C3%A7%C3%A3o%20. Acesso em: 24 mar. 2023. A comissão teve como presidente Ricardo Vilas Bôas Cueva, ministro do Superior Tribunal de Justiça, como relatora Laura Schertel Ferreira Mendes, e os seguintes titulares: Ana de Oliveira Frazão, Bruno Ricardo Bioni, Danilo César Maganhoto Doneda, Fabrício da Mota Alves, Miriam Vimmer, Wederson Advincula Siqueira, Claudia Lima Marques, Juliano Souza de Albuquerque Maranhão, Thiago Luís Santos Sombra, Georges Abboud, Frederico Quadros D'Almeida, Victor Marcel Pinheiro, Estela Aranha, Clara Iglesias Keller, Mariana Giorgetti Valente e Filipe Medon.

de minuta de lei para regulamentação da IA.[366] O projeto pretende ser um substitutivo aos Projetos de Lei nº 5.051/2019, 21/2020 e 872/2021, apresentados respectivamente pelo senador Styvenson Valentim, deputado Eduardo Bismarck e senador Veneziano Vital do Rêgo.

O resultado do trabalho, consubstanciado no Relatório Final, representa um verdadeiro glossário sobre temas de inteligência artificial, reunindo visões locais e globais. De acordo com o ministro do Superior Tribunal de Justiça e presidente da Comissão, Ricardo Villas Bôas Cueva, "[...] temos hoje um mapa muito completo do que se pensa no mundo sobre o tema no mundo e no Brasil".[367]

Uma das principais preocupações do relatório foi limitar ou banir tecnologias de alto risco para a sociedade, devendo todos os sistemas obedecer a princípios como liberdade de escolha, transparência, rastreabilidade de decisões, responsabilização, reparação de danos, inclusão e não discriminação. De acordo com o relatório, o novo marco legal tem duplo objetivo:

> De um lado, estabelecer direitos para proteção do elo mais vulnerável em questão, a pessoa natural que já é diariamente impactada por sistemas de inteligência artificial, desde a recomendação de conteúdo e direcionamento de publicidade na Internet até a sua análise de elegibilidade para tomada de crédito e para determinadas políticas públicas. De outro lado, ao dispor de ferramentas de governança e de um arranjo institucional de fiscalização e supervisão, criar condições de previsibilidade acerca da sua interpretação e, em última análise, segurança jurídica para inovação e o desenvolvimento econômico-tecnológico.

Os projetos de lei que tratam da IA e o trabalho da comissão multidisciplinar formada no Senado foram inspirados na Lei da IA (*AI Act*),[368] projeto atualmente em discussão no Parlamento Europeu.[369] O projeto europeu prevê controles rigorosos para aplicações de IA com

---

[366] BRASIL. Senado Federal. Agência do Senado. *Comissão conclui texto sobre regulação da inteligência artificial no Brasil*. Brasília, DF, 6 dez. 2022. Disponível em: https://www12.senado.leg.br/noticias/materias/2022/12/06/comissao-conclui-texto-sobre-regulacao-da-inteligencia-artificial-no-brasil. Acesso em: 28 jan. 2023.

[367] BRASIL. *Comissão conclui texto sobre regulação da inteligência artificial no Brasil*, 2022.

[368] COMISSÃO EUROPEIA. *COM(2021) 206 final*. Proposta de um regulamento do Parlamento Europeu e do Conselho estabelecendo regras harmonizadas sobre inteligência artificial (Lei de Inteligência Artificial) e alterando certos legislativos da União. Bruxelas, 21 abr. 2021. Disponível em: https://eur-lex.europa.eu/legal-content/EN/TXT/?uri=celex%3A52021PC0206. Acesso em: 3 fev. 2023.

[369] LOBO, Flávio. *Lei europeia poderá ser marco global para regulação da inteligência artificial*. Brasília, DF: Ipea, Centro de Pesquisa em Ciência, Tecnologia e Sociedade, 29 jun. 2022. Disponível em: https://www.ipea.gov.br/cts/pt/central-de-conteudo/noticias/noticias/313-lei-europeia-podera-ser-marco-global-para-regulacao-da-inteligencia-artificial. Acesso em: 3 fev. 2023.

maior potencial de dano para pessoas, grupos e comunidades, com o objetivo de prover transparência e *accountability* nas aplicações de IA, submetendo-as a parâmetros legais específicos.[370]

3.5.1 Projetos de lei para regulação das mídias sociais e plataformas digitais

Há ainda outros dois temas que escapam ao objetivo desta pesquisa, mas que versam sobre o ambiente regulatório digital relacionado à concentração econômica e à concorrência em mercados digitais, com foco nas grandes plataformas (as denominadas *big techs*); e atrelados à responsabilidade, transparência e moderação de conteúdo em plataformas digitais.

No Congresso Nacional, esses temas estão sendo debatidos, sobretudo, no PL nº 2.630/2020, que trata da regulação das mídias sociais (projeto de lei de combate às *fake news*), e no PL nº 2.768/2022, que trata da regulação das plataformas digitais. Apesar de, como já exposto, esses temas não serem o foco desta pesquisa, faz-se necessário tecer alguns comentários sobre o tema.

O PL nº 2.630/2020[371] refere-se à proposta de criação da Lei Brasileira de Liberdade, Responsabilidade e Transparência na Internet. Foi aprovado pelo Senado em junho de 2020 e atualmente se encontra em análise na Câmara dos Deputados. Uma das propostas da lei é criar normas para as redes sociais e aplicativos de mensagens, como WhatsApp e Telegram, com o objetivo de combater a desinformação.[372]

De acordo com Diogo Coutinho, o referido projeto de lei traz o conceito de autorregulação regulada, ao prever que as empresas do setor terão de criar padrões próprios e regras de transparência para se adequar à legislação, cabendo ao Comitê Gestor da Internet no Brasil

---

[370] Ver também: HEIKKILÄ, Melissa. A quick guide to the most important AI law you've never heard of. *MIT Technology Review*, [s. l.], May 13, 2022. Disponível em: https://www.technologyreview.com/2022/05/13/1052223/guide-ai-act-europe/?utm_campaign=site_visitor.unpaid.engagement&utm_medium=tr_social&utm_source=Twitter. Acesso em: 3 fev. 2023.

[371] BRASIL. Senado Federal. *Projeto de Lei nº 2.630/2020*. Institui a Lei Brasileira de Liberdade, Responsabilidade e Transparência na Internet. Autor: Alessandro Vieira. Brasília, DF, 2020. https://www25.senado.leg.br/web/atividade/materias/-/materia/141944. Acesso em: 6 abr. 2023.

[372] BRASIL. Senado Federal. Agência Senado. *Projetos em análise no Senado combatem desinformação e fake news*. Brasília, DF, 29 set. 2022. Disponível em: https://www12.senado.leg.br/noticias/materias/2022/09/26/projetos-em-analise-no-senado-combatem-desinformacao-e-fake-news. Acesso em: 24 mar. 2023.

(CGI.br) atuar como órgão regulador. Para Coutinho, ocorre que, se o CGI.br não for fortalecido, a aplicação da lei pode ser prejudicada: "Não dá para largar essas empresas sob a supervisão de um CGI.br que não têm competências claramente definidas, que não tem poderes normativos, que não é uma agência reguladora, cujas funções são muitas e os funcionários nem salário têm".[373]

A versão inicial do projeto de lei era focada em regras para determinar o processo democrático em relação ao combate de *fake news* e para a moderação de conteúdo disponibilizado nas redes. Quando o texto inicialmente aprovado no Senado Federal foi recebido na Câmara dos Deputados, o debate foi ampliado em razão das condutas de disseminação de informações de falsas práticas nas redes sociais durante o processo eleitoral, mas refletindo em outros aspectos relacionados às *big techs*, tais como o modelo de negócio praticado em relação à publicidade digital (discussão que restava superada após a aprovação do Marco Civil da Internet) e dos serviços digitais não regulados pela Anatel.

O principal foco da discussão do PL das *Fake News* segue sendo o atual artigo 19 do Marco Civil da Internet (MCI), que dispôs sobre o regime de responsabilidade das plataformas por conteúdo gerado por terceiros. Enquanto os Estados Unidos adotaram a regra de isenção de responsabilidade, no Brasil, o MCI estabeleceu que essa responsabilidade começa a partir de descumprimento de decisão judicial não cumprida, vale dizer, determinando ao Judiciário esse *locus* decisório. O PL nº 2.630/20 coloca esse regime em questionamento, sobretudo diante da ausência de decisão pelo STF sobre o questionamento da constitucionalidade do referido artigo 19 do MCI, que já tramita naquela corte há anos.

Sobre o tema da moderação de conteúdo, vale o registro de que, durante a votação do MCI, a propagação de *fake news* e de desinformação não tinha atingido os patamares e proporções atualmente existentes, e o difícil de ser solucionado no debate atual não é exatamente a remoção de conteúdo ilegal, mas, sim, daquele conteúdo considerado legal, porém de efeitos indesejados.

Observa-se, ainda, que, para além da regulamentação de conteúdo das plataformas digitais, com a adoção de algum tipo de supervisão (agência reguladora, autorregulação), está em debate a inclusão, no

---

[373] COUTINHO, Diogo. *Entrevista/USP/Diogo Coutinho*: regulador fraco pode tornar lei das fake news pouco efetiva. [Entrevista cedida a] Lander Porcella, Broadcast Político. Brasília, DF: NIC.Br, 5 abr. 2022. Disponível em: https://www.nic.br/noticia/na-midia/entrevista-usp-diogo-coutinho-regulador-fraco-pode-tornar-lei-das-fake-news-pouco-efetiva/. Acesso em: 24 mar. 2023.

escopo da norma, não apenas das redes sociais (por exemplo, Facebook, Instagram, TikTok, Kwai) e dos serviços de mensageria (por exemplo, Whatsapp, Telegram), como também dos buscadores (por exemplo, Google, Yahoo). E, no ano de 2023, a atuação das *big techs* para evitar a votação do PL das *Fake News* gerou intensa crítica sobre os limites da atuação e da composição dessas plataformas sobre os parlamentares, o que levou o presidente da Câmara dos Deputados, Arthur Lira, a defender a responsabilização das plataformas pelos excessos na atuação contrária ao projeto de lei.[374]

O PL nº 2.768/2020,[375] por sua vez, propõe a regulação, fiscalização e sanção das plataformas digitais que oferecem serviços ao público brasileiro. Segundo o PL, competiria à União, por intermédio da Agência Nacional de Telecomunicações e nos termos das políticas estabelecidas pelos Poderes Executivo e Legislativo, regular o funcionamento e a operação das plataformas digitais que oferecem serviços ao público brasileiro.

Entre outros aspectos, a Anatel seria responsável pelo disciplinamento e fiscalização das plataformas digitais que possuam poder de controle de acesso essencial. As plataformas digitais incluem ferramentas de busca, redes sociais, serviços de computação em nuvem e de *e-mail*, plataformas de compartilhamento de vídeo, entre outras. Todas elas passam a ser consideradas Serviço de Valor Adicionado (SVA), sob regulamentação, fiscalização e sanção pela Anatel.

SVA são serviços extras oferecidos pelas operadoras de telefonia. Atualmente, a Anatel tem ingerência limitada sobre eles e, pelo texto publicado no portal da Câmara dos Deputados sobre o PL nº 2.678/2020, a Anatel poderia expedir normas quanto à operação das plataformas digitais; deliberar administrativamente quanto à interpretação da legislação, incluindo os casos omissos; arbitrar conflitos de interesse envolvendo as plataformas ou usuários profissionais (usam as redes para fornecimento de bens ou serviços a usuários finais); e reprimir infrações dos direitos dos usuários.

---

[374] Para mais informações: BRASIL. Câmara dos Deputados. Notícias. *Lira defende responsabilização das 'big techs' por ofensiva contra o PL das Fake News*. Brasília, DF, 2 maio 2023. Disponível em: https://www.camara.leg.br/noticias/957860-lira-defende-responsabilizacao-das-big-techs-por-ofensiva-contra-o-pl-das-fake-news/. Acesso em: 6 maio 2023.

[375] BRASIL. Câmara dos Deputados. *Projeto de Lei nº 2.768/2022*. Dispõe sobre a organização, o funcionamento e a operação das plataformas digitais que oferecem serviços ao público brasileiro e dá outras providências. Autor: João Maia. Brasília, DF, 2022. Disponível em: https://www.camara.leg.br/proposicoesWeb/fichadetramitacao?idProposicao=2337417. Acesso em: 24 mar. 2023.

Como informa Diogo Coutinho, o PL nº 2.768/22 foi inspirado no *Digital Markets Act* (DMA) da UE, analisado no capítulo anterior. Para o referido autor, contudo:

> O PL 2768/2022 – apelidado de DMA brasileiro – inaugurou no Brasil um debate legislativo que já está em fases mais avançadas em outras jurisdições. No entanto, o texto proposto não foi submetido ao debate público, tampouco ao escrutínio de especialistas, essenciais para que as opções regulatórias sejam apresentadas e justificadas. Para além dos critérios de designação das plataformas e das obrigações às quais elas estariam sujeitas, falta – e isso é uma ausência importante – reflexão acerca de futura implementação da lei.[376]

Conforme se observa, a discussão sobre a responsabilidade das plataformas de comércio eletrônico e de responsabilização das redes sociais está no foco da agenda em 2023, com muitas mudanças no porvir. Apesar de esse tema não ser o objeto central desta pesquisa, o alerta que se faz é para que a academia se posicione nesse debate, conforme atualização apresentada no capítulo seguinte.

Por fim, deve-se registrar que, em junho de 2023, o Senado Federal aprovou o projeto de resolução que cria as Comissões de Comunicação e Direito Digital (CCDD) e de Defesa da Democracia (CDD) no âmbito da Casa.[377]

A Comissão de Comunicação e Direito Digital (CCDD) será responsável pela análise de temas referentes à inovação e desenvolvimento científico e tecnológico das comunicações; política nacional de comunicação; direito digital; meios de comunicação social e redes sociais; e inteligência artificial. Já a Comissão de Defesa da Democracia (CDD) tratará de matérias afetas à liberdade de expressão e manifestação e liberdade de imprensa.

---

[376] BARBOSA, Leonardo Peixoto. *Desafios da regulação digital*: parte 1. São Paulo: USP, 8 mar. 2023. Disponível em: https://politicaspublicas.direito.usp.br/desafios-da-regulacao-digital-parte-1/. Acesso em: 18 mar. 2023.

[377] BRASIL. Senado Federal. *Projeto de Resolução do Senado nº 63, de 2023*. Altera o Regimento Interno do Senado Federal e a Resolução do Senado Federal nº 3, de 2009, para criar a Comissão de Comunicação (CCom), a Comissão de Esporte (CEsp), e a Comissão de Defesa da Democracia (CDD) e redefinir as competências e a denominação da Comissão de Ciência, Tecnologia, Inovação, Comunicação e Informática (CCT) e da Comissão de Educação, Cultura e Esporte (CE). Brasília, DF: Senado Federal, 2023. Disponível em: https://www25.senado.leg.br/web/atividade/materias/-/materia/157767?_gl=1*15as0ek*_ga*NzQ5Mzk0MTM0LjE2NzM1NjY1NTQ.*_ga_CW3ZH25XMK*MTY4NjIzMTE1NC42LjEuMTY4NjIzMTE1OC4wLjAuMA.. Acesso em: 6 dez. 2023.

CAPÍTULO 4

NOVO PARADIGMA PARA AS POLÍTICAS PÚBLICAS PARA A TRANSFORMAÇÃO DIGITAL NO BRASIL: A RECONSTRUÇÃO DO ESTADO À LUZ DA CIDADANIA

Após a apresentação do estado da arte das normas e políticas públicas brasileiras para a transformação digital, bem como a análise da experiência internacional a partir do estudo de caso da União Europeia, este capítulo propõe reflexões sobre novos paradigmas para a formulação e implementação de políticas públicas para a transformação digital no Brasil, à luz da cidadania e da reconstrução do Estado.

Também é apresentado o Quadro de Problemas de Políticas Públicas, ferramenta metodológica da abordagem Direito e Políticas Públicas contendo a síntese descritiva sobre o atual problema da transformação digital e, sobretudo, proposta que pode contribuir para que o tema alcance novos patamares no Brasil.

Antes, porém, faz-se, no subcapítulo a seguir, o balanço analítico das normas e políticas públicas brasileiras para a transformação digital, a partir do estado da arte apresentado no capítulo 3. Problematizam-se os mecanismos jurídicos e institucionais adotados, o papel da burocracia e a baixa aderência política à pauta. Acredita-se que esse diagnóstico auxilia na compreensão das idiossincrasias jurídicas e institucionais de parte dessas normas, contribuindo, assim, para o objetivo final desta pesquisa, qual seja, analisar, ainda que parcialmente, os desafios para o Estado na formulação e implementação de políticas públicas para a transformação digital.

4.1 Balanço analítico: idiossincrasias jurídicas e institucionais e ausência de coordenação das normas e políticas públicas para a transformação digital no Brasil

Ao longo do terceiro capítulo, vimos que a edição de normas voltadas para a incorporação da tecnologia e para a transformação digital no Brasil não é um tema recente e tampouco linear. Contudo, quando comparado com a UE, que desenvolveu no plano jurídico-normativo uma própria agenda para coordenar e articular as políticas públicas para a transformação digital dos setores público e privado e da sociedade, vimos que, no Brasil, ainda que haja significativa normatização sobre temas relacionados à transformação digital, bem como planos e estratégias, inexiste uma macroestratégia que promova a articulação, em plano nacional, dessas medidas.

A ausência de ação coordenada e destinada a um propósito específico (uma agenda, nos moldes europeus) não significa que o Brasil não vem adotando, a partir de suas idiossincrasias jurídicas e institucionais, medidas importantes para o uso da tecnologia e o desenvolvimento da transformação digital no país. Observa-se, por exemplo, a partir do histórico apresentado no capítulo anterior, que a tecnologia e a transformação digital estão deixando de ser consideradas como ferramentas auxiliares para o desempenho da gestão (pública ou privada) e passam a ser percebidas como fenômenos complexos.[378]

Essa nova percepção não ocorreu apenas no âmbito do Estado. Na produção acadêmica sobre o tema, a literatura produzida na década de 1990 e começo dos anos 2000 estava concentrada na área de sistemas de informações, com análises teóricas e práticas do uso e do impacto das TIC no âmbito estatal. A visão geral dessas análises pode ser conferida nos estudos de Ana Júlia Possamai,[379] segundo a qual as ondas de inovação tecnológica eram tratadas de forma marginal pelas ciências políticas, administração pública, direito e políticas públicas, ao prevalecer o entendimento de que as inovações tecnológicas eram ferramentas auxiliares, restritas à gestão.

Já na última década, Possamai demonstra o crescimento da produção científica sobre o uso da tecnologia pela administração pública,

---

[378] POSSAMAI, Ana Júlia. *Democratização do Estado na era digital*: e-participação no ciclo de políticas públicas. 2011. 83 f. Artigo Final (Mestrado em Ciência Política) – Universidade Federal do Rio Grande do Sul, Porto Alegre, 2011. Disponível em: https://www.lume.ufrgs.br/bitstream/handle/10183/37815/000821702.pdf?sequence=. Acesso em: 16 mar. 2023.
[379] POSSAMAI, 2011.

especialmente sob o recorte do Governo Digital. Contudo, grande parte dessa produção volta-se ainda para estudos organizacionais e de gestão, com "[...] abordagem essencialmente descritiva das estratégias aplicadas para a implementação de grandes projetos tecnológicos [...]" e que, ainda, há pouco desenvolvimento teórico sobre os "[...] impactos das tecnologias sobre a capacidade estatal, o exercício da cidadania, a democracia, entre outras variáveis".[380]

De fato, há pouca produção acadêmica, inclusive no direito, sobre as normas, políticas e estratégias relacionadas à transformação digital. E ainda, por se tratar de fenômeno recente, carecem análises de variáveis políticas e jurídico-institucionais, bem como de tratamento que dê sistematicidade a essas análises.

Sendo a transformação digital um objeto móvel que, por essência, pressionará o direito, a política e a institucionalidade, a ausência de sistematização evidencia a desarticulação e fragmentação no próprio processo de elaboração e condução dessas normas e iniciativas, muitas delas apresentadas como respostas circunstanciais a eventos específicos (*event driven*) e que, se não articuladas em política de Estado, com visão de longo prazo, poderão ser insuficientes para evitar que o país sucumba à deriva dos acontecimentos danosos (como o caso das *fake news*) relacionados à tecnologia.

Conforme já exposto, o conjunto de documentos e normas mais próximas dessa macroestratégia coordenada é aquele relacionado à Estratégia Brasileira para a Transformação Digital (E-Digital), que busca "harmonizar" as iniciativas do Poder Executivo federal ligadas ao ambiente digital, visando "[...] aproveitar o potencial das tecnologias digitais para promover o desenvolvimento econômico e social sustentável e inclusivo, com inovação, aumento de competitividade, de produtividade e dos níveis de emprego e renda".[381]

Ainda que a E-Digital contemple, em seus eixos, a perspectiva de uma economia baseada em dados, na conectividade, em novos modelos de negócio e aponte para a cidadania na dimensão Governo, sob os pilares (dimensões) de infraestrutura e TIC – pesquisa, desenvolvimento e inovação, confiança no ambiente digital; educação e capacitação profissional; e uma dimensão internacional –, percebe-se a falta de definição de metas e indicadores precisos para aferir esses resultados.

Ao tentar aglutinar as ações contidas em outras estratégias (como o Governo Digital), a E-Digital considerou o modelo de governança

---

[380] POSSAMAI, 2011, p. 2.
[381] BRASIL. *Estratégia Brasileira para a Transformação Digital (E-Digital)*, 2022, p. 2.

ainda muito limitado ao escopo da administração pública federal. Mesmo quando se propõe a traçar medidas de inclusão digital, desenvolvimento de inovação, conectividade e capacitação digital para todo o país, falta um quadro de governança mais estruturado, com indicação de quais medidas, políticas públicas e instrumentos jurídicos serão priorizadas para esse fim. Além disso, carece de informações sobre programas específicos e sobre a destinação de fontes e recursos orçamentários que serão alocados em cada eixo.

Ao adotar essa visão mais geral como "carta de intenções", questiona-se se a E-Digital pode, de fato, ser considerada uma política nacional para a transformação digital. Em realidade, o que está por trás dessa constatação é o fato de que, apesar de existirem iniciativas específicas, a União ainda não exerceu seu papel estratégico na liderança para cooperação com os estados e municípios. Há, portanto, não apenas o desafio de trajetória, como também de sistematização e coordenação das normas e políticas públicas para a transformação digital em nível nacional.

Outro aspecto a ser registrado é que a extensa lista de prioridades da E-Digital, por si só, contraria a proposta de adotar medidas eficazes para esse tema. Ainda que, durante a última revisão da estratégia ocorrida em 2022, seja possível identificar mitigadoras para essas contingências, sobretudo a partir da governança digital, cibersegurança e capacitação digital, além da compreensão de que a transformação digital é fenômeno mais amplo e complexo do que o Governo Digital, trata-se do início de um processo que necessita expandir-se rumo a outras dimensões, sob pena de perda de oportunidade do potencial de renovação contido nessa agenda.

No entanto, ainda mais complexo do que as fragilidades existentes na E-Digital, que podem ser passíveis de ajustes, que, inclusive, já estão em curso pela nova gestão presidencial, é o Sistema Nacional para a Transformação Digital (SinDigital). Sobre o SinDigital, parece não haver possibilidade de ajustes, e a medida, assim como outras políticas e estratégias digitais brasileiras, foi apresentada apenas para cumprir requisitos formais de convergência para possível adesão do Brasil à OCDE. É necessário, de fato, criar esse Sistema e, para tanto, serão apresentadas propostas na aplicação do Quadro de Problemas.

Esse cenário confirma o diagnóstico de Filgueiras, Fernandes e Palotti, de que a transformação digital no Brasil tem resultado em processos inconsistentes e incompletos, embora se saiba que o desafio da coordenação de políticas públicas no Brasil, seja na fase de formulação ou de implementação, não é exclusividade do tema objeto de estudo desta pesquisa.³⁸²

A ausência de estratégia efetiva para a transformação digital revela dois aspectos importantes: o primeiro é que, apesar dos esforços dignos de registro, nem mesmo a administração pública federal logrou destrinchar a dinâmica interna do que se entende como o "combo" ou "agenda" digital, ou seja, o que se pretende alcançar, em nível nacional, para o enfrentamento dos desafios colocados pelo Estado, para a sociedade e a economia na transformação digital; o segundo é a aparente disputa entre a alocação de capacidades em uma governança interna para o digital (Governo Digital) e a transformação digital em nível nacional, o que demandaria o ajuste de foco e a divisão do espaço de centralidade da União, cedendo lugar para os estados e municípios.

No âmbito federativo, havia a expectativa de que o governo federal fosse provedor de soluções a serem compartilhadas com os estados e municípios, o que não se concretizou em termos de volume e velocidade esperados. Houve, por exemplo, o compartilhamento do acesso ao gov.br com serviços públicos estaduais e municipais e o início de projeto-piloto para cadastro e realização da prova de vida via Serpro, mas são iniciativas pontuais e isoladas que não fazem parte de uma política estruturada de integração.³⁸³

Não há dúvidas de que o desafio para a integração de uma agenda dessa envergadura no contexto federativo brasileiro não é simples, e a divisão de competências constitucional e prestação de serviços públicos entre os três entes federativos demanda intensa organização dos fluxos para a interoperabilidade e a convergência tecnológica e de informação, mas essa medida não é apenas necessária, como urgente.

Outra conclusão extraída a partir das dez estratégias e políticas que compõem as "políticas digitais" brasileiras³⁸⁴ é a possibilidade de

---

[382] Celina Souza possui amplo trabalho acadêmico sobre a coordenação de políticas públicas. Para mais informações: SOUZA, Celina. *Coordenação de políticas públicas*. Brasília, DF: Escola Nacional de Administração Pública, 2018. (Coleção Governo e Políticas Públicas). Disponível em: https://repositorio.enap.gov.br/bitstream/1/3329/1/Livro_Coordena%C3%A7%C3%A3o%20de%20pol%C3%ADticas%20p%C3%BAblicas.pdf. Acesso em: 4 jan. 2023.

[383] BRASIL. Ministério do Trabalho e Previdência. *INSS amplia e simplifica prova de vida digital*. Brasília, DF, 23 fev. 2021. Disponível em: https://www.gov.br/inss/pt-br/assuntos/prova-de-vida/inss-amplia-e-simplifica-prova-de-vida-digital. Acesso em: 4 jan. 2023.

[384] Governo Digital (E-Gov); a Estratégia Brasileira para a Transformação Digital (E-Digital); a Estratégia Brasileira de Inteligência Artificial; a Política Nacional de Segurança da Informação (PSNI); a Estratégia Nacional de Segurança Cibernética (E-Ciber); a Estratégia Brasileira para Redes 5G; a Política Nacional de Inovação e a Estratégia Nacional de

se chegar a falsas conclusões sobre o nível de maturidade das medidas que o Brasil vem adotando para a transformação digital: ao seguir o modelo da OCDE e premissas adotadas por *rankings* e recomendações de outras organizações internacionais, é correto afirmar que esses documentos posicionam os temas relacionados à transformação digital no plano jurídico-normativo. Contudo, quando analisados sob os aspectos políticos e institucionais, defende-se a existência de inconsistências que colocam em xeque a efetividade de parte dessas medidas.

Há um elemento central na compreensão dessa discrepância entre a oficialidade e efetividade: a atuação da burocracia na jornada da transformação digital. Novamente, retomando a análise da evolução normativa sobre o tema, observa-se que as iniciativas para o que na atualidade se compreende como transformação digital surgiram para tornar o governo "eletrônico" a partir da incorporação das tecnologias da informação. Assim, essa pauta nasce no âmbito federal altamente atrelada à ideia de gestão pública, modernização e simplificação administrativa, temas essencialmente albergados dentro da burocracia, sobretudo durante as ondas da Administração Geral ou *New Public Management* que ecoaram no Brasil.[385] Esta pesquisa alerta para o fato de que o Governo Digital não se limita a ser a nova versão da agenda da gestão pública apolítica que existiu na década de 1990.[386]

Ainda assim, deve-se reconhecer que, ao desenvolver o Governo Eletrônico (e, posteriormente, o Governo Digital), a burocracia federal deu os primeiros passos rumo à transformação digital brasileira. Essa atuação, ao longo dos anos, ocorreu em *locus* de excelência da burocracia federal, sobretudo no âmbito do Ministério do Planejamento e Gestão, com a participação de servidores públicos federais concursados e altamente qualificados, que se mantiveram, ou ainda se mantêm, em posição de destaque sobre a transformação digital no âmbito da administração pública federal.

Para cumprir esse papel, a burocracia valeu-se de redes institucionais formais e informais para a condução dessa pauta, por intermédio de coalizões internas e externas. No plano interno, essa rede partiu do

---

Inovação; a Política e os Planos de Ação para Governo Aberto; o Plano Nacional de Internet das Coisas; e a computação em nuvem.

[385] PEREIRA, Luiz Carlos Bresser. Da administração pública burocrática à gerencial. *Revista do Serviço Público*, Brasília, DF, ano 47, v. 120, n. 1, p. 7-40, jan./abr. 1996. Disponível em: https://revista.enap.gov.br/index.php/RSP/article/view/702. Acesso em: 4 jan. 2023.

[386] Vale destacar que, depois do *New Public Management*, que era criticado por ser muito pró-privado, veio o movimento do *New Public Governance*, compreendido como a tentativa de envolver o cidadão no processo decisório das políticas públicas.

reconhecimento e notoriedade técnica da sua atuação no processo de digitalização dos serviços públicos federais, que rapidamente foram percebidos como potencialidades para o enrobustecimento da agenda da gestão pública eficiente.

Já no âmbito externo, as coalizões formaram-se, sobretudo, diante do nivelamento desse debate com instituições internacionais, como a OCDE, o Banco Mundial, entre outras,[387] mas, também, em redes nacionais, como o Conselho Nacional de Secretários de Estado da Administração (Consad), que teve papel relevante na propagação da agenda para o Governo Digital, inclusive com recente parceria formulada com o Centro de Liderança Pública (CLP) para o lançamento da Plataforma de Transformação Digital do Grupo de Transformação Digital dos Estados e Municípios, o GTD.GOV, em parceria com a Microsoft.[388]

O sucesso dessa trajetória da burocracia pode ser auferido nos índices de avaliação do Governo Digital no Brasil: pesquisa do Banco Interamericano de Desenvolvimento (BID),[389] realizada entre os meses de outubro e dezembro de 2020, demonstrou que, apesar de existirem lacunas importantes a serem resolvidas, como mostra a lupa posta sobre estratos populacionais etários, de renda e escolaridade, o Brasil possui níveis bastante elevados de presença e de adesão a ferramentas digitais relacionadas aos serviços públicos. Porém, esse amadurecimento é restrito, em grande parte, aos serviços públicos federais: enquanto o Brasil é o 2º colocado no *ranking* do Banco Mundial de maturidade de governo digital na esfera federal, cai para o 44º lugar se adicionados os serviços prestados por estados e municípios, o que expõe uma das fragilidades de assimetria digital que precisam ser enfrentadas rapidamente.[390]

Observa-se que, sob o aspecto institucional, parte da agenda para a transformação digital ancorou-se na burocracia federal, sob o recorte

---

[387] CARPENTER, Daniel P. *The Forging of Bureaucratic Autonomy*: Reputations, Networks, and Policy Innovation in Executive Agencies, 1862-1928. Princeton: Princeton University Press, 2001.

[388] O Grupo de Transformação Digital dos Estados e DF – GTD.GOV é uma rede nacional que reúne especialistas em transformação digital dos governos estaduais e distrital de todo o país. É formado por mais de mil servidores e empregados públicos que atuam de forma totalmente voluntária. GTD.GOV. *Grupo de Transformação Digital dos Estados e DF*: quem somos. Brasília, DF, 2020. Disponível em: https://gtdgov.org.br/quem-somos. Acesso em: 10 fev. 2023.

[389] LAFUENTE, Mariano et al. *Transformação digital dos governos brasileiros*: satisfação dos cidadãos com os serviços públicos digitais. New York: Banco Interamericano de Desenvolvimento (BID), 2021. Disponível em: https://publications.iadb.org/pt/transformacao-digital-dos-governos-brasileiros-satisfacao-dos-cidadaos-com-os-servicos-publicos. Acesso em: 10 fev. 2023.

[390] LAFUENTE *et al.*, 2021.

do Governo Digital. E há ganhos importantes a serem considerados: o patrocínio e interesse da burocracia, somados às coalizões internas e externas acima apontadas, permitiram não apenas que a pauta não caísse em completo descaso durante o governo Bolsonaro, como, na realidade, promoveram uma clivagem de parte dessa agenda em normas, planos e estratégias federais. Isso talvez justifique, ao menos em parte, o fato de, em meio ao processo de desmonte de políticas públicas e de enfraquecimento institucional promovido durante as últimas gestões presidenciais, terem ocorrido desenvolvimentos jurídico-normativos para a transformação digital, ainda que com o alerta de que, para alguns casos, a falta de efetividade decorra da ausência de fundamentos jurídicos capazes de sustentar uma política pública e da limitação do discurso de modernização do Estado.

E, nesse sentido, há importantes correções de rota e de mérito a serem promovidas. Citam-se, como exemplo, a Política de Inovação, que era atualizada ao mesmo tempo em que se faziam cortes orçamentários históricos nas instituições públicas de ensino e inovação; Políticas e Planos de Ação para Governo Aberto, que foram atualizados no período em que o governo federal aumentava a classificação de informações sigilosas; ou a atribuição da coordenação da Política Nacional de Segurança da Informação e da Segurança Cibernética ao Gabinete de Segurança Institucional (GSI), em meio ao processo de militarização do GSI. Vimos ainda casos de planos genéricos, como o Plano Nacional de Internet das Coisas e o Plano para Computação em Nuvem; e estratégia que chegou com significativo atraso, como a Estratégia para Redes 5G.

Assim, o resultado é o universo normativo, no qual o Brasil possui planos e estratégias para desenvolvimento das políticas para a transformação digital, e o mundo dos fatos, em que essas medidas possuem limitado alcance e baixa efetividade. Defende-se que essas limitações decorrem, sobretudo, do fato de que a agenda da burocracia não logrou espaço para promover essa pauta na arena política, e a falta de espelhamento entre as prioridades da burocracia e da política resultou no encapsulamento de parte dos temas para a transformação digital no âmbito de nichos da administração pública federal, como o Governo Digital.

Isso nos leva ao momento atual da temática: a ausência de compromisso político observado nos últimos anos e o foco da burocracia em promover o Governo Digital não permitiram que a transformação digital ganhasse um salto para integrar um amplo projeto político em nível nacional, seja na dimensão Governo, seja nas dimensões sociedades e economia. Ao ficar limitada sobremaneira no âmbito federal e, mais ainda, no Governo Digital, não foi possível promover o giro paradigmático da transformação digital de uma agenda de gestão pública para o eixo de estruturação do Estado, preparado para enfrentar os desafios da transição digital.

Essa compreensão desvela a última camada que se pretende explorar nesse fecho analítico e que mais destoa quando pensada a realidade brasileira em comparação com a europeia: a "torção semântica"[391] que a transformação digital ganhou no Brasil.

Vimos que a transformação digital no Brasil adotou como fundo teórico o princípio da eficiência. Há ao menos dois motivos que justifiquem essa vinculação e que já foram parcialmente explicados nesta pesquisa: o primeiro refere-se à própria percepção, que perdurou durante muitos anos, de se tratar de uma pauta de gestão pública e que, portanto, busca a racionalização da atuação estatal a partir da incorporação de novas ferramentas tecnológicas; o segundo refere-se ao fato de que o princípio da eficiência foi o elo de possibilidade de aderência dessa pauta nos governos liberais-conservadores, que, de acordo com Emiliano Brunet e Maria Paula Dallari Bucci, "[...] chacoalharam as bases do Estado social inclusive sobre o discurso assentado em conceito vago de modernização e profissionalização da administração pública".[392]

Para Brunet e Bucci, há fragilidade nesses conceitos liberais que se equivocam ao supor "[...] que os ganhos de eficiência associados à especialização e à racionalização burocráticas acarretem, necessária e automaticamente, maior funcionalidade do aparato administrativo vis à vis da reprodução das esferas política e econômica no capitalismo".[393]

É nessa torção semântica que está a maior diferença – e utilidade – da análise de como o tema vem sendo construído na União Europeia e no Brasil: a grande contribuição do estudo da UE não é promover um transplante institucional para incorporar no ambiente jurídico-institucional brasileiro regras e práticas bem-sucedidas em países

---

[391] Expressão cunhada por Brunet e Bucci.
[392] BRUNET, Emiliano Rodrigues; BUCCI, Maria Paula Dallari. Os Desafios para a Reconstrução do Estado Social no Brasil Pós-Pandemia: Aprendizados a Partir das Políticas Públicas e Capacidades Estatais. *Direito Público*: Revista Oficial do Programa de Pós-Graduação Stricto Sensu em Direito – Mestrado e Doutorado Acadêmico – do Instituto Brasileiro de Ensino, Desenvolvimento e Pesquisa, Brasília, DF, ano 18, n. 98, p. 515-542, mar./abr. 2021. p. 532. Disponível em: http://www.mpsp.mp.br/portal/page/portal/documentacao_e_divulgacao/doc_biblioteca/bibli_servicos_produtos/bibli_informativo/2021_Periodicos/Direito-Publico_n.098.pdf. Acesso em: 10 fev. 2023.
[393] BRUNET; BUCCI, 2021, p. 532.

desenvolvidos,[394] mas, sim, o fato de que a Europa lastreou a transformação digital não apenas como ganhos de eficiência ou racionalização burocrática, mas como pilar do pleno exercício da cidadania e, mais recentemente, com o NGEU, como eixo estruturante de reconstrução dos Estados-Membros no pós-pandemia. Ao menos na percepção desta pesquisa, a transformação digital na UE não é vista como fator de barateamento do Estado, e sim, ao contrário, como fortalecimento do Estado e do bem-estar social.

E aqui está o ponto central desta pesquisa: compreender fenômenos como a tecnologia e a transformação digital, na perspectiva do Estado, do direito e das políticas públicas, requerem descolá-las do recorte da eficiência e da modernização da gestão pública, embora não se negue a importância dessa camada como um início, mas não como um fim. Para que a transformação digital possa ser compreendida em sua dimensão ampla de fenômeno tecnológico, social e político, devem ser abertas novas fronteiras na institucionalidade, no direito e no modo de ação estatal.

Ao pensar na transformação digital como mecanismo de fortalecimento do Estado, a UE lançou as bases da sua transição digital em pilares completamente diferentes daqueles que observamos no Brasil e que não necessariamente devem estar atrelados à agenda liberalizante ou de enfraquecimento do Estado.

Por esse motivo, interessa muito mais que esta pesquisa reflita sobre o modelo europeu como impulso exógeno,[395] não para promover artificialidades jurídicas ou institucionais com pequena chance de sucesso no Brasil, mas como chave para a mudança de paradigma da transformação digital da eficiência para a cidadania, a partir de pilares para a reconstrução do Estado, o que demandará novos fundamentos jurídicos e níveis de comprometimento, tanto da burocracia quanto dos atores políticos.

É nesse agir do Estado que reside a preparação da sociedade e da economia para usufruir dos efeitos positivos da transição digital, bem como para suportar os efeitos adversos inevitáveis decorrentes desse processo. Cabe ao Estado assumir seu papel estratégico na condução transversal da transformação digital como eixo estruturante de um amplo feixe de políticas públicas.

---

[394] SCHAPIRO, Mario Gomes. Repensando a relação entre Estado, direito e desenvolvimento: os limites do paradigma rule of law e a relevância das alternativas institucionais. *Revista Direito GV*, São Paulo, v. 6, n. 1, p. 213-252, jan./jun. 2010. Disponível em: https://www.scielo.br/j/rdgv/a/Cw8vMvM6FRCzXWRB9HcHZZj/?lang=pt. Acesso em: 10 fev. 2023.

[395] BRUNET; BUCCI, 2021, p. 538.

4.2 A transformação digital como eixo estruturante da reconstrução do Estado social brasileiro

De acordo com dados do Banco Mundial, a pandemia de COVID-19 agravou os níveis de recessão em escala global, com maior contração do Produto Interno Bruto (PIB) dos países em 120 anos.[396] No caso do Brasil, mesmo antes da pandemia, o país já vinha enfrentando o crescimento reduzido da economia, com aumento da taxa de desemprego e do número de pessoas em situação de pobreza.

Para Emiliano Rodrigues Brunet e Maria Paula Dallari Bucci, a crise sanitária causada pela COVID-19 é indissociável da crise econômica e política em curso no país desde 2016, com desaceleração da economia, agravamento das desigualdades e formação de um bloco de poder em torno de agenda de reformas de caráter liberal-conservador e que colocou em risco as bases do Estado social brasileiro,

> [...] não apenas pela agenda de reformas econômicas de inspiração ultraliberal, como também pela agressão a instituições e a serviços públicos que materializam todo um ciclo de implementação de políticas públicas pós-Constituição de 1988. Parte desta agenda, que implica diretamente o futuro do Estado social, assenta-se no imaginário do "fracasso do Estado", pisoteando o legado de capacidades estatais adquiridas ao longo da materialização do programa público e universalista da Constituição.[397]

Contudo, para Brunet e Bucci, os desafios colocados pela pandemia suscitaram o resgate do pacto social, político e econômico para a retomada do papel do Estado na promoção e no desenvolvimento econômico e social. Por esse motivo, dentro dos desafios lançados para o Estado na transformação digital, optou-se por tratar do processo de retomada do Estado social traçado pela Constituição da República de 1988. Assim, a partir do debate no contexto global sobre um "Estado pós-COVID", propenso a modelos mais intervencionistas, os autores traçam considerações sobre o Estado social no Brasil:

> Embora a pandemia da Covid-19 tenha revelado um horizonte de revalorização dos papéis do Estado, considerando a deterioração do quadro fiscal, com o aumento da dívida pública e os auxílios durante

---

[396] WORLD BANK. *World development report 2022*: Finance for na equitable recovery. Washington, DC: World Bank Group, 2022. Disponível em: https://static.poder360.com.br/2022/02/banco-mundial-pandemia-efeitos-fev2022.pdf. Acesso em: 10 fev. 2023.
[397] BRUNET; BUCCI, 2021, p. 522.

a crise, somado a problemas estruturais anteriores, terá o Estado social sustentação política para se impor como alternativa indispensável a um mínimo de coesão da sociedade brasileira, reconstruindo sua ação e fazendo os dispêndios necessários para reverter o desmonte de políticas públicas em marcha?[398]

Percebe-se que o futuro do Estado social brasileiro é algo a ser construído e, para Bucci,[399] essa retomada deve ocorrer mediante a reconstrução do Estado e a ampliação de investimentos públicos, o que abre espaço para a revalorização de políticas públicas e mediante a recomposição de forças políticas capazes de superar o "[...] o obscurantismo autoritário, para se desdobrarem em ação política capaz de reconduzir o país à plenitude do funcionamento democrático [...]".[400]

Bucci alerta ainda que, no Brasil, assim como nos demais países de redemocratização tardia, nos quais o Estado social não chegou a se instalar, as políticas públicas ganharam significado específico: o de efetivar as disposições civilizatórias da Constituição de 1988 e que a turbulência antidemocrática vivenciada nos últimos anos se expressou em concepções antipolíticas públicas em quase todas as áreas. Para Bucci, essa postura resume a antítese às ideias de coordenação, cooperação e participação e está ancorada em "[...] matriz de pensamento defasada, ignorante da organização própria da democracia participativa, por ideologia autoritária e limitação técnica".[401]

Com o resultado das eleições presidenciais de 2022, já se observa um novo esforço para interromper esse ciclo dos últimos anos mediante a mobilização de forças políticas para a sustentação de políticas públicas de Estado, o que se mostra como uma oportunidade rara para a definição de prioridades e ações que determinarão o futuro das próximas gerações. A forma como essa retomada ocorrerá é importante, sobretudo porque, como alerta Bucci:

---

[398] BRUNET; BUCCI, 2021, p. 520.
[399] BUCCI, Maria Paula Dallari. A (Re) Construção do Estado Social Brasileiro: Políticas Públicas e Reformas. *Interesse Nacional*, São Paulo, ano 13, n. 50, p. 23-27, set. 2020a. Disponível em: https://interessenacional.com.br/a-reconstrucao-do-estado-social-brasileiro-politicas-publicas-e-reformas/. Acesso em: 16 mar. 2023.
[400] BUCCI, 2020a, p. 23.
[401] BUCCI, Maria Paula Dallari. Fortalecimento do Estado depois da pandemia não está garantido. *Folha de S. Paulo*, São Paulo, 20 abr. 2020b. Disponível em: https://www1.folha.uol.com.br/ilustrissima/2020/04/fortalecimento-do-estado-depois-da-pandemia-nao-esta-garantido.shtml. Acesso em: 16 mar. 2023.

São relativamente recentes, na história constitucional do país, as condições para as chamadas políticas de Estado, que dependem de continuidade ao longo de várias gestões. Sem elas, a cada eleição novos governantes começam do zero, reiniciando tentativas e erros e colhendo poucos resultados, como foi a história dos direitos sociais no Brasil desde sempre.[402]

O investimento no Estado e nas políticas públicas como resposta à crise decorrente da pandemia, retomando modelos de programas de estruturas keynesianas, é realidade na Europa, a partir dos investimentos inéditos albergados no NGEU, conforme analisado no capítulo 2. Por isso, o estudo de caso da UE foi duplamente relevante para esta pesquisa: o bloco optou por promover, no pós-pandemia, o fortalecimento dos serviços e investimentos públicos como alternativa para a superação da crise, a partir do posicionamento do Estado como importante agente na garantia da coesão social. E, para tanto, a UE definiu como eixos estruturantes da reconstrução do Estado a preparação das futuras gerações para as transições verde e digital.

Essa abordagem, *per si*, já traz importante contribuição da UE para a realidade brasileira ao situar a transformação digital como eixo estruturante das políticas públicas para reconstrução da Europa. Ainda que no Brasil não tenham sido verificadas respostas para a COVID-19 nos moldes estruturados na UE e a capacidade de financiamento nacional não esteja em paridade com a europeia, o novo dimensionamento jurídico, social, econômico e político que a transformação digital recebeu naquele continente incita a reflexão no Brasil sobre o desenvolvimento de novo fundamento teórico que permita explorar a potencialidade dessa pauta.

Os países que souberem mostrar resiliência e absorver a inovação e a transformação digital para incrementar serviços públicos e privados, sobretudo para promover a melhoria da qualidade de vida da população, seja por intermédio de educação, emprego e renda, certamente adquirirão diferencial para minimizar as consequências adversas relacionadas à dependência tecnológica e desigualdades que podem ocorrer em razão da rápida transformação social e econômica em curso.[403]

---

[402] BUCCI, 2020b.
[403] PEREIRA, Cadu. Políticas públicas e a revolução digital. *TI Inside*, [s. l.], 6 maio 2022. Disponível em: https://tiinside.com.br/06/05/2022/politicas-publicas-e-a-revolucao-digital/. Acesso em: 16 mar. 2023.

A agenda europeia pode servir ao Brasil como referência não só à retomada econômica, por medidas de fortalecimento do Estado, como, ainda, para a transformação digital como uma das vias de acesso dessa reconstrução. A despeito dos inúmeros problemas e desafios sociais existentes na realidade brasileira, esse pode ser um importante vetor de renovação para o país.

Conforme exposto, sob a perspectiva do direito e, especialmente, da teoria do Estado, há uma infinidade de abordagens possíveis para o enfrentamento do tema da transformação digital, tais como a busca da eficiência na administração pública, a análise das capacidades estatais para enfrentamento das mudanças tecnológicas, o investimento social, entre outras.

O caminho metodológico seguido nesta pesquisa, sem deixar de reconhecer a relevância das demais abordagens possíveis, foi posicionar a transformação digital no centro do debate das políticas públicas, como um dos eixos estruturantes da reconstrução do Estado no pós--pandemia, à luz da cidadania.

Para que isso seja possível, as políticas públicas para a transformação digital devem passar pela priorização, implementação e coordenação de uma ampla agenda federativa focada na acepção ampla da transformação digital dos governos, setor produtivo e sociedade.

4.3 A cidadania como novo fundamento para a transformação digital

Para a perspectiva da cidadania, o estudo das normas e políticas públicas para a transformação digital na UE mostrou-se relevante diante da guinada promovida naquele continente, à luz da sua tradição de Estado, de redefinir os fundamentos normalmente atrelados à transformação digital, ao priorizar a transformação digital de forma ampla, nas dimensões governo, setor produtivo e sociedade, posicionando o cidadão no centro desse processo.

Vimos, também, nesta pesquisa que o desafio colocado aos países, atualmente, não é mais necessariamente o de acesso à tecnologia, mas, sim, de como criar políticas públicas e formatos jurídicos que fomentem os aspectos positivos e inibam os aspectos negativos da tecnologia. Para tanto, o próximo passo para a transformação digital é não apenas olhar para o governo e para a prestação de serviços públicos, mas como dar continuidade ao processo de formulação e implementação de políticas públicas transversais que envolvam a indução à preparação do setor produtivo para explorar as potencialidades da economia digital e, ao mesmo tempo, como promover a preparação da sociedade para a transição digital, o que deverá ocorrer, entre outras formas, pela via da cidadania e de políticas públicas redistributivas.

Essa nova abordagem é pautada na necessidade de reconstrução do Estado e da busca da efetiva cidadania para ajudar a combater o déficit de competências e a buscar novas formas de investimentos públicos e privados, a partir das políticas públicas. No Brasil, assim como nos países de redemocratização tardia do final do século XX, em que o Estado social não chegou a se instalar, Bucci afirma que as políticas públicas representaram importante salto na promoção da cidadania, porque adquiriram significado distinto, de efetivar as disposições civilizatórias da Constituição de 1988: as políticas públicas são a ossatura e o tecido conjuntivo de nosso Estado social em (des)construção.[404]

Já os estudos sobre cidadania apontam para a formulação teórica inicial proposta por T. H. Marshall[405] sobre o contexto da Inglaterra do fim do século XIX. É possível sintetizar a proposição de Marshall, na divisão do conceito de cidadania, em três elementos: civil, composto dos direitos necessários à liberdade individual (de ir e vir, de imprensa, de pensamento e fé, propriedade, contratos e justiça); político, sendo o direito de participar no exercício do poder político como um membro de um organismo investido da autoridade política ou como eleitor dos membros de tal organismo; social, ao qual se refere desde o direito a um mínimo de bem-estar econômico e de segurança até o direito de participar por completo da herança social, vivendo de acordo com os padrões que prevalecem na sociedade.

A hipótese sociológica latente no ensaio de Marshall é de que existe uma espécie de igualdade humana básica associada com o conceito de participação integral na comunidade (cidadania), o qual não é inconsistente com as desigualdades que diferenciam os vários níveis econômicos na sociedade, visto que a desigualdade do sistema de classes sociais pode ser aceitável desde que haja o reconhecimento efetivo da igualdade de cidadania.[406]

---

[404] BUCCI, 2020a.
[405] MARSHALL, T. H. *Cidadania, classe social e status*. Tradução de Meton Porto Gadelha. Rio de Janeiro: Zahar Editores, 1963. Disponível em:https://edisciplinas.usp.br/pluginfile. php/999642/mod_resource/content/1/MARSHALL%2C%20T.%20H.%20Cidadania-Classe-Social-e-Status.pdf. Acesso em: 16 mar. 2023.
[406] MARSHALL, 1963.

Essa igualdade humana básica tem sido enriquecida com nova substância e investida de direitos, por intermédio da identificação do *status* de cidadania. Contudo, para Marshall, a cidadania se tornou, sob certos aspectos, o arcabouço da desigualdade social legitimada, quando há o divórcio progressivo entre as diferenças real e nominal que extrapolam as desigualdades sociais aceitáveis. Assim, as diferenças de *status* podem receber a chancela de legitimidade em termos de cidadania democrática, desde que não sejam muito profundas e desde que não sejam expressão de privilégio hereditário.

A partir da teorização de Marshall sobre a construção da cidadania na Inglaterra, José Murilo de Carvalho analisa o espaço que a cidadania ganhou no processo de redemocratização após a ditadura militar, com seu cume ocorrido com a promulgação da "Constituição Cidadã".[407]

Carvalho problematiza a cidadania, a partir de seu significado, sua evolução histórica e as perspectivas. Para ele, na realidade brasileira, embora tenhamos logrado êxito em diversos campos (eleições diretas, direito a voto, etc.), problemas centrais da nossa sociedade ainda persistem, tais como violência urbana, desemprego, analfabetismo, má qualidade da educação, etc. Isso se explica pelo fato de que o exercício de certos direitos, como a liberdade de pensamento e voto, não gera automaticamente o gozo de outros, como segurança e emprego, e traz à tona a noção de dimensões atreladas ao conceito de cidadania.

O conceito em torno do exercício pleno da cidadania, nos moldes desenvolvidos no Ocidente, que combine liberdade, participação e igualdade, embora possa servir de parâmetro, representa um ideal quase inatingível no Brasil. Assim, o ponto de chegada para as sociedades ocidentais pode ser o mesmo – a cidadania plena, desdobrada em direitos civis, políticos e sociais –, mas Carvalho entende que os caminhos são distintos e não lineares, o que ocasiona a diferenciação entre cidadãos plenos e incompletos.

Para Carvalho, a diferença do Brasil em relação aos outros países sobre o desenvolvimento da cidadania se deu diante da natureza do percurso que percorremos. Na sequência inglesa, brevemente descrita, havia uma lógica que reforçava a convicção democrática, composta primeiro pelas liberdades civis, garantidas por um Judiciário cada vez mais independente do Executivo. Com base no exercício das liberdades, expandiram-se os direitos políticos consolidados pelos partidos e pelo

---

[407] CARVALHO, José Murilo de. *Cidadania no Brasil*: o longo caminho. 3. ed. Rio de Janeiro: Civilização Brasileira, 2002.

Legislativo. Finalmente, pelas ações dos partidos e do Congresso, votaram-se os direitos sociais, postos em prática pelo Executivo.

A cronologia e a lógica da sequência descrita por Marshall foram invertidas no Brasil: primeiro vieram os direitos sociais, implantados em período de supressão dos direitos políticos e de redução dos direitos civis; depois, vieram os direitos políticos.

No mesmo sentido, Eduardo José Grin traz importante debate sobre os direitos sociais e o regime democrático na agenda de construção da cidadania no Brasil, ao lançar a seguinte indagação: será que a constituição da cidadania no Brasil inverteu a ordem, criando um sistema de direitos sociais antes de consolidar os direitos civis e políticos? Esse processo teria gerado a *estadania*, fruto de uma cultura orientada mais para o Estado do que para a representação, em contraste com a cidadania.[408]

De acordo com Grin, alguns fatores explicam esse processo: enquanto na Europa, reivindicar a igualdade foi central na luta da classe trabalhadora europeia, sobretudo pelo direito à educação e ao voto, no Brasil, com a exclusão dos analfabetos do direito de votar, até 1985, educação e direito de voto tiveram um peso menor na construção da cidadania nacional.

Da mesma forma, enquanto na Europa a expansão da indústria influenciou a ação política da classe trabalhadora em busca de direitos sociais, no Brasil, com a industrialização, apenas os estratos inseridos no mercado de trabalho formal tiveram direitos reconhecidos. Na prática, isso implica na ausência de luta política dos "de baixo" para ampliar direitos, mas uma política das novas elites dominantes para criar uma cidadania limitada.

Ainda há de ser considerada a efetivação do nosso direito de associação e de organização sindical: no Brasil, foram criados sindicatos dependentes legal e financeiramente, criando uma estratificação que legalizou as bases da cidadania regulada.

Grin aponta, ainda, que, até a década de 1970, ter profissão reconhecida e emprego formal no Brasil eram requisitos para reconhecimento de direitos sociais e, com isso, as políticas sociais serviram aos objetivos da elite dominante ao criar sustentação social nas cidades, como lócus de emprego formal, sem rota de conflito com os padrões de acumulação, para promover o desenvolvimento capitalista.

---

[408] GRIN, Eduardo José. Regime de Bem-Estar Social no Brasil: Três Períodos Históricos, Três Diferenças em Relação ao Modelo Europeu Social-democrata. *Cadernos Gestão Pública e Cidadania*, São Paulo, v. 18, n. 63, p. 186-204, jul./dez. 2013.

Entre 1930 e 1964, teve início o processo de regulação social e intervenção do Estado para estruturar o regime de bem-estar no Brasil. Gerou-se uma síntese peculiar entre desenvolvimentismo, cooptação política dos sindicatos e restrições à democracia. Diferentemente da experiência europeia, a cidadania regulada foi o meio de incorporação à comunidade política e um modelo meritocrático-individual de solidariedade social (o que, junto com o corporativismo do mercado de trabalho, gera uma solução conservadora para as políticas sociais). Para Grin:

> O capitalismo no Brasil nunca buscou gerar um *trade-off* entre igualdade e emprego, mas, sim, regular as bases da acumulação capitalista. A reprodução do capital historicamente conviveu com exclusão social e baixos salários. Nunca houve, no Brasil, uma luta de classes democrática, pois, como mostra a literatura (Santos, 1979; Draibe, 1994; Fagnani, 1997), políticas sociais altamente regressivas e baseadas na contribuição individual foram a tônica. No Brasil, a pobreza é tratada como uma mazela estrutural decorrente do padrão histórico do desenvolvimento capitalista.[409]

Como vimos, ainda persiste no Brasil uma visão de cidadania que dista, em vários programas, da efetiva universalização no acesso e nos seus benefícios. Segue pendente o ajuste de contas a ser feito com o legado histórico de exclusão, visando à universalização e ampliação da cidadania. Ocorre que, conforme aponta Grin, a opção "pelo social", adotada no Brasil depois da Constituição de 1988, esteve longe de criar um sistema ancorado em arranjos clássicos entre capital, trabalho e poder público. Para ele, coube ao Estado o papel de protagonista, visando implantar políticas sociais que combinassem compensação, focalização e universalização de direitos para mitigar problemas estruturais de desigualdade social e incapacidade de inserção produtiva.

Análises como as de Carvalho e de Grin são importantes para filtrar a experiência internacional a partir dos limites de possibilidades em torno do significado da cidadania na realidade brasileira. A discussão internacional, sem dúvidas, amplia o horizonte e aponta rotas a serem seguidas e, conforme será demonstrado no Quadro de Problemas, há contribuições importantes da UE para a realidade brasileira, mas sem perder de vista as características e sustentações políticas que marcam o desenvolvimento do nosso Estado, instituições e sociedade.

---

[409] GRIN, 2013, p. 193.

A partir dessas premissas teóricas e da trajetória da cidadania nos países de democratização tardia, devem ser pensadas ações para a transformação digital que não amplifiquem os problemas estruturais que colocam em xeque o exercício da cidadania para significativa parcela da população brasileira. Defende-se que a coordenação de políticas públicas em diversos níveis institucionais[410] é requisito para o exercício da cidadania e para a reconstrução do Estado social brasileiro.

E como a transformação digital pode ser vetor de renovação da cidadania? Na realidade, mais do que renovar a cidadania, o dever do Estado de prover condições formais e materiais de acesso às pessoas na transição digital mostra-se como requisito para o exercício da cidadania em uma realidade cada vez mais permeada pelo digital. Isso significa dizer que devem ser estruturadas normas, políticas públicas e regulações que versem sobre o acesso, o uso, os direitos e os deveres, as responsabilidades dos provedores, sanções e medidas indutoras de comportamento que combatam a assimetria digital; que provoquem o desenvolvimento de competências em ambiente digital, com foco, entre outros, na educação, nas habilidades digitais e na inclusão e literacia digital.

Eventual omissão do Estado em relação a essa obrigação poderá ocasionar o agravamento das distorções no exercício da cidadania no Brasil para além do histórico acima destacado. Por esse motivo, defende-se que um Sistema Nacional para a Transformação Digital efetivo pode ser via de acesso tanto para o exercício e renovação da cidadania quanto para a reconstrução do Estado.

Nesse sentido, além das medidas já propostas no âmbito dos planos e estratégias estudados ao longo desta pesquisa e das recomendações específicas formuladas pela OCDE no estudo *O caminho para a era digital no Brasil*, apresentado no item 3.4, a próxima seção elencará propostas de um novo sistema para a transformação digital como solução para o Quadro de Problemas de políticas públicas, nos termos metodológicos propostos por Isabela Ruiz e Maria Paula Dallari Bucci.

Antes de adentrar no Quadro de Problemas, é importante frisar que, para que a transformação digital possa ser pensada como um dos vetores de renovação da cidadania para a reconstrução do Estado, recomenda-se, em primeiro lugar, o processo de revisão de cada uma

---

[410] MOUNK, Yasha. *O povo contra a democracia*: Por que nossa liberdade corre perigo e como salvá-la. Tradução de Cássio de Arantes Leite e Débora Landsberg. São Paulo: Companhia das Letras, 2019. p. 56.

das dez estratégias que atualmente integram as "políticas digitais" brasileiras, pelos motivos apontados ao longo desta pesquisa.

As recomendações específicas a serem adotadas em cada uma dessas áreas requerem, além do aprimoramento das medidas atualmente em curso, das recomendações da OCDE e demais organizações internacionais, a análise de especialistas em temas como educação, saúde, cibersegurança, proteção e acesso a dados, interoperabilidade, inovação, inteligência artificial, conectividade, regulação de internet e de plataformas.

As propostas já exaradas pelos organismos internacionais não serão repetidas no Quadro. Já quanto às políticas públicas setoriais, tratá-las em nível de proposta requer aprofundamento teórico mais complexo do que aquele requerido para o nível de diagnóstico e análise crítica, o que incidiria risco de generalização e redução da complexidade inerente a cada um desses temas – o que é justamente uma das críticas apresentadas para os planos e estratégias em vigência. Espera-se que, a partir desta pesquisa, outras pesquisas adensem novas dimensões e camadas a este debate.

Há, contudo, sob o viés jurídico, propostas importantes para aumentar a efetividade das medidas e buscar novos arranjos institucionais para o desenvolvimento da transformação digital e que a academia pode contribuir com este debate lançando um novo paradigma à luz da cidadania e articulada, em plano nacional, entre União, estados e municípios para a incorporação da tecnologia.

4.4 Aplicação do Quadro de Problemas de Políticas Públicas

Nesta seção, será aplicado o Quadro de Problemas de Políticas Públicas para a transformação digital. Além de sumarizar a discussão já apresentada, a solução hipotética apresenta a hipótese formulada nesta pesquisa, sob o aspecto jurídico-institucional, para dar novos contornos à transformação digital no país.

4.4.1 Situação-problema

A transformação digital tem provocado rápidas e profundas mudanças nas estruturas sociais e econômicas dos países. Uma nova dimensão sobre o tema tem sido lançada no debate internacional, sob a percepção da transformação digital, como o novo pilar de fortalecimento do Estado, sobretudo no pós-pandemia, à luz da cidadania. No Brasil, questiona-se a efetividade das medidas jurídico-normativas que estão sendo adotadas para a preparação do Estado, da sociedade e da economia, por intermédio da definição de normas e políticas públicas para a transformação digital.

4.4.2 Diagnóstico situacional

De acordo com a página eletrônica oficial do Governo Digital, existem dez "políticas digitais" no âmbito do Poder Executivo federal: o Governo Digital (E-Gov); a Estratégia Brasileira para a Transformação Digital (E-Digital); a Estratégia Brasileira de Inteligência Artificial; a Política Nacional de Segurança da Informação (PSNI); a Estratégia Nacional de Segurança Cibernética (E-Ciber); a Estratégia Brasileira para Redes 5G; a Política Nacional de Inovação e a Estratégia Nacional de Inovação; a Política e os Planos de Ação para Governo Aberto; o Plano Nacional de Internet das Coisas; e a computação em nuvem.

A análise das dez estratégias e políticas que compõem as "políticas digitais" brasileiras possibilita chegar a falsas conclusões sobre o nível de maturidade das medidas que o Brasil vem adotando para a transformação digital: ao seguir o modelo da OCDE e premissas adotadas por *rankings* e recomendações de outras organizações internacionais, é correto afirmar que esses documentos posicionam os temas relacionados à transformação digital no plano jurídico-normativo. Contudo, quando analisados sob os aspectos políticos e institucionais, verificam-se inconsistências que colocam em xeque a efetividade de parte dessas medidas. O resultado é o universo normativo, no qual o Brasil possui planos e estratégias para desenvolvimento das políticas para a transformação digital, e o mundo dos fatos, em que essas medidas possuem limitado alcance e baixa efetividade.

Atribui-se o mérito no desenvolvimento da normatividade e institucionalização desta agenda sobretudo à burocracia federal, mas a ausência de priorização coordenada na arena política e, em alguns casos, a falta de balizadores técnicos não só ocasionaram a fragmentação e desarticulação no desenvolvimento da Agenda Digital, como também criaram ainda mais disparidades entre a realidade do governo federal e os estados, o Distrito Federal e os municípios.

O conjunto de documentos e normas mais próximas dessa macroestratégia coordenada é aquele relacionado ao Sistema Nacional para a Transformação Digital (SinDigital) e à Estratégia Brasileira para a Transformação Digital (E-Digital), que busca "harmonizar" as iniciativas do Poder Executivo federal ligadas ao ambiente digital, visando "[...] aproveitar o potencial das tecnologias digitais para promover o desenvolvimento econômico e social sustentável e inclusivo, com inovação, aumento de competitividade, de produtividade e dos níveis de emprego e renda".[411]

Contudo, o SinDigital está longe de ser um verdadeiro sistema nacional para a transformação digital. Não houve previsão de requisitos técnicos mínimos capazes de assentar o que está previsto no Decreto nº 9.319/2018, que o instituiu, como algo similar a um sistema nacional. A E-Digital, por sua vez, ao tentar aglutinar as ações contidas em outras estratégias (como o Governo Digital), apresenta-se com um importante diagnóstico, mas possui objetivos excessivamente amplos. Não indica os programas e o montante de recursos que serão alocados em cada ação e falha no modelo de governança, ainda muito limitado ao escopo da administração pública federal. Esse cenário, somado à ausência de priorização política, gera a baixa efetividade da medida.

Já a dimensão Governo (E-Gov), ao prestar serviços em formatos digitais, contribui para a construção de nova dimensão para cidadania, mas não é suficiente para albergar as demais camadas necessárias a esse pleno exercício. O grande desafio é extrapolar o âmbito do governo federal para orientar estados e municípios sobre o que, de fato, é um Governo Digital. O que se observa hoje são processos fragmentados e descontínuos e iniciativas isoladas de alguns estados e municípios que lograram êxito em suas frentes de Governos Digitais, mas por iniciativa e capacidade de patrocínio próprias. Apesar do diálogo aberto entre a burocracia federal e as estaduais e municipais, não houve, neste campo, iniciativa política que contemplasse uma governança ou articulação interfederativa ampla para o aceleramento da transformação digital nos estados e municípios.

A ausência de maior articulação interfederativa implica no fato de que, ainda que medidas de digitalização possam chegar nas administrações públicas de algumas capitais e principais cidades, isso está longe de ser uma realidade para os municípios menores. Nessas localidades, ainda há desafios iniciais, como a existência de equipamentos básicos atualizados, como computadores, *softwares* e sistemas operacionais.

No que se refere ao setor produtivo, sem prejuízo das medidas para transformação digital da indústria e de grandes empresas,

---

[411] BRASIL. *Estratégia Brasileira para a Transformação Digital (E-Digital)*, 2022, p. 2.

defende-se a necessidade de priorização de medidas para a transformação digital das médias e pequenas empresas, que representam 27% do PIB do país.[412] Muitas delas estão baseadas em comércio eletrônico, desenvolvimento de tecnologia digital. São *startups* ou são movidas por inovação, porém enfrentam, além da volatilidade do mercado e da suscetibilidade a crises, a dificuldade de se manterem competitivas no mercado.

Para que a transformação digital alcance um novo patamar no Brasil, como vetor da cidadania e da reconstrução do Estado social, esse sistema deve ser refundado, conforme a seguir exposto.

4.4.3 Solução hipotética

A solução hipotética apresentada para resolver a baixa efetividade das normas, políticas e estratégias que compõem a transformação digital é refundar o que hoje se denomina Sistema Nacional para a Transformação Digital (SinDigital), criado pelo Decreto nº 9.319/2018.

Esse sistema deve ser recriado via lei complementar, nos termos do inciso IX do artigo 21 da Constituição da República de 1988, que determina ser de competência da União elaborar e executar planos nacionais de desenvolvimento econômico e social. Assim, daremos o salto de um "sistema" criado via decreto do Poder Executivo federal, sem a participação do Congresso Nacional e dos demais entes federados, para um verdadeiro Sistema Nacional, que organize os subtemas e as responsabilidades pela transformação digital, em todos os níveis da federação, sob a coordenação da União.

Para tanto, deverão ser distribuídas funções entre a União, estados, Distrito Federal e municípios e, principalmente, como os entes federados devem trabalhar juntos pela transformação digital brasileira, à luz da cidadania e da reconstrução do Estado. Dentre os objetivos que deverão constar no plano, recomendam-se ao menos os seguintes: combate à assimetria digital; as competências para o exercício da cidadania em ambiente digital, com foco na educação; as habilidades digitais; e a inclusão e literacia digitais.

Além dos objetivos, a lei complementar deverá conter, em sua estrutura, ao menos os seguintes capítulos: metas para a transformação

---

[412] SEBRAE. *Micro e pequenas empresas geram 27% do PIB do Brasil*. Brasília, DF: Sebrae, 2022. Disponível em: https://sebrae.com.br/sites/PortalSebrae/ufs/mt/noticias/micro-e-pequenas-empresas-geram-27-do-pib-do-brasil,ad0fc70646467410VgnVCM2000003c74010aRCRD. Acesso em: 23 mar. 2023.

digital a serem atingidas no período de dez anos; a articulação colaborativa do Sistema Nacional para a Transformação Digital com os demais Sistemas Nacionais atualmente existentes; a cooperação vertical e horizontal entre os entes federados; os instrumentos do federalismo cooperativo, tais como consórcios públicos, convênios, acordos de cooperação técnica, etc.; as fontes de financiamento do referido sistema; a cooperação em nível internacional; e os índices e métodos de avaliação.

Ainda sob inspiração do modelo europeu, é recomendável que a lei preveja os direitos e deveres para a década digital. De forma similar ao que se discute na UE, o objetivo seria fornecer um quadro de referência para os cidadãos sobre seus direitos digitais no contexto da transformação digital, bem como orientação para o Estado e para empresas, ao lidar com novas tecnologias. São exemplos europeus desses direitos: pessoas e exercício da cidadania no centro das mudanças tecnológicas; solidariedade e inclusão; liberdade de escolha *on-line*; participação no espaço público digital; cibersegurança; e sustentabilidade do futuro digital.

O Sistema Nacional para a Transformação Digital deve prever ainda o quadro de governança, definindo não apenas os instrumentos jurídicos aplicáveis para a cooperação federativa, como também quais órgãos e entidades atuarão como órgãos centrais e quais exercerão papéis setoriais. Também deve ser prevista a governança multinível com estados, Distrito Federal e municípios.

Recomenda-se que a lei também crie o Plano Nacional para a Transformação Digital, com duração de dez anos, com o objetivo de articular o Sistema Nacional para a Transformação Digital nas dimensões Sociedade, Governo e Economia. Ao prever o regime de colaboração, o Plano Nacional deverá ter como objetivo articular o sistema nacional, definindo as diretrizes, objetivos, metas e estratégias de implementação para assegurar a manutenção e o desenvolvimento da transformação digital em todo o território nacional.

Os estados, o Distrito Federal e os municípios, por sua vez, deverão elaborar seus respectivos planos de transformação digital em consonância com as diretrizes, objetivos, metas e estratégias previstos no Plano Nacional para a Transformação Digital.

Para reduzir a assimetria digital entre os entes federados, os Planos para a Transformação Digital deverão indicar o nível de desenvolvimento e maturidade digital do respectivo ente, bem como mapear o perfil e potencial de cada um deles. Para tanto, a lei deverá atribuir ao Instituto de Pesquisas Aplicadas (IPEA) a competência para coordenar o desenvolvimento de um índice que permita identificar o nível de maturidade digital. Acredita-se que o índice europeu, o DESI, pode servir de referência para mapeamento e mensuração do nível de digitalização no âmbito dos estados e municípios, que auxiliaria no progresso da transformação digital.

A existência de um índice nacional auxiliará a compreender quais estados e municípios (ao menos os maiores, como, por exemplo, acima de cem mil habitantes) estão mais avançados na transformação digital, a partir de metodologia de classificação específica. Na UE, vimos que essa metodologia engloba cinco indicadores agregados: comunicação (comunicação fixa e móvel e disponibilidade de preços); capital humano (uso da internet, desenvolvimento de competências digitais básicas e avançadas); utilização de serviços de internet (motores de busca, *e-mails*, etc.); integração de tecnologias digitais (digitalização de negócios, *e-commerce*); e serviços públicos digitais (governo digital, serviços públicos digitais).[413]

Com os resultados dos levantamentos desse índice, será possível identificar os domínios que requerem uma ação prioritária em relação a cada ente nos respectivos planos. Esses Planos para a transformação digital serão elaborados a partir de *frameworks*, guias e manuais a serem elaborados pela União e disponibilizados para os estados, Distrito Federal e municípios. A responsabilidade para elaboração desse material, bem como a capacitação em nível nacional, ficaria a cargo da Escola Nacional de Administração Pública (ENAP). Essa medida iria ao encontro das oficiais, já existentes na ENAP, para capacitação de estados e municípios, mas que acontecem de forma isolada e não sistêmica.

Além das capacitações, outra forma de cooperação que deve ser prevista na lei é fornecer soluções tecnológicas "de prateleira", que não dependam das contratações específicas dos municípios para cada serviço. Para tanto, pode ser prevista a existência de acordos-quadro, catálogo de serviços, soluções padronizadas ou mecanismos de transferência de tecnologia da tecnologia existente no governo federal. Acredita-se que essa medida deve ser coordenada pelo Serpro.

Conforme exposto, para os municípios, poderiam ser criadas faixas de responsabilidade, dispensando, por exemplo, os municípios com menos de determinado número de habitantes, de apresentação de seus planos, nos moldes já existentes em legislações já existentes, com a Lei de Acesso à Informação.

---

[413] COMISSÃO EUROPEIA. *Índice de Economia e Sociedade Digitais (DESI)*, 2022.

Sobre as fontes de financiamento, deverá prever a criação e as regras de funcionamento para o Fundo para a Transformação Digital brasileira (e aí o fundamento do inciso II do §9º do art. 165 da Constituição da República de 1988 para criação desse Sistema via lei complementar), em caráter redistributivo e de preparação da sociedade para a transformação digital, em razão do custo de implementação de redes e infraestruturas digitais necessárias à navegabilidade e da necessidade de preparação da sociedade para o uso responsável da tecnologia. Além disso, multas e penalidades decorrentes de atividades da economia digital podem constituir fontes de receita desse fundo. As receitas desse Fundo devem ser destinadas exclusivamente aos programas albergados no âmbito do Sistema Nacional para a Transformação Digital.

Ainda sobre as fontes de financiamento, o governo federal já tem recebido apoio do BID para a revisão das estratégias e para financiamento de programas específicos, como o Brasil Mais.[414] Dessa forma, a União pode não apenas orientar, como também prestar garantias aos estados e municípios para linhas de crédito com outras organizações internacionais, como o Fundo Monetário Internacional (FMI), e para o acesso a linhas de crédito ofertadas pelo Banco Nacional de Desenvolvimento Econômico e Social (BNDES).

No caso da UE, o investimento massivo de recursos financeiros para a transformação digital foi determinante para o sucesso das medidas. Isso significa que, além dos instrumentos jurídicos e de governança, é necessário identificar essas fontes de recursos para o investimento na transformação digital, sobretudo para torná-las efetivas e de escala nacional.

Para além das parcerias com organizações internacionais, como OCDE, Banco Mundial, G20, Brics, entre outras, a lei deve prever o desenvolvimento de parcerias no âmbito da América Latina e do Mercosul.

Em complementação à Lei do Governo Digital (Lei nº 14.129/21), sugere-se, por fim, o desenvolvimento do gov.br, somado às soluções de autenticação em curso, como o modelo de plataforma para acesso a serviços públicos nos três níveis federais, com disponibilização de serviços públicos estaduais e municipais no gov.br. A coordenação dessa atividade deverá ficar também a cargo do Serpro.

Ao Serpro caberá ainda a criação de cadastro único do cidadão para evitar a multiplicidade de cadastros atualmente existentes. Para

---

[414] BRASIL. Gov.br. *Programa Brasil Mais*. Brasília, DF, 2023. Disponível em: https://www.gov.br/empresas-e-negocios/pt-br/brasilmais. Acesso em: 7 fev. 2023.

tanto, deverá ser priorizada a criação do Documento Nacional de Identificação (DNI),[415] somado ao uso do CPF como *token*, tal como vem ocorrendo na Estônia e na Índia.[416]

Similar ao que foi apresentado para as pessoas físicas, o foco na dimensão da economia será no aceleramento do processo de digitalização e padronização de documentos de identificação de pessoas jurídicas. A falta de padronização implica hoje em custos transacionais e burocracias para as transações financeiras, celebração de contratos e registros perante órgãos públicos, tais como prefeituras, autoridades tributárias, entidades reguladoras, participação em licitações, etc.

Por fim, a lei determinará os métodos de avaliação do cumprimento dos Planos para a Transformação Digital, a partir de relatórios anuais. O repasse de recursos obtidos no âmbito do Fundo para a Transformação Digital poderá ser condicionado ao cumprimento dessas metas.

4.4.4 Contexto normativo

As principais normas para a transformação digital no Brasil são:

4.4.4.1 Governo Digital

Lei nº 14.129/2021: dispõe sobre princípios, regras e instrumentos para o Governo Digital e para o aumento da eficiência pública.

Decreto nº 10.332/2020: institui a Estratégia de Governo Digital para o período de 2020 a 2022, no âmbito dos órgãos e das entidades da administração pública federal direta, autárquica e fundacional.

---

[415] De acordo com o Serpro, o DNI poderá gerar um *token* provisório, de duração de poucos minutos, que será utilizado para assinatura de contratos, realização de operações financeiras, compra de bens, etc. O Serpro também já trabalha com o *QR code* instantâneo, que permite, por exemplo, acessos provisórios a serviços virtuais e instalações físicas (por exemplo, crachá provisório).

[416] Na Estônia, o setor privado já pode acessar bases de dados públicas desde que haja consentimento do cidadão, além de permitir a assinatura de contratos com soluções tokenizadas. Na Índia, foi criado o *India Stack*, que é um conjunto de *API* que permite que governos, empresas, *startups* e desenvolvedores utilizem uma infraestrutura digital para a celebração de negócios jurídicos, com a integração de dados de cada cidadão à identidade virtual.

4.4.4.2 Transformação Digital

Decreto nº 9.319/2018: institui o Sistema Nacional para a Transformação Digital e estabelece a estrutura de governança para a implantação da Estratégia Brasileira para a Transformação Digital.

Portaria MCTI nº 6.543/2022: aprova a Estratégia Brasileira para a Transformação Digital (E-Digital) para o ciclo de 2022-2026.

Lei nº 14.206/2021: institui o Documento Eletrônico de Transporte (DT-e).

Lei nº 14.338/2022: dispõe sobre a bula digital de medicamentos.

Lei nº 14.382/2022: dispõe sobre o Sistema Eletrônico dos Registros Públicos (SERP).

Lei nº 14.510/2022: autoriza e disciplina a prática de telessaúde em todo o território nacional.

4.4.4.3 Inteligência Artificial

Portaria MCTI nº 4.617/2021: institui a Estratégia Brasileira de Inteligência Artificial e seus eixos temáticos.

4.4.4.4 Confiança Digital e Cibersegurança (Segurança Digital)

Decreto nº 9.637/2018: institui a Política Nacional de Segurança da Informação e dispõe sobre a governança da segurança da informação.

Decreto nº 10.222/2020: aprova a Estratégia Nacional de Segurança Cibernética.

Decreto nº 9.637/2018: institui a Política Nacional de Segurança da Informação e dispõe sobre a segurança da informação.

Decreto Legislativo nº 37/2021: aprova o texto da Convenção sobre o Crime Cibernético, celebrada em Budapeste em 23 de novembro de 2001.

4.4.4.5 Inovação

Lei nº 8.248/1991: dispõe sobre a capacitação e competitividade do setor de informática e automação.

Lei nº 13.243/2016: dispõe sobre estímulos ao desenvolvimento científico, à pesquisa, à capacitação científica e tecnológica e à inovação.

Decreto nº 10.534/2020: institui a Política Nacional de Inovação e dispõe sobre a sua governança.

Lei nº 11.196/2005: institui o Regime Especial de Tributação para a Plataforma de Exportação de Serviços de Tecnologia da Informação – REPES, o Regime Especial de Aquisição de Bens de Capital para Empresas Exportadoras – RECAP e o Programa de Inclusão Digital; dispõe sobre incentivos fiscais para a inovação tecnológica.

Lei nº 14.288/2021: prorrogou a desoneração da folha de pagamentos até 31 de dezembro de 2023, contemplando, entre outras, as empresas que prestam serviços considerados de TI e TIC, nos termos do §4º do art. 14 da Lei nº 11.774/2008.

4.4.4.6 Políticas de dados e interoperabilidade

Lei nº 13.790/2018: Lei Geral de Proteção de Dados Pessoais (LGPD).

Lei nº 12.527/2011: regula o acesso a informações, previsto no inciso XXXIII do art. 5º, no inciso II do §3º do art. 37 e no §2º do art. 216 da Constituição Federal.

Decreto nº 8.777/2016: institui a Política Nacional de Dados Abertos do Poder Executivo Federal.

Emenda Constitucional nº 115/2022: altera a Constituição Federal para incluir a proteção de dados pessoais entre os direitos e garantias fundamentais e para fixar a competência privativa da União para legislar sobre proteção e tratamento de dados pessoais.

4.4.4.7 Inclusão e letramento digitais

Lei nº 14.533/2023: institui a Política Nacional de Educação Digital.

4.4.4.8 Regulação de plataformas

Lei nº 12.965/2014: Marco Civil da Internet.
Decreto nº 9.854/2019: Plano Nacional de Internet das Coisas.

4.4.5 Processo decisório

O principal protagonista da situação-problema é o Poder Executivo federal, como responsável por formular políticas públicas que vão propor as políticas públicas para a transformação digital em nível nacional. Além disso, destaca-se o papel do Congresso Nacional na proposição e votação de normas em temas relacionados à transformação digital. Caso haja a adoção da solução hipotética apresentada, os chefes dos demais entes federados também poderão ser enquadrados como protagonistas.

4.4.6 Etapa atual do processo decisório

Acredita-se que a etapa atual do processo decisório é de revisão das estratégias e planos, tanto no aspecto formal quanto material. Está em discussão, no âmbito do governo federal, a redefinição das prioridades e dos rumos para a transformação digital. Contudo, apesar de já se notar um novo nível de comprometimento político com a transformação digital, não há notícias da proposta de refundar o Sistema Nacional de Transformação, nos moldes propostos neste Quadro.

4.4.7 Arena institucional

O ambiente de tomada de decisão para a transformação digital é composto, sobretudo, pelos órgãos e entidades da administração pública federal. Governadores, prefeitos, secretários municipais e representantes das empresas públicas de tecnologia podem integrar essa arena institucional, a depender do nível de incorporação das soluções hipotéticas. Considerando o cenário atual, a arena institucional no governo federal seria a abaixo descrita.

4.4.7.1 Secretaria de Governo Digital do Ministério da Gestão e da Inovação em Serviços Públicos

Dentro da estrutura do Ministério da Gestão e da Inovação em Serviços Públicos, disposta no Decreto nº 11.345/2023, foi criada a Secretaria de Governo Digital, responsável pela formulação e implementação da Estratégia de Governo Digital da Administração Pública Federal, pela transformação digital e simplificação de serviços públicos, e pela governança e compartilhamento de dados. Atuará no apoio à segurança da informação e proteção a dados pessoais, entre outras frentes, para ofertar novas tecnologias aos órgãos e entidades federais, além de promover ações de cooperação em governo digital com estados, municípios e o Distrito Federal.

Consta, ainda, na estrutura do Ministério da Gestão e da Inovação em Serviços Públicos, a Secretaria Extraordinária para a Transformação do Estado, com foco na promoção da eficiência, eficácia e efetividade do serviço público federal.

4.4.7.2 Ministério da Justiça e Segurança Pública (MJSP)

Na nova estrutura atribuída ao Ministério da Justiça e Segurança Pública (MJSP), por meio do Decreto nº 11.348/23, foi criada a Assessoria Especial de Direitos Digitais, com o objetivo de propor políticas públicas e processos regulatórios que possam reduzir a circulação de conteúdos ilegais e que trazem riscos significativos à democracia e aos direitos humanos, sem, contudo, prejudicar a liberdade de expressão.

Compõe, ainda, a estrutura do MJSP a Secretaria Nacional do Consumidor (Senacon), que é responsável pelos Procons e, entre outras questões, pelo combate à pirataria, delitos contra a propriedade intelectual e monitoramento e fiscalização de preços praticados em plataformas de *e-commerce*.

4.4.7.3 Autoridade Nacional de Proteção de Dados (ANPD)

A Autoridade Nacional de Proteção de Dados (ANPD), que antes estava vinculada à Presidência da República, passou a ser vinculada ao MJSP, que prestará apoio administrativo às autoridades. Desde sua criação, pela Lei nº 13.853/2019, a Autoridade recebia assistência administrativa para desenvolver suas atividades, por ter sido criada sem quadro próprio de pessoal e sem aumento de despesas, conforme previsão legal. A assistência administrativa foi mantida pela Lei nº 14.460/2022, que transformou a ANPD em autarquia de natureza especial, que estabeleceu um período de transição para o encerramento da prestação de apoio administrativo pela Secretaria Especial de Administração da Secretaria-Geral da Presidência da República à ANPD.

4.4.7.4 Secretaria de Comunicação Social da Presidência da República

A Secretaria de Políticas Digitais (SPDIGI)[417] foi criada na nova gestão presidencial para estudar a ampliação da responsabilidade das redes sociais sobre conteúdos nocivos à democracia e aos direitos

---

[417] Atualmente, sob a liderança de João Brant.

humanos e de crianças e adolescentes para evitar a omissão das plataformas digitais contra conteúdos ilegais e nocivos.[418]

Compete à SPDIGI, entre outras, formular e implementar políticas públicas para promoção da liberdade de expressão, do acesso à informação e de enfrentamento à desinformação e ao discurso de ódio na internet, em articulação com o Ministério da Justiça e Segurança Pública; propor políticas relativas aos serviços digitais de comunicação; apoiar medidas de proteção a vítimas de violação de direitos nos serviços digitais de comunicação, em articulação com o Ministério da Justiça e Segurança Pública, Ministério dos Direitos Humanos e da Cidadania, Ministério de Mulheres e Ministério da Igualdade Racial; formular políticas para a promoção de conteúdo brasileiro no ambiente digital, em articulação com o Ministério da Cultura; formular e implementar políticas públicas para promoção do bem-estar e dos direitos da criança e do adolescente no ambiente digital, em articulação com o Ministério dos Direitos Humanos e da Cidadania; formular, articular e implementar políticas públicas de educação e formação para o uso de serviços digitais de comunicação, em articulação com o Ministério da Educação.

4.4.7.5 Agência Nacional de Telecomunicações (Anatel)

De acordo com o Decreto nº 2.338/1997, a Agência Nacional de Telecomunicações (Anatel), vinculada ao Ministério das Comunicações, é a responsável por implementar e fiscalizar a Política Nacional de Telecomunicações, incluindo o padrão tecnológico para serviços móveis, sendo a tecnologia 5G o mais recente.

4.4.7.6 Gabinete de Segurança Institucional (GSI)

O Gabinete de Segurança Institucional da Presidência da República (GSI) conta com a Secretaria de Segurança da Informação e Cibernética e o Departamento de Segurança da Informação e Cibernética, que são órgãos diretamente envolvidos com as pautas correlatas à cibersegurança, no contexto da transformação digital.

---

[418] BRASIL. Presidência da República. Secretaria de Comunicação Social. *Representante da Secom pede mais responsabilidade às plataformas digitais no Brasil*. Brasília, DF, 28 mar. 2023. Disponível em: https://www.gov.br/secom/pt-br/assuntos/noticias/2023/03/representante-da-secom-pede-mais-responsabilidade-as-plataformas-digitais-no-brasil. Acesso em: 8 abr. 2023.

A Secretaria de Segurança da Informação e Cibernética tem como competência coordenar as políticas públicas de segurança da informação; e ao Departamento de Segurança da Informação e Cibernética compete planejar, coordenar e supervisionar a atividade nacional de segurança da informação, incluídas a segurança cibernética e a gestão de incidentes cibernéticos.

4.4.7.7 Agência Brasileira de Inteligência (Abin)

A Agência Brasileira de Inteligência (Abin) é responsável por informações estratégicas no âmbito do governo federal, tais como a proteção da segurança das informações e das comunicações e a proteção de conhecimentos sensíveis produzidos por entes públicos ou privados, entre outros assuntos. Era anteriormente vinculada ao GSI, mas foi transferida para a Casa Civil, seguindo a decisão do presidente Lula de desmilitarizar a Abin, deste modo, reduzindo parcialmente o papel do GSI.

4.4.7.8 Serviço Federal de Processamento de Dados (Serpro)

O Serviço Federal de Processamento de Dados (Serpro) é o principal provedor de soluções tecnológicas para os órgãos e entidades da administração pública federal, desenvolvendo programas e serviços que permitem controle e transparência sobre a receita e os gastos públicos, além de facilitar a relação dos cidadãos com o governo.

4.4.7.9 Ministério da Ciência, Tecnologia e Inovação (MCTI)

Na estrutura definida para o Ministério da Ciência, Tecnologia e Inovação (MCTI) pelo Decreto nº 11.334/2023, foi criada a Secretaria de Ciência e Tecnologia para a Transformação Digital.[419] A nova Secretaria contará com o Departamento de Ciência, Tecnologia e Inovação Digital e o Departamento de Incentivos às Tecnologias Digitais.

---

[419] QUEIROZ, Luiz. MCTI cria secretaria voltada para Transformação Digital. *Capital Digital*, [s. l.], 2 jan. 2023. Disponível em: https://capitaldigital.com.br/mcti-cria-secretaria-voltada-para-transformacao-digital/. Acesso em: 3 jan. 2023. BRASIL. Ministério da Gestão e da Inovação em Serviços Públicos. *Estratégia de governança digital*: Do Eletrônico ao Digital. Brasília, DF, 25 nov. 2019. Disponível em: https://www.gov.br/governodigital/pt-br/estrategia-de-governanca-digital/do-eletronico-ao-digital. Acesso em: 30 dez. 2022.

Compete à nova Secretaria propor, coordenar, supervisionar e acompanhar as políticas nacionais de desenvolvimento tecnológico voltadas à transformação digital; assistir tecnicamente a elaboração e a implantação da estratégia digital brasileira, em articulação com os setores competentes do campo científico, governamental, produtivo e da sociedade; propor, coordenar e acompanhar as políticas de incentivo à transformação digital; coordenar e acompanhar as políticas e programas relacionados à microeletrônica, à internet das coisas, à segurança cibernética, à inteligência artificial, às comunicações avançadas e à Economia 4.0; propor e coordenar ações de formação de pessoal na área de tecnologias da informação; atuar nos fóruns internacionais destinados ao desenvolvimento de ações e à definição de normas e padrões no campo das tecnologias da informação e da comunicação e da internet; e interagir bilateralmente a respeito de temas cibernéticos.

4.4.7.10 Conselho Nacional de Desenvolvimento Industrial (CNDI)

O CNDI é ligado à Presidência da República e presidido pelo MDIC. Será composto por 20 ministérios, além do BNDES, e 21 conselheiros representantes da sociedade civil, a serem indicados pelo vice-presidente e ministro Geraldo Alckmin.

O colegiado, que estava sem funcionar desde 2016, assumirá as tarefas de: opinar sobre estratégias e diretrizes para políticas destinadas ao aumento da produtividade e da competitividade da indústria nacional e à melhoria do ambiente de negócios; analisar propostas para o fomento e o desenvolvimento da economia verde e estratégias de descarbonização dos setores produtivos do país; propor diretrizes para as políticas de fomento às micro e pequenas empresas industriais; apresentar propostas para ampliar a transformação digital do parque industrial brasileiro, entre outras. O Conselho atuará para construir consensos, elencar prioridades e articular a implementação de políticas públicas transversais, incluindo as áreas ambiental e social, em prol de uma indústria 4.0, capaz de gerar empregos e retomar o caminho do crescimento, agregando valor e conhecimento à cadeia de produção.

4.4.7.11 Secretaria da Informação e Saúde Digital (SEIDIGI) do Ministério da Saúde

Foi criada na estrutura do Ministério da Saúde a Secretaria da Informação e Saúde Digital (SEIDIGI),[420] que tem as seguintes competências: apoiar as Secretarias do Ministério da Saúde, os gestores, os trabalhadores e os usuários no planejamento, no uso e na incorporação de produtos e serviços de informação e tecnologia da informação e comunicação (TIC), o que inclui telessaúde, infraestrutura de TIC, desenvolvimento de *software*, interoperabilidade, integração e proteção de dados e disseminação de informações; coordenar a Política de Monitoramento e Avaliação do SUS; coordenar a Política de Inovação em Saúde Digital do Ministério da Saúde; definir programas de cooperação tecnológica e educacional com gestores, entidades de pesquisa e ensino e organizações da sociedade civil para prospecção e transferência de tecnologias digitais e para formação em saúde digital; e definir padrões tecnológicos e semânticos para o desenvolvimento, a integração e a interoperabilidade de soluções de TIC e saúde digital, inclusive telessaúde, no âmbito do SUS.

A SEIDIGI coordena o Departamento de Saúde Digital e Inovação, o Departamento de Informação e Informática do Sistema Único de Saúde e o Departamento de Monitoramento, Avaliação e Disseminação de Informações Estratégicas em Saúde.

4.4.7.12 Congresso Nacional

No Congresso Nacional, além dos plenários, as principais arenas institucionais são: a Comissão de Ciência, Tecnologia e Inovação da Câmara dos Deputados e a Comissão de Ciência, Tecnologia, Inovação, Comunicação e Informática do Senado Federal. Em linhas gerais, ambas as Comissões possuem como competência o desenvolvimento científico e tecnológico, a política nacional de ciência e tecnologia e a organização institucional do setor; os meios de comunicação social e a liberdade de imprensa; serviços postais, telegráficos, telefônicos, de telex, de radiodifusão e de transmissão de dados.

---

[420] BRASIL. Ministério da Saúde. *Secretaria de Informação e Saúde Digital (SEIDIGI)*. Brasília, DF, 2023. Disponível em: https://www.gov.br/saude/pt-br/composicao/seidigi. Acesso em: 11 abr. 2023.

4.4.8 Protagonistas

Podemos identificar como sujeitos interessados na tomada de decisão sobre a Agenda Digital o chefe do Poder Executivo, os gestores federais e as entidades da sociedade civil que atuam no tema. Redes como o Consad e o CLP têm atuado nesse processo de integração e se mostram como elementos importantes neste processo, mas não podem, por si só, ser os responsáveis pela coordenação de políticas nacionais para a transformação digital.

4.4.9 Antagonistas

No que se refere à transformação digital, o antagonismo ocorre sobretudo nas discussões de medidas que possam impactar em atribuições de novas responsabilidades, aumento de custos de operação ou de carga tributária, as empresas de tecnologia, associações setoriais da internet e de plataformas. Acredita-se que, se as mudanças não forem alinhadas com o setor produtivo, as *big techs* e as associações representativas setoriais podem se mostrar como antagonistas a esse processo.

4.4.10 Decisores

Os decisores são os responsáveis pela tomada de decisão de propor programas, planos e medidas concretas para a promoção de medidas relativas à transformação digital, notadamente no âmbito do Poder Executivo federal e nas estruturas administrativas mapeadas no item 7, arena institucional. Também são decisores importantes nesse processo os legisladores que vão propor e aprovar leis que disponham sobre o uso responsável e o aproveitamento da tecnologia; e, por fim, se houver a incorporação das soluções hipotéticas apresentadas, os responsáveis por essas decisões no âmbito dos estados e municípios.

4.4.11 Recursos de barganha

Por se tratar de proposta de lei complementar, deve-se considerar os estados e municípios, notadamente em relação ao papel da União na concessão dos recursos financeiros. Acredita-se que os incentivos para a adesão desse plano devem ser o repasse dos recursos arrecadados no fundo, repartido com os demais entes federados, a depender da necessidade e das ações estimadas em seus respectivos planos.

De forma secundária, as empresas e associações de empresas de tecnologia, notadamente as grandes plataformas (*big techs*), atuam para evitar a criação de novas normas que possam representar ameaça ao uso intensivo de tecnologia e soluções inovadoras, por intermédio de mobilização de atores políticos e da opinião pública. Para tanto, podem ser formuladas estratégias para impedir ou retardar o processo de tomada de decisões relativas a disposições normativas na arena institucional na qual a controvérsia será discutida.

4.5 Perspectivas para a agenda de transformação digital após as eleições de 2022

Para fechamento desta pesquisa, serão apresentadas, neste subtópico, as mudanças que já estão em curso no âmbito do governo federal após as eleições gerais de 2022 e que sinalizam novo nível de comprometimento político com a transformação digital, em linha com o fundamento da cidadania apresentado nesta pesquisa.

4.5.1 Poder Executivo federal

Acredita-se que o resultado das eleições gerais para o Poder Executivo federal pode representar um passo importante no avanço do compromisso político necessário para promover a transformação digital para um novo patamar, sob a dimensão da cidadania e para o cenário nacional. Como exemplo, durante a campanha do presidente eleito Luiz Inácio Lula da Silva, houve a indicação de treze propostas para a inclusão e transformação digitais, a saber:[421]

---

[421] PUPO, Fábio. Banco Mundial vai entregar a Lula proposta de agenda econômica: reformas administrativa e tributária, aumento da produtividade e iniciativas verdes estão na lista. *Folha de S. Paulo*, São Paulo, 28 nov. 2022. Disponível em: https://www1.folha.uol.com.br/mercado/2022/11/banco-mundial-vai-entregar-a-lula-proposta-de-agenda-economica.shtml. Acesso em: 4 jan. 2023.

QUADRO 4 – PROPOSTAS DE CAMPANHA DO PRESIDENTE LULA PARA A TRANSFORMAÇÃO DIGITAL

(continua)

Proposta	Descrição
1. Inclusão digital e internet de qualidade para todos	Criar um Sistema Nacional de Inclusão Digital, utilizando rede privada e pública de telecomunicações para todos os municípios brasileiros. Levar internet de qualidade para todas as escolas públicas (para que estas funcionem como centro para conectividade do seu entorno), para o sistema público de saúde, segurança, órgãos públicos e ecossistema de cultura e outras atividades comunitárias.
2. Capacitação digital (letramento digital)	Criar um sistema nacional para que professores, alunos e pessoas nas comunidades da periferia das cidades, quilombolas, indígenas, rurais, entre outros, desenvolvam suas habilidades no uso das ferramentas digitais para produção de conteúdo próprio. O sistema deverá ser integrado por União, estados e municípios.
3. Formação do profissional do futuro	Criar programa com foco na formação de profissionais nas áreas de programação e ciência de dados em todos os níveis de escolaridade para geração de emprego e renda. As políticas visam também à reconversão profissional e à inserção no mundo do trabalho digital de pessoas de baixa renda ou desempregadas, através de bolsas de estudo.
4. Primeiro emprego em tecnologias digitais	Implementar programa que vise garantir o primeiro emprego para todos os alunos formados em cursos técnicos, tecnólogos e superiores em tecnologias digitais, realizados em parcerias com empresas.
5. Serviços públicos digitais de qualidade e acessíveis para todos	Ampliar e melhorar os serviços públicos prestados na internet (governo digital), a partir da criação de plataformas acessíveis também a pessoas com deficiência, com o objetivo de facilitar o uso, sobretudo, de serviços públicos de educação, saúde e segurança pública. A plataforma também promoverá a participação ativa do cidadão na formulação, implementação, monitoramento e transparência dos serviços públicos, e possibilitará a participação da elaboração orçamentária anual (orçamento participativo).

(continua)

Proposta	Descrição
6. Industrialização e empreendedorismo digital	Fomentar o desenvolvimento da indústria e dos serviços digitais, bem como o empreendedorismo em áreas estratégicas (energia, comunicação, transporte, segurança, entre outros) e sociais (saúde, educação, assistência social, entre outros) para a geração de empregos de qualidade e aumento da produtividade e competitividade das empresas nacionais, por meio do desenvolvimento local de *hardware*, *software* e serviços voltados a demandas estratégicas e nichos de mercado, indo de semicondutores a lojas de aplicativos, em parceria com universidades e parques tecnológicos.
7. Cidades inteligentes, inclusivas e sustentáveis	Fortalecer programas para estimular cidades inteligentes, onde a infraestrutura e os serviços públicos funcionem como forma de inclusão social, por meio de tecnologias digitais e através do acesso livre a aplicativos para inclusão digital, acessibilidade, mobilidade, segurança, habitação, saúde, e que promova a educação ambiental dos cidadãos.
8. Compras governamentais para alavancar empresas brasileiras de tecnologia da informação e comunicação	Usar o poder de compra do Estado para alavancar a indústria nacional de *hardware* e *software*, como forma de gerar trabalhos e renda, além de oportunidades de negócios para as empresas nacionais.
9. Empresas públicas de tecnologia de informação e comunicação fortalecidas	Fortalecer as empresas públicas de transmissão e processamento de dados para enfrentar os desafios do novo mundo digital. Resgatar o papel estratégico da Telebras na política pública de inclusão digital e o Serpro e Dataprev como plataformas de gestão dos dados públicos.
10. Inovação como base em tecnologias abertas, dados abertos e *software* livre	Estabelecer programas de estímulo à inovação, com base em plataformas livres e tecnologias abertas, pelos entes da federação, empreendedores individuais, micro, pequenas e médias empresas. Fomentar a formação e a capacitação de técnicos e profissionais nessas plataformas para estimular a inovação e autonomia tecnológica do país.

(conclusão)

Proposta	Descrição
11. Proteção de dados de cidadãos e empresas brasileiras contra fraudes, roubos e transferência internacional não autorizada	Garantir que cidadãos, empresas e governos sejam donos de seus próprios dados e que estejam protegidos estrategicamente em território brasileiro. Isso inclui preservar a integridade dos dados relativos a nossos recursos estratégicos e combater vazamentos e roubos de dados pessoais dos cidadãos, informações empresariais e da administração pública.
12. Defesa cibernética	Promover o investimento em redes de telecomunicações para se tornarem mais estáveis e de alta disponibilidade, por meio de ações de defesa cibernética.
13. Inteligência artificial com ética e transparência	Apoio e fomento na área científica e tecnológica, com vistas a dominar a tecnologia de inteligência artificial de forma ética e transparente e desenvolver o setor para que o país fique independente dos interesses de empresas estrangeiras, que podem representar riscos à soberania e de perseguição de grupos minoritários, inclusive promovendo violação de direitos humanos na esfera digital.

Fonte: Elaborado pelo pesquisador (2023).

Dentre as iniciativas previstas, destacam-se as iniciativas 2 (capacitação/letramento digital), 3 (formação do profissional do futuro), 4 (primeiro emprego em tecnologias digitais) e 6 (industrialização e empreendedorismo digital). Essas medidas, sobretudo voltadas para comunidades periféricas e em demais situações de vulnerabilidade, podem representar um conjunto de medidas urgentes para evitar o aumento do fosso social e econômico brasileiro e para permitir que essas pessoas tenham acesso ao mercado de trabalho no âmbito da indústria e serviços digitais.

Apesar de grande parte das propostas ainda serem genéricas e necessitarem de diálogo com outros planos e estratégias nacionais, o fato de essa agenda ter constado na plataforma de campanha do presidente eleito já representa sinalização de que o tema poderá ganhar novos contornos no futuro próximo. E importantes mudanças institucionais já estão em curso.

Em junho de 2023, foi instituído o Grupo de Trabalho Interministerial, com a finalidade de produzir subsídios para a elaboração da proposta do Plano Nacional de Inclusão Digital. Dentre os subsídios entregues pelo grupo, deve-se considerar, entre outros pontos, a inclusão digital, com vistas ao desenvolvimento socioeconômico, à conectividade universal e significativa, ao letramento digital e à promoção de habilidades digitais, com foco na educação e na saúde.[422]

A composição do grupo ficou restrita ao âmbito do governo federal, com três representantes do Ministério das Comunicações, um dos quais será o coordenador; e três da Casa Civil da Presidência da República. A Agência Nacional de Telecomunicações (Anatel) prestará assessoramento técnico.

Voltando-se para o início do seu terceiro mandato, o presidente eleito Luiz Inácio Lula da Silva criou a Secretaria de Ciência e Tecnologia para a Transformação Digital, vinculada ao Ministério da Ciência, Tecnologia e Inovação (MCTI), pelo Decreto nº 11.334/2023.[423] A nova Secretaria contará com o Departamento de Ciência, Tecnologia e Inovação Digital e o Departamento de Incentivos às Tecnologias Digitais. A criação dessa Secretaria formaliza a desconcentração da "pauta digital", que ficou anos albergada dentro da Secretaria de Governo Digital e

---

[422] BRASIL. Presidência da República. Decreto nº 11.542, de 1º de junho de 2023: Institui Grupo de Trabalho Interministerial com a finalidade de produzir subsídios para a elaboração da proposta do Plano Nacional de Inclusão Digital. *Diário Oficial da União*: seção 1, Brasília, DF, edição 105, p. 1, 2 jun. 2023. Disponível em: https://www.in.gov.br/en/web/dou/-/decreto-n-11.542-de-1-de-junho-de-2023-487760436. Acesso em: 3 jun. 2023.

[423] QUEIROZ, 2023; BRASIL. *Estratégia de governança digital*, 2019.

que poderá ganhar novos contornos. Contudo, é necessário que a nova Secretaria tenha atuação transversal, de modo que participe ativamente do processo de coordenação e cooperação para o desenvolvimento da transformação digital do governo, do setor produtivo e da sociedade.

Dentro da estrutura do Ministério da Gestão e da Inovação em Serviços Públicos, disposta no Decreto nº 11.345/2023, foi criada a Secretaria de Governo Digital, responsável pela formulação e implementação da Estratégia de Governo Digital da administração pública federal, pela transformação digital e simplificação de serviços públicos e pela governança e compartilhamento de dados, similar ao que já existia anteriormente. É na Secretaria do Governo Digital que ficarão concentradas as iniciativas de continuidade de prestação de serviços públicos federais digitais, integração de bases de dados e orientação para a digitalização dos órgãos e entidades da administração pública federal.

Na estrutura do Ministério das Comunicações, foi criada a Secretaria de Políticas Digitais (SPDIGI)[424] para estudar a ampliação da responsabilidade das redes sociais sobre conteúdos nocivos à democracia e aos direitos humanos e de crianças e adolescentes a fim de evitar a omissão das plataformas digitais contra conteúdos ilegais e nocivos, tema de alta prioridade para o governo Lula 2023-2026.

Em complementação à SPDIGI, na nova estrutura atribuída ao Ministério da Justiça e Segurança Pública (MJSP), criou-se a Assessoria Especial de Direitos Digitais, com o objetivo de propor políticas públicas e processos regulatórios que possam conciliar a liberdade de expressão com a redução da circulação de conteúdos ilegais e que trazem riscos significativos à democracia e aos direitos humanos.

Sobre a Secretaria de Políticas Digitais do Ministério das Comunicações e a Assessoria Especial de Direitos digitais do Ministério da Justiça, ainda que não seja o objetivo desta pesquisa analisar a moderação de conteúdo na internet e os impactos das plataformas para a democracia, além da resposta institucional dada na nova configuração dos Ministérios, é preciso registrar a intensa movimentação do governo em relação aos Projetos de Lei nº 2.630/2020 e 2.768/2020, que tratam, respectivamente, da proposta de criação da Lei Brasileira de Liberdade, Responsabilidade e Transparência na Internet e da regulação, fiscalização e sanção das plataformas digitais que oferecem serviços ao público brasileiro.[425]

---

[424] Atualmente, sob a liderança de João Brant.
[425] Além disso, foi aprovada a urgência do PL nº 2.370/2019, sobre remuneração de direitos autorais e que tem sido nova frente de embate entre as empresas de conteúdo de internet frente à mídia tradicional e as empresas de telecomunicações.

Além disso, há, ainda, uma terceira frente priorizada pelo governo, relativa à regulamentação da situação de trabalhadores de aplicativos, sobretudo aqueles relacionados ao serviço de entrega de produtos e serviços. Há atritos entre trabalhadores autônomos que resistem em ser representados por sindicatos e centrais sindicais, bem como entre motoristas de transporte de passageiros, categoria que se vê mais como de perfil empreendedor que celetista.[426]

Para os três casos, Diogo Coutinho aponta que os textos devem ser submetidos à análise de especialistas, agentes econômicos e sociedade civil, para amadurecimento das propostas e busca de soluções que se encaixem à realidade brasileira, na proteção contra a concentração econômica e a concorrência desleal nos mercados digitais. O que está em jogo é o poder das grandes plataformas da internet e riscos à democracia e às instituições, com reflexos para a legislação antitruste, a regulação governamental do conteúdo e a privacidade para limitar como as plataformas podem usar os dados que elas coletam.[427]

O Ministério da Justiça já vinha discutindo a responsabilização das redes sociais pela ausência de moderação na circulação de *fake news* e o ataque a uma creche em Blumenau, Santa Catarina, que ocasionou a morte de quatro crianças e acelerou a busca por medidas imediatas.[428] Em 14 de abril de 2023, o ministro da Justiça e Segurança Pública editou a Portaria nº 351/2023, dispondo sobre medidas administrativas para fins de prevenção à disseminação de conteúdos flagrantemente ilícitos, prejudiciais ou danosos por plataformas de redes sociais. De acordo com o texto, a Secretaria Nacional do Consumidor (Senacon) deverá instaurar processo administrativo para apuração e responsabilização das plataformas de rede social pelo eventual descumprimento do dever geral de segurança e de cuidado em relação à propagação de conteúdos

---

[426] ZAMBELI, Fábio. 'Regulação de trabalho por aplicativos não se resolve por canetada', diz coordenador de GT. *Jota*, [s. l.], 12 dez. 2022. Disponível em: https://www.jota.info/tributos-e-empresas/trabalho/regulacao-de-trabalho-por-aplicativos-nao-se-resolve-por-canetada-diz-coordenador-de-gt-12122022. Acesso em: 4 fev. 2023.

[427] Registra-se que, até o fechamento desta pesquisa, estava aberta a consulta pública promovida pelo Comitê Gestor da Internet sobre regulação de plataformas na internet. Para mais informações: JULIÃO, Henrique. CGI.br fará consulta pública ampla sobre regulação de plataformas. *Nic.br*, São Paulo, 31 mar. 2023. Disponível em: https://www.nic.br/noticia/na-midia/cgi-br-fara-consulta-publica-ampla-sobre-regulacao-de-plataformas/. Acesso em: 10 abr. 2023.

[428] BORGES, Caroline; PACHECO, John. Quatro crianças são mortas em ataque a creche em Blumenau; homem foi preso. *G1*, Florianópolis, 5 abr. 2023. Disponível em: https://g1.globo.com/sc/santa-catarina/noticia/2023/04/05/ataque-creche-blumenau.ghtml. Acesso em: 10 abr. 2023.

ilícitos, danosos e nocivos, referentes a conteúdos que incentivem ataques contra ambiente escolar.

Ainda em abril de 2023, o governo chegou a anunciar o fim da isenção de imposto para remessas internacionais, medida utilizada por *e-commerces* estrangeiros, como diferencial competitivo pelos comércios eletrônicos asiáticos, que ofertam produtos mais baratos que os concorrentes nacionais. Contudo, alguns dias depois, o governo recuou da medida e afirmou que vai manter a isenção para remessas internacionais de até US$50,00 (cerca de R$250,00) entre pessoas físicas.[429]

Na sinalização no campo político sobre a importância desta pauta, além dos inúmeros pronunciamentos do ministro da Justiça sobre o combate às *fake news* e desinformação, vale o destaque para o discurso de posse do vice-presidente Geraldo Alckmin como ministro do Desenvolvimento, Indústria, Comércio e Serviços, sobre a transformação digital:

> Uma política industrial contemporânea para o Brasil passa ainda pela digitalização e pela sustentabilidade, e também pela inovação e aumento da produtividade. Na agenda da digitalização, é necessário favorecer a produção e difusão de tecnologias da indústria 4.0.
> [...] urgente que a nossa agenda contemple medidas que reduzam o déficit de produtividade e de digitalização dos micro e pequenos negócios, induzindo-os a uma autêntica transformação digital. O Brasil precisa conceber programas de apoio às startups, a todo tipo de empreendedorismo inovador, à inovação tecnológica.
> [...] Partiremos da premissa de que o que importa no século 21 é agregar valor à nossa produção, seja no campo, seja na indústria, seja no comércio, orientando para que a economia de todos os setores produtivos se sofistiquem e se reforcem mutuamente de ganha, ganha, ganha. Ganha o empresariado, ganha o trabalhador, ganha o meio ambiente, ganha o Brasil e ganha a comunidade internacional.[430]

---

[429] EQUIPE INFOMONEY. Governo recua, e Haddad diz que manterá isenção de impostos em encomendas internacionais. *InfoMoney*, [s. l.], 18 abr. 2023. Disponível em: https://www.infomoney.com.br/consumo/taxacao-shein-shopee-governo-recua-haddad-isencao-imposto-importacao-compras-internacionais/. Acesso em: 28 abr. 2023.

[430] BRASIL. Gov.br. *Discurso do vice-presidente Geraldo Alckmin*: Íntegra do discurso do vice-presidente, durante a cerimônia de transmissão do cargo de ministro do Desenvolvimento, Indústria, Comércio e Serviços. Brasília, DF, 4 jan. 2023. Disponível em: https://www.gov.br/pt-br/noticias/comunicacao/2023/01/discurso-do-vice-presidente-geraldo-alckmin. Acesso em: 4 jan. 2023.

Por fim, registra-se que o Conselho Nacional de Desenvolvimento Industrial (CNDI),[431] que estava sem funcionar desde 2016, foi reestruturado e reativado, com vinculação à Presidência da República e presidido pelo MDIC, com a tarefa de opinar sobre estratégias e diretrizes para políticas destinadas ao aumento da produtividade e da competitividade da indústria nacional e à melhoria do ambiente de negócios.

Espera-se, por fim, que o Poder Executivo federal promova a revisão formal e material das políticas e estratégias em curso para dotá-las de mecanismos e instrumentos jurídicos capazes de conferir efetividade à transformação digital no Brasil.

4.5.2 Congresso Nacional

Vimos, no capítulo anterior, os debates que foram conduzidos nos últimos anos no Congresso Nacional sobre a economia e a transformação digital, sob a perspectiva político-partidária. O resultado das eleições gerais, ocorridas em outubro de 2022, representou profundas mudanças em relação aos parlamentares atuantes na agenda voltada para a tecnologia e para a transformação digital. Diante desse cenário, questiona-se: o que esperar da bancada da economia digital do Legislativo a partir de 2023?[432]

A nova composição do Congresso Nacional implicará na definição dos atores que liderarão esse debate e dos legisladores. De início, deve-se destacar que parlamentares conhecidos pela intensa atuação na agenda de tecnologia não regressaram em 2023, tais como os deputados Eduardo Cury, Vinicius Poit e Perpétua Almeida, além do senador Alessandro Molon.

O deputado Orlando Silva foi eleito como suplente e é o relator do Projeto de Lei das *Fake News* (PL nº 2.630/2020), que trata da regulação das mídias sociais.[433] Alguns deputados atuantes na agenda de

---

[431] BRASIL. Ministério do Desenvolvimento, Indústria, Comércio e Serviços. *Governo reativa conselho que vai construir a nova política industrial*. Brasília, DF, 7 abr. 2023. Disponível em: https://www.gov.br/mdic/pt-br/assuntos/noticias/2023/abril/governo-reativa-conselho-que-vai-construir-a-nova-politica-industrial. Acesso em: 8 abr. 2023.

[432] DAMIANI, Wesley. O que as empresas podem esperar da agenda de economia digital com a renovação do Congresso em 2023? *FecomercioSP*, São Paulo, 14 dez. 2022. Disponível em: https://www.fecomercio.com.br/noticia/o-que-as-empresas-podem-esperar-da-agenda-de-economia-digital-com-a-renovacao-do-congresso-em-2023. Acesso em: 9 jan. 2023.

[433] O Projeto de Lei nº 2.630/20 institui a Lei Brasileira de Liberdade, Responsabilidade e Transparência na Internet. O texto cria medidas de combate à disseminação de conteúdo falso nas redes sociais, como Facebook e Twitter, e nos serviços de mensagens privadas, como WhatsApp e Telegram, excluindo-se serviços de uso corporativo e *e-mail*. As medidas

tecnologia e, especialmente, da economia digital permaneceram: é o caso do senador Izalci Lucas, do deputado Vitor Lippi e da deputada Luísa Canziani.

No Senado, a situação não é tão diferente: a aderência às pautas da transformação digital, que já não era vultosa, pode sofrer dificuldades, dada à agenda da coalizão. O ex-ministro da Ciência e Tecnologia senador Marcos Pontes, que teve tímida atuação como ministro, foi eleito senador pelo estado de São Paulo, mas não é possível afirmar que sua atuação ganhará destaque nas pautas para a transformação digital em curso no Legislativo.

---

valerão para as plataformas com mais de 2 milhões de usuários, inclusive estrangeiras, desde que ofertem serviços ao público brasileiro. A tramitação do Projeto de Lei nº 2.630 está interrompida desde junho de 2022. Informação disponível em: BRASIL. Câmara dos Deputados. *Projeto de Lei nº 2.630/2020*. Institui a Lei Brasileira de Liberdade, Responsabilidade e Transparência na Internet. Autor: Alessandro Vieira. Brasília, DF, 2020. Disponível em: https://www.camara.leg.br/propostas-legislativas/2256735. Acesso em: 6 fev. 2023.

CONCLUSÃO

O objetivo deste livro foi situar, analisar e propor alternativas para o tema da tecnologia e da transformação digital, no contexto da economia digital, dentro da perspectiva do Estado, do direito e das políticas públicas. O ponto de partida deu-se pela percepção de que a expansão da tecnologia e da economia digital tem lançado novos desafios sociais e econômicos para os Estados, que devem promover o desenvolvimento de uma economia cada vez mais digital.

Esse processo demanda, contudo, a criação de ecossistemas para transformação digital a partir de componentes interdependentes que envolvem não apenas o uso da tecnologia e de dados, como também de estruturas, serviços, capital humano, políticas e instituições. Isso porque as mudanças decorrentes da tecnologia são mais rápidas e menos incrementais do que aquelas que ocorrem nos sistemas sociais, econômicos e legais, o que produz incertezas sobre qual é o enquadramento econômico, social e jurídico a ser dado às imbricações decorrentes da adoção de novas tecnologias.

Essa rapidez tem gerado o aprofundamento do processo de transformação digital, que deixou de ser compreendido como a representação da transformação estratégica de negócios orientada para o usuário e passou a ser percebido como fenômeno complexo em curso em instituições públicas e privadas, a partir de aspecto não apenas tecnológico, mas também social e político.

A ampliação do escopo da transformação digital tem contribuído para a percepção de que as inovações tecnológicas não são ferramentas auxiliares, restritas à gestão, e, como consequência, deixam de ser tratadas (como no passado) de forma marginal pelas ciências políticas, administração pública, direito e políticas públicas. Apesar dessa significativa mudança, ainda são poucos os estudos sobre os impactos da tecnologia e da transformação digital sobre a capacidade estatal, o exercício da cidadania, a democracia, entre outras variáveis.

São muitos os desafios lançados pela transformação digital para os Estados: de um lado, novas tecnologias devem ser incorporadas, o que reflete na necessidade de capacitação do corpo técnico, adaptações nos procedimentos administrativos e novos formatos na prestação de serviços públicos. De outro, tem-se o desafio de fornecer a base para o desenvolvimento de infraestrutura digital estável e acessível a todos os envolvidos na cadeia de funcionamento da economia digital. E, ainda, é o Estado que deverá formular e implementar políticas públicas, formatos institucionais e normas jurídicas que estimulem a inovação e a integração das tecnologias digitais, bem como proteger a população de excessos ou práticas distorcivas, relacionadas ao uso da tecnologia.

Assim, para além da criação de ambiente favorável, há o desafio de moldar o futuro digital que aproveite ao máximo as oportunidades que a transformação digital oferece a fim de melhorar a vida das pessoas e impulsionar o crescimento econômico, impedindo que essas transformações deteriorem o Estado Democrático de Direito e virem camadas adicionais de desigualdades e exclusão social, enfraquecendo o exercício da cidadania.

Para enfrentar essas questões inter-relacionadas às políticas públicas para a transformação digital no âmbito jurídico, optou-se pelo recorte metodológico proposto na abordagem Direito e Políticas Públicas. Apesar dos desafios e incompreensões existentes no estudo de um objeto (as políticas públicas) eminentemente não jurídico, na perspectiva do direito, essa escolha mostrou-se acertada.

Isso porque o levantamento normativo promovido nesta pesquisa é passível de assimilação pela caixa de ferramentas do direito para alimentar sua dogmática com informações técnicas úteis à tomada de decisão sobre os instrumentos jurídicos adequados para cada caso. Na prática, espera-se que as conclusões obtidas possam influenciar na redefinição de normas, estratégias e planos de ações, como corrente de soluções propostas no Quadro de Problemas.

Além do mais, a abordagem Direito e Políticas Públicas (DPP) permitiu o elasticemento do que ainda se entende tradicionalmente como objeto de estudo pelo direito para agregar novas dimensões sob os recortes institucional e político. Assim, para esta pesquisa, o direito serviu como ferramenta, como um código de análise de um cenário multidisciplinar, fornecendo um quadro de inteligibilidade, no qual é possível trabalhar diversos formatos de interações, sobretudo para mapeamento e resolução da alocação de forças. Pela abordagem DPP, foi possível conhecer não apenas a base normativa das políticas públicas, mas também compreender o processo de formulação e de implementação dessas políticas públicas.

Com a finalidade de referenciar o tema no debate internacional, a experiência da União Europeia permitiu concluir que, a partir da busca de um Mercado Único, desde 2010, a UE vem investindo na transformação digital por intermédio da implementação de uma verdadeira agenda digital ampla e robusta e, ao trazer esse tema, não apenas para o debate, mas, também, para o centro das políticas públicas no nível comunitário, promoveu coordenação institucionalizada, por intermédio de uma arquitetura de governança híbrida em multiníveis.

Mesmo com os tropeços observados ao longo do percurso e a existência de uma miríade de documentos, estratégias, programas e planos relacionados à transformação digital, que, em diversos casos, não só se complementam como se sobrepõem, restou demonstrado o inequívoco esforço para a coordenação de diretrizes da transformação no nível eurocomunitário. A análise dos planos e estratégias, ainda que requeresse mais tempo de pesquisa *in loco* na Europa para aprofundamento nos processos correlatos a especificidades das instituições que os operam, permite concluir a busca de soluções que evitem o formato utilizado em outras normas comunitárias de *one size fits all*, respeitando as necessidades e especificidades de cada Estado-Membro. Isso pode ser comprovado com o estudo sobre a Finlândia e a Romênia, países que representam os extremos desse processo no contexto europeu.

Conclui-se, também, que o pano de fundo desse agir europeu pode ser justificado pelo fato de a Europa ter perdido a primeira onda de tecnologia: em comparação com o cenário internacional, as grandes empresas de tecnologia europeias representam escala e volume muito inferiores às estadunidenses e chinesas. Contudo, é importante observar que, diferentemente de Estados Unidos e China, a UE tem buscado enfrentar temas de tecnologia e transformação digital, pautando-se na sua tradição de Estado e de políticas públicas para a promoção do bem-estar social, com forte posicionamento sobre os valores democráticos e respeito aos interesses dos cidadãos.

Essa postura coloca o bloco em posição diferenciada no nível internacional em termos de referência regulatória e normativa, justamente pela intensa atividade das instituições europeias observada nos últimos anos. Questiona-se, contudo, se a estratégia europeia de se posicionar como árbitro global da tecnologia e da transformação digital será eficaz para sustentar a ambiciosa meta de posicionar o bloco como superpotência digital.

O estudo de caso da União Europeia mostrou-se relevante por outro aspecto: a pavimentação europeia de investimento no Estado e no bem-estar social como resposta à crise decorrente da COVID-19, por intermédio do *NextGenerationEU* (NGEU), que representa o maior pacote de incentivos financeiros já implementado no território europeu, doze vezes maior do que representou o Plano Marshall em valores atuais, e destina-se, sobretudo, a colocar em curso as revoluções gêmeas (*twin revolutions*): verde e digital.

Ao priorizar o *Digital Deal* e definir a transformação digital como pilar da recuperação econômica e social pós-pandemia, a Europa sedimentou o investimento no Estado e nas políticas públicas como resposta à crise decorrente da pandemia, retomando modelos de programas de estruturas keynesianas, o que serve como importante reflexão sobre caminhos que o Brasil pode seguir para a reconstrução do Estado social, fortemente abalado por corrente de matrizes liberais-conservadoras.

Ainda não existem estudos suficientes que avaliem se a estratégia europeia trará os resultados esperados, mas o discurso para os Estados da União, de 2022, da presidente da Comissão Europeia, Ursula von der Leyen, sinaliza o nível de comprometimento da UE com a transformação digital: *"Digital is the make or break issue"*.[434]

Nesse sentido, a Bússola Digital monitorará e enfrentará os bloqueios e problemas da transformação digital a partir de sistema concebido para servir de monitoramento transparente e compartilhado, baseado no Índice de Economia e Sociedade Digital (DESI), que mede e gerencia o progresso do programa e tem se demonstrado como uma poderosa ferramenta para a aferição do avanço da agenda digital.

Este livro também se propôs a apresentar o estado da arte das normas e políticas públicas para a transformação digital no Brasil. Se utilizada a base do modelo europeu, a conclusão é que inexiste algo similar sintetizado em um único documento que contemple a macroestratégia de longo prazo para a transformação digital, somada à estrutura de governança e à destinação de recursos orçamentários para atingir essas finalidades.

O conjunto de documentos e normas mais próximos dessa macroestratégia coordenada é aquele relacionado à Estratégia Brasileira para a Transformação Digital (E-Digital), que busca "harmonizar" as iniciativas do Poder Executivo federal ligadas ao ambiente digital. No entanto, percebe-se a falta de definição de metas e indicadores precisos para aferir esses resultados. Ao tentar aglutinar as principais estratégias, a E-Digital considerou o modelo de governança limitado ao escopo da administração pública federal, não se propondo, por exemplo, a ser uma política nacional para a transformação digital. Em realidade,

---

[434] BERTUZZI, Luca. 2022: o grande ano da Europa em política digital. *Cepa*, [s. l.], 5 jan. 2022. Disponível em: https://cepa.org/article/2022-europes-big-year-ahead-in-digital-policy/. Acesso em: 6 fev. 2023.

concluiu-se que a União deixou os estados e municípios à deriva nesse processo ao se furtar do seu papel estratégico na liderança de uma cooperação federativa.

Porém, ainda mais complexo do que as fragilidades existentes na E-Digital, que podem ser passíveis de ajustes, que, inclusive, já estão em curso pela nova gestão presidencial, é o Sistema Nacional para a Transformação Digital (SinDigital). Sobre o SinDigital, suspeita-se que a medida, assim como outras políticas e estratégias digitais brasileiras, foi apresentada apenas para cumprir requisitos formais de convergência para possível adesão do Brasil à OCDE. Uma refundação do SinDigital foi o que se propôs no Quadro de Problemas apresentado no capítulo 4.

Em relação a outras nove estratégias e políticas que compõem as "políticas digitais" brasileiras,[435] conclui-se pelo risco de falsas conclusões sobre o nível de maturidade das medidas que o Brasil vem adotando para a transformação digital. Ao seguir o modelo da OCDE e premissas adotadas por *rankings* e recomendações de outras organizações internacionais, é correto afirmar que esses documentos posicionam os temas relacionados à transformação digital no plano jurídico-normativo. Contudo, quando analisados sob os aspectos políticos e institucionais, evidenciam-se inconsistências que colocam em xeque a efetividade dessas medidas.

Conclui-se, sobre esse aspecto, que não deve ser adotado um *ratio* de compreensão do tudo ou nada para chancelar ou validar, no mesmo grau e medida, todas essas iniciativas. Há, de fato, críticas sobre aspectos estruturais e que necessitam de imediata correção de rota, mas, por outro lado, há também o fato de essas medidas, ainda que incompletas, fornecerem referencial e o início de um processo fragmentado, porém já em curso e que deve ser aprimorado.

Ainda relacionado a esse aspecto, esta pesquisa revelou um elemento central na compreensão dessa discrepância entre a oficialidade e a efetividade: a atuação da burocracia na jornada da transformação digital. A evolução normativa sobre o tema permitiu observar que as iniciativas para o que na atualidade se compreende como transformação digital surgiram para tornar o governo "eletrônico", a partir da

---

[435] Governo Digital (E-Gov); a Estratégia Brasileira para a Transformação Digital (E-Digital); a Estratégia Brasileira de Inteligência Artificial; a Política Nacional de Segurança da Informação (PSNI); a Estratégia Nacional de Segurança Cibernética (E-Ciber); a Estratégia Brasileira para Redes 5G; a Política Nacional de Inovação e a Estratégia Nacional de Inovação; a Política e os Planos de Ação para Governo Aberto; o Plano Nacional de Internet das Coisas; e a computação em nuvem.

incorporação das tecnologias da informação. Assim, essa pauta nasceu no âmbito federal, altamente atrelada à ideia de gestão pública, modernização e simplificação administrativa, temas essencialmente albergados dentro da burocracia, sobretudo durante as ondas da Administração Geral ou *New Public Management* que ecoaram no Brasil. Conforme exposto no capítulo 4, alerta-se para o fato de que o Governo Digital não deve ser a nova versão da agenda da gestão pública apolítica que existiu na década de 1990, sob pena de esvaziamento do seu potencial para o exercício da cidadania.

Mesmo assim, deve-se reconhecer que, ao desenvolver o governo eletrônico (e, posteriormente, o Governo Digital), a burocracia deu os primeiros passos rumo à transformação digital brasileira. Essa atuação, ao longo dos anos, ocorreu em *locus* de excelência da burocracia federal, sobretudo no âmbito do Ministério do Planejamento e Gestão, com a participação de servidores públicos federais concursados e altamente qualificados, que se mantiveram, ou ainda se mantêm, em posição de destaque sobre a transformação digital, no âmbito da administração pública federal.

A conclusão, portanto, é que, sob o aspecto institucional, parte da agenda para a transformação digital ancorou-se na burocracia federal, sob o recorte do Governo Digital. O patrocínio e interesse da burocracia, somados às coalizões internas e externas apontadas nesta pesquisa, permitiram não apenas que a pauta não caísse em completo descaso durante o governo Bolsonaro, como, na realidade, promoveram, em alguns temas, uma clivagem de parte dessa pauta em normas, planos e estratégias, como é o caso do Governo Digital.

Isso talvez justifique, ao menos em parte, o fato de, em meio ao processo de desmonte de políticas públicas e de enfraquecimento institucional promovido durante as últimas gestões presidenciais, terem ocorrido desenvolvimentos jurídico-normativos para a transformação digital, ainda que com o alerta de que, para alguns casos, a falta de efetividade decorre tanto da ausência de fundamentos jurídicos capazes de fundamentar e sustentar uma política pública quanto da baixa adesão política.

Esse desalinhamento entre a ação da burocracia e a da política resultou no mundo do direito, no qual o Brasil possui planos e estratégias para desenvolvimento das políticas para a transformação digital, e o mundo dos fatos, em que essas medidas possuem limitado alcance político e baixa efetividade.

Essas constatações sobre aspectos basilares de uma ampla estratégia para a transformação digital revelaram dois aspectos importantes:

o primeiro é que nem mesmo a administração pública federal logrou destrinchar a dinâmica interna do que se entende como "agenda" digital, ou seja, o que se pretende alcançar, em nível nacional, para o enfrentamento dos desafios colocados pelo Estado, para a sociedade e a economia na transformação digital; o segundo é a aparente disputa entre a alocação de capacidades em uma governança interna para o digital (Governo Digital) e a transformação digital em nível nacional, o que demandaria o ajuste de foco e a divisão do espaço de centralidade da União, cedendo lugar para os estados e municípios.

Contudo, a ausência de ação coordenada e destinada a um propósito específico (uma agenda, nos moldes europeus) não significa que o Brasil não vem adotando, a partir de suas idiossincrasias jurídicas e institucionais, medidas importantes para o uso da tecnologia e o desenvolvimento da transformação digital no país. E, por esses motivos, esta pesquisa é um começo, e não um fim.

A economia digital e os efeitos da tecnologia são uma realidade e acarretam consequências sociais e jurídicas que demandam respostas eficientes e permanentes do Estado, principalmente no que tange à formulação e implementação de políticas públicas que conduzam a uma transformação digital apta a promover novas dimensões da cidadania.

Ao concluir que o problema da transformação digital nos dias atuais não é mais necessariamente o de disponibilidade de tecnologia, mas, sim, do Estado e das políticas públicas, o desafio lançado, sobretudo para os países periféricos, é de não apenas perceber rapidamente as melhores práticas e tentar difundi-las em seu território, como também favorecer a transformação digital da economia.

Para esta pesquisa, o salto que deve ser dado em relação à tecnologia e à transformação digital na perspectiva do Estado, do direito e das políticas públicas é justamente o de que planejar e controlar a tecnologia são decisões políticas e, na maioria dos casos, questões inseridas no debate sobre escolhas e políticas públicas.

Para que esse salto aconteça, é preciso desconstruir a torção semântica que a transformação digital ganhou no Brasil, sob dois aspectos: o primeiro refere-se à própria percepção, que perdurou durante muitos anos, de se tratar de uma pauta de gestão pública e que, portanto, busca a racionalização da atuação estatal a partir da incorporação de novas ferramentas tecnológicas; o segundo refere-se ao fato de que o princípio da eficiência foi o elo de possibilidade de sobrevivência dessa pauta nos governos de matrizes liberais em um cenário liberal-conservador, acoplando-se em conceito vago de modernização e profissionalização da administração pública.

É nessa torção semântica que está a maior diferença – e utilidade – da análise de como o tema foi desenhado na União Europeia e no Brasil: a grande contribuição do estudo da União Europeia não foi para promover um transplante institucional para incorporar no ambiente jurídico-institucional brasileiro regras e práticas bem-sucedidas em países desenvolvidos, mas, sim, o fato de a Europa ter lastreado a transformação digital não apenas como ganhos de eficiência ou racionalização burocrática, mas como pilar do pleno exercício da cidadania e, mais recentemente, com o NGEU, como eixo estruturante de reconstrução dos Estados-Membros no pós-pandemia.

Ao pensar na transformação digital como mecanismo de fortalecimento do Estado, a União Europeia lançou as bases da sua transição digital em pilares completamente diferentes daqueles observados no Brasil. Há um duplo ganho na análise do caso europeu: o primeiro, de chamar a atenção das autoridades brasileiras para a reconstrução do Estado social brasileiro à luz do investimento no Estado e nas políticas públicas; e o segundo, na transformação digital como condição para o exercício da cidadania.

Portanto, esta pesquisa conclui que a compreensão de fenômenos como a tecnologia e a transformação digital, na perspectiva do Estado, do direito e das políticas públicas, requer descolá-las do recorte da eficiência e da modernização da gestão pública, embora não se negue a importância dessa camada como um início, mas não como um fim. Para que a transformação digital possa ser compreendida em sua dimensão ampla de fenômeno tecnológico, social e político, devem ser abertas novas fronteiras na institucionalidade, no direito e no modo de ação estatal.

Além do mais, compreender que a definição e priorização depende de vontade política não é o mesmo que classificar esse grupo de iniciativas sob o recorte partidário de "esquerda" ou de "direita", mas, sim, significa extrair a transformação digital dos corredores da burocracia e alçá-la a uma política de Estado.

A conclusão é que há um desafio colocado aos formuladores de políticas públicas e para a comunidade acadêmica de como incrementar a efetividade de normas e políticas públicas para a transformação digital, ampliando a responsividade das ações governamentais e de reprogramação institucional.[436]

---

[436] SCHAPIRO, Mario G.; PIMENTA, Raquel de Mattos. A democracia depende da efetividade e da integridade do governo: há ao menos três arenas no Estado com potencial de se tornarem protagonistas para estas agendas. *Jota*, [s. l.], 25 jan. 2023. Disponível em:

Para contribuir com esse debate, o Quadro de Problemas apresentou propostas de soluções que demonstram como a recriação do Sistema Nacional para a Transformação Digital pode contribuir para a ressignificação da cidadania como motriz de renovação do Estado social.

Por fim, cumpre observar que, ao promover o recorte teórico sob a luz da cidadania, não foi objetivo desta pesquisa analisar o tema sob a visão da recuperação da democracia como imperativo civilizatório. Tampouco foi a sua pretensão examinar os aspectos regulatórios envolvendo as grandes plataformas (*big techs*). Não se ignora a importância desses e de outros debates no Brasil e no mundo, mas, na atualidade, as pautas incrustadas nos debates da tecnologia e da internet não podem ser tratadas como um bloco uníssono, e sim como diversas camadas complexas de fenômenos amplos e em movimento. Trata-se de temas transversais e complementares com importância e singularidades e, para fins desta pesquisa, optou-se por não explorar aspectos regulatórios e concorrenciais das plataformas nem de moderação de conteúdo da internet.

Também, ao se propor a apresentar o estado da arte das normas e políticas públicas para a transformação digital, não foi possível analisar detalhadamente as agendas setoriais e temáticas contidas nessas políticas. Ao iniciar a pesquisa do tema, percebeu-se a necessidade primária de situar o debate que, em muitos sentidos, ainda se encontra à deriva de casuísmos ou baixo rigor metodológico.

Além do mais, acredita-se que o aprofundamento em estratégias e planos temáticos requer a análise de especialistas em cada área, o que adentra mais no mérito da política pública do que na análise jurídica. Essas pesquisas deverão ser realizadas em estudos específicos, com níveis de aprofundamento que a complexidade temática requer.

Sob o viés jurídico, buscou-se apresentar, no Quadro de Problemas, soluções que estruturem um sistema para a transformação digital. Na proposta, acredita-se que a efetividade das normas e políticas públicas para a transformação digital será alcançada a partir de instrumentos jurídicos aplicáveis, quadros de governança e fontes de financiamento apropriadas.

Por fim, acredita-se que a inovação acadêmica desta pesquisa não ocorreu somente pela leitura analítica, conclusões e propostas lançadas, mas, também, pelo próprio inventário e reconstrução dessa trajetória.

---

https://www.jota.info/opiniao-e-analise/artigos/a-democracia-depende-da-efetividade-e-da-integridade-do-governo-25012023. Acesso em: 6 fev. 2023.

Espera-se que os debates e conclusões obtidos nesta pesquisa possam contribuir para o desenvolvimento de novos estudos sobre a transformação digital e seus subtemas a fim de promover o adensamento teórico, no direito e nas políticas públicas, sobre a tecnologia.

REFERÊNCIAS

ABCOMM. *Cinco tendências do e-commerce para 2023*. 10 jan. 2023. Disponível em: https://abcomm.org/noticias/5-tendencias-do-e-commerce-para-2023/. Acesso em: 10 fev. 2023.

AGÊNCIA NACIONAL DE INOVAÇÃO. *Horizonte Europa*. Porto, Portugal, 2021. Disponível em: https://www.ani.pt/pt/promo%C3%A7%C3%A3o-internacional/redes-internacionais/horizonte-europa/. Acesso em: 20 fev. 2023.

ALVES, Dora Resende. O digital como prioridade da Comissão Europeia: breve análise sobre a transformação digital no âmbito da União Europeia. *Instituto Iberoamericano de Estudos Jurídicos*, Porto, Portugal, p. 182-195, 2022. Disponível em: http://repositorio.uportu.pt:8080/bitstream/11328/4082/1/ETHOSDIG-cap.Dora.pdf. Acesso em: 8 jan. 2023.

ALVES, Margarida R. Digitalização na Europa: A pandemia tornou a transformação digital uma parte integrante da sociedade europeia. *Ecommerce News*, [s. l.], 11 maio 2022. Disponível em: https://ecommercenews.pt/digitalizacao-na-europa-a-pandemia-tornou-a-transformacao-digital-uma-parte-integrante-da-sociedade-europeia/. Acesso em: 8 jan. 2023.

AMARAL, Bruno do. TCU tece críticas à estratégia digital do governo Bolsonaro. *Teletime*, São Paulo, 8 jul. 2022. Disponível em: https://teletime.com.br/08/07/2022/tcu-tece-criticas-a-estrategia-digital-do-governo-bolsonaro/. Acesso em: 10 fev. 2023.

ANATEL. *Ata de Reunião*: 919ª Reunião do Conselho Diretor da Anatel. Brasília, DF, 2 fev. 2023. Disponível em: https://sei.anatel.gov.br/sei/publicacoes/controlador_publicacoes.php?acao=publicacao_visualizar&id_documento=11110496&id_orgao_publicacao=0. Acesso em: 8 abr. 2023.

ANISTIA INTERNACIONAL; ACESS NOW. *A Declaração de Toronto*: Protegendo o direito à igualdade no aprendizado de máquina. Toronto, 16 maio 2018. Disponível em: https://www.torontodeclaration.org/. Acesso em: 23 mar. 2023.

ARMENDÁRIZ, María Amparo Salvador. Reformas jurídicas estatales para la gestión de los fondos NGEU: análisis y reflexión desde el derecho administrativo. *Revista Catalana de Derecho Publico*, [s. l.], n. 63, p. 61-80, Dic. 2021. Disponível em: http://revistes.eapc.gencat.cat/index.php/rcdp/article/view/10.2436-rcdp.i63.2021.3711/n63-salvador-es.pdf. Acesso em: 21 fev. 2023.

ATLANTICO. *Latin American Digital Transformation Report 2022*. [S. l.]: [s. n.], set. 2022. Disponível em: https://docsend.com/view/d24ww8wgnutcxqgf. Acesso em: 29 mar. 2023.

BANCO CENTRAL EUROPEU. Decisão (UE) 2020/440 do Banco Central Europeu de 24 de março de 2020 relativa a um programa temporário de compras de emergência por pandemia (BCE/2020/17). *Jornal Oficial da União Europeia*, Frankfurt am Main, L 91, p. 1-4, 25 mar. 2020. Disponível em: https://eur-lex.europa.eu/legal-content/PT/TXT/PDF/?uri=CELEX:32020D0440&from=PT. Acesso em: 21 fev. 2023.

BAPTISTA, Patrícia Ferreira; ANTOUN NETTO, Leonardo Silveira. Governo Digital: política pública, normas e arranjos institucionais no regime federativo brasileiro. A edição da Lei Federal n. 14.129/2021 e o desenvolvimento do governo digital nos Estados. *RFD – Revista da Faculdade de Direito da UERJ*, Rio de Janeiro, n. 41, p. 1-34, 2022.

BARBOSA, Leonardo Peixoto. *Desafios da regulação digital*: parte 1. São Paulo: USP, 8 mar. 2023. Disponível em: https://politicaspublicas.direito.usp.br/desafios-da-regulacao-digital-parte-1/. Acesso em: 18 mar. 2023.

BARBOSA, Raul Afonso Pommer; WATANABE, Carolina Yukari Veludo; SILVA, Rosália Maria Passos da. *Teoria unificada da aceitação e uso da tecnologia (Utaut2)*: uma validação do modelo a partir da implantação de um ERP. Trabalho apresentado no X Encontro de Estudos sobre Empreendedorismo e Gestão de Pequenas Empresas, São Paulo, 4 a 6 de julho de 2018. Disponível em: https://proceedings.science/egepe/trabalhos/teoria-unificada-da-aceitacao-e-uso-da-tecnologia-utaut2-uma-validacao-do-modelo?lang=pt-br. Acesso em: 15 mar. 2023.

BATTINI, Stefano. L'Unione Europea quale originale potere pubblico. *In*: CHITI, Mario P. (org.). *Diritto amministrativo europeo*. Milano: Giuffrè, 2013. p. 1-40.

BELUZZO, Regina Celia Baptista. Transformação digital e competência em informação: reflexões sob o enfoque da Agenda 2030 e dos Objetivos de Desenvolvimento Sustentável. *Conhecimento em Ação*, Rio de Janeiro, v. 4, n. 1, p. 3-30, jan./jun. 2019. Disponível em: https://revistas.ufrj.br/index.php/rca/article/view/26573. Acesso em: 27 mar. 2023.

BENITES, Afonso. Com dois anos e meio de atraso, Brasil começa a leiloar tecnologia 5G. *Jornal El País*, [s. l.], 3 nov. 2021. Disponível em: https://brasil.elpais.com/brasil/2021-11-04/com-dois-anos-e-meio-de-atraso-brasil-comeca-a-leiloar-tecnologia-5g.html. Acesso em: 7 fev. 2023.

BERTONCELJ, A. Digital Transformation in the Context of European Union's Green Deal. *Amfiteatru Economic*, [s. l.], v. 24, n. 59, p. 5-7, 2022. Disponível em: https://www.amfiteatrueconomic.ro/temp/Article_3059.pdf. Acesso em: 8 jan. 2023.

BITENCOURT NETO, Eurico. Direito Administrativo Transnacional. *Revista Eletrônica de Direito Administrativo Econômico (REDAE)*, Salvador, n. 18, p. 1-17, maio/jul. 2009. Disponível em: http://www.direitodoestado.com.br/codrevista.asp?cod=375. Acesso em: 8 jan. 2023.

BLOOMBERG, Jason. Digitization, digitalization, and digital transformation: confuse them at your peril. *Forbes*, [s. l.], Apr. 29, 2018. Disponível em: https://www.forbes.com/sites/jasonbloomberg/2018/04/29/digitization-digitalization-and-digital-transformation-confuse-them-at-your-peril/?sh=12bdb16d2f2c. Acesso em: 18 jan. 2023.

BORGES, Caroline; PACHECO, John. Quatro crianças são mortas em ataque a creche em Blumenau; homem foi preso. *G1*, Florianópolis, 5 abr. 2023. Disponível em: https://g1.globo.com/sc/santa-catarina/noticia/2023/04/05/ataque-creche-blumenau.ghtml. Acesso em: 10 abr. 2023.

BOTELHO, Martinho Martins; POMPEO FILHO, Roberto Nelson Brasil. Transformação digital da economia. *In*: WACHOWICZ, Marcos; CANUT, Letícia. *Análise da estratégia brasileira para transformação digital*: comentários ao decreto nº 9319/18. Curitiba: GEDAI: UFPR, 2018. p. 126-139 (p. 138-139). Disponível em: http://www.gedai.com.br/wp-content/uploads/2018/08/livro_An%C3%A1lise-da-estrat%C3%A9gia-brasileira-para-transforma%C3%A7%C3%A3o-digital.pdf. Acesso em: 10 fev. 2023.

BRASIL. Câmara dos Deputados. Notícias. *Lira defende responsabilização das 'big techs' por ofensiva contra o PL das Fake News*. Brasília, DF, 2 maio 2023. Disponível em: https://www.camara.leg.br/noticias/957860-lira-defende-responsabilizacao-das-big-techs-por-ofensiva-contra-o-pl-das-fake-news/. Acesso em: 6 maio 2023.

BRASIL. Câmara dos Deputados. *Projeto de Lei nº ___ de 2017*. Institui regras e instrumentos para a eficiência pública. Autor: Alessandro Molon. Brasília, DF, 2017. Disponível em: https://www.camara.leg.br/proposicoesWeb/prop_mostrarintegra?codteor=1568383&filename=PL%207843/2017. Acesso em: 29 jan. 2023.

BRASIL. Câmara dos Deputados. *Projeto de Lei nº 2.630/2020*. Institui a Lei Brasileira de Liberdade, Responsabilidade e Transparência na Internet. Autor: Alessandro Vieira. Brasília, DF, 2020. Disponível em: https://www.camara.leg.br/propostas-legislativas/2256735. Acesso em: 6 fev. 2023.

BRASIL. Câmara dos Deputados. *Projeto de Lei nº 2.768/2022*. Dispõe sobre a organização, o funcionamento e a operação das plataformas digitais que oferecem serviços ao público brasileiro e dá outras providências. Autor: João Maia. Brasília, DF, 2022. Disponível em: https://www.camara.leg.br/proposicoesWeb/fichadetramitacao?idProposicao=2337417. Acesso em: 24 mar. 2023.

BRASIL. Comitê Central de Governança de Dados. *Guia de boas práticas*: Lei Geral de Proteção de Dados (LGPD). Brasília, DF, 2020. Disponível em: https://www.gov.br/governodigital/pt-br/seguranca-e-protecao-de-dados/guias/guia_lgpd.pdf. Acesso em: 5 fev. 2023.

BRASIL. Controladoria-Geral da União. *Parceria para Governo Aberto*: o que é a iniciativa? Brasília, DF, 11 dez. 2014. Disponível em: https://www.gov.br/cgu/pt-br/governo-aberto/a-ogp/o-que-e-a-iniciativa. Acesso em: 7 fev. 2023.

BRASIL. Gov.br. *Discurso do vice-presidente Geraldo Alckmin*: Íntegra do discurso do vice-presidente, durante a cerimônia de transmissão do cargo de ministro do Desenvolvimento, Indústria, Comércio e Serviços. Brasília, DF, 4 jan. 2023. Disponível em: https://www.gov.br/pt-br/noticias/comunicacao/2023/01/discurso-do-vice-presidente-geraldo-alckmin. Acesso em: 4 jan. 2023.

BRASIL. Gov.br. *Governo Digital*. Brasília, DF, 2023. Disponível em: https://www.gov.br/governodigital/pt-br. Acesso em: 28 jan. 2023.

BRASIL. Gov.br. *PIB cresce 4,6% em 2021 e supera perda provocada em 2020 pelos efeitos da Covid-19*. Brasília, DF: Gov.Br, 11 mar. 2022. Disponível em: https://www.gov.br/pt-br/noticias/financas-impostos-e-gestao-publica/2022/03/pib-cresce-4-6-em-2021-e-supera-perda-provocada-em-2020-pelos-efeitos-da-covid-19. Acesso em: 16 mar. 2023.

BRASIL. Gov.br. *Serviços e Informações do Brasil*: Planos de Transformação Digital por área. Brasília, DF, 2023. Disponível em: https://www.gov.br/pt-br/plano-transformacao-digital. Acesso em: 5 fev. 2023.

BRASIL. Governo Digital. *Ações Previstas de Transformação de Serviços em ANVISA*. Brasília, DF, 3 nov. 2022. Disponível em: https://www.gov.br/pt-br/plano-transformacao-digital/plano-transformacao-digital/@@template_acao_plano?previstas=1&eixo=transformacao_servicos&dt_inicio=01/01/2021&dt_fim=31/03/2021&area=anvisa. Acesso em: 10 fev. 2023.

BRASIL. Ministério da Agricultura, Pecuária e Abastecimento. *Acesso digital ao serviço Solicitar sementes, insumos e outros itens contemplados na cadeia produtiva do cacau*. Brasília, DF, 7 out. 2021. Disponível em: https://www.gov.br/pt-br/plano-transformacao-digital/acesso-digital-ao-servico-solicitar-sementes-insumos-e-outros-itens-contemplados-na-cadeia-produtiva-do-cacau. Acesso em: 10 fev. 2023.

BRASIL. Ministério da Agricultura, Pecuária e Abastecimento. *Sistema Sapiens 2.0*. Brasília, DF, abr. 2022. Disponível em: https://www.gov.br/agu/pt-br/composicao/cgu/cgu/guias/guia-sapiens-2-0_atualizado_v-1-8-3_4-2022.pdf. Acesso em: 10 fev. 2023.

BRASIL. Ministério da Ciência, Tecnologia e Inovações. *Estratégia Brasileira de Inteligência Artificial*: EBIA. Brasília, DF, jul. 2021. Disponível em: https://www.gov.br/mcti/pt-br/acompanhe-o-mcti/transformacaodigital/arquivosinteligenciaartificial/ebia-documento_referencia_4-979_2021.pdf. Acesso em: 6 fev. 2023.

BRASIL. Ministério da Ciência, Tecnologia e Inovações. *Estratégia Brasileira para a Transformação Digital (E-Digital)*: Ciclo 2022-2026. Brasília, DF, 2022. Disponível em: https://www.gov.br/mcti/pt-br/acompanhe-o-mcti/transformacaodigital/arquivosestrategiadigital/e-digital_ciclo_2022-2026.pdf. Acesso em: 24 mar. 2023.

BRASIL. Ministério da Ciência, Tecnologia e Inovações. *Estratégia Nacional de Inovação*. Brasília, DF, 11 ago. 2021. Disponível em: https://www.gov.br/governodigital/pt-br/estrategias-e-politicas-digitais/estrategia-nacional-de-inovacao. Acesso em: 29 jan. 2023.

BRASIL. Ministério da Ciência, Tecnologia e Inovações. *Estratégia Nacional de Segurança Cibernética*. Brasília, DF, 11 ago. 2021. Disponível em: https://www.gov.br/governodigital/pt-br/estrategias-e-politicas-digitais/estrategia-nacional-de-seguranca-cibernetica#:~:text=A%20Estrat%C3%A9gia%20Nacional%20de%20Seguran%C3%A7a,de%20seguran%C3%A7a%20cibern%C3%A9tica%20at%C3%A9%20 2023. Acesso em: 9 jan. 2023.

BRASIL. Ministério da Ciência, Tecnologia e Inovações. *MCTI publica atualização da Estratégia Brasileira para a Transformação Digital 2022-2026*. Brasília, DF, 17 nov. 2022. Disponível em: https://www.gov.br/mcti/pt-br/acompanhe-o-mcti/noticias/2022/11/mcti-atualiza-estrategia-brasileira-para-a-transformacao-digital-para-o-periodo-2022-2026. Acesso em: 10 fev. 2023.

BRASIL. Ministério da Ciência, Tecnologia e Inovações. *Plano Nacional de Internet das Coisas – IoT*. Brasília, DF, 2023. Disponível em: https://www.gov.br/mcti/pt-br/acompanhe-o-mcti/transformacaodigital/internet-das-coisas. Acesso em: 29 jan. 2023.

BRASIL. Ministério da Ciência, Tecnologia e Inovações. *Política Nacional de Inovação*. Brasília, DF, 2020. Disponível em: https://inovacao.mcti.gov.br/politica/. Acesso em: 29 jan. 2023.

BRASIL. Ministério da Ciência, Tecnologia e Inovações. Portaria GM nº 4.617, de 6 de abril de 2021. Institui a Estratégia Brasileira de Inteligência Artificial e seus eixos temáticos. *Diário Oficial da União*: Seção 1, Brasília, DF, edição 67, p. 30, 12 abr. 2021. Disponível em: https://www.gov.br/mcti/pt-br/acompanhe-o-mcti/transformacaodigital/arquivos inteligenciaartificial/ebia-portaria_mcti_4-617_2021.pdf. Acesso em: 28 jan. 2023.

BRASIL. Ministério da Ciência, Tecnologia e Inovações. *Portaria MCTIC nº 842, de 17 de fevereiro de 2017*. Institui Grupo de Trabalho para elaborar proposta de estratégia brasileira de economia digital, a ser posteriormente submetida à consulta pública e enviada na forma de minuta de Decreto Presidencial à Presidência da República. Brasília, DF, 2017. Disponível em: https://antigo.mctic.gov.br/mctic/opencms/legislacao/portarias/migracao/Portaria_MCTIC_n_842_de_17022017.html. Acesso em: 10 fev. 2023.

BRASIL. Ministério da Ciência, Tecnologia, Inovações e Comunicações. Instituto Brasileiro de Informação em Ciência e Tecnologia (IBICT). *Mapa da Inclusão Digital no Brasil*. Brasília, DF, 2007. Disponível em: https://mid.ibict.br/. Acesso em: 6 jan. 2023.

BRASIL. Ministério da Defesa. *Centro de Apoio a Sistemas Logísticos de Defesa – CASLODE*: Sistemas (SISCAT-BR). Brasília, DF, 29 mar. 2021. Disponível em: https://www.gov.br/caslode/pt-br/sistemas. Acesso em: 8 abr. 2023.

REFERÊNCIAS | 293

BRASIL. Ministério da Economia. *Instrução Normativa DREI/ME nº 112, de 20 de janeiro de 2022*. Dispõe sobre as alterações promovidas pela Lei Complementar nº 182, de 1º de junho de 2021, Lei nº 14.193, de 6 de agosto de 2021, Lei nº 13.818, de 24 de abril de 2019, e Lei nº 14.195, de 26 de agosto de 2021, no que tange ao Registro Público de Empresas Mercantis, bem com altera a Instrução Normativa DREI nº 81, de 10 de junho de 2020. Brasília, DF, 2022. Disponível em: https://www.gov.br/economia/pt-br/assuntos/drei/legislacao/arquivos/legislacoes-federais/copy_of_INDREI1122022.pdf. Acesso em: 16 mar. 2023.

BRASIL. Ministério da Economia. *Pregão Eletrônico SRP nº 29/2018*: Reabertura. Disponível em: https://www.gov.br/economia/pt-br/acesso-a-informacao/licitacoes-e-contratos/licitacoes-e-contratos/licitacoes/pregao/2018/pregao-eletronico-no-29-2018. Acesso em: 13 fev. 2023.

BRASIL. Ministério da Economia. *Pregão Eletrônico SRP nº 18/2020*: Central de compras. Brasília, DF, 2020. Disponível em: https://www.gov.br/economia/pt-br/acesso-a-informacao/licitacoes-e-contratos/licitacoes/pregoes/2020/pregao-no18-2020. Acesso em: 13 fev. 2023.

BRASIL. Ministério da Educação. *Base Nacional Comum Curricular*: Educação é a Base. Brasília, DF, 2017. Disponível em: http://portal.mec.gov.br/index.php?option=com_docman&view=download&alias=79601-anexo-texto-bncc-reexportado-pdf-2&category_slug=dezembro-2017-pdf&Itemid=30192. Acesso em: 6 fev. 2023.

BRASIL. Ministério da Gestão e da Inovação em Serviços Públicos. *Estratégia de governança digital*: Do Eletrônico do Digital. Brasília, DF, 25 nov. 2019. Disponível em: https://www.gov.br/governodigital/pt-br/estrategia-de-governanca-digital/do-eletronico-ao-digital. Acesso em: 30 dez. 2022.

BRASIL. Ministério da Gestão e da Inovação em Serviços Públicos. Governo Digital. *Acessibilidade digital*: Modelo de acessibilidade. Brasília, DF, 28 nov. 2019. Disponível em: https://www.gov.br/governodigital/pt-br/acessibilidade-digital/modelo-de-acessibilidade#:~:text=A%20terceira%20vers%C3%A3o%20do%20Modelo,de%20uniformizar%20os%20elementos%20de. Acesso em: 6 jan. 2023.

BRASIL. Ministério da Gestão e da Inovação em Serviços Públicos. *Governo Digital*. Brasília, DF, 2022. Disponível em: https://www.gov.br/governodigital/pt-br. Acesso em: 30 dez. 2022.

BRASIL. Ministério da Gestão e da Inovação em Serviços Públicos. Governo Digital. *Estratégia de governança digital*. Brasília, DF, 30 abr. 2020. Disponível em: https://www.gov.br/governodigital/pt-br/estrategia-de-governanca-digital/do-eletronico-ao-digital. Acesso em: 6 jan. 2023.

BRASIL. Ministério da Gestão e da Inovação em Serviços Públicos. *O que é a diretriz "cloud first" da SGD para o Sisp?* Brasília, DF, 1º jul. 2022. Disponível em: https://www.gov.br/governodigital/pt-br/estrategias-e-politicas-digitais/computacao-em-nuvem/o-que-e-a-diretriz-cloud-first-da-sgd-para-o-sisp. Acesso em: 29 jan. 2023.

BRASIL. Ministério da Integração e do Desenvolvimento Regional. *Carta Brasileira para Cidades Inteligentes*. Disponível em: https://www.cartacidadesinteligentes.org.br/carta/parte-1/por-que-uma-carta-brasileira-para-cidades-inteligentes. Acesso em: 3 fev. 2023.

BRASIL. Ministério da Justiça e Segurança Pública. Portaria Conjunta MJSP/ANPD nº 5, de 9 de fevereiro de 2023. Disciplina a colaboração temporária entre o Ministério da Justiça e Segurança Pública e a Autoridade Nacional de Proteção de Dados para a execução de atividades administrativas. *Diário Oficial da União*: seção 1, Brasília, DF, edição 31, p. 32, 13 fev. 2023. Disponível em: https://www.in.gov.br/en/web/dou/-/portaria-conjunta-mjsp/anpd-n-5-de-9-de-fevereiro-de-2023-463862654. Acesso em: 8 abr. 2023.

BRASIL. Ministério da Saúde. *Estratégia de Saúde Digital para o Brasil 2020-2028*. Brasília, DF, 2020. Disponível em: https://bvsms.saude.gov.br/bvs/publicacoes/estrategia_saude_digital_Brasil.pdf. Acesso em: 4 jan. 2023.

BRASIL. Ministério da Saúde. *Secretaria de Informação e Saúde Digital (SEIDIGI)*. Brasília, DF, 2023. Disponível em: https://www.gov.br/saude/pt-br/composicao/seidigi. Acesso em: 11 abr. 2023.

BRASIL. Ministério das Comunicações. Portaria nº 1.924/SEI-MCOM, de 29 de janeiro de 2021. *Diário Oficial da União*: seção 1, Brasília, DF, edição 20-A, p. 18, 29 jan. 2021. Disponível em: https://www.in.gov.br/en/web/dou/-/portaria-n-1.924/sei-mcom-de-29-de-janeiro-de-2021-301396768. Acesso em: 28 jan. 2023.

BRASIL. Ministério das Relações Exteriores. *Declaração de Osaka dos Líderes do G20*. Brasília, DF, 29 jun. 2019. Disponível em: https://www.gov.br/mre/pt-br/canais_atendimento/imprensa/notas-a-imprensa/2019/declaracao-de-osaka-dos-lideres-do-g20. Acesso em: 23 mar. 2023.

BRASIL. Ministério do Trabalho e Previdência. *INSS amplia e simplifica prova de vida digital*. Brasília, DF, 23 fev. 2021. Disponível em: https://www.gov.br/inss/pt-br/assuntos/prova-de-vida/inss-amplia-e-simplifica-prova-de-vida-digital. Acesso em: 4 jan. 2023.

BRASIL. Presidência da República. Decreto nº 11.542, de 1º de junho de 2023: Institui Grupo de Trabalho Interministerial com a finalidade de produzir subsídios para a elaboração da proposta do Plano Nacional de Inclusão Digital. *Diário Oficial da União*: seção 1, Brasília, DF, edição 105, p. 1, 2 jun. 2023. Disponível em: https://www.in.gov.br/en/web/dou/-/decreto-n-11.542-de-1-de-junho-de-2023-487760436. Acesso em: 3 jun. 2023.

BRASIL. Presidência da República. Casa Civil. Subchefia para Assuntos Jurídicos. *Lei nº 12.529, de 30 de novembro de 2011*. Estrutura o Sistema Brasileiro de Defesa da Concorrência; dispõe sobre a prevenção e repressão às infrações contra a ordem econômica; altera a Lei nº 8.137, de 27 de dezembro de 1990, o Decreto-Lei nº 3.689, de 3 de outubro de 1941 - Código de Processo Penal, e a Lei nº 7.347, de 24 de julho de 1985; revoga dispositivos da Lei nº 8.884, de 11 de junho de 1994, e a Lei nº 9.781, de 19 de janeiro de 1999; e dá outras providências. Brasília, DF, 2011. Disponível em: https://www.planalto.gov.br/ccivil_03/_ato2011-2014/2011/lei/l12529.htm. Acesso em: 12 abr. 2023.

BRASIL. Presidência da República. Gabinete de Segurança Institucional. Departamento de Segurança da Informação e Comunicações. *Livro verde da segurança cibernética*. Brasília, DF: GSIPR/SE/DSIC, 2010. Disponível em: https://livroaberto.ibict.br/handle/1/639. Acesso em: 13 fev. 2023.

BRASIL. Presidência da República. Gabinete de Segurança Institucional. *Portaria CDN nº 14, de 11 de maio de 2015*. Homologa a "Estratégia de Segurança da Informação e Comunicações e de Segurança Cibernética da Administração Pública Federal - 2015/2018, versão 1.0". Brasília, DF, 2015. Disponível em: https://www.gov.br/gsi/pt-br/assuntos/noticias/2015/estrategia-de-seguranca-da-informacao-e-comunicacoes-sic-e-de-seguranca-cibernetica-da-administracao-publica-federal-apf#:~:text=A%20Estrat%C3%A9gia%20foi%20elaborada%20pelo,diversos%20atores%20envolvidos%20na%20APF. Acesso em: 13 fev. 2023.

BRASIL. Presidência da República. Secretaria de Comunicação Social. *Representante da Secom pede mais responsabilidade às plataformas digitais no Brasil*. Brasília, DF, 28 mar. 2023. Disponível em: https://www.gov.br/secom/pt-br/assuntos/noticias/2023/03/representante-da-secom-pede-mais-responsabilidade-as-plataformas-digitais-no-brasil. Acesso em: 8 abr. 2023.

BRASIL. Presidência da República. Secretaria Geral. Subchefia para Assuntos Jurídicos. *Decreto de 07 de março de 2017*. Cria o Conselho Nacional para a Desburocratização – Brasil Eficiente e dá outras providências. Brasília, DF, 2017. Disponível em: https://legislacao.presidencia.gov.br/atos/?tipo=DSN&numero=07/03-14451&ano=2017&ato=a2cITSE5Ee ZpWT304. Acesso em: 4 jan. 2023.

BRASIL. Presidência da República. Secretaria Geral. Subchefia para Assuntos Jurídicos. *Decreto de 29 de outubro de 2003*. Institui Comitês Técnicos do Comitê Executivo do Governo Eletrônico e dá outras providências. Brasília, DF, 2003. Disponível em: http://www.planalto.gov.br/ccivil_03/dnn/2003/dnn10007.htm#:~:text=DNN%2010007&text=DECRETO%20 DE%2029%20DE%20OUTUBRO%20DE%202003.&text=Institui%20Comit%C3%AAs%20 T%C3%A9cnicos%20do%20Comit%C3%AA,Eletr%C3%B4nico%20e%20d%C3%A1%20 outras%20provid%C3%AAncias. Acesso em: 4 jan. 2023.

BRASIL. Presidência da República. Secretaria Geral. Subchefia para Assuntos Jurídicos. *Decreto nº 9.637, de 26 de dezembro de 2018*. Institui a Política Nacional de Segurança da Informação, dispõe sobre a governança da segurança da informação, e altera o Decreto nº 2.295, de 4 de agosto de 1997, que regulamenta o disposto no art. 24, caput, inciso IX, da Lei nº 8.666, de 21 de junho de 1993, e dispõe sobre a dispensa de licitação nos casos que possam comprometer a segurança nacional. Brasília, DF, 2018. Disponível em: http://www.planalto.gov.br/ccivil_03/_ato2015-2018/2018/decreto/D9637.htm. Acesso em: 28 jan. 2023.

BRASIL. Presidência da República. Secretaria Geral. Subchefia para Assuntos Jurídicos. *Decreto nº 10.024, de 20 de setembro de 2019*. Regulamenta a licitação, na modalidade pregão, na forma eletrônica, para a aquisição de bens e a contratação de serviços comuns, incluídos os serviços comuns de engenharia, e dispõe sobre o uso da dispensa eletrônica, no âmbito da administração pública federal. Brasília, DF, 2019. Disponível em: https://www.planalto.gov.br/ccivil_03/_ato2019-2022/2019/decreto/d10024.htm. Acesso em: 2 jan. 2023.

BRASIL. Presidência da República. Secretaria Geral. Subchefia para Assuntos Jurídicos. *Decreto nº 10.222, de 5 de fevereiro de 2020*. Aprova a Estratégia Nacional de Segurança Cibernética. Brasília, DF, 2020. Disponível em: http://www.planalto.gov.br/ccivil_03/_ato2019-2022/2020/decreto/D10222.htm. Acesso em: 28 jan. 2023.

BRASIL. Presidência da República. Secretaria Geral. Subchefia para Assuntos Jurídicos. *Decreto nº 10.332, de 28 de abril de 2020*. Institui a Estratégia de Governo Digital para o período de 2020 a 2022, no âmbito dos órgãos e das entidades da administração pública federal direta, autárquica e fundacional e dá outras providências. Brasília, DF, 2020. Disponível em: https://www.planalto.gov.br/ccivil_03/_ato2019-2022/2020/decreto/d10332.htm. Acesso em: 2 jan. 2023.

BRASIL. Presidência da República. Secretaria Geral. Subchefia para Assuntos Jurídicos. *Decreto nº 10.534, de 28 de outubro de 2020*. Institui a Política Nacional de Inovação e dispõe sobre sua governança. Brasília, DF, 2020. Disponível em: http://www.planalto.gov.br/ccivil_03/_ato2019-2022/2020/decreto/D10534.htm. Acesso em: 29 jan. 2023.

BRASIL. Presidência da República. Secretaria Geral. Subchefia para Assuntos Jurídicos. *Lei nº 12.527, de 18 de novembro de 2011*. Regula o acesso a informações previsto no inciso XXXIII do art. 5º, no inciso II do § 3º do art. 37 e no § 2º do art. 216 da Constituição Federal; altera a Lei nº 8.112, de 11 de dezembro de 1990; revoga a Lei nº 11.111, de 5 de maio de 2005, e dispositivos da Lei nº 8.159, de 8 de janeiro de 1991; e dá outras providências. Brasília, DF, 2011. Disponível em: https://www.planalto.gov.br/ccivil_03/_ato2011-2014/2011/lei/l12527.htm. Acesso em: 31 dez. 2022.

BRASIL. Presidência da República. Secretaria Geral. Subchefia para Assuntos Jurídicos. *Lei nº 12.865, de 9 de outubro de 2013*. Autoriza o pagamento de subvenção econômica aos produtores da safra 2011/2012 de cana-de-açúcar e de etanol que especifica e o financiamento da renovação e implantação de canaviais com equalização da taxa de juros; dispõe sobre os arranjos de pagamento e as instituições de pagamento integrantes do Sistema de Pagamentos Brasileiro (SPB); autoriza a União a emitir, sob a forma de colocação direta, em favor da Conta de Desenvolvimento Energético (CDE), títulos da dívida pública mobiliária federal; estabelece novas condições para as operações de crédito rural oriundas de, ou contratadas com, recursos do Fundo Constitucional de Financiamento do Nordeste (FNE); altera os prazos previstos nas Leis nº 11.941, de 27 de maio de 2009, e nº 12.249, de 11 de junho de 2010; autoriza a União a contratar o Banco do Brasil S.A. ou suas subsidiárias para atuar na gestão de recursos, obras e serviços de engenharia relacionados ao desenvolvimento de projetos, modernização, ampliação, construção ou reforma da rede integrada e especializada para atendimento da mulher em situação de violência; disciplina o documento digital no Sistema Financeiro Nacional; disciplina a transferência, no caso de falecimento, do direito de utilização privada de área pública por equipamentos urbanos do tipo quiosque, *trailer*, feira e banca de venda de jornais e de revistas; altera a incidência da Contribuição para o PIS/Pasep e da Cofins na cadeia de produção e comercialização da soja e de seus subprodutos; altera as Leis nºs 12.666, de 14 de junho de 2012, 5.991, de 17 de dezembro de 1973, 11.508, de 20 de julho de 2007, 9.503, de 23 de setembro de 1997, 9.069, de 29 de junho de 1995, 10.865, de 30 de abril de 2004, 12.587, de 3 de janeiro de 2012, 10.826, de 22 de dezembro de 2003, 10.925, de 23 de julho de 2004, 12.350, de 20 de dezembro de 2010, 4.870, de 1º de dezembro de 1965 e 11.196, de 21 de novembro de 2005, e o Decreto nº 70.235, de 6 de março de 1972; revoga dispositivos das Leis nºs 10.865, de 30 de abril de 2004, 10.925, de 23 de julho de 2004, 12.546, de 14 de dezembro de 2011, e 4.870, de 1º de dezembro de 1965; e dá outras providências. Brasília, DF, 2013. Disponível em: http://www.planalto.gov.br/ccivil_03/_ato2011-2014/2013/lei/l12865.htm. Acesso em: 25 jan. 2023.

BRASIL. Presidência da República. Secretaria Geral. Subchefia para Assuntos Jurídicos. *Lei nº 13.243, de 11 de janeiro de 2016*. Dispõe sobre estímulos ao desenvolvimento científico, à pesquisa, à capacitação científica e tecnológica e à inovação e altera a Lei nº 10.973, de 2 de dezembro de 2004, a Lei nº 6.815, de 19 de agosto de 1980, a Lei nº 8.666, de 21 de junho de 1993, a Lei nº 12.462, de 4 de agosto de 2011, a Lei nº 8.745, de 9 de dezembro de 1993, a Lei nº 8.958, de 20 de dezembro de 1994, a Lei nº 8.010, de 29 de março de 1990, a Lei nº 8.032, de 12 de abril de 1990, e a Lei nº 12.772, de 28 de dezembro de 2012, nos termos da Emenda Constitucional nº 85, de 26 de fevereiro de 2015. Brasília, DF, 2016. Disponível em: https://www.planalto.gov.br/ccivil_03/_Ato2015-2018/2016/Lei/L13243.htm#art2. Acesso em: 7 fev. 2023.

BRASIL. Presidência da República. Secretaria Geral. Subchefia para Assuntos Jurídicos. *Lei nº 14.129, de 29 de março de 2021*. Dispõe sobre princípios, regras e instrumentos para o Governo Digital e para o aumento da eficiência pública e altera a Lei nº 7.116, de 29 de agosto de 1983, a Lei nº 12.527, de 18 de novembro de 2011 (Lei de Acesso à Informação), a Lei nº 12.682, de 9 de julho de 2012, e a Lei nº 13.460, de 26 de junho de 2017. Brasília, DF, 2021. Disponível em: https://www.planalto.gov.br/ccivil_03/_ato2019-2022/2021/lei/l14129.htm. Acesso em: 25 jan. 2023.

BRASIL. Presidência da República. Secretaria Geral. Subchefia para Assuntos Jurídicos. *Lei nº 14.206, de 27 de setembro de 2021*. Institui o Documento Eletrônico de Transporte (DT-e); e altera a Lei nº 11.442, de 5 de janeiro de 2007, a Lei nº 13.703, de 8 de agosto de 2018, a Lei nº 10.209, de 23 de março de 2001, a Lei nº 5.474, de 18 de julho de 1968, a Lei nº 10.833, de 29 de dezembro de 2003, e a Lei nº 8.935, de 18 de novembro de 1994. Brasília, DF, 2021. Disponível em: https://www.planalto.gov.br/ccivil_03/_Ato2019-2022/2021/Lei/L14206.htm. Acesso em: 25 jan. 2023.

BRASIL. Presidência da República. Secretaria Geral. Subchefia para Assuntos Jurídicos. *Lei nº 14.338, de 11 de maio de 2022*. Altera a Lei nº 11.903, de 14 de janeiro de 2009, para dispor sobre a bula digital de medicamentos. Brasília, DF, 2022. Disponível em: https://www.in.gov.br/en/web/dou/-/lei-n-14.338-de-11-de-maio-de-2022-399315842. Acesso em: 25 jan. 2023.

BRASIL. Presidência da República. Secretaria Geral. Subchefia para Assuntos Jurídicos. *Lei nº 14.382, 27 de junho de 2022*. Dispõe sobre o Sistema Eletrônico dos Registros Públicos (Serp); altera as Leis nºs 4.591, de 16 de dezembro de 1964, 6.015, de 31 de dezembro de 1973 (Lei de Registros Públicos), 6.766, de 19 de dezembro de 1979, 8.935, de 18 de novembro de 1994, 10.406, de 10 de janeiro de 2002 (Código Civil), 11.977, de 7 de julho de 2009, 13.097, de 19 de janeiro de 2015, e 13.465, de 11 de julho de 2017; e revoga a Lei nº 9.042, de 9 de maio de 1995, e dispositivos das Leis nºs 4.864, de 29 de novembro de 1965, 8.212, de 24 de julho de 1991, 12.441, de 11 de julho de 2011, 12.810, de 15 de maio de 2013, e 14.195, de 26 de agosto de 2021. Brasília, DF, 2022. Disponível em: http://www.planalto.gov.br/ccivil_03/_ato2019-2022/2022/lei/L14382.htm. Acesso em: 25 jan. 2023.

BRASIL. Senado Federal. Agência do Senado. *Comissão conclui texto sobre regulação da inteligência artificial no Brasil*. Brasília, DF, 6 dez. 2022. Disponível em: https://www12.senado.leg.br/noticias/materias/2022/12/06/comissao-conclui-texto-sobre-regulacao-da-inteligencia-artificial-no-brasil. Acesso em: 28 jan. 2023.

BRASIL. Senado Federal. Agência Senado. *Política Nacional da Educação Digital é sancionada com vetos*. Brasília, DF, 12 jan. 2023. Disponível em: https://www12.senado.leg.br/noticias/materias/2023/01/12/politica-nacional-de-educacao-digital-e-sancionada-com-vetos. Acesso em: 6 fev. 2023.

BRASIL. Senado Federal. Agência Senado. *Projetos em análise no Senado combatem desinformação e fake news*. Brasília, DF, 29 set. 2022. Disponível em: https://www12.senado.leg.br/noticias/materias/2022/09/26/projetos-em-analise-no-senado-combatem-desinformacao-e-fake-news. Acesso em: 24 mar. 2023.

BRASIL. Senado Federal. *Ato do Presidente do Senado Federal nº 4, de 2022*. Institui Comissão de Juristas responsável por subsidiar a elaboração de minuta de substitutivo para instruir a apreciação dos Projetos de Lei nºs 5.051, de 2019, 21, de 2020, e 872, de 2021, que têm como objetivo estabelecer princípios, regras, diretrizes e fundamentos para regular o desenvolvimento e a aplicação da inteligência artificial no Brasil. Diário do Senado Federal, Brasília, DF, p. 4-7, 17 fev. 2022. Disponível em: https://legis.senado.leg.br/sdleg-getter/documento?dm=9087218&ts=1647551369960&disposition=inline#:~:text=Institui%20Comiss%C3%A3o%20de%20Juristas%20respons%C3%A1vel,desenvolvimento%20e%-20a%20aplica%C3%A7%C3%A3o%20. Acesso em: 24 mar. 2023.

BRASIL. Senado Federal. Comissão Temporária Interna do Senado. *Comissão de Juristas responsável por subsidiar a elaboração de substitutivo sobre Inteligência Artificial no Brasil*. Subsidiar a elaboração de minuta de substitutivo para instruir a apreciação dos Projetos de Lei nºs 5.051, de 2019, 21, de 2020, e 872, de 2021, que têm como objetivo estabelecer princípios, regras, diretrizes e fundamentos para regular o desenvolvimento e a aplicação da inteligência artificial no Brasil. Brasília, DF, 2022. Disponível em: https://legis.senado.leg.br/comissoes/comissao?codcol=2504. Acesso em: 5 fev. 2023.

BRASIL. Senado Federal. *Projeto de Resolução nº 63/2023*. Altera o Regimento Interno do Senado Federal e a Resolução do Senado Federal nº 3, de 2009, para criar a Comissão de Comunicação (CCom), a Comissão de Esporte (CEsp), e a Comissão de Defesa da Democracia (CDD) e redefinir as competências e a denominação da Comissão de Ciência, Tecnologia, Inovação, Comunicação e Informática (CCT) e da Comissão de Educação, Cultura e Esporte (CE). Brasília, DF, 2023. Disponível em: https://www25.senado.leg.br/web/atividade/

materias/-/materia/157767?_gl=1*15as0ek*_ga*NzQ5Mzk0MTM0LjE2NzM1NjY1NTQ.*_ ga_CW3ZH25XMK*MTY4NjIzMTE1NC42LjEuMTY4NjIzMTE1OC4wLjAuMA. Acesso em: 7 jun. 2023.

BRASIL. Senado Federal. *Projeto de Lei nº 2.630/2020*. Institui a Lei Brasileira de Liberdade, Responsabilidade e Transparência na Internet. Autor: Alessandro Vieira. Brasília, DF, 2020. https://www25.senado.leg.br/web/atividade/materias/-/materia/141944. Acesso em: 6 abr. 2023.

BRASIL. Senado Federal. *Projeto de Resolução do Senado nº 63, de 2023*. Altera o Regimento Interno do Senado Federal e a Resolução do Senado Federal nº 3, de 2009, para criar a Comissão de Comunicação (CCom), a Comissão de Esporte (CEsp) e a Comissão de Defesa da Democracia (CDD) e redefinir as competências e a denominação da Comissão de Ciência, Tecnologia, Inovação, Comunicação e Informática (CCT) e da Comissão de Educação, Cultura e Esporte (CE). Brasília, DF: Senado Federal, 2023. Disponível em: https://www25.senado.leg.br/web/atividade/materias/-/materia/157767?_gl=1*15as0ek*_ga*NzQ5Mzk0MTM0LjE2NzM1NjY1NTQ.*_ga_CW3ZH25XMK*MTY4NjIzM-TE1NC42LjEuMTY4NjIzMTE1OC4wLjAuMA. Acesso em: 6 dez. 2023.

BRASIL. Serpro. *Nuvem Serpro*. Disponível em: https://www.serpro.gov.br/menu/nosso-portfolio/para-governos/infraestrutura-1/nuvem-serpro. Acesso em: 13 fev. 2023.

BRASIL. Serpro. *Quem vai regular a LGPD?* Brasília, DF, 2019. Disponível em: https://www. serpro.gov.br/lgpd/governo/quem-vai-regular-e-fiscalizar-lgpd. Acesso em: 5 fev. 2023.

BRASIL. Supremo Tribunal Federal. Tribunal Pleno. *Ação Direta de Inconstitucionalidade nº 3.394 Amazonas*. Requerente: Governador do Estado do Amazonas. Requerido: Assembleia Legislativa do Estado do Amazonas. Relator: Min. Eros Grau, 2 de abril de 2007. Disponível em: https://redir.stf.jus.br/paginadorpub/paginador.jsp?docTP=AC&docID=541505. Acesso em: 5 fev. 2023.

BRASIL. Supremo Tribunal Federal. *Agravo Regimental no Recurso Extraordinário 290.549 Rio de Janeiro*. Agravo regimental no recurso extraordinário. Lei de iniciativa parlamentar a instituir programa municipal denominado "rua da saúde". Inexistência de vício de iniciativa a macular sua origem. Agravante: Prefeito do Município do Rio de Janeiro. Agravado: Câmara Municipal do Rio de Janeiro. Relator: Min. Dias Toffoli, 28 de fevereiro de 2012. Disponível em: https://redir.stf.jus.br/paginadorpub/paginador.jsp?docTP=TP&docID=1863766. Acesso em: 5 fev. 2023.

BRASIL. Supremo Tribunal Federal. *Recurso Extraordinário 1037396*. Recurso extraordinário em que se discute, à luz dos arts. 5º, incs. II, IV, IX, XIV e XXXVI, e 220, caput, §§ 1º e 2º, da Constituição da República, a constitucionalidade do art. 19 da Lei n. 12.965/2014 (Marco Civil da Internet) que impõe condição para a responsabilização civil de provedor de internet, websites e gestores de aplicativos de redes sociais por danos decorrentes de atos ilícitos de terceiros. Relator: Min. Dias Toffoli. Disponível em: https://portal.stf.jus.br/processos/detalhe.asp?incidente=5160549. Acesso em: 5 fev. 2023.

BRASIL. Supremo Tribunal Federal. *Recurso Extraordinário 1037396*. Tema 987 - Discussão sobre a constitucionalidade do art. 19 da Lei n. 12.965/2014 (Marco Civil da Internet) que determina a necessidade de prévia e específica ordem judicial de exclusão de conteúdo para a responsabilização civil de provedor de internet, websites e gestores de aplicativos de redes sociais por danos decorrentes de atos ilícitos praticados por terceiros. Relator: Min. Dias Toffoli. Disponível em: https://portal.stf.jus.br/jurisprudenciaRepercussao/verAndamentoProcesso.asp?incidente=5160549&numeroProcesso=1037396&classeProcesso=RE&numeroTema=987. Acesso em: 5 fev. 2023.

BRASIL. Tribunal de Contas da União. *Acórdão nº 1.409/2017*. Relator Benjamin Zymler. Relatório de Auditoria. Brasília, DF, 12 jul. 2017. Disponível em: https://pesquisa.apps.tcu.gov.br/#/documento/acordao-completo/*/NUMACORDAO%253A1469%2520ANO ACORDAO%253A2017/DTRELEVANCIA%2520desc%252C%2520NUMACORDAO INT%2520desc/0/sinonimos%253Dfalse. Acesso em: 10 fev. 2023.

BRASIL. Tribunal de Contas da União. *Acórdão nº 2.569/2018*. Plenário. Relator: Min. Aroldo Cedraz. Brasília, DF, 7 nov. 2018. Disponível em: https://pesquisa.apps.tcu.gov.br/#/documento/acordao-completo/2569%252F2018/%2520/DTRELEVANCIA%2520desc%252C%2520NUMACORDAOINT%2520desc/0/sinonimos%253Dfalse. Acesso em: 13 fev. 2023.

BRASIL. Tribunal de Contas da União. Plenário. *Processo TC 008.731/2022-5*. Parecer prévio sobre as Contas do Presidente da República. Brasília, DF, 29 jun. 2022. Disponível em: https://portal.tcu.gov.br/data/files/B9/35/F4/47/AA1B1810B4FE0FF7E18818A8/Parecer%20Contas%20-%20completo.pdf. Acesso em: 10 fev. 2023.

BROGNOLI, Tainara da Silva; FERENHOF, Helio Aisenberg. Transformação Digital no Governo Brasileiro: Desafios, Ações e Perspectivas. *NAVUS – Revista de Gestão e Tecnologia*, Florianópolis, v. 10, n. 1, p. 1-11, jan./dez. 2020. Disponível em: http://www.spell.org.br/documentos/ver/58408/transformacao-digital-no-governo-brasileiro--desafios--acoes-e-perspectivas/i/pt-br. Acesso em: 23 mar. 2023.

BRUNET, Emiliano Rodrigues; BUCCI, Maria Paula Dallari. Os Desafios para a Reconstrução do Estado Social no Brasil Pós-Pandemia: Aprendizados a Partir das Políticas Públicas e Capacidades Estatais. *Direito Público*: Revista Oficial do Programa de Pós-Graduação Stricto Sensu em Direito – Mestrado e Doutorado Acadêmico – do Instituto Brasileiro de Ensino, Desenvolvimento e Pesquisa, Brasília, DF, ano 18, n. 98, p. 515-542, mar./abr. 2021. p. 532. Disponível em: http://www.mpsp.mp.br/portal/page/portal/documentacao_e_divulgacao/doc_biblioteca/bibli_servicos_produtos/bibli_informativo/2021_Periodicos/Direito-Publico_n.098.pdf. Acesso em: 10 fev. 2023.

BRYNJOLFSSON, Erik; KAHIN, Brian. *Understanding the Digital Economy*: Data, Tools, and Research. Cambridge, MA: MIT Press, 2002.

BRYNJOLFSSON, Erick; MCAFEE, Andrew. The Business of Artificial Intelligence. What it can – and cannot – do for your organization. *Harvard Business Review*, Harvard, 18 July 2017. Disponível em: https://hbr.org/2017/07/the-business-of-artificial-intelligence. Acesso em: 18 jan. 2023.

BUCCI, Maria Paula Dallari. A (Re) Construção do Estado Social Brasileiro: Políticas Públicas e Reformas. *Interesse Nacional*, São Paulo, ano 13, n. 50, p. 23-27, set. 2020. Disponível em: https://interessenacional.com.br/a-reconstrucao-do-estado-social-brasileiro-politicas-publicas-e-reformas/. Acesso em: 16 mar. 2023.

BUCCI, Maria Paula Dallari. Fortalecimento do Estado depois da pandemia não está garantido. *Folha de S. Paulo*, São Paulo, 20 abr. 2020. Disponível em: https://www1.folha.uol.com.br/ilustrissima/2020/04/fortalecimento-do-estado-depois-da-pandemia-nao-esta-garantido.shtml. Acesso em: 16 mar. 2023.

BUCCI, Maria Paula Dallari. Método e aplicações da abordagem Direito e Políticas Públicas. *Revista de Estudos Institucionais*, Rio de Janeiro, v. 5, n. 3, p. 791-832, set./dez. 2019. Disponível em: https://www.estudosinstitucionais.com/REI/article/view/430/447. Acesso em: 20 fev. 2023.

BUCCI, Maria Paula Dallari. O conceito de política pública em direito. *In*: BUCCI, Maria Paula Dallari (org.). *Políticas públicas*: reflexões sobre o conceito jurídico. São Paulo: Saraiva, 2006. p. 1-47.

BUCCI, Maria Paula Dallari. Quadro de referência de uma política pública: primeiras linhas de uma visão jurídico-institucional. *Direito do Estado*, [s. l.], n. 122, 27 mar. 2016. Disponível em: http://www.direitodoestado.com.br/colunistas/maria-paula-dallari-bucci/quadro-de-referencia-de-uma-politica-publica-primeiras-linhas-de-uma-visao-juridico-institucional. Acesso em: 20 fev. 2023.

BUCCI, Maria Paula Dallari; COUTINHO, Diogo. Arranjos jurídico-institucionais da política de inovação tecnológica: uma análise baseada na abordagem de direito e políticas públicas. *In*: COUTINHO, Diogo; FOSS, Maria Carolina; MOUALEM, Pedro Salomon (org.). *Inovação no Brasil*: avanços e desafios jurídicos e institucionais. São Paulo: Blucher, 2017. p. 313-340. Disponível em https://openaccess.blucher.com.br/article-details/12-20820. Acesso em: 20 fev. 2023.

BUCCI, Maria Paula Dallari; SOUZA, Matheus Silveira de. O Estado da Arte da Abordagem Direito e Políticas Públicas: primeiras aproximações. *Revista de Estudos Institucionais*, Rio de Janeiro, v. 5, n. 3, p. 833-855, set./dez. 2019. Disponível em: https://estudosinstitucionais.com/REI/article/view/431/415. Acesso em: 20 fev. 2023.

BUKHT, Rumana; HEEKS, Richard. Defining, Conceptualising and Measuring the Digital Economy *Development Informatics Working Paper*, [s. l.], n. 68, 1-26, Aug. 7, 2017. Disponível em: https://papers.ssrn.com/sol3/papers.cfm?abstract_id=3431732. Acesso em: 12 jan. 2023.

BUTCHER, Isabel. Lei da UE quer forçar big techs a combaterem a desinformação. *Mobile Time*, [s. l.], 25 abr. 2022. Disponível em: https://www.mobiletime.com.br/noticias/25/04/2022/lei-da-ue-quer-forcar-big-techs-a-combater-a-desinformacao/. Acesso em: 21 fev. 2023.

CAILLOSSE, Jacques. Le droit comme méthode? Réflexions depuis le cas français. *In*: RÉNARD, Didier; CAILLOSSE, Jacques; BÉCHILLON, Denys de (dir.). *L'analyse des politiques publiques aux prises avec le droit*. Paris: LGDJ, Maison des Sciences de l'Homme, 2000. [coll. Droit et Société]. p. 27-47.

CAILLOSSE, Jacques. Quand l'analyse des politiques publiques se déplace côté "droit". *In*: MORAND, Charles-Albert (coll.). *Le droit néo-moderne des politiques publiques*. Paris: LGDJ, 1999. p. 511-519. (Droit et société, n. 42-43). Disponível em: http://www.persee.fr/doc/dreso_0769-3362_1999_num_42_1_1762. Acesso em: 20 fev. 2023.

CALDAS, Vania. Investir em economia digital é desafio para impulsionar desenvolvimento social. *Trendsce*, [s. l.], 17 fev. 2021. Disponível em: https://www.trendsce.com.br/2021/02/17/investir-em-economia-digital-e-desafio-para-impulsionar-desenvolvimento-social/. Acesso em: 27 mar. 2023.

CALSAMIGLIA, Alberto. *Introducción a la Ciencia Jurídica*. 3. ed. Barcelona: Editorial Ariel, 1990.

CAMPOS NETO, Roberto. *Agenda de Tecnologia*: Transformação Digital e Democratização do Sistema Financeiro. Apresentação do Evento IDP Summit, Brasília, DF, 27 fev. 2023. Disponível em: https://www.bcb.gov.br/conteudo/home-ptbr/TextosApresentacoes/Apresenta%C3%A7%C3%A3o_RCN_IDP_vpub.pdf. Acesso em: 6 abr. 2023.

CGI.BR. *Três em cada quatro brasileiros já utilizam a Internet, aponta pesquisa TIC Domicílios 2019*. São Paulo: CGI.Br, 26 maio 2020. Disponível em: https://www.cgi.br/noticia/releases/tres-em-cada-quatro-brasileiros-ja-utilizam-a-internet-aponta-pesquisa-tic-domicilios-2019/. Acesso em: 9 jan. 2023.

CLUNE, William H. Law and Public Policy: Map of an Area. *Southern California Interdisciplinary Law Journal*, [s. l.], v. 2, p. 1-39, 1993.

COALIZÃO DIREITOS NA REDE. *Carta aos membros do Senado Federal sobre a Convenção de Budapeste*. [S. l.], 21 out. 2021. Disponível em: https://direitosnarede.org.br/2021/10/21/carta-aos-membros-do-senado-federal-sobre-a-convencao-de-budapeste/. Acesso em: 28 dez. 2022.

COLLINGRIDGE, David. *The Social Control of Technology*. New York: Saint Mark's Press, 1982.

COMISIÓN ECONÓMICA PARA AMÉRICA LATINA Y EL CARIBE (CEPAL). *Balance Preliminar de las Economías de América Latina y el Caribe (LC/PUB.2022/18-P)*. Santiago: CEPAL, 2022. p. 17. Disponível em: https://www.cepal.org/es/publicaciones/bp. Acesso em: 9 jan. 2023.

COMISSÃO DE VALORES MOBILIÁRIOS. *Ofício Circular CVM/SSE 04/23*: Caracterização dos "tokens de recebíveis" ou "tokens de renda fixa" como valores mobiliários. Rio de Janeiro, 4 abr. 2023. Disponível em: https://conteudo.cvm.gov.br/legislacao/oficios-circulares/sse1/oc-sse-0423.html. Acesso em: 6 fev. 2023.

COMISSÃO EUROPEIA. *A Comissão congratula-se com o acordo sobre o Mecanismo Interligar a Europa, destinado a financiar redes de transportes e de energia mais ecológicas e sustentáveis, e também a digitalização*. Bruxelas, 12 mar. 2021. Disponível em: https://ec.europa.eu/commission/presscorner/detail/pt/ip_21_1109. Acesso em: 29 jan. 2023.

COMISSÃO EUROPEIA. *A Lei dos Mercados Digitais*: garantindo mercados digitais justos e abertos. Bruxelas, 2022. Disponível em: https://commission.europa.eu/strategy-and-policy/priorities-2019-2024/europe-fit-digital-age/digital-markets-act-ensuring-fair-and-open-digital-markets_en. Acesso em: 21 fev. 2023.

COMISSÃO EUROPEIA. *Ano europeu das competências*. Bruxelas, 2023. Disponível em: https://year-of-skills.europa.eu/index_en. Acesso em: 8 jan. 2023.

COMISSÃO EUROPEIA. *A Nova Agenda Europeia de Inovação*. Bruxelas, 2023. Disponível em: https://research-and-innovation.ec.europa.eu/strategy/support-policy-making/shaping-eu-research-and-innovation-policy/new-european-innovation-agenda_en. Acesso em: 3 fev. 2023.

COMISSÃO EUROPEIA. *COM(2010) 245 final*: Comunicado da Comissão ao Parlamento Europeu, ao Conselho, ao Comité Económico e Social Europeu e ao Comité das Regiões: Uma agenda digital para a Europa. Bruxelas, 2010. Disponível em: https://eur-lex.europa.eu/LexUriServ/LexUriServ.do?uri=COM:2010:0245:FIN:pt:PDF. Acesso em: 18 nov. 2022.

COMISSÃO EUROPEIA. *COM(2015) 192 final*. Comunicado da Comissão ao Parlamento Europeu, ao Conselho, ao Comité Económico e Social Europeu e ao Comité das Regiões. Bruxelas, 2015. Disponível em: https://eur-lex.europa.eu/legal-content/PT/TXT/PDF/?uri=CELEX:52015DC0192&from=PT. Acesso em: 8 jan. 2023.

COMISSÃO EUROPEIA. *COM(2018) 237 final*. Comunicado da Comissão: Inteligência artificial para a Europa. Bruxelas, 25 abr. 2018. Disponível em: https://eur-lex.europa.eu/legal-content/PT/TXT/?uri=CELEX%3A52018DC0237. Acesso em: 23 mar. 2023.

COMISSÃO EUROPEIA. *COM(2020) 445 final*. Proposta alterada de decisão do Conselho relativa ao Sistema de recursos próprios da União Europeia. Bruxelas, 28 maio 2020. Disponível em: https://eur-lex.europa.eu/legal-content/PT/TXT/?uri=CELEX:52020PC0445. Acesso em: 8 jan. 2023.

COMISSÃO EUROPEIA. *COM(2021) 118 final*. Comunicado da Comissão ao Parlamento Europeu, ao Conselho, ao Comité Económico e Social Europeu e ao Comité das Regiões. Orientações para a Digitalização até 2030: a via europeia para a Década Digital. Bruxelas, 2021. Disponível em: https://eur-lex.europa.eu/legal-content/PT/TXT/?uri=CELEX%3A-52021DC0118. Acesso em: 29 jan. 2023.

COMISSÃO EUROPEIA. *COM(2021) 206 final*. Proposta de um regulamento do Parlamento Europeu e do Conselho estabelecendo regras harmonizadas sobre inteligência artificial (Lei de Inteligência Artificial) e alterando certos legislativos da União. Bruxelas, 21 abr. 2021. Disponível em: https://eur-lex.europa.eu/legal-content/EN/TXT/?uri=celex%3A52021PC0206. Acesso em: 3 fev. 2023.

COMISSÃO EUROPEIA. *COM(2022) 332 final*. Comunicação da Comissão ao Parlamento Europeu, ao Conselho, ao Comité Económico Europeu e ao Comité das regiões: Uma nova Agenda Europeia para a Inovação. Estrasburgo, 5 jul. 2022. Disponível em: https://eur-lex.europa.eu/legal-content/PT/TXT/PDF/?uri=CELEX:52022DC0332&from=EN. Acesso em: 3 fev. 2023.

COMISSÃO EUROPEIA. *Desenvolvimento Rural*. Bruxelas, 2020. Disponível em: https://agriculture.ec.europa.eu/common-agricultural-policy/rural-development_pt. Acesso em: 20 fev. 2023.

COMISSÃO EUROPEIA. *Estratégia Europeia para os Dados*. Bruxelas, 2022. Disponível em: https://commission.europa.eu/strategy-and-policy/priorities-2019-2024/europe-fit-digital-age/european-data-strategy_pt#:~:text=A%20Estrat%C3%A9gia%20Europeia%20para%20os,investigadores%20e%20das%20administra%C3%A7%C3%B5es%20p%C3%BAblicas. Acesso em: 19 fev. 2023.

COMISSÃO EUROPEIA. *Finlândia no Índice de Economia e Sociedade Digital*. Bruxelas, 2022. Disponível em: https://digital-strategy.ec.europa.eu/en/policies/desi-finland. Acesso em: 12 fev. 2023.

COMISSÃO EUROPEIA. *Fundo Europeu de Defesa*: investimento de cerca de mil milhões de EUR para reforçar as capacidades de defesa da UE e novos instrumentos para a inovação no domínio da defesa. Bruxelas, 25 maio 2022. Disponível em: https://ec.europa.eu/commission/presscorner/detail/pt/IP_22_3283. Acesso em: 18 fev. 2023.

COMISSÃO EUROPEIA. Grupo de peritos de alto nível sobre a inteligência artificial. *Orientações éticas para uma IA de confiança*. Bruxelas, 2019. Disponível em: https://escola.mpu.mp.br/servicos-academicos/atividades-academicas/inovaescola/curadoria/3-ciclo-de-debates/inteligencia-artificial-e-internet-das-coisas-oportunidades-e-desafios/ethicsguidelinesfortrustworthyai-ptpdf.pdf. Acesso em: 23 mar. 2023.

COMISSÃO EUROPEIA. *Índice de Economia e Sociedade Digitais (DESI)*. Bruxelas, 2022. Disponível em: https://digital-strategy.ec.europa.eu/pt/policies/desi. Acesso em: 7 fev. 2023.

COMISSÃO EUROPEIA. *A Instalação de Recuperação e Resiliência*. Bruxelas, 2022. Disponível em: https://commission.europa.eu/business-economy-euro/economic-recovery/recovery-and-resilience-facility_en. Acesso em: 12 fev. 2023.

COMISSÃO EUROPEIA. *ISA^2*: soluções de interoperabilidade para administrações públicas, empresas e cidadãos. O novo quadro europeu de interoperabilidade. Bruxelas, 23 mar. 2017. Disponível em: https://ec.europa.eu/isa2/eif_en/. Acesso em: 29 jan. 2023.

COMISSÃO EUROPEIA. *Lei de dados*: Moldar o futuro digital da Europa. Bruxelas, 2022. Disponível em: https://digital-strategy.ec.europa.eu/en/policies/data-act. Acesso em: 20 fev. 2023.

COMISSÃO EUROPEIA. *Lei Europeia sobre a Governação dos Dados*. Bruxelas, 2022. Disponível em: https://digital-strategy.ec.europa.eu/pt/policies/data-governance-act. Acesso em: 20 fev. 2023.

COMISSÃO EUROPEIA. *Nova estratégia de cibersegurança da UE e novas regras para aumentar a resiliência das entidades críticas físicas e digitais*. Bruxelas: UE, 16 dez. 2020. Disponível em: https://ec.europa.eu/commission/presscorner/detail/pt/qanda_20_2392. Acesso em: 18 fev. 2023.

COMISSÃO EUROPEIA. *O pacote da Lei de serviços digitais*. Bruxelas, 16 nov. 2022. Disponível em: https://digital-strategy.ec.europa.eu/en/policies/digital-services-act-package. Acesso em: 21 fev. 2023.

COMISSÃO EUROPEIA. *Painel europeu de inovação*. Bruxelas, 2022. Disponível em: https://research-and-innovation.ec.europa.eu/statistics/performance-indicators/european-innovation-scoreboard_pt. Acesso em: 3 fev. 2023.

COMISSÃO EUROPEIA. *Polos Europeus de Inovação Digital*. Bruxelas, 2023. Disponível em: https://digital-strategy.ec.europa.eu/pt/activities/edihs. Acesso em: 29 jan. 2023.

COMISSÃO EUROPEIA. *Regulamento de dados*: Proposta de regulamento relativo a regras harmonizadas sobre o acesso equitativo aos dados e a sua utilização. Bruxelas, 23 fev. 2022. Disponível em: https://digital-strategy.ec.europa.eu/en/library/data-act-proposal-regulation-harmonised-rules-fair-access-and-use-data. Acesso em: 20 fev. 2023.

COMISSÃO EUROPEIA. *Romênia no Índice de Economia e Sociedade Digital*. Bruxelas, 2022. Disponível em: https://digital-strategy.ec.europa.eu/en/policies/desi-romania. Acesso em: 12 fev. 2023.

COMISSÃO Europeia propõe Guião para a Década Digital. *O Apreciador*, [s. l.], 22 set. 2021. Disponível em: https://oapreciador.com/comissao-europeia-propoe-guiao-para-a-decada-digital/. Acesso em: 16 fev. 2023.

COMITÊ ECONÓMICO E SOCIAL EUROPEU. Parecer do Comitê Económico e Social Europeu sobre "Os conceitos da UE para a gestão da transição num mundo do trabalho digitalizado – Contributo importante para um Livro Branco sobre o futuro do trabalho". *Jornal Oficial da União Europeia*, Luxemburgo, C 367, p. 15-19, 10 out. 2018. Disponível em: https://eur-lex.europa.eu/legal-content/PT/TXT/PDF/?uri=CELEX:52018AE1730&from=GA. Acesso em: 29 jan. 2023.

CONSELHO ECONÓMICO E SOCIAL. *Estratégia de Lisboa*: Parecer de iniciativa (aprovado no Plenário de 24 de maio de 2005). Relator: Conselheiro Adriano Pimpão. Lisboa: CES, 2005. Disponível em: https://ces.pt/wp-content/uploads/2021/12/2005-parecer4.pdf. Acesso em: 9 jan. 2023.

CONSELHO EUROPEU; CONSELHO DA UNIÃO EUROPEIA. *Cimeira Digital de Taline*. Taline, 29 set. 2017. Disponível em: https://www.consilium.europa.eu/pt/meetings/eu-council-presidency-meetings/2017/09/29/. Acesso em: 26 jan. 2023.

CONSELHO EUROPEU; CONSELHO DA UNIÃO EUROPEIA. *Construir o futuro digital da Europa*: Conselho adota Conclusões. Comunicado de Imprensa. Luxemburgo, 9 jun. 2020. Disponível em: https://www.consilium.europa.eu/pt/press/press-releases/2020/06/09/shaping-europe-s-digital-future-council-adopts-conclusions/. Acesso em: 8 jan. 2023.

CONSELHO EUROPEU; CONSELHO DA UNIÃO EUROPEIA. *Infografia – Recovery fund*: the EU delivers. Bruxelas, 2022. Disponível em: https://www.consilium.europa.eu/pt/infographics/recovery-fund-eu-delivers/. Acesso em: 7 fev. 2023.

CONSELHO EUROPEU; CONSELHO DA UNIÃO EUROPEIA. *Programa "Guião para a Década Digital"*: Conselho e Parlamento Europeu chegam a acordo provisório. Comunicado de Imprensa. Bruxelas, 14 jul. 2022. Disponível em: https://www.consilium. europa.eu/pt/press/press-releases/2022/07/14/policy-programme-path-to-the-digital-decade-the-council-and-the-european-parliament-reach-a-provisional-agreement/. Acesso em: 6 jan. 2023.

CONSELHO EUROPEU; CONSELHO DA UNIÃO EUROPEIA. *Proteção civil da UE*. Bruxelas, 2023. Disponível em: https://www.consilium.europa.eu/pt/policies/civil-protection/#:~:text=O%20Mecanismo%20de%20Prote%C3%A7%C3%A3o%20Civil%20da%20Uni%C3%A3o%20Europeia%20coordena%20a,prepar%C3%A1%2Dlo%20melhor%20para%20elas. Acesso em: 20 fev. 2023.

CONSELHO EUROPEU; CONSELHO DA UNIÃO EUROPEIA. *Um Plano de recuperação para a Europa*. Luxemburgo, 2023. Disponível em: https://www.consilium.europa.eu/en/policies/eu-recovery-plan/#. Acesso em: 14 nov. 2021.

CONSELHO NACIONAL DE JUSTIÇA. Sistema Infovia é implantado no Sistema Judiciário alagoano. *Jusbrasil*, Rio de Janeiro, 5 abr. 2010. Disponível em: https://cnj.jusbrasil.com.br/noticias/2143698/sistema-infovia-e-implantado-no-poder-judiciario-alagoano. Acesso em: 6 jan. 2023.

CORADO, Leo. Último mandato de Lula: as leis e abordagens de privacidade de dados e segurança cibernética mudarão no Brasil? *Portal Juristas*, [s. l.], 17 nov. 2022. Disponível em: https://juristas.com.br/2022/11/17/ultimo-mandato-de-lula-as-leis-e-abordagens-de-privacidade-de-dados-e-seguranca-cibernetica-mudarao-no-brasil/. Acesso em: 6 fev. 2023.

CORDEIRO, Caio Barros; LIMA, Mateus Fernandes Vilela. O futuro pós-pandemia e a retomada econômica: O caso europeu e os caminhos para o Brasil. *Jota*, [s. l.], 6 jan. 2021. Disponível em: https://www.jota.info/opiniao-e-analise/artigos/o-futuro-pos-pandemia-e-a-retomada-economica-06012021. Acesso em: 20 fev. 2023.

COSTA, Mariana. Com pandemia, vendas pela internet crescem 27% e atingem R$ 161 bi em 2021. *Estado de Minas*, Belo Horizonte, 2 fev. 2022. Disponível em: https://www.em.com.br/app/noticia/economia/2022/02/02/internas_economia,1342064/com-pandemia-vendas-pela-internet-crescem-27-e-atingem-r-161-bi-em-2021.shtml. Acesso em: 6 fev. 2023.

COUTINHO, Diogo. *Entrevista/USP/Diogo Coutinho*: regulador fraco pode tornar lei das fake news pouco efetiva. [Entrevista cedida a] Lander Porcella, Broadcast Político. Brasília, DF: NIC.Br, 5 abr. 2022. Disponível em: https://www.nic.br/noticia/na-midia/entrevista-usp-diogo-coutinho-regulador-fraco-pode-tornar-lei-das-fake-news-pouco-efetiva/. Acesso em: 24 mar. 2023.

COUTINHO, Diogo. O direito nas políticas públicas. *In*: MARQUES, Eduardo; FARIS, Carlos Aurélio Pimenta de (org.). *A política pública como campo multidisciplinar*. São Paulo: Editora Unesp; Rio de Janeiro: Editora Fiocruz, 2013. p. 181-200.

COZENDEY, Carlos Marcio; BARBOSA, Andrezza Brandão; SOUSA, Leandro Magalhães de Silva de. O projeto going digital da OCDE: caminhos para a transformação digital no Brasil. *Revista Tempo do Mundo*, Brasília, DF, n. 25, p. 155-199, abr. 2021. Disponível em: https://www.ipea.gov.br/portal/images/stories/PDFs/rtm/210426_rtm_25_art_7.pdf. Acesso em: 20 dez. 2022.

CRDC. *As mudanças que a Agenda BC está trazendo para o mercado financeiro no Brasil*. São Paulo: CRDC, 11 mar. 2022. Disponível em: https://crdc.com.br/as-mudancas-que-a-agenda-bc-esta-trazendo-para-o-mercado-financeiro-no-brasil. Acesso em: 6 jan. 2023.

CRUZ, Isabela. O que é governo aberto. E como o Brasil vai na direção oposta. *Nexo*, [*s. l.*], 10 out. 2022. Disponível em: https://www.nexojornal.com.br/expresso/2022/10/10/O-que-%C3%A9-governo-aberto.-E-como-o-Brasil-vai-na-dire%C3%A7%C3%A3o-contr%C3%A1ria. Acesso em: 29 jan. 2023.

CRUZ, Sinuhe Nascimento e. *Lei de Acesso à Informação e Lei Geral de Proteção de Dados Pessoais*: diálogos e possibilidades de harmonização. Live LGPD e Lei de Acesso à Informação: resumo comentado. [*S. l.*]: Data Privacy BR, 2022. Disponível em: https://dataprivacy.com.br/wp-content/uploads/2022/01/dpbr_live_LAI_e_LGPD_resumo_vf.pdf. Acesso em: 5 fev. 2023.

CUNHA, Carlos Roberto Lacerda. *A transformação digital do Governo Federal brasileiro*: analisando as recomendações dos organismos internacionais. 2019. 34 f. Monografia (Curso de Especialização em Informática) – Departamento de Ciência da Computação, Instituto de Ciências Exatas, Universidade Federal de Minas Gerais, Belo Horizonte, 2019. Disponível em: https://repositorio.ufmg.br/bitstream/1843/33473/1/CarlosRoberto LacerdaCunha%20corrigida%20%281%29.pdf. Acesso em: 27 mar. 2023.

DAMIANI, Wesley. O que as empresas podem esperar da agenda de economia digital com a renovação do Congresso em 2023? *FecomercioSP*, São Paulo, 14 dez. 2022. Disponível em: https://www.fecomercio.com.br/noticia/o-que-as-empresas-podem-esperar-da-agenda-de-economia-digital-com-a-renovacao-do-congresso-em-2023. Acesso em: 9 jan. 2023.

DEKKER, Brigitte; OKANO-HEIJMANS, Maaike. *Europe's Digital Decade?* Navigating the global battle for digital supremacy. Clingendael Report. Netherlands: Institute of International Relations, 2020. Disponível em: https://docs.clingendael.org/sites/docs/files/2020-10/Report_Europes_digital_decade_October_2020.pdf. Acesso em: 8 jan. 2023.

DE NEGRI, Fernanda *et al*. *Análise da "Nova Estratégia de Inovação"*. Brasília, DF: Ipea, 2021. Disponível em: https://repositorio.ipea.gov.br/bitstream/11058/10884/1/NT_AnaliNovaEstratNacInovacao_Publicacao_Preliminar.pdf. Acesso em: 7 fev. 2023.

DÍAZ, Antonio; PUCH, Luis A. EU After COVID-19: Na Opportunity for Policy Coordination. *Inter Econ*, [*s. l.*], v. 56, n. 4, p. 197-200, 2021. Disponível em: https://pubmed.ncbi.nlm.nih.gov/34376866/. Acesso em: 15 mar. 2023.

DIGITAL innovation hubs in European regions: what they are and how they will be funded. *Call for Europe*, [*s. l.*], 21 jan. 2023. Disponível em: https://www.call-for-europe.org/blog/digital-innovation-hubs-in-european-regions-what-they-are-and-how-they-will-be-funded. Acesso em: 29 jan. 2023.

DIGITAL SPILLOVER. Measuring the true impact of the Digital Economy. *Oxford Economics*, Oxford, Sept. 5, 2017. Disponível em: https://www.huawei.com/minisite/gci/en/digital-spillover/index.html. Acesso em: 27 mar. 2023.

DINO. Brasil investe, em média, 1% do PIB em Ciência e Tecnologia. *Valor Econômico*, São Paulo, 26 set. 2022. Disponível em: https://valor.globo.com/patrocinado/dino/noticia/2022/09/26/brasil-investe-em-media-1-do-pib-em-ciencia-e-tecnologia.ghtml. Acesso em: 30 nov. 2022.

DINO. Portaria do MCTI dá mais segurança legal para a Lei do Bem. *Valor Econômico*, São Paulo, 16 nov. 2022. Disponível em: https://valor.globo.com/patrocinado/dino/noticia/2022/11/16/portaria-do-mcti-da-mais-seguranca-legal-para-a-lei-do-bem.ghtml. Acesso em: 9 jan. 2023.

DISTRITO. *Fintech*: report 2023. [*S. l.*]: Distrito, 2023. Disponível em: https://materiais.distrito.me/mr/fintech-report. Acesso em: 6 jan. 2023.

DORN, Florian; FUEST, Clemens. Next Generation EU: Chancen und Risiken des europäischen Fonds für die wirtschaftliche Erholung nach der Corona-Krise. *Zeitgespräch*, [s. l.], n. 101, p. 78-81, 2021. Disponível em: https://www.wirtschaftsdienst.eu/inhalt/jahr/2021/heft/2/beitrag/next-generation-eu-chancen-und-risiken-des-europaeischen-fonds-fuer-die-wirtschaftliche-erholung-nach-der-corona-krise.html. Acesso em: 18 fev. 2023.

EMPRAPII. *Orientações para empresas sobre PPI – IOT/Manufatura 4.0*. Brasília, DF, 5 fev. 2019. Disponível em: https://embrapii.org.br/orientacoes-para-empresas-sobre-ppi-iot-manufatura-4-0/. Acesso em: 7 fev. 2023.

ESPAÑA. Gobierno de España. *Plan de Recuperación, Transformación y Resiliencia*. Madrid, 2021. Disponível em: https://planderecuperacion.gob.es/plan-espanol-de-recuperacion-transformacion-y-resiliencia. Acesso em: 7 fev. 2023.

ESRC. *Economic and Social Research Council*. [S. l.]: Ukri, 2023. Disponível em: https://www.ukri.org/councils/esrc/. Acesso em: 12 jan. 2023.

EUROCID. *Mecanismo Interligar a Europa*. Lisboa: Centro de Informação Europeia Jacques Delors, 2021. Informações disponíveis em: https://eurocid.mne.gov.pt/artigos/mecanismo-interligar-europa. Acesso em: 30 jan. 2023.

EUROPEAN COMISSION. *A Europe fit for the digital age*: Empowering people with a new generation of technologies. Bruxelas, 2019. Disponível em: https://commission.europa.eu/strategy-and-policy/priorities-2019-2024/europe-fit-digital-age_en#:~:text=Digital%20technology%20is%20changing%20people's,this%20Europe's%20%E2%80%9CDigital%20Decade%E2%80%9D. Acesso em: 12 fev. 2023.

EUROPEAN COMISSION. *Digital Economy and Society Index (DESI) 2022*: Methodological Notes. Bruxelas, 2022. Disponível em: https://www.juntadeandalucia.es/institutodeestadisticaycartografia/dega/sites/default/files/docs/098-portal-digitalizacion-sociedad-digital-notas-metodologicas-desi.pdf. Acesso em: 7 fev. 2023.

EUROPEAN COMMISSION. *The Digital Economy and Society Index (DESI)*. Bruxelas, 2022. Disponível em: https://digital-strategy.ec.europa.eu/en/policies/desi. Acesso em: 28 dez. 2022.

EUROPEAN COMMISSION. *The Digital Economy and Society Index*: Countries' performance in digitisation. Bruxelas, Sept. 16, 2022. Disponível em: https://digital-strategy.ec.europa.eu/en/policies/countries-digitisation-performance. Acesso em: 7 fev. 2023.

EUROPEAN INVESTMENT BANK. *Digitalisation in Europe 2021-2022*: Evidence from the EIB Investment Survey. Luxemburgo, 2022. Disponível em: https://www.eib.org/attachments/publications/digitalisation_in_europe_2021_2022_en.pdf. Acesso em: 20 fev. 2023.

EUROPEAN INVESTMENT BANK. *Who is prepared for the new digital age?*. Luxemburg: EIB, 2023. Disponível em: https://www.eib.org/en/publications-research/economics/surveys-data/eibis-digitalisation-report.htm. Acesso em: 10 abr. 2023.

EUROPEAN Union, archived by Publications Office of the European Union: Saved 26 times between March 11, 2016 and December 29, 2020. Disponível em: https://wayback.archive-it.org/12090/*/https://ec.europa.eu/digital-single-market/en/digital-single-market. Acesso em: 29 jan. 2023.

FARIA, Carlos Aurélio Pimenta de. *Políticas públicas e relações internacionais*. Brasília, DF: Enap, 2018. (Coleção Governo e Políticas Públicas). p. 72. Disponível em: https://repositorio.enap.gov.br/bitstream/1/3335/4/Livro_pol%C3%ADticas_p%C3%BAblicas_rela%C3%A7%C3%B5es_internacionais.pdf. Acesso em: 8 jan. 2023.

FEDERAL FOREIGN OFFICE. *The Federal Government's new Digital Strategy.* Berlin, 13 set. 2022. Disponível em: https://www.auswaertiges-amt.de/en/aussenpolitik/digital-strategy/2551972. Acesso em: 7 fev. 2023.

FEENBERG, Andrew. *O que é Filosofia da Tecnologia?* Tradução de Agustin Apaza. Revisão de Newton Ramos-de-Oliveira e Franco Nero Antunes Soares [*S. l.*]: [*s. n.*], 2015. Disponível em: https://www.sfu.ca/~andrewf/Feenberg_OQueEFilosofiaDaTecnologia.pdf. Acesso em: 15 mar. 2023.

FERNÁNDEZ DOMÍNGUEZ, Adrián. La respuesta europea a la crisis de la Covid-19: Análisis Jurídico del Next Generation EU y gobernanza económica del mecanismo de recuperación y resiliencia. *Estudios de Deusto*, Bilbau, v. 69, n. 2, p. 265-303, jul./dic. 2021. Disponível em: https://revista-estudios.revistas.deusto.es/article/view/2310/2728. Acesso em: 7 fev. 2023.

FERRARI, Hamilton. Guedes avalia que digitalização substituirá servidores que se aposentarem. *Correio Braziliense*, Brasília, DF, 16 mar. 2019. Disponível em: https://www.correiobraziliense.com.br/app/noticia/economia/2019/03/16/internas_economia,743376/guedes-avalia-que-digitalizacao-substituira-servidores-aposentados.shtml. Acesso em: 4 jan. 2023.

FGV IBRE. *Desemprego alto é desafio para governo em 2022, e pode persistir até 2026.* Rio de Janeiro: FGV IBRE, 5 out. 2021. Disponível em: https://portalibre.fgv.br/revista-conjuntura-economica/carta-da-conjuntura/desemprego-alto-e-desafio-para-governo-em-2022-e. Acesso em: 16 mar. 2023.

FILGUEIRAS, Fernando; FERNANDES, Flávio C.; PALOTTI, Pedro L. M. *Digital transformation and public services delivery in Brazil.* Trabalho apresentado no 1º Congresso do INCT.DD, Salvador, 19 a 21 de setembro de 2018. Disponível em: http://www.inctdd.org/wpcontent/uploads/2018/08/filgueiras_v_final.pdf. Acesso em: 27 mar. 2023.

FRANCHINI, Claudio; VESPERINI, Giulio. L'organizzazione. *In*: CASSESE, Sabino (org.). *Corso di Diritto Amministrativo*: Istituzioni di Diritto Amministrativo. 4. ed. Milano: Giuffré, 2005. p. 73-130.

FRENNERT, Susanne. Hitting a moving target: digital transformation and welfare technology in Swedish municipal eldercare. *Disability and Rehabilitation: Assistive Technology*, [*s. l.*], v. 16, n. 1, p. 103-111, 2021. Disponível em: https://www.tandfonline.com/doi/epdf/10.1080/17483107.2019.1642393?needAccess=true&role=button. Acesso em: 27 mar. 2023.

FUKUYAMA, Francis. The Future of Plataform Power: Solving for a Moving Target. *Journal of Democracy*, Stanford, v. 32, n. 3, July 1, 2021. Disponível em: https://cddrl.fsi.stanford.edu/publication/future-platform-power-solving-moving-target. Acesso em: 4 fev. 2023.

FUTURE OF LIFE INSTITUTE. *The Asilomar AI Principles.* [*S. l.*]: FLI, 11 ago. 2017. Disponível em: https://futureoflife.org/person/asilomar-ai-principles/. Acesso em: 23 mar. 2023.

GOMES, Sofia; LOPES, João M.; FERREIRA, Luís. O impacto da economia digital no crescimento econômico: o caso dos países da OCDE.RAM. *Revista de Administração Mackenzie*, São Paulo, v. 23, n. 6, p. 1-31, 2022. Disponível em: https://www.scielo.br/j/ram/a/GTQPV4X8kW5bDKbZHb8tc7z/?lang=en. Acesso em: 16 mar. 2023.

GONÇALVES, Pedro. *Influência do Direito da União Europeia na Organização Administrativa dos Estados-membros.* Coimbra: Coimbra Editora, 2009. Disponível em: http://www.estig.ipbeja.pt. Acesso em: 9 jan. 2023.

GORDON, José Luis; STALLIVIERI, Fabio. Embrapii: um novo modelo de apoio técnico e financeiro à inovação no Brasil. *Revista Brasileira de Inovação*, Campinas, v. 18, n. 2, p. 331-362, jul./dez. 2019. Disponível em: https://www.scielo.br/j/rbi/a/3n38B3CStm8fNM WyPP5gQBj/?format=pdf&lang=pt. Acesso em: 6 jan. 2023.

GRIN, Eduardo José. Regime de Bem-Estar Social no Brasil: Três Períodos Históricos, Três Diferenças em Relação ao Modelo Europeu Social-democrata. *Cadernos Gestão Pública e Cidadania*, São Paulo, v. 18, n. 63, p. 186-204, jul./dez. 2013.

GROS, Daniel. Article Der Fonds für Erholung und Resilienz: eine wirtschaftliche Analyse. *ZBW – Leibniz-Informationszentrum Wirtschaft*, [s. l.], n. 101, p. 87-90, 2021. Disponível em: https://link.springer.com/article/10.1007/s10273-021-2847-z. Acesso em: 29 jan. 2023.

GROS, Daniel; ALCIDI, Cinzia. Next Generation EU: A Large Common Response to the COVID-19 Crisis. *Intereconomics*, [s. l.], v. 55, n. 4, p. 202-203, 2020. Disponível em: https://www.intereconomics.eu/contents/year/2020/number/4/article/next-generation-eu-a-large-common-response-to-the-covid-19-crisis.html#:~:text=In%20July%202020%2C%20the%20European,the%20budget%20of%20the%20EU. Acesso em: 21 fev. 2023.

GTD.GOV. *Grupo de Transformação Digital dos Estados e DF*: quem somos. Brasília, DF, 2020. Disponível em: https://gtdgov.org.br/quem-somos. Acesso em: 10 fev. 2023.

GTD.GOV. *Lançamento da Plataforma de Transformação Digital do GTD.GOV*. Brasília, DF, 7 fev. 2023. Disponível em: https://www.youtube.com/watch?v=yDtT_LkYmyI. Acesso em: 10 fev. 2023.

GUEIROS, Guilherme. O combate aos crimes cibernéticos exige pressa, mas não deve atropelar direitos. *Consultor Jurídico*, São Paulo, 27 dez. 2021. Disponível em: https://www.conjur.com.br/2021-dez-27/gueiros-combate-crimes-ciberneticos-nao-atropelar-direitos. Acesso em: 28 dez. 2022.

GUPTA, Anil; WANG, Hayan. A Globalização 5.0 é digital. *In*: NÚCLEO DE INOVAÇÃO E EMPREENDEDORISMO. *Digital*: Economia Digital passada a limpo - Síntese e Insights. Nova Lima: Fundação Dom Cabral, 2021. p. 12-15. Disponível em: https://ci.fdc.org.br/AcervoDigital/E-books/2021/Digital%207/Digital%207.pdf. Acesso em: 16 mar. 2023.

HEIKKILÄ, Melissa. A quick guide to the most important AI law you've never heard of. *MIT Technology Review*, [s. l.], May 13, 2022. Disponível em: https://www.technologyreview.com/2022/05/13/1052223/guide-ai-act-europe/?utm_campaign=site_visitor.unpaid.engagement&utm_medium=tr_social&utm_source=Twitter. Acesso em: 3 fev. 2023.

HOBBS, Carla (ed.). *Europe's digital sovereignty*: From rulemaker to superpower in the age of US-China rivalry. [S. l.]: European Council on Foreign Relations, 30 July 2020. Disponível em: https://ecfr.eu/publication/europe_digital_sovereignty_rulemaker_superpower_age_us_china_rivalry/#Introduction:_Europe%E2%80%99s_digital_sovereignty. Acesso em: 7 fev. 2023.

HÖLZL, Werner *et al*. *Digitalisation in Austria*: State of play and reform needs. Wien Arsenal: Austrian Institute of Economic Research, 2019. Disponível em: https://www.wifo.ac.at/jart/prj3/wifo/resources/person_dokument/person_dokument.jart?publikationsid=61892&mime_type=application/pdf. Acesso em: 7 fev. 2023.

HORKHEIMER, Max. Teoria tradicional e crítica. *In*: TEXTOS escolhidos: Walter Benjamin, Max Horkheimer, Theodor W. Adorno, Jüergen Habermas. Tradução de José Lino Grünewald *et al*. São Paulo: Abril Cultural, 1980. (Série Os Pensadores). p. 117-125.

HUREL, Louise Marie. *Cibersegurança no Brasil*: uma análise da estratégia nacional. Rio de Janeiro: Instituto Igarapé, 2021. (Artigo Estratégico 54). Disponível em: https://igarape.org.br/wp-content/uploads/2021/04/AE-54_Seguranca-cibernetica-no-Brasil.pdf. Acesso em: 6 fev. 2023.

IMPACTO da implantação do DT-e nas transportadoras: Obrigatoriedade, benefícios, dilemas, mudanças impostas (O). *Logweb*, [s. l.], 6 maio 2022. Disponível em: https://www.logweb.com.br/o-impacto-da-implantacao-do-dt-e-nas-transportadoras-obrigatoriedade-beneficios-dilemas-mudancas-impostas/. Acesso em: 6 abr. 2023.

INDIA's ban on TikTok deprives the country of a favourite pastime. *The Economist*, [s. l.], 2 jul. 2020. Disponível em: https://www.economist.com/asia/2020/07/02/indias-ban-on-tiktok-deprives-the-country-of-a-favourite-pastime?utm_medium=cpc.adword.pd&utm_source=google&ppccampaignID=19495686130&ppcadID=&utm_campaign=a.22brand_pmax&utm_content=conversion.direct-response.anonymous&gclid=Cj0KCQjwmN2iBhCrARIsAG_G2i5vEBhe-QNK8dW0Gk70gqKCFm9kTGJD0CyNU2J1QKU8sgBggHMni8AaAu-3EALw_wcB&gclsrc=aw.ds. Acesso em: 7 fev. 2023.

INICIATIVA PARA A CIÊNCIA E TECNOLOGIA NO PARLAMENTO BRASILEIRO. ICTP.BR critica a desestruturação das políticas de Ciência e Tecnologia no país com novo corte. *Academia Brasileira de Ciências*, Rio de Janeiro, 30 maio 2022. Disponível em: https://www.abc.org.br/2022/05/30/ictp-br-critica-a-desestruturacao-das-politicas-de-ciencia-e-tecnologia-no-pais-com-novo-corte/. Acesso em: 7 fev. 2023.

INOVAÇÃO TECNOLÓGICA. *Transferência de tecnologia e universidades*: Lucro ou benefício para estudantes? São Paulo: Agência Fapesp, 26 dez. 2018. Disponível em: https://www.inovacaotecnologica.com.br/noticias/noticia.php?artigo=a-transferencia-tecnologia-lucro-universidades&id=010175181226#.ZBy4MnbMLrc. Acesso em: 23 mar. 2023.

INSTITUTO BRIDJE. CADE: entenda qual a função do Conselho Administrativo de Defesa Econômica. *POLITIZE*, [s. l.], 15 jan. 2021. Disponível em: https://www.politize.com.br/cade-conselho-administrativo-de-defesa-economica/#:~:text=O%20que%20faz%20o%20CADE,%3A%20preventiva%2C%20repressiva%20e%20educativa. Acesso em: 12 abr. 2023.

INTERVOZES. Governo ignora desafios e publica plano genérico de Internet das Coisas. *Carta Capital*, São Paulo, 1 jul. 2019. Disponível em: https://www.cartacapital.com.br/blogs/intervozes/governo-ignora-desafios-e-publica-plano-generico-de-internet-das-coisas/. Acesso em: 29 jan. 2023.

IONESCU, Romeo Victor *et al*. Quantifying the digitalisation impact on the EU economy. Case study: Germany and Sweden vs. Romania and Greece. *Amfiteatru Economic*, Bucharest, v. 24, n. 59, p. 61-76, Feb. 2022. Disponível em: https://www.amfiteatrueconomic.ro/temp/Article_3064.pdf. Acesso em: 8 jan. 2023.

IPM SISTEMAS. *Governo Verdadeiramente Digital*: entenda o que é a sua importância para a gestão pública. Florianópolis, 2022. Disponível em: https://www.ipm.com.br/. Acesso em: 6 jan. 2023.

JOVELINO, Luiz. Banco Central anuncia autorização para emissão de tokens no Sistema Financeiro Nacional. *BL Consultoria Digital*, São Paulo, 2021. Disponível em: https://blconsultoriadigital.com.br/emissao-de-tokens-bacen/. Acesso em: 6 abr. 2023.

JULIÃO, Henrique. CGI.br fará consulta pública ampla sobre regulação de plataformas. *Nic.br*, São Paulo, 31 mar. 2023. Disponível em: https://www.nic.br/noticia/na-midia/cgi-br-fara-consulta-publica-ampla-sobre-regulacao-de-plataformas/. Acesso em: 10 abr. 2023.

KABELKA, Laura. Germany's draft digital strategy prompts criticismo over delays, vagueness. *Euractiv*, [s. l.], 12 jul. 2022. Disponível em: https://www.euractiv.com/section/digital/news/germanys-draft-digital-strategy-prompts-criticism-over-delays-vagueness/. Acesso em: 7 fev. 2023.

KAMOLOV, Sergey; STEPNOV, Igor. Sustainability through digitalization: European strategy. *E3S Web of Conferences*, [s. l.], n. 208, 03048, p. 1-8, 2020. Disponível em: https://www.e3s-conferences.org/articles/e3sconf/pdf/2020/68/e3sconf_ift2020_03048.pdf. Acesso em: 9 jan. 2023

KIRA, Beatriz; COUTINHO, Diogo R. O Digital Markets Act e o antitruste assimétrico na Europa: O que diz o DMA e por que ele é considerado um marco histórico na regulação de plataformas de internet? *Jota*, [s. l.], 31 mar. 2022. Disponível em: https://www.jota.info/opiniao-e-analise/artigos/digital-markets-act-e-o-antitruste-assimetrico-na-europa-31032022. Acesso em: 23 jan. 2023.

KRAVCHENKO, Olena *et al*. The digitalisation as a global trend and growth factor of the modern economy. *SHS Web of Conferences*, [s. l.], v. 65, 07004, 2019. Disponível em: https://www.shs-conferences.org/articles/shsconf/abs/2019/06/shsconf_m3e22019_07004/shsconf_m3e22019_07004.html. Acesso em: 7 jan. 2023.

LAFUENTE, Mariano *et al*. *Transformação digital dos governos brasileiros*: satisfação dos cidadãos com os serviços públicos digitais. New York: Banco Interamericano de Desenvolvimento (BID), 2021. Disponível em: https://publications.iadb.org/pt/transformacao-digital-dos-governos-brasileiros-satisfacao-dos-cidadaos-com-os-servicos-publicos. Acesso em: 10 fev. 2023.

LARSSON, Anthony; TEIGLAND, Robin (ed.). *Digital Transformation and Public Services*: Societal Impacts in Sweden and Beyond. Routledge: Oxon, UK. 2020. p. 26. Disponível em: https://papers.ssrn.com/sol3/papers.cfm?abstract_id=3502524. Acesso em: 12 jan. 2023.

LEMOS, Ronaldo. 5G vai chegar tarde demais no Brasil. *Folha de S. Paulo*, São Paulo, 26 set. 2019. Disponível em: https://www1.folha.uol.com.br/colunas/ronaldolemos/2021/09/5g-vai-chegar-tarde-demais-ao-brasil.shtml. Acesso em: 7. fev. 2023.

LEMOS, Ronaldo. Cinco anos do Marco Civil da Internet. *Folha de S. Paulo*, São Paulo, 6 maio 2019. Disponível em: https://www1.folha.uol.com.br/colunas/ronaldolemos/2019/05/cinco-anos-do-marco-civil-da-internet.shtml. Acesso em: 6 jan. 2023.

LEMOS, Ronaldo. Qual deve ser a agenda de tecnologia para o Brasil? *Folha de S. Paulo*, São Paulo, 6 nov. 2022. Disponível em: https://www1.folha.uol.com.br/colunas/ronaldolemos/2022/11/qual-deve-ser-a-agenda-de-tecnologia-para-o-brasil.shtml. Acesso em: 27 dez. 2022.

LEMOS, Ronaldo. Ronaldo Lemos: "A inteligência artificial precisa ser moderada". [Entrevista cedida a] Thaís Monteiro. *Meio & Mensagem*, São Paulo, 14 mar. 2023. Disponível em: https://www.meioemensagem.com.br/sxsw/ronaldo-lemos-inteligencia-artificial#:~:text=N%C3%A3o%20%C3%A9%20que%20a%20intelig%C3%AAncia,Ele%20apresentou%20alguns%20comportamentos%20err%C3%A1ticos. Acesso em: 15 mar. 2023.

LGPD EXPERTS. *LGPD*: Lei Geral de Proteção de Dados. São Paulo: FESESP, 2015. Disponível em: http://www.fesesp.org.br/?page_id=3476. Acesso em: 6 jan. 2023.

LIRA, Arthur; CANZIANI, Luiza. Transformação digital: se o Brasil quer marchar para a frente, não podemos ficar presos ao passado. *Folha de S. Paulo*, São Paulo, 29 dez. 2021. Disponível em: https://www1.folha.uol.com.br/opiniao/2021/12/transformacao-digital.shtml. Acesso em: 28 dez. 2022.

LOBO, Flávio. *Lei europeia poderá ser marco global para regulação da inteligência artificial*. Brasília, DF: Ipea, Centro de Pesquisa em Ciência, Tecnologia e Sociedade, 29 jun. 2022. Disponível em: https://www.ipea.gov.br/cts/pt/central-de-conteudo/noticias/noticias/313-lei-europeia-podera-ser-marco-global-para-regulacao-da-inteligencia-artificial. Acesso em: 3 fev. 2023.

LOPES, Fernando dos Santos. PL que pretende regulamentar criptomoedas é inconstitucional: PL 2303/2015 viola princípio da reserva de Lei Complementar. *Jota*, [s. l.], 12 abr. 2022. Disponível em: https://www.jota.info/opiniao-e-analise/artigos/pl-que-pretende-regulamentar-criptomoedas-e-inconstitucional-12042022. Acesso em: 6 fev. 2023.

LOUBAK, Ana Letícia; ZANATTA, Carolina. Demissões em massa nas big techs: entenda como elas podem afetar você. *Techtudo*, [s. l.], 23 jan. 2023. Disponível em: https://www.techtudo.com.br/noticias/2023/01/demissoes-em-massa-nas-big-techs-entenda-como-elas-podem-afetar-voce.ghtml. Acesso em: 6 fev. 2023.

MACHADO, Hilka Pelizza Vier; SARTORI, Rejane; CRUBELLATE, João Marcelo. Institucionalização de núcleos de inovação tecnológica em instituições de ciência e tecnologia da região sul do Brasil. *Revista Eletrônica de Administração*, Porto Alegre, v. 23, n. 3, p. 5-31, dez. 2017. Disponível em: https://www.scielo.br/j/read/a/SVDgTprBx4vds8VVmxvbn9s/?format=html. Acesso em: 6 fev. 2023.

MACIEL, Ariane Durce. *Gênero e inclusão digital*: apropriação das TICs pelos usuários do Programa do Governo Federal GESAC. 2015. 166 f. Tese (Doutorado) – Instituto Brasileiro de Informação em Ciência e Tecnologia, Universidade Federal do Rio de Janeiro, Rio de Janeiro 2015. Disponível em: https://ridi.ibict.br/bitstream/123456789/878/1/TeseArianeMaciel.pdf. Acesso em: 6 jan. 2023.

MARCUSE, Herbert. *Tecnologia, guerra e fascismo*. Editado por Douglas Kellner. São Paulo: Unesp, 1999.

MARCUT, Mirela. Evaluating the EU's role as a global actor in the digital space. *Romanian Journal of European Affairs*, [s. l.], v. 20, n. 2, p. 79-85, Dec. 2020. Disponível em: http://rjea.ier.gov.ro/wp-content/uploads/2020/12/RJEA-vol-20-no-2_Dec-2020_articol-6.pdf. Acesso em: 15 mar. 2023.

MASSRUHÁ, Silvia Maria Fonseca Silveira; LEITE, Maria Angélica de Andrade. *Agro 4.0*: Rumo à agricultura digital. *In*: MAGNONI JÚNIOR, Lourenço *et al.* (org.). *JC na Escola Ciência, Tecnologia e Sociedade*: Mobilizar o Conhecimento para Alimentar o Brasil. 2. ed. São Paulo: Centro Paula Souza, 2017. p. 28-35. Disponível em: https://ainfo.cnptia.embrapa.br/digital/bitstream/item/166203/1/PL-Agro4.0-JC-na-Escola.pdf. Acesso em: 3 fev. 2023.

MATTARELLA, Bernardo Giordio. Le funzioni. *In*: CHITI, Mario (org.). *Diritto Amministrativo Europeo*. Milano: Giuffré, 2013.

MCC-ENET. *Referência em métricas e indicadores do consumo online no Brasil*. [S. l.]: Neotrust, 2022. Disponível em: https://www.mccenet.com.br/. Acesso em: 24 mar. 2023.

MEIO & MENSAGEM. *ChatGPT*: o que é, desdobramentos e aplicação na criatividade. [S. l.]: M&M, 10 jan. 2023. Disponível em: https://www.meioemensagem.com.br/proxxima/chatgpt-o-que-e. Acesso em: 4 fev. 2023.

MELLO, João Manoel Pinho de. *Discurso do Diretor de Organização do Sistema Financeiro e de Resolução, João Manoel Pinho de Mello, na abertura da 11ª reunião plenária do Fórum Pix*. São Paulo, 22 out. 2020. Disponível em: https://www.bcb.gov.br/content/estabilidadefinanceira/pix/Forum_Pix_Plenaria/20201022-Discurso-Diorf.pdf. Acesso em: 6 jan. 2023.

MENEZES, Heloisa. *Economia Digital passada a limpo*. Síntese e Insights. Nova Lima: Fundação Dom Cabral, 2021. (Economia Digital, 7).

MENEZES, Pedro Gontijo. Força de trabalho e capacitação. In: BRASIL. Ministério da Ciência, Tecnologia e Inovações. *Estratégia Brasileira de Inteligência Artificial*: Consulta pública. Brasília, DF, 2020. Disponível em: http://participa.br/estrategia-brasileira-de-inteligencia-artificial/estrategia-brasileira-de-inteligencia-artificial-forca-de-trabalho-e-capacitacao. Acesso em: 6 fev. 2023.

MESTRE, Gabriela. Brasil é o 2º em ranking de governo digital do Banco Mundial. *Poder360*, Brasília, DF, 17 nov. 2022. Disponível em: https://www.poder360.com.br/internacional/brasil-e-2o-lugar-em-ranking-de-governo-digital-do-banco-mundial/. Acesso em: 10 fev. 2023.

MOLINA DEL POZO, Carlos Francisco. *Derecho de la Unión Europea*. Madri: Reus, 2011.

MONCAU, Luiz Fernando Marrey. *Direito ao esquecimento*: Entre a liberdade de expressão, a privacidade e a proteção de dados pessoais. São Paulo: Revista dos Tribunais, 2020.

MORAND, Charles-Albert (coll.). *Le droit néo-moderne des politiques publiques*. Paris: LGDJ, 1999. (Droit et société, n. 42-43).

MOTTA, Fabricio; VALLE, Vanice Regina Lírio do. Governo Digital: mapeando possíveis bloqueios institucionais à sua implantação. In: MOTTA, Fabricio; VALLE, Vanice Regina Lírio do (coord.). *Governo Digital e a busca por inovação na Administração Pública*: a Lei nº 14.129, de 29 de março de 2021. Belo Horizonte: Fórum, 2022. p. 43-62.

MOUNK, Yasha. *O povo contra a democracia*: Por que nossa liberdade corre perigo e como salvá-la. Tradução de Cássio de Arantes Leite e Débora Landsberg. São Paulo: Companhia das Letras, 2019.

MÜZELL, Lúcia. Plano de recuperação econômica da UE pós-coronavírus pode dar novo rumo ao bloco. *RFI*, [s. l.], 3 jun. 2020. Disponível em: https://www.rfi.fr/br/economia/20200603-plano-de-recupera%C3%A7%C3%A3o-econ%C3%B4mica-da-ue-p%C3%B3s-coronav%C3%ADrus-pode-dar-novo-rumo-ao-bloco. Acesso em: 29 jan. 2023.

NAÇÕES UNIDAS BRASIL. *Objetivos do Desenvolvimento Sustentável*. Agenda 2030. Brasília, DF, 2023. Disponível em: https://brasil.un.org/pt-br/sdgs. Acesso em: 25 jan. 2023.

NASCIMENTO, Leonardo F. *Sociologia digital*: uma breve introdução. Salvador: Edufba, 2020. Disponível em: https://repositorio.ufba.br/bitstream/ri/32746/5/SociologiaDigitalPDF.pdf. Acesso em: 15 mar. 2023.

NERI, Marcelo Cortes (org.). *Mapa da Inclusão Digital*. Rio de Janeiro: FGV: CPS, 2012. Disponível em: https://bibliotecadigital.fgv.br/dspace/bitstream/handle/10438/20738/Texto-Principal-Mapa-da-Inclusao-Digital.pdf?sequence=3&isAllowed=y. Acesso em: 5 fev. 2023.

NÚCLEO DE INFORMAÇÃO E COORDENAÇÃO DO PONTO BR (ed.). *TIC Domicílios 2020*: Pesquisa sobre o uso das tecnologias de informação e comunicação nos domicílios brasileiros. [editor]. São Paulo: Comitê Gestor da Internet no Brasil, 2021. Disponível em: https://cetic.br/media/docs/publicacoes/2/20211124201233/tic_domicilios_2020_livro_eletronico.pdf. Acesso em: 24 mar. 2023.

OCDE. *A Caminho da Era Digital no Brasil*: Revisões da OCDE sobre a Transformação Digital. Paris: OCDE, 2020. Disponível em: https://www.oecd.org/digital/a-caminho-da-era-digital-no-brasil-45a84b29-pt.htm. Acesso em: 20 dez. 2022.

OCDE. *Recomendação do Conselho de Inteligência Artificial*. Paris: OCDE, 21 maio 2019. Disponível em: https://legalinstruments.oecd.org/en/instruments/OECD-LEGAL-0449. Acesso em: 23 mar. 2023.

OCDE. *Relatório da Cooperação para o Desenvolvimento 2012*. Paris: OCDE, 2012. Disponível em: https://www.oecd-ilibrary.org/sites/dcr-2012-sum-pt/index.html?itemId=/content/component/dcr-2012-sum-pt. Acesso em: 12 jan. 2023.

OECD. OECD Digital Government Studies. *Digital Government Review of Brazil*: Towards the Digital Transformation of the Public Sector. Paris: OECD, 28 nov. 2018. Disponível em: https://www.oecd-ilibrary.org/sites/9789264307636-en/index.html?itemId=/content/publication/9789264307636-en. Acesso em: 24 mar. 2023.

OECD. *The future of work*: OECD Employment Outlook 2019. Highlights. Paris: OECD, 2019. Disponível em: https://www.oecd.org/employment/Employment-Outlook-2019-Highlight-EN.pdf. Acesso em: 6 fev. 2023.

OLESTI RAYO, Andreu. El Programa NextGenerationEU y el nuevo ciclo presupuestario de la Unión Europea. *Revista de Derecho Comunitario Europeo*, [s. l.], n. 73, p. 727-745, 30 dez. 2022. Disponível em: https://www.cepc.gob.es/sites/default/files/2022-12/3996501-andreu-olesti.html. Acesso em: 21 fev. 2023.

OLIVEIRA, Thaís de Bessa Gontijo de; MACIEL, Caroline Stéphanie Francis dos Santos; SILVA, Pietra Vaz Diógenes; SOARES, Fabiana de Menezes. Uma visão cética da constitucionalização da proteção de dados: Em prol da retórica, PEC 17/2019 pode reduzir supervisão da LGPD no Brasil. *Jota*, [s. l.], 27 out. 2021. Disponível em: https://www.jota.info/opiniao-e-analise/artigos/protecao-de-dados-visao-cetica-constitucionalizacao-27102021. Acesso em: 28 dez. 2022.

OPEN GOVERNMENT PARTNERSHIP. *5º Plano de Ação Nacional em Governo Aberto*. Brasília, DF: Controladoria-Geral da União, 2021. Disponível em: https://www.opengovpartnership.org/wp-content/uploads/2022/01/Brazil_Action-Plan_2021-2023_PT.pdf. Acesso em: 29 jan. 2023.

OPEN GOVERNMENT PARTNERSHIP. *Our process*. [S. l.], OGP, 2011. Disponível em: https://www.opengovpartnership.org/process/. Acesso em: 29 jan. 2023.

OPEN KNOWLEDGE FOUNDATION. *Um futuro justo, sustentável e aberto*. London, 2023. Disponível em: https://okfn.org/. Acesso em: 2 jan. 2023.

OSTAPIUK, Marcin Roman Czubala; SOLSONA, Miguel Ángel Benedicto. Next generation European Union and the digital transformation: an opportunity for Spain. *Journal of Liberty and International Affairs*, [s. l.], v. 7, n. 3, p. 118-135, 2021. Disponível em: https://e-jlia.com/index.php/jlia/article/view/428. Acesso em: 7 fev. 2023.

OXIGÊNIO ACELERADORA. *O que são deep techs e como vão impactar o futuro?* São Paulo, 4 mar. 2022. Disponível em: https://blog.oxigenioaceleradora.com.br/deep-techs/. Acesso em: 3 fev. 2023.

PACHECO, Ellen (org.). *A transformação do Pix para os pagamentos brasileiros*. [S. l.]: Zetta, 2022. Disponível em: https://somoszetta.org.br/wp-content/uploads/2022/01/Zetta_2021_V14_desktop.pdf. Acesso em: 6 jan. 2023.

PAIVA, Fernando. A EBIA é uma estratégia sem estratégia, diz Eduardo Magrani. *Mobile Time*, [s. l.], 15 abr. 2021. Disponível em: https://www.mobiletime.com.br/noticias/15/04/2021/a-ebia-e-uma-estrategia-sem-estrategia-critica-eduardo-magrani/. Acesso em: 24 mar. 2023.

PAIVA, Fernando. EBIA: falta profundidade nos impactos laboral e educacional, critica coordenador do ITS Rio. *Mobile Time*, [s. l.], 9 abr. 2021. Disponível em: https://www.mobiletime.com.br/noticias/09/04/2021/ebia-falta-profundidade-nos-impactos-laboral-e-educacional-critica-coordenador-do-its-rio/. Acesso em: 24 mar. 2023.

PARISE, Camila Martino; BERTIN, Anna Luiza. A regulamentação da telessaúde no Brasil. *Jota*, [s. l.], 9 jan. 2023. Disponível em: https://www.jota.info/opiniao-e-analise/artigos/a-regulamentacao-da-telessaude-no-brasil-09012023. Acesso em: 28 fev. 2023.

PARLAMENTO EUROPEU. *A Hungria já não pode ser considerada uma democracia plena*. Comunicado de Imprensa. Bruxelas, 15 set. 2022. Disponível em: https://www.europarl.europa.eu/news/pt/press-room/20220909IPR40137/parlamento-europeu-a-hungria-ja-nao-pode-ser-considerada-uma-democracia-plena. Acesso em: 19 fev. 2023.

PARLAMENTO EUROPEU. *Fundo para uma Transição Justa*. Bruxelas, 2022. Disponível em: https://www.europarl.europa.eu/factsheets/pt/sheet/214/fundo-para-uma-transicao-justa-ftj-. Acesso em: 20 fev. 2023.

PARLAMENTO EUROPEU. *Política externa*: objetivos, instrumentos e realizações. Luxemburgo, 2023. (Fichas técnicas sobre a União Europeia). Disponível em: https://www.europarl.europa.eu/factsheets/pt/sheet/158/politica-externa-objetivos-instrumentose-realizacoes. Acesso em: 19 fev. 2023.

PARLAMENTO EUROPEU. *Uma Agenda Digital para a Europa*. Luxemburgo, 2022. Disponível em: https://www.europarl.europa.eu/factsheets/pt/sheet/64/digital-agenda-for-europe. Acesso em: 14 nov. 2022.

PARLAMENTO EUROPEU; CONSELHO DA UNIÃO EUROPEIA. Decisão (UE) 2022/2481 do Parlamento Europeu e do Conselho de 14 de dezembro de 2022 que estabelece o Programa Década Digital para 2030. *Jornal Oficial da União Europeia*, Luxemburgo, L 323, p. 4-26, 19 dez. 2022. Disponível em: https://eur-lex.europa.eu/legal-content/PT/TXT/PDF/?uri=CELEX:32022D2481&from=EN. Acesso em: 29 jan. 2023.

PARLAMENTO EUROPEU; CONSELHO DA UNIÃO EUROPEIA. Diretiva (UE) 2018/1972 do Parlamento Europeu e do Conselho de 11 de dezembro de 2018 que estabelece o Código Europeu das Comunicações Eletrônicas (reformulação). *Jornal Oficial da União Europeia*, Luxemburgo, L 321/36, 17 dez. 2018. Disponível em: https://eur-lex.europa.eu/legal-content/PT/TXT/?uri=CELEX%3A32018L1972#:~:text=Diretiva%20(UE)%202018%2F1972,relevante%20para%20efeitos%20do%20EEE. Acesso em: 29 jan. 2023.

PEREIRA, Cadu. Políticas públicas e a revolução digital. *TI Inside*, [s. l.], 6 maio 2022. Disponível em: https://tiinside.com.br/06/05/2022/politicas-publicas-e-a-revolucao-digital/. Acesso em: 16 mar. 2023.

PIMENTA, Marcelo Soares; CANABARRO, Diego Rafael (org.). *Governança digital*. Porto Alegre: UFRGS/CEGOV, 2014.

POCHMANN, Márcio. *Conferência "Desafios da Ciência e da Inovação"*, realizada na FioCruz, no dia 15 de setembro de 2021. Disponível em: https://www.cee.fiocruz.br/?q=Marcio-Pochmann-A-tecnologia-nao-e-destruidora-de-empregos. Acesso em: 16 mar. 2023.

POSSAMAI, Ana Júlia. *Democratização do Estado na era digital*: e-participação no ciclo de políticas públicas. 2011. 83 f. Artigo Final (Mestrado em Ciência Política) – Universidade Federal do Rio Grande do Sul, Porto Alegre, 2011. Disponível em: https://www.lume.ufrgs.br/bitstream/handle/10183/37815/000821702.pdf?sequence=. Acesso em: 16 mar. 2023.

PRÓXIMO NÍVEL. Redação. O que é 5G e por que teve um dos maiores leilões da história do país. *Próximo Nível*, [s. l.], 10 nov. 2021. Disponível em: https://proximonivel.embratel.com.br/o-que-e-5g-e-por-que-teve-um-dos-maiores-leiloes-da-historia-do-pais/?gclid=CjwKCAiAioifBhAXEiwApzCztk7QFwvjkBBG5WfSRbm3UZXGSJgwMLWMOElVRyCcPKt04NwudsLAERoCkP8QAvD_BwE. Acesso em: 7 fev. 2023.

PUCPR. Pós PUCPR Digital. *Saúde 4.0*: Gestão, Tecnologia e Inovação. Curitiba, 2023. Disponível em: https://posdigital.pucpr.br/cursos/saude-4-0-gestao-tecnologia-e-inovacao?utm_feeditemid=&utm_device=c&utm_term=sa%C3%BAde%20 4.0&utm_campaign=%5BPOSGRAD%5D+%5BSearch%5D+%5BMaxConv%5D+%5B%-C3%93rbita+5%5D+%5BTOPO%5D+Sa%C3%BAde+4.0+%5BSa%C3%BAde+4.0%5D%5B-Nova+Estrutura%5D&utm_source=google&utm_medium=ppc&hsa_acc=9817444149&hsa_cam=18951198881&hsa_grp=142270815574&hsa_ad=635656496288&hsa_src=g&hsa_tgt=kwd-1052617677970&hsa_kw=sa%C3%BAde%204.0&hsa_mt=p&hsa_net=adwords&hsa_ver=3&gclid=CjwKCAiA_vKeBhAdEiwAFb_nrTgR_sSlxe397Ehrmmm4E-6Fp-SvLFhGYwWoT7o3MKSzRBnRTCxX4QxoC4SoQAvD_BwE. Acesso em: 3 fev. 2023.

PUPO, Fábio. Banco Mundial vai entregar a Lula proposta de agenda econômica: reformas administrativa e tributária, aumento da produtividade e iniciativas verdes estão na lista. *Folha de S. Paulo*, São Paulo, 28 nov. 2022. Disponível em: https://www1.folha.uol.com.br/mercado/2022/11/banco-mundial-vai-entregar-a-lula-proposta-de-agenda-economica.shtml. Acesso em: 4 jan. 2023.

QUEIROZ, Luiz. MCTI cria secretaria voltada para Transformação Digital. *Capital Digital*, [s. l.], 2 jan. 2023. Disponível em: https://capitaldigital.com.br/mcti-cria-secretaria-voltada-para-transformacao-digital/. Acesso em: 3 jan. 2023.

RADAELLI, Claudio M. The Puzzle of Regulatory Competition. *Journal of Public Policy*, Cambridge, v. 24, n. 1, p. 1-23, 2004. Disponível em: http://www.jstor.org/stable/4007800. Acesso em: 7 jan. 2023.

RAY, Shaan. A diferença entre "blockchain" e "DLT" (tecnologia distribuída de livro-razão). *Guia do Bitcoin*, [s. l.], 4 jun. 2020. Disponível em: https://guiadobitcoin.com.br/noticias/a-diferenca-entre-blockchain-e-dlt-tecnologia-distribuida-de-livro-razao/. Acesso em: 29 jan. 2023.

REIS, Tiago. Como funciona o PIB por Paridade de Poder de Compra (PPC)? *Suno Artigos*, [s. l.], 20 nov. 2018. Disponível em: https://www.suno.com.br/artigos/paridade-de-poder-de-compra-ppc/. Acesso em: 21 fev. 2023.

RIGO, Michael. Vivendo na época da Reserva de Mercado de Informática. *Blog do Michael*, [s. l.], 1 maio 2014. Disponível em: https://www.michaelrigo.com/2014/05/vivendo-na-epoca-da-reserva-de-mercado.html. Acesso em: 23 mar. 2023.

RODRIGUES, Douglas. Projetos prioritários de Guedes para destravar a economia empacam no Congresso. *Poder360*, Brasília, DF, 23 jul. 2020. Disponível em: https://www.poder360.com.br/congresso/projetos-prioritarios-de-guedes-para-destravar-a-economia-empacam-no-congresso-2/. Acesso em: 4 jan. 2023.

ROVIRA, Enoch Albertí. Unos fondos de alto impacto. Introducción a la sección monográfica "los fondos europeos NextGenerationEu: retos de las administraciones públicas". *Revista Catalana de Derecho Publico*, [s. l.], n. 63, p. 1-3, Dic. 2021. Disponível em: https://vlex.es/vid/fondos-alto-impacto-introduccion-913423868. Acesso em: 21 fev. 2023.

RUIZ, Isabela; BUCCI, Maria Paula Dallari. Quadro de problemas de políticas públicas: uma ferramenta para análise jurídico-institucional. *Revista Estudos Institucionais*, Rio de Janeiro, v. 5, n. 3, p. 1142-1167, set./dez. 2019. Disponível em: https://www.estudosinstitucionais.com/REI/article/view/443/449. Acesso em: 16 mar. 2023.

SAMPAIO, Lucas. Shein e Shopee taxadas? A taxação é na empresa ou no consumidor? Veja perguntas e respostas. *InfoMoney*, São Paulo, 14 abr. 2023. Disponível em: https://www.infomoney.com.br/consumo/shein-shopee-aliexpress-taxacao-governo-lula-perguntas-e-respostas/. Acesso em: 19 abr. 2023.

SANTOS, Anderson Vieira; FONSECA, Platini Gomes. Transformação digital no serviço público brasileiro: uma revisão sistemática de literatura. *Revista Formadores: Vivências e Estudos*, Cachoeira, Bahia, v. 15, n. 1, p. 58-71, mar. 2022. Disponível em: http://loja.dw360.com.br/ojs3/index.php/formadores/article/view/1535/1075. Acesso em: 28 dez. 2022.

SANTOS, Clarice Saraiva Andrade dos *et al*. Proposta de Avaliação da Política Nacional de Segurança da Informação por Processo de Análise Hierárquica. *Perspectivas em Ciência da Informação*, Belo Horizonte, v. 27, n. 4, p. 108-145, out./dez. 2022. Disponível em: https://www.scielo.br/j/pci/a/ks9gSpJbgRNJP9vZxbfHJqL/#. Acesso em: 5 fev. 2023.

SANTOS, Jonatas Soares dos; FUCK, Marcos Paulo. Trajetórias da inovação no Brasil: o papel da Embrapii. *Revista Espacios*, [s. l.], v. 37, n. 36, p. 5, 2016. Disponível em: https://www.revistaespacios.com/a16v37n36/16373605.html. Acesso em: 6 fev. 2023.

SARACCO, Roberto. The many faces of digital transformation. *IEEE Future Directtions*, [s. l.], Feb. 5, 2020. Disponível em: https://cmte.ieee.org/futuredirections/2020/02/05/xx-3/. Acesso em: 23 fev. 2023.

SAVARESE NETO, Eduardo. Computação em Nuvem: o que é, como funciona e importância. *FIA Business School*, [s. l.], 11 fev. 2019. Disponível em: https://fia.com.br/blog/computacao-em-nuvem/. Acesso em: 29 jan. 2023.

SCHMIDT, Carsten; KRIMMER, Robert. How to implemente the European digital single market: identifying the catalyst for digital transformation. *Journal of European Integration*, [s. l.], v. 44, n. 1, p. 59-80, Feb. 7, 2022. Disponível em: https://www.tandfonline.com/doi/full/10.1080/07036337.2021.2011267. Acesso em: 29 jan. 2023.

SCHREIBER, Anderson. A mudança tem nome: As alterações trazidas pela Lei 14.382/2022 ao Sistema Eletrônico dos Registros Públicos. *Jota*, [s. l.], 2 ago. 2022. Disponível em: https://www.jota.info/opiniao-e-analise/colunas/coluna-do-anderson-schreiber/a-mudanca-tem-nome-02082022. Acesso em: 6 abr. 2023.

SICSÚ, Abraham Benzaquen; SILVEIRA, Mariana. Avanços e retrocessos no marco legal da Ciência, Tecnologia e Inovação: mudanças necessárias. *Ciência e Cultura*, São Paulo, v. 68, n. 2, p. 4-5, abr./jun. 2016. Disponível em: http://cienciaecultura.bvs.br/pdf/cic/v68n2/v68n2a02.pdf. Acesso em: 6 jan. 2023.

SILVA, Danielle Karla Martins da; SOBRAL, Natanael Vitor; SOARES, Ludenivson Victor Hugo. Acessibilidade em sites de universidades federais de Pernambuco: avaliação à luz do Modelo de Acessibilidade em Governo Eletrônico – eMAG. *Revista dos Mestrados Profissionais*, Recife, v. 5, n. 2, p. 1-11, 2016. Disponível em: https://periodicos.ufpe.br/revistas/RMP/article/view/244884/35004. Acesso em: 6 jan. 2023.

SILVA, Patrícia Maria; DIAS, Guilherme Ataíde. Teorias sobre Aceitação de Tecnologia: por que os usuários aceitam ou rejeitam as tecnologias de informação? *Brazilian Journal of Information Science*, [s. l.], v. 1, n. 2, p. 69-91, jul./dez. 2007. Disponível em: https://revistas.marilia.unesp.br/index.php/bjis/article/view/35/34. Acesso em: 15 mar. 2023.

SILVA, Suzana Tavares da. *Direito Administrativo Europeu*. Coimbra: Coimbra Editora, 2010.

SOARES, Fabiana de Menezes; PRETE, Esther Külkamp Eyng (org.). *Marco regulatório em Ciência, Tecnologia e Inovação*: texto e contexto da Lei nº 13.243/2016. Belo Horizonte: Arraes Editores, 2018. Disponível em: https://www.fundep.ufmg.br/wp-content/

uploads/2018/09/Livro_MARCO_REGULATORIO_EM_CIENCIA_TECNOLOGIA_E_INOVACAO.pdf. Acesso em: 25 jan. 2023.

SOLENNE, Diego; VERRILLI, Antonio. *Compendio di Diritto Costituzionale*. 5. ed. Santarcangelo di Romagna: Maggioli, 2013.

SOUZA, Jéssica Santos de. *Governo Federal economiza R$380 mi ao adotar softwares livres*. Brasília, DF: Serpro, 31 ago. 2010. Disponível em: https://www.serpro.gov.br/menu/noticias/noticias-antigas/governo-federal-economiza-r-380-mi-ao-adotar-softwares-livres. Acesso em: 31 mar. 2023.

SOUZA, Luísa. *Panorama Zetta*: O futuro construído pela Zetta. [*S. l.*]: Zetta, 2021. Disponível em: https://somoszetta.org.br/wp-content/uploads/2022/04/Panorama_Zetta_Desktop.pdf. Acesso em: 6 jan. 2023.

SOUZA, Mazé de. Regulamentar tokenização é chave para alavancar o mercado de criptoativos. *Jota*, [*s. l.*], 30 mar. 2023. Disponível em: https://www.jota.info/coberturas-especiais/regulamentacao-criptoativos/regulamentar-tokenizacao-e-chave-para-alavancar-o-mercado-de-criptoativos-30032023. Acesso em: 6 abr. 2023.

STRAPAZZON, Carlos Luiz. Estado social digital: a transformação digital dos serviços sociais. *Espaço Jurídico Journal of Law*, Joaçaba, v. 23, n. 1, p. 87-108, jan./jun. 2022. Disponível em: https://periodicos.unoesc.edu.br/espacojuridico/article/view/30342/17449. Acesso em: 27 mar. 2023.

SUCEG. Florianópolis: UFSC, v. 1, n. 1, 2017. [Anais do Seminário Universidades Corporativas e Escolas de Governo]. Disponível em: https://anais.suceg.ufsc.br/index.php/suceg/issue/view/1. Acesso em: 3 fev. 2023.

TAPSCOTT, Dan. *Economia Digital*: Promessa e Perigo na Era da Inteligência em Rede. São Paulo: Makron Books, 1995.

TECHAMERICA FOUNDATION. *Cloud First Buyer's Guide for Government*. Washington, DC, 2018. Disponível em: https://forum.ibgp.net.br/wp-content/uploads/2018/09/Cloud-First-Buyers-Guide-for-Gov-July-2011.pdf. Acesso em: 29 jan. 2023.

THE PUBLIC VOICE. *Diretrizes Universais para Inteligência Artificial*. Bruxelas, 23 out. 2018. Disponível em: https://thepublicvoice.org/ai-universal-guidelines/. Acesso em: 23 mar. 2023.

TRIBUNAL DE CONTAS EUROPEU. *Digitalização da Indústria Europeia*: uma iniciativa ambiciosa cujo êxito depende do empenho constante da UE, dos governos e das empresas. Relatório Especial 19. Luxemburgo, 2020. Disponível em: https://www.eca.europa.eu/Lists/ECADocuments/SR20_19/SR_digitising_EU_industry_PT.pdf. Acesso em: 25 jan. 2023.

TRIBUNAL DE CONTAS EUROPEU. *Relatório de atividades 2013*. Luxemburgo: Serviço das Publicações da União Europeia, 2014. p. 49. Disponível em: https://www.eca.europa.eu/lists/ecadocuments/aar14/qjaa14001ptc.pdf. Acesso em: 12 jan. 2023.

UNIÃO EUROPEIA. *Instrumento de Recuperação da União Europeia NextGenerationEU*. Bruxelas, 20 maio 2020. Disponível em: https://eur-lex.europa.eu/legal-content/PT/TXT/HTML/?uri=LEGISSUM:4499419. Acesso em: 8 jan. 2023.

UNIÃO EUROPEIA. *InvestEU*: Apoio ao investimento da UE. Bruxelas, 2021. Disponível em: https://investeu.europa.eu/index_pt. Acesso em: 20 fev. 2023.

UNIÃO EUROPEIA. Legislação. *Jornal Oficial da União Europeia*, Luxemburgo, L 74, ano 64, 4 mar. 2021. Disponível em: https://eur-lex.europa.eu/legal-content/PT/TXT/PDF/?uri=OJ:L:2021:074:FULL&from=PT. Acesso em: 19 fev. 2023.

UNIÃO EUROPEIA. *NextGenerationEU*. Bruxelas, 2021. Disponível em: https://next-generation-eu.europa.eu/index_pt. Acesso em: 20 fev. 2023.

UNIÃO EUROPEIA. Norma GDPR 2016/679. *Intersoft Consulting*, [s. l.], 2016. Disponível em: https://gdpr-info.eu/. Acesso em: 18 fev. 2023.

UNIÃO EUROPEIA. *Pacto de Estabilidade e Crescimento*. Bruxelas, 2015. Disponível em: https://eur-lex.europa.eu/legal-content/PT/TXT/?uri=LEGISSUM:stability_growth_pact. Acesso em: 21 fev. 2023.

UNIÃO EUROPEIA. *Perfis das instituições e dos organismos [da União Europeia]*. Bruxelas, 2023. Disponível em: http://europa.eu/about-eu/institutions-bodies/index_pt.htm. Acesso em: 8 jan. 2023.

UNIÃO EUROPEIA. *Prioridades da União Europeia 2019-2024*. Disponível em: https://european-union.europa.eu/priorities-and-actions/eu-priorities_pt#:~:text=As%206%20prioridades&text=Refor%C3%A7ar%20a%20economia%20da%20UE,uni%C3%A3o%20dos%20mercados%20de%20capitais. Acesso em: 29 jan. 2023.

UNIÃO EUROPEIA. *Quadro Financeiro Plurianual 2021-2027*. Disponível em: https://eur-lex.europa.eu/legal-content/PT/TXT/PDF/?uri=CELEX:32021R0694&from=EN#:~:text=O%20Regulamento%20Financeiro%20estabelece%20as,e%20reembolso%20de%20peritos%20externos. Acesso em: 7 fev. 2023.

UNIÃO EUROPEIA. Regulamento (UE) 2021/694 do Parlamento Europeu e do Conselho de 29 de abril de 2021 que cria o Programa Europa Digital e revoga a Decisão (UE) 2015/2240. *Jornal Oficial da União Europeia*, Luxemburgo, L 166, p. 1-34, 11 maio 2021. Disponível em: https://eur-lex.europa.eu/legal-content/PT/TXT/PDF/?uri=CELEX:32021R0694&from=EN#:~:text=O%20Regulamento%20Financeiro%20estabelece%20as,e%20reembolso%20de%20peritos%20externos. Acesso em: 8 jan. 2023.

UNIÃO EUROPEIA. *Tratado da União Europeia*. *Jornal Oficial da União Europeia*, [s. l.], C 202, 13-45, 7 jun. 2016. Disponível em: https://eur-lex.europa.eu/resource.html?uri=cellar:9e8d52e1-2c70-11e6-b497-01aa75ed71a1.0019.01/DOC_2&format=PDF. Acesso em: 8 jan. 2023.

UNESCO; CETIC. *Painel TIC Covid-19*: pesquisa sobre o uso da internet no Brasil durante a pandemia do novo coronavírus. Serviços públicos on-line, telessaúde e privacidade. 2. ed. São Paulo: Cetic.br: Nic.br: Cgi.br, out. 2020. Disponível em: https://cetic.br/media/docs/publicacoes/2/20200930180249/painel_tic_covid19_2edicao_livro%20eletr%C3%B4nico.pdf. Acesso em: 10 fev. 2023.

UNESCO. *Consenso de Beijing sobre Inteligência Artificial e Educação*. Beijing, 2019. Disponível em: https://unesdoc.unesco.org/ark:/48223/pf0000372249. Acesso em: 6 fev. 2023.

UNIDO. *Industrial Development Report 2020*. [S. l.]: Unido, 2020. Disponível em: https://www.unido.org/resources-publications-flagship-publications-industrial-development-report-series/idr2020. Acesso em: 27 mar. 2023.

USA. The White House. President Barack Obama. *Executive Order*: Promoting Private Sector Cybersecurity Information Shari. USA, Feb. 13, 2015. Disponível em: https://obamawhitehouse.archives.gov/the-press-office/2015/02/13/executive-order-promoting-private-sector-cybersecurity-information-shari. Acesso em: 18 fev. 2023.

VAN DOORN, N. Platform labor: on the gendered and racialized exploitation of low-income service work in the 'on-demand' economy. *Information, Communication & Society*, v. 20, n. 6, p. 898-914. 2017. Disponível em: https://www.tandfonline.com/doi/full/10.1080/1369118X.2017.1294194. Acesso em: 13 fev. 2023.

VIANNA, Bernardo. *Brasil ocupa a 39ª posição em ranking global de inteligência artificial*. São Paulo: Insper, 1º mar. 2022. Disponível em: https://www.insper.edu.br/noticias/brasil-ocupa-a-39a-posicao-em-ranking-global-de-inteligencia-artificial/. Acesso em: 4 jan. 2023.

WACHAL, Robert. Humanities and computers: a personal view. *The North American Review*, [s. l.], v. 256, n. 1, p. 30-33, 1971.

WEERAWARDANE, Dinusha. Digital transformation of Higher Education: what's next?, *New Vistas*, London, v. 7, n. 2, p. 3-7, 2021. Disponível em: https://doi.org/10.36828/newvistas.147. Acesso em: 12 jan. 2023.

WERLANG, Ricardo Rafael. *Impacto do ajuste da tecnologia à tarefa na produtividade do usuário*. 2016. Trabalho de Conclusão de Curso (Bacharelado em Administração) – Escola de Administração, Universidade Federal do Rio Grande do Sul, Porto Alegre, 2016. Disponível em: https://www.lume.ufrgs.br/handle/10183/148512?show=full. Acesso em: 15 mar. 2023.

WIMMER, Miriam. Legislação, regulação e uso ético. *In*: BRASIL. Ministério da Ciência, Tecnologia e Inovações. *Estratégia Brasileira de Inteligência Artificial*: Consulta pública. Brasília, DF, 2020. Disponível em: http://participa.br/estrategia-brasileira-de-inteligencia-artificial/estrategia-brasileira-de-inteligencia-artificial-legislacao-regulacao-e-uso-etico. Acesso em: 23 mar. 2023.

WORLD BANK. *Digital Government for Development*. Disponível em: https://www.worldbank.org/en/topic/digitaldevelopment/brief/digital-government-for-development. Acesso em: 24 mar. 2023.

WORLD ECONOMIC FORUM. *9 quotes that sum up the Fourth Industrial Revolution*. Davos, 23 jan. 2016. Disponível em: https://www.weforum.org/agenda/2016/01/9-quotes-that-sum-up-the-fourth-industrial-revolution/. Acesso em: 10 fev. 2023.

WORLD ECONOMIC FORUM. *Global Risks Report*. Geneva, 2020. Disponível em: http://www3.weforum.org/docs/WEF_Global_Risk_Report_2020.pdf. Acesso em: 6 fev. 2023.

WYPLOSZ, Charles. The failure of the Lisbon strategy. *VoxEU*, [s. l.], 12 jan. 2010. Disponível em: https://cepr.org/voxeu/columns/failure-lisbon-strategy. 25 fev. 2023.

ZAMBELI, Fábio. 'Regulação de trabalho por aplicativos não se resolve por canetada', diz coordenador de GT. *Jota*, [s. l.], 12 dez. 2022. Disponível em: https://www.jota.info/tributos-e-empresas/trabalho/regulacao-de-trabalho-por-aplicativos-nao-se-resolve-por-canetada-diz-coordenador-de-gt-12122022. Acesso em: 4 fev. 2023.

Esta obra foi composta em fonte Palatino Linotype, corpo 10
e impressa em papel Pólen Bold 70g (miolo) e Supremo 250g
(capa) pela Formato Artes Gráficas.